Klaus Lingel

Metakognitives Wissen Mathematik

Klaus Lingel

Metakognitives Wissen Mathematik

Entwicklung und Zusammenhang mit der
Mathematikleistung in der Sekundarstufe I

Würzburg
University Press

Dissertation, Julius-Maximilians-Universität Würzburg
Philosophische Fakultät II, 2014
Gutachter: Prof. Dr. Wolfgang Schneider, PD Dr. Wolfgang Lenhard

Impressum

Julius-Maximilians-Universität Würzburg
Würzburg University Press
Universitätsbibliothek Würzburg
Am Hubland
D-97074 Würzburg
www.wup.uni-wuerzburg.de

© 2016 Würzburg University Press
Print on Demand

Coverdesign: Kristina Hanig

ISBN: 978-3-95826-004-7 (print)
ISBN: 97 8-3-95826-005-4 (online)
URN: urn:nbn:de:bvb:20-opus-103269

Vorwort

Die vorliegende Arbeit beschäftigt sich mit der Frage nach dem Zusammenhang zwischen dem metakognitiven Wissen von Schülerinnen und Schülern der Sekundarstufe I und ihrem Leistungsvermögen im Bereich Mathematik, die bislang nur wenig systematisch erforscht wurde. Es ist von daher außerordentlich verdienstvoll, dass sich Dr. Lingel dieser Thematik sehr gründlich angenommen hat.

Seine umfassende Studie basiert auf Daten einer Längsschnittuntersuchung, die im Rahmen eines von der Deutschen Forschungsgemeinschaft finanziell unterstützten Schwerpunktprogramms zum Erwerb bereichsspezifischer Kompetenzen als Verbundprojekt der Universitäten Bamberg und Würzburg durchgeführt wurde.

Der Autor demonstriert im theoretischen Teil der Arbeit sein großes Wissen im Bereich der Metakognitionsforschung, insbesondere im Bereich Mathematik. Hier ist ein gewisses Dilemma der bisherigen Forschung darin zu sehen, dass sich die einschlägigen Studien vor allem auf den Grundschulbereich konzentriert haben und relativ unklar bleibt, inwieweit die dort gefundenen Ergebnisse auf den Bereich der Sekundarstufe und damit auf ältere Schülerinnen und Schüler verallgemeinert werden können.

Herr Dr. Lingel geht dieser Problematik in seiner empirischen Untersuchung genauer nach. Eine besondere Stärke des gewählten methodischen Ansatzes ist darin zu sehen, dass die Ausgangslage zu den mathematischen Kompetenzen einer großen Stichprobe von Schülerinnen und Schülern zu Beginn der fünften Klassenstufe präzise erfasst wurde und in der Folge genauer beurteilt werden kann, welche weiteren Entwicklungsfortschritte in Abhängigkeit von der jeweiligen Schulform im Verlauf der nächsten Jahre zu beobachten sind, und welche Rolle die eingangs festgestellten individuellen Unterschiede im Bereich der Metakognition für die weitere Leistungsentwicklung im Bereich Mathematik spielen. Der Autor betreibt einen erheblichen methodischen Aufwand, um angemessene Untersuchungsinstrumente zur mathematischen Kompetenzentwicklung und zur Erfassung metakognitiven Wissens und seiner Veränderung zu konstruieren.

Die Arbeit kann als ausgesprochen innovativ und ihr Ertrag als in mehrfacher Hinsicht als theoretisch wie praktisch sehr bedeutsam eingestuft werden. In methodischer Hinsicht genügt sie höchsten Anforderungen.

Der Verfasser ist bei Interpretation seiner Befunde erfreulich vorsichtig, findet dennoch eine Reihe von eindrucksvollen Belegen für seine These, dass Unterschiede im metakognitiven Wissen die Leistungsentwicklung in Mathematik bedeutsam vorhersagen. Die wissenschaftliche Bedeutung der Arbeit ist insgesamt sehr hoch einzuschätzen, so dass ich dem Werk eine weite Verbreitung wünsche.

Es bietet insbesondere für Leser aus dem Bereich der empirischen Bildungsforschung, der pädagogischen Psychologie, der Pädagogik und der Mathematikdidaktik eine Menge interessanter und nützlicher Informationen.

Würzburg, im März 2014   Prof. Dr. Wolfgang Schneider

Inhaltsverzeichnis

Abbildungsverzeichnis

Tabellenverzeichnis

1   Einleitung

Es wird als eine charakteristische Fähigkeit des Menschen angesehen, das eigene Denken zu reflektieren. In der Psychologie wurde diese Fähigkeit zur Beobachtung und Bewertung eigener kognitiver Vorgänge schon zu Beginn des 20. Jahrhunderts genutzt, um ansonsten nicht zugängliche mentale Leistungen einer wissenschaftlich-experimentellen Untersuchung zu erschließen. Die Würzburger Schule der Psychologie unter Oswald Külpe und seinen Nachfolgern leistete in der Entwicklung dieser als Introspektion bezeichneten Forschungsmethodik Pionierarbeit (Schneider, 1999). Die Arbeiten der Würzburger Schule und ihre Methode der Introspektion gerieten nach einer kurzen Blütezeit zur vorletzten Jahrhundertwende jedoch wieder in Vergessenheit. Nach einem radikalen Paradigmenwechsel hatte sich die Psychologie von der Untersuchung nicht direkt beobachtbarer mentaler Prozesse abgewandt und beschränkte sich ausschließlich auf sichtbares Verhalten (Watson, 1913). Nach einem erneuten Paradigmenwechsel in den 1960er-Jahren (Neisser, 1967) rückten dann wieder kognitive Inhalte in den Fokus psychologischer Forschung und damit auch die introspektive Fähigkeit zur Beobachtung und Bewertung mentaler Prozesse. Eine eigene „Schule", die sich der Erforschung dieser Fähigkeit zur Reflexion widmete, entstand (Dunlosky & Metcalfe, 2009). In Abgrenzung zur Kognition, auf die sich die untersuchten reflexiven Prozesse beziehen, benannte einer der Gründerväter dieser neuen Schule, John Flavell, den neuen, alten Forschungsgegenstand als *Metakognition* (Flavell, 1976).

Die Erforschung der Metakognition erfolgte allerdings nicht zum Selbstzweck. Es wurde angenommen, dass die Beobachtung und Bewertung von kognitiven Prozessen zu einem Wissen über diese Prozesse führt, welches genutzt werden kann, um diese Prozesse positiv zu beeinflussen. Der metakognitive Prozess und seine Produkte wurden also als Determinante für kognitive Leistungen und ihre Entwicklung betrachtet (Flavell & Wellman, 1977). Mit der Annahme, Metakognition sei eine treibende Kraft in der Entwicklung kognitiver Kompetenzen und damit verantwortlich für Unterschiede und Veränderungen in kognitiven Leistungen, rückte auch die Frage nach den Veränderungen in der Metakognition selbst in den Vordergrund des wissenschaftlichen Interesses. Im besonderen Fokus der entwicklungspsychologischen Perspektive lagen die Wachstumsprozesse in den metakognitiven Kompetenzen ab der frühen Kindheit (Schneider & Lockl, 2006).

Historisch als erstes wurde die Metakognition in den Informationsverarbeitungsprozessen des Gedächtnisses untersucht. Die Metakognition über die basalen kognitiven Prozesse des Enkodierens, Speicherns und Abrufens von Informationen („Metagedächtnis") bildet nach wie vor den Kern der Metakognitionsforschung. Viele der heutigen Modellvorstellungen der Metakognition, der Hypothesen über die Funktionsweise und Entwicklung metakognitiver Prozesse sowie der Methoden zu ihrer Untersuchung stammen aus dieser Domäne (Dunlosky & Metcalfe, 2009; Schneider & Lockl, 2006; Tarricone, 2011).

Ausgehend von dieser Grundlage erschloss die Metakognitionsforschung in den letzten Jahrzehnten nach und nach weitere kognitive Domänen. Der Fokus weitete sich entsprechend der kognitiven Anforderungen, denen Kinder im Zuge ihrer Entwicklung begegnen, und schließt heute die Kernbereiche des schulischen Lernens, Lesen (Baker, 2008; van Kraayenoord, 2010), Schreiben (Harris, Graham, Brindle & Sandmel, 2009), Naturwissenschaften (White, Frederickson & Collins, 2009) und Mathematik (Schneider & Artelt, 2010) ein. Trotz der zunehmenden Aufmerksamkeit, die der Metakognition in den akademischen Domänen entgegengebracht wird (Dimmit & McCormick, 2012), sind die Erkenntnisse in diesen Anwendungsgebieten bei weitem nicht so differenziert und systematisch wie für das Metagedächtnis.

Ziel der vorliegenden Arbeit war es, einige dieser Forschungslücken in der Domäne Mathematik zu schließen. Konkret wurde der Frage nachgegangen, wie sich das metakognitive Wissen über die mathematische Informationsverarbeitung in der Sekundarstufe I entwickelt, welche Einflussfaktoren sich auf diese Entwicklung auswirken und in welchem Zusammenhang die Entwicklung des mathematischen metakognitiven Wissens mit der Entwicklung der Mathematikleistung steht.

Am Beginn der Arbeit steht eine Definition des Konstruktes Metakognition und ein Überblick über die wichtigsten Modellvorstellungen zum metakognitiven Wissen, seinen Komponenten und der Mechanismen, die hinter seiner Entwicklung stehen (Kapitel 2). Daran schließt sich eine Darstellung der mathematischen Informationsverarbeitungsprozesse an. Besonders beleuchtet werden dabei die spezifischen Funktionen, die die Metakognition in mathematischen Anforderungen erfüllt (Kapitel 3). Kapitel 4 ist zweigeteilt. Zunächst wird ein Überblick über die Messverfahren und Messstrategien zur Erfassung des metakognitiven Wissens gegeben. Darauf aufbauend werden die Entwicklungsunterschiede und Entwicklungsveränderungen, die mit diesen Verfahren gemessen wurden, vorgestellt. Um einen umfassenden Überblick über den Forschungsstand zu gewähren, werden in diese Darstellung auch Befunde aus anderen Domänen einbezogen. Kapitel 5 stellt theoretische Modelle zum Zusammenhang zwischen metakognitivem Wissen und kognitiver Leistung vor. Auch hier werden zunächst die stärker systematisierten Befunde aus den Domänen Gedächtnis und Lesen referiert, bevor spezifisch auf die Befundlage in Mathematik eingegangen wird. Einen Überblick über potenzielle Einflussfaktoren auf die Entwicklung des mathematischen metakognitiven Wissens bietet schließlich Kapitel 6.

Nach der umfassenden Diskussion theoretischer Modelle und empirischer Vorbefunde in den Kapiteln 2 bis 6 werden sechs Fragestellungen der eigenen Untersuchung abgeleitet und als Hypothesen formuliert (Kapitel 7). Die Fragestellungen betreffen unterschiedliche Aspekte der metakognitiven Wissensentwicklung. Diese beziehen sich auf intraindividuelle Veränderungen im metakognitiven Wissen ebenso wie auf interindividuelle Unterschiede und die Erklärung ihrer Entstehung durch die vermuteten Einflussfaktoren. Eine weitere Fragestellung widmet sich dem Zusammenhang zwischen den parallel verlaufenden Entwicklungsprozessen im metakognitiven Wissen und der Mathematikleistung. Im Anschluss daran wird das methodische Vorgehen zur Klärung der Fragestellungen erläutert (Kapitel 8). In diesem Kapitel werden die Untersuchungsanlage, die eingesetzten Messinstrumente sowie die Auswertungsmethoden detailliert vorgestellt. Kapitel 9 enthält die Ergebnisse. In Kapitel 10 schließlich werden die Ergebnisse in Bezug auf die Fragestellungen diskutiert. Die Arbeit endet mit einer kritischen Würdigung des Vorgehens und einem Ausblick auf neu entstandene Forschungsfragen.

2 Modelle der Metakognition

2.1 Definition von Metakognition

Die erste Definition von Metakognition formulierte John Flavell (1976), einer der Begründer der Metakognitionsforschung.

Metacognition refers to one's knowledge concerning one's own cognitive processes and products or anything related to them, e.g. the learning-relevant properties of information or data. [...] Metacognition refers, among other things, to the active monitoring and consequent regulation and orchestration of these processes in relation to the cognitive objects or data on which they bear, usually in the service of some concrete goal or objective. (S. 232)

Diese Definition erwies sich als sehr einflussreich und wird auch heute in dieser oder abgewandelter Form häufig zitiert (z. B. Flavell, Miller & Miller, 2002; Schneider, 2010; Veenman, van Hout-Wolters & Afflerbach, 2006). Der Begriff Metakognition ist in dieser Definition allerdings sehr umfassend gehalten und bezieht eine Vielzahl von Phänomenen ein.

Ann Brown (1987) übernahm die umfassende Definition von Flavell (1976), stellte aber gleichzeitig zwei Probleme dieser Begriffsbestimmung fest:

Metacognition refers loosely to one's knowledge and control of one's own cognitive system. Two primary problems with the term are: it is difficult to distinguish between what is meta and what is cognitive; and there are many different historical roots from which this area of inquiry developed. The confusion that follows the use of a single term for a multifaceted problem is the inevitable outcome of mixing metaphors. (S. 66)

Die in konkreten Prozessen schwer zu treffende Unterscheidung zwischen kognitiven und metakognitiven Prozessen und die Vielschichtigkeit der Phänomene, die sich unter dem so offen definierten Begriff einordnen, führt zu einer konzeptuellen Unschärfe des Begriffs: es „[...] kann kein Zweifel bestehen, dass es sich hier um ein unpräzise definiertes bzw. verschwommen gefasstes Konstrukt (‚fuzzy concept') handelt [...]" (Schneider, 1989, S. 28).

Schneider (1989) sah allerdings in der offenen Definition des Begriffs auch eine Chance, neue Forschungsansätze zur Untersuchung metakognitiver Phänomene zu entwickeln und damit das Verständnis kognitiver Prozesse zu vertiefen. Für Theorieentwicklung und wissenschaftlichen Erkenntnisgewinn ist es allerdings notwendig, innerhalb des breit gefassten, verschwommenen Konstruktes die untersuchten Facetten exakt und unter Bezug auf theoretische Modelle zu definieren (Schneider, 1989).

Dinsmore, Alexander und Loughlin (2008) analysierten die definitorischen und konzeptuellen Bezüge, die in aktuellen Forschungsarbeiten zum Thema Metakognition zur Beschreibung der untersuchten Prozesse gegeben werden. Ihre Befunde belegen deutliche Mängel in der empirischen Praxis: Häufig enthalten die Arbeiten keine explizite Definition der untersuchten metakognitiven Prozesse, sondern lediglich die Beschreibung relativ vager Eigenschaften bzw. Verweise auf einschlägige Referenzwerke. Das Fehlen eines klaren Bezugs von Forschung auf einen theoretischen Rahmen führt zu einer zunehmend arbiträr verwendeten Terminologie und damit zu einem zusätzlichen Verschwimmen des Konstruktes (Schunk, 2008). Mit unklaren Definitionen in Zusammenhang stehen auch ebenfalls von Dinsmore et al. (2008) dokumentierte Diskrepanzen zwischen dem definierten metakognitiven Prozess und den zu seiner Operationalisierung eingesetzten Instrumenten. Fehlende oder unscharfe Definitionen und Bezüge zu theoretischen Modellen und unklare Übersetzungen der untersuchten Konstrukte in Messinstrumente führen zu einem Bild inkonsistenter Forschungsresultate, die sich nur schwer integrieren lassen (Schunk, 2008).

Um in der vorliegenden Arbeit Forschungsbefunde einordnen und Forschungslücken identifizieren zu können, ist es daher notwendig, die unterschiedlichen theoretischen Ausgestaltungen von Metakognition, auf die sich die bestehende Forschungsliteratur bezieht, genau zu beschreiben.

2.2 Metagedächtnismodelle

Das Modell von Nelson und Narens

Das Modell des Metagedächtnisses von Nelson und Narens (1990, 1994; Nelson, 1996) beschreibt die zum Verständnis von Metakognition relevanten Prinzipien auf sehr anschauliche Weise (s. Abb. 2.1).

Kognitive Prozesse laufen gleichzeitig auf zwei miteinander verbundenen Ebenen ab: auf der Objektebene, auf der sich die eigentliche Informationsverarbeitung abspielt, und auf der Metaebene, die ein mehr oder weniger wahrheitsgetreues Modell der Objektebene enthält. Die beiden Ebenen sind miteinander durch einen Informationsfluss (Kontrolle und Überwachung) verbunden. Dieser Informationsfluss ist hierarchisch organisiert: Kontrolle geht von der Metaebene aus und führt zu Veränderungen auf der Objektebene (z. B. Beginn, Weiterführen, Verändern oder Beenden einer kognitiven Handlung). Davon unabhängig fließt ein Informationsstrom (Überwachung) von der Objektebene auf die Metaebene, der Rückmeldung über die Aktivitäten auf der Objektebene gibt, allerdings keinen direkten Einfluss auf die Metaebene nimmt, sondern lediglich ein Modell auf der Metaebene aktualisiert. Dieses Modell beinhaltet neben einer dynamischen Repräsentation des jeweils aktuellen Zustandes und des angestrebten Zielzustandes für die Objektebene auch Wissen und Strategien, wie die Objektebene zur Erreichung der Ziele verändert werden kann.

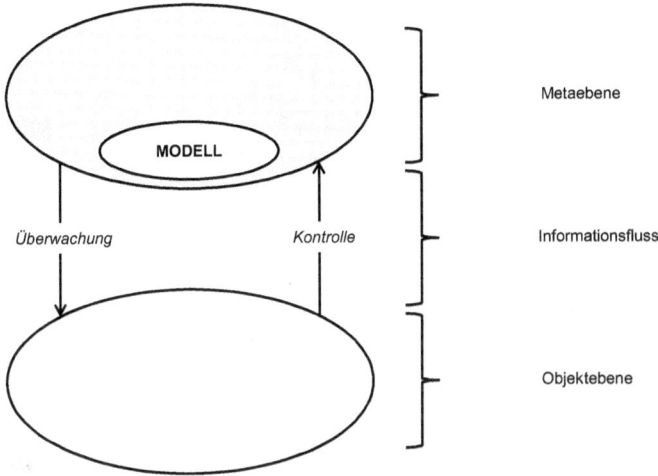

Abbildung 2.1: Das Modell des Metagedächtnisses nach Nelson und Narens (1990)

Das Modell von Brown (1975)

Ann Brown (1975) erklärte die Zusammenhänge zwischen der kognitiven und der metakognitiven Ebene durch drei unterschiedliche Kategorien von Wissen: *knowing*, *knowing how to know* und *knowing about knowing*. Während die Kategorie *knowing* ein kognitives Wissenssystem beschreibt, beinhalten die beiden anderen Kategorien metakognitive Phänomene. *Knowing how to know* beinhaltet das Wissen darüber, wie Strategien, Pläne und Operationen in bestimmten Aufgaben und Situationen auszuführen sind, in der Informationen absichtsvoll und bewusst erinnert werden sollen. Ein wichtiger Aspekt des *knowing how to know* ist die Fähigkeit, geeignete Strategien zu entwickeln und ihre Ausführung zu überwachen und zu regulieren. *Knowing about knowing* beinhaltet Wissen über das Gedächtnis und die Bewusstheit darüber, was gewusst wird und was nicht gewusst wird. Dieses Wissen wird zur bewussten Planung von Gedächtnisprozessen eingesetzt und beeinflusst Auswahl, Anwendung und Transfer von Gedächtnisstrategien.

Das Modell von Flavell und Wellman (1977)

Mit den Phänomenen und Facetten innerhalb des *knowing about knowing* befasst sich eine Übersichtsarbeit von Flavell und Wellman (1977) zum Metagedächtnis, die als Ausgangspunkt der systematischen Erforschung der Metakognition gilt (z. B. Schneider, 2010). Die Autoren bilden eine Taxonomie, in der die unterschiedlichen Elemente des Metagedächtnisses eingeordnet werden. Zunächst werden zwei grundlegende Kategorien unterschieden, *Sensitivität* („sensitivity") und *Variablen*

(„variables"). Unter der Kategorie *Sensitivität* wird ein Bewusstsein für die Notwendigkeit des Einsatzes bestimmter Strategien zur Speicherung und zum Abruf von
Informationen verstanden. Sie beinhaltet das aktive Wissen darüber, wann Strategien bewusst und zielorientiert zur intentionalen Speicherung und zum Abruf
von Informationen auszuführen sind und in welchen Situationen ein spontaner,
akzidenteller Strategieeinsatz ausreichend ist. *Sensitivität* entwickelt sich mit dem
allgemeinen kognitiven Wachstum und der Erfahrung mit Gedächtnissituationen
und Gedächtnisaufgaben. Unter der Bezeichnung *Variablen* wird das Wissen über
Faktoren subsumiert, die einen Einfluss auf die Prozesse der Speicherung und des
Abrufs von Informationen ausüben. Diese Faktoren können sich auf gedächtnisrelevante Eigenschaften aufseiten der eigenen Person, der vorliegenden Aufgabe und
der potenziell einsetzbaren Strategien beziehen.

Schlussfolgerungen

Die Erforschung des Metagedächtnisses bildete den Ausgangspunkt der Metakognitionsforschung. Die in diesem Forschungsbereich entwickelten theoretischen
Vorstellungen hatten und haben daher große Bedeutung für die Theoriebildung
in anderen Domänen der Metakognition. Aufgrund der oben dargestellten ver-
schwimmenden definitorischen Außengrenzen ist es umso wichtiger, innerhalb
des Konstruktes über eine begrifflich eindeutige Taxonomie von Konzepten und
Bezeichnungen zu verfügen.

Bereits in den ursprünglichen Taxonomien des Metagedächtnisses (Brown,
1975; Flavell & Wellman, 1977) wurden zwei unterschiedliche metakognitive Komponenten unterschieden: zum einen das Wissen über das Gedächtnis und zum
anderen die Regulation des Gedächtnisses. Diese Komponenten sind auch in zeit-
genössischen Vorstellungen metamemorialer Prozesse wiederzufinden (Nelson &
Narens, 1990, 1994). In den frühen Übersichtsarbeiten wurden in Bezug auf diese beiden Komponenten unterschiedliche Positionen zur Inklusivität des Konstrukts Metagedächtnis bezogen. Cavanaugh und Perlmutter (1982) erkennen zwar
an, dass die Regulation von Gedächtnisprozessen indikativ für die Nutzung von
Gedächtniswissen einerseits und Voraussetzung für die Entwicklung dieses Wissen andererseits ist, sprechen sich jedoch aus Gründen der konzeptuellen Klarheit
für eine Beschränkung des Begriffs Metagedächtnis auf das Gedächtniswissen aus.
Schneider (1989) dagegen vertritt eine offene, deskriptive Definition des Konzepts,
welche alle an metamemorialen Prozessen beteiligten Phänomene umfasst. Neuere Übersichtsarbeiten (Schneider & Lockl, 2006; Tarricone, 2011) sehen in beiden
Komponenten integrale Bestandteile des Metagedächtnisses, die bei der Bearbeitung von Gedächtnisaufgaben interagieren, unterscheiden jedoch die Bestandteile
konzeptuell.

Während über die grundsätzliche Unterscheidung dieser beiden Komponenten große Übereinstimmung besteht, sind die Bezeichnungen dieser Komponenten nach wie vor uneinheitlich. Schneider (2010) integriert die beiden Komponenten der Metakognition in die klassische Taxonomie von Wissen (z. B. Gruber, 2008), indem er für das Wissen über Kognition die Bezeichnung deklaratives Metakognition wählt und für die Regulation von Kognition die Bezeichnung prozedurale Metakognition. Schraw (2006) sieht im metakognitiven Wissen ein eigenständiges Wissenssystem und erweitert die klassische dichotome Wissenstaxonomie, indem er neben deklarativem und prozeduralem Wissen eine eigene, metakognitive Kategorie etabliert (*self regulatory knowledge*). Tarricone (2011) behält die ursprüngliche Unterscheidung in Wissen über Kognition und Regulation von Kognition bei, differenziert jedoch innerhalb dieser Kategorien jeweils in deklarative, prozedurale und konditionale Facetten.

In der vorliegenden Arbeit wird die „deklarative" Metakognition als Wissen über Kognition bzw. als metakognitives Wissen bezeichnet, wo von deklarativem, prozeduralem und konditionalem Wissen die Rede ist, sind stets Facetten innerhalb dieser Komponente der Metakognition gemeint.

2.3 Modell der Metakognition und des kognitiven Monitoring von Flavell

Das Modell der Metakognition von Flavell (1979, 1981a, 1981b) basiert auf dem von Flavell und Wellman (1977) formulierten Konzept des Metagedächtnisses, das über den Kontext des Gedächtnisses hinaus zu einem allgemeinen Modell der Metakognition und des kognitiven *monitoring* erweitert wurde.

In diesem Modell werden unter der Bezeichnung *monitoring* sowohl die Überwachung als auch die Regulation kognitiver Prozesse subsumiert (Flavell, 1981a, 1981b). Das *monitoring* kognitiver Prozesse wird durch das Wirken und Zusammenwirken von vier Komponenten erreicht (s. Abb. 2.2): Metakognitives Wissen, metakognitive Erfahrungen, kognitive Ziele und kognitive Handlungen. Die zentralen Elemente des Modells sind das metakognitive Wissen und die metakognitive Erfahrung (Flavell, 1979, 1987).

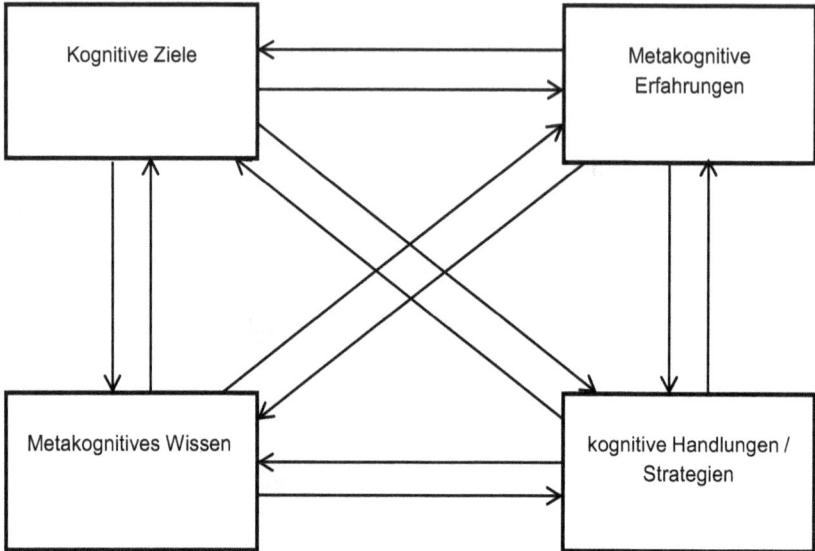

Abbildung 2.2: Das Modell der Metakognition und des kognitiven *monitoring* nach Flavell (1981a)

Die Komponenten des kognitiven *monitoring*

Metakognitives Wissen: Als metakognitives Wissen (*metacognitive knowledge*) wird das im Langzeitgedächtnis abgelegte Wissen über diejenigen Faktoren bezeichnet, die Verlauf und Ergebnisse kognitiver Prozesse beeinflussen (Flavell, 1979, 1981b). Wie auch beim Metagedächtnismodell wird das Wissen um Aspekte der Person, der Aufgabe und der Strategien unterschieden. Das metakognitive Wissen umfasst deklarative und prozedurale Facetten (Flavell, 1979). Die Aktivierung des Wissens während der Auseinandersetzung mit einem kognitiven Prozess kann automatisch durch Hinweisreize in der Aufgabe oder intentional erfolgen (Flavell, 1979, 1981b). Wie anderes Weltwissen variiert das metakognitive Wissen hinsichtlich Klarheit, Deutlichkeit und Elaboriertheit (Flavell, 1981b). Darüber hinaus kann das Wissen auch fehlerhaft und inkonsistent sein (Flavell, 1979). Das *Personenwissen* enthält das Wissen und die Überzeugungen des Selbst als Denkender und besteht aus drei Subkategorien: das Wissen um das eigene Fähigkeitsprofil in unterschiedlichen kognitiven Anforderungen (intraindividuelle Unterschiede), das Wissen um Fähigkeitsunterschiede zwischen Personen (interindividuelle Unterschiede) und das induktiv erschlossene und generalisierte Wissen über die Eigenschaften der menschlichen Kognition (Universalien). Das *Aufgabenwissen* enthält zum einen das Wissen um die Qualität der Informationen, die während der kognitiven Verarbeitungsprozesse verfügbar sind, und das Wissen über die spezifischen kognitiven Anforderungen einer Aufgabe sowie die Implikationen, die dieses Wissen auf Ausführung und Erfolg der Aufgabe hat. Zum anderen beinhaltet diese Variable auch die im Metagedächtnismodell (Flavell & Wellman, 1977) als eigene Kategorie definierte Sensitivität (Flavell, 1981a, 1981b). Das Aufgabenwissen enthält damit auch Wissen und Bewusstsein über die Faktoren, die eine kognitive Aufgabe beeinflussen, sowie die Fähigkeit, den kognitiven Prozess auf die Anforderungen der Aufgabe hin auszurichten und Fortschritt, Erfolg und Scheitern des Verarbeitungsprozesses bewusst wahrzunehmen (Flavell, 1981b). Aufgabenwissen und Sensitivität spielen damit auch eine zentrale Rolle in der Auswahl und Regulation derjenigen Strategien, die eingesetzt werden, um eine kognitive Aufgabe zu bewältigen. Das *Strategiewissen* enthält das Wissen über Eigenschaften und Effektivität von Strategien, d. h. Wissen über den Nutzen, den diese kognitiven Aktivitäten in der Erreichung kognitiver Ziele in spezifischen Aufgabenanforderungen haben. Es entwickelt sich – vermittelt durch metakognitive Erfahrungen – aus der Interaktion zwischen Personen- und Aufgabenwissen (s. u.; Flavell, 1987). Der Großteil des metakognitiven Wissens, das in konkreten kognitiven Anforderungen abgerufen und genutzt wird, betrifft Interaktionen aus Personen-, Aufgaben- und Strategiewissen. Das metakognitive Wissen steht auch in enger Interaktion mit den anderen Komponenten des Modells und stellt den Input für kognitive Zielsetzungen und Handlungen dar (Flavell, 1979, 1981a, 1981b, 1987).

Metakognitive Erfahrungen: Als metakognitive Erfahrungen (*metacognitive experiences*) wird die bewusste Wahrnehmung kognitiver und affektiver Zustände bezeichnet, die in Bezug auf einen kognitiven Prozess auftreten (Flavell, 1979). Diese Wahrnehmung beinhaltet alle Arten von Gefühlen, Gedanken, Einstellungen und Urteilen, die sich auf das Selbst als ausführendes Organ von kognitiven Aufgaben, Zielen und Handlungen und die Interaktion dieser Variablen in konkreten Situationen beziehen (Flavell, 1981a, 1981b). Metakognitive Erfahrungen treten insbesondere auf, wenn der Aufgabenkontext explizit metakognitive Urteile erfordert, die bearbeiteten Aufgaben einen mittleren Vertrautheitsgrad aufweisen, der kognitive Prozess sehr intensiv überwacht wird, Erwartungen bzgl. des Verlaufes oder des Ergebnisses des kognitiven Prozesses nicht erfüllt werden (bspw. wenn kein Fortschritt erzielt wird oder fehlerhafte Ergebnisse resultieren) und wenn die kognitiven Ressourcen nicht durch salientere subjektive Erfahrungen wie Schmerz oder Angst in Anspruch genommen werden (Flavell, 1981a, 1987). Insbesondere der Zusammenhang zwischen metakognitiven Erfahrungen und metakognitivem Wissen ist innerhalb kognitiver Verarbeitungsprozesse sehr eng: Zum Großteil sind metakognitive Erfahrungen ins Bewusstsein gerückte Elemente bestehenden metakognitiven Wissens (Flavell, 1981a). Metakognitive Erfahrungen stellen also eine Konsequenz metakognitiven Wissens dar. Auf umgekehrtem Wege können metakognitive Erfahrungen auch zu einer Erweiterung, Löschung und Revision des metakognitiven

Wissens führen, wenn neuartige oder unerwartete (meta-)kognitive Phänomene bewusst wahrgenommen werden (Flavell 1981a, 1981b). Das bewusste Erleben (meta-) kognitiver Phänomene bildet darüber hinaus auch die Grundlage für die Aktivierung und ggf. Korrektur kognitiver Zielsetzungen und kognitiver Handlungen (Flavell, 1979, 1981a, 1981b).

Kognitive Ziele: Unter kognitiven Zielen (*cognitive goals*) werden Ziele und Zwischenziele verstanden, die während eines kognitiven Prozesses gesetzt werden. Diese können implizit oder explizit, selbstgewählt oder durch die Aufgabenstellung vorgegeben sein. Die Zielsetzung wirkt sich auf die anderen Komponenten des Modells aus. So führt die Entwicklung einer Zielsetzung zur Aktivierung und zum Abruf von relevanter Information aus der metakognitiven Wissensbasis. Auch die Selektion und Modifikation kognitiver Handlungen erfolgt in Abhängigkeit der Zielsetzung. Ebenso werden durch die Entwicklung und Analyse von Zielsetzungen metakognitive Erfahrungen ausgelöst (Flavell, 1981a).

Kognitive Handlungen: Die konkrete Ausführung einer kognitiven Aktivität wird im Modell als kognitive Handlung (*cognitive action*) bezeichnet. Die kognitiven Aktivitäten sind funktional in die übrigen Modellkomponenten eingebunden: Ihnen gehen aus metakognitivem Wissen abgeleitete kognitive Zielsetzungen oder metakognitive Erfahrungen voraus und ihre Auswahl erfolgt auf Grundlage des metakognitiven Wissens. Ihre Ausführung führt potenziell zum einen zu einem kognitiven Ergebnis und generiert bzw. aktiviert zum anderen – akzidentell oder intentional – metakognitive Erfahrungen, welche aus der metakognitiven Wissensbasis abgerufen werden oder ihrerseits die metakognitive Wissensbasis beeinflussen. Kognitive Handlungen, deren primärer Zweck in der Herbeiführung kognitiver Ergebnisse liegt, werden als kognitive Strategien bezeichnet. Kognitive Handlungen, deren vorrangiges Ziel in der Erzeugung metakognitiver Erfahrungen liegt, werden als metakognitive Strategien bezeichnet. Erstere Strategien werden eingesetzt, um den kognitiven Prozess auszuführen, letztere, um ihn zu überwachen. Flavell (1981a) sieht die durch den intentionalen Einsatz metakognitiver Strategien evozierten metakognitiven Erfahrungen als ein Element der exekutiven Funktionen, die im Modell von Brown (1978) den kognitiven Prozess regulieren.

Entwicklungshypothesen

Flavell (1987) identifiziert zwei interagierende Faktoren in der Entwicklung von Metakognition: entwicklungsbedingte Veränderungen im kognitiven System und metakognitive Erfahrungen. Erstens bildet die Verfügbarkeit bestimmter kognitiver Funktionen, wie die Fähigkeit zur Planung von Handlungssequenzen, die Grundlage für metakognitive Prozesse. Zweitens beeinflusst die kognitive Entwicklung auch die Art und Weise, in der metakognitive Erfahrungen für die metakognitive Wissensentwicklung genutzt werden können. Drittens vergrößert sich durch die kognitive

Entwicklung das Spektrum der Funktionsbereiche, in dem metakognitive Erfahrungen gesammelt werden können. Als zentrale kognitive Veränderungen werden zum einen die Wahrnehmung des Selbst als kognitiver Agent angenommen und zum anderen die Fähigkeit, die Vergangenheit, die Gegenwart und die Zukunft mental zu repräsentieren.

Metakognitive Erfahrungen werden durch die Ausführung metakognitiver Aktivitäten, die Nachahmung unbewusster oder intentionaler Modelle metakognitiver Aktivitäten durch Eltern und Lehrer sowie die direkte Instruktion metakognitiver Handlungen evoziert. Damit macht Flavell also sowohl aktiv konstruktivistische als auch sozio-konstruktivistische Quellen der metakognitiven Entwicklung aus. Die Entwicklung im Bereich der metakognitiven Erfahrungen beinhaltet eine zunehmende Tendenz, metakognitive Phänomene wahrzunehmen und ihre Bedeutung, ihren Wahrheitsgehalt und ihre Implikationen für kognitive Handlungen einzuschätzen.

Die Entwicklung des metakognitiven Wissens wird also analog zur Entwicklung des Weltwissens angesehen. Das Personen-, Aufgaben- und Strategiewissen nimmt mit Alter und Erfahrung zu. Daneben wird durch Prozesse der Wissensstrukturierung und -organisation die Wissensbasis zugänglicher und die Abruf- und Suchprozesse werden effektiver. Das bewusste Lernen im Kontext der Beschulung wird aufgrund der zahllosen Gelegenheiten, metakognitive Erfahrungen zu sammeln, als idealer Kontext für den Erwerb metakognitiven Wissens gesehen.

2.4 Modell der Metakognition von Brown und Kollegen

Die Konzeption der Metakognition von Brown liegt nicht als explizites Gesamtmodell vor, sondern setzt sich aus einzelnen empirischen Beiträgen und Literaturüberblicksarbeiten zusammen (z. B. Brown, Bransford, Ferrara & Campione, 1983). Mit dem Argument, dass die in der Metakognitionsforschung ursprünglich untersuchten Gedächtnisphänomene nur eine spezifische Manifestation kognitiver Operationen sind, erweiterten Brown und Mitarbeiter das Konzept der Metakognition auch auf Inhaltsbereiche wie das Leseverstehen und das Problemlösen (Baker & Brown, 1984; Brown & DeLoache, 1978; Brown, 1978).

Während sich Flavell in seinem Metakognitionsmodell insbesondere auf das *Wissen über Kognition* konzentrierte, legte Brown zusätzlich ein differenziertes Konzept der *Regulation von Kognition* vor. Das Wissen über die eigenen Kognitionen beschreibt sie als primären metakognitiven Prozess. Eine charakteristische Folgeerscheinung („symptom", S. 79) dieses grundlegenden Prozesses – und damit eine sekundäre Begleiterscheinung – ist die Regulation kognitiver Prozesse (Brown, 1978). Zwar stehen beide Ausdrucksformen der Metakognition in einem engen, rekursiven Zusammenhang, sind in ihren Manifestationen jedoch klar zu unterscheiden und wurden vor unterschiedlichem konzeptuellen Hintergrund entwickelt (Brown, 1987).

Komponenten des Modells

Wissen über Kognition bezieht sich auf ein stabiles, explizierbares, potenziell falsches und sich erst in der späten Kindheit entwickelndes Wissen über die eigenen kognitiven Prozesse. Das Wissen wird durch reflektierte Abstraktion der eigenen Lernerfahrungen generiert (Brown, 1987). Das Wissen über Kognition ist deklarativ und beinhaltet zeitlich überdauernd die Fakten und naiven Theorien über die Eigenschaften der eigenen kognitiven Prozesse, über spezifische Aufgaben und ihre Anforderungen und über die Notwendigkeit, Lernaktivitäten an die Aufgabenanforderungen anzupassen, um die gesetzten Ziele zu erreichen (Brown et al., 1983). Dieses Wissen entspricht damit konzeptionell den von Flavell und Kollegen (Flavell & Wellman, 1977; Flavell, 1979) postulierten Wissensvariablen der Person, der Aufgabe und der Strategie (Brown et al., 1983).

Daneben hat Brown (1980) auch ein prozedurales Wissen über Kognition postuliert. Dieses umfasst Wissen darüber, wie Strategien einzusetzen sind, und äußert sich in der Fähigkeit, Strategien aus dem Strategierepertoire auszuwählen, die geeignet sind, um die Anforderungen spezifischer Aufgaben zu erfüllen. Dieses Bewusstsein für die Interaktion zwischen Aufgabenanforderungen und Strategierepertoire ist insbesondere beim Transfer von Strategien, also der Ausweitung des Anwendungsspektrums von Strategien, von großer Bedeutung (Brown, 1978). Da dieses prozedurale Wissen zur Identifikation solcher Strategien führt, die die spezifischen Anforderungen einer Aufgabe erfüllen und ihre Ausführung befördern, bezeichnet Brown (1980) dieses Wissen auch als Wissen um Strategieeffektivität („knowing the utility of active intervention", Brown, 1980, S. 461 f.).

Regulation von Kognition: Unter diesem Begriff werden metakognitive Fertigkeiten (*metacognitive skills*) oder in der Tradition des Informationsverarbeitungsansatzes exekutive Funktionen bzw. exekutive Kontrolle (*executive control*) verstanden (Brown & DeLoache, 1978; Brown, 1978, 1987). Die Regulation von Kognition umfasst die Planung, Kontrolle, Überwachung, Regulation und Evaluation von kognitiven Prozessen bzw. Strategien und wird als essenziell für erfolgreiches Problemlösen angesehen (Brown, 1978, 1987; Brown et al., 1983). Metakognitive Fertigkeiten sind zum Teil zeitlich instabil und nicht notwendigerweise explizierbar. Sie werden als relativ altersunabhängig und relativ aufgaben- und situationsspezifisch charakterisiert (Brown et al., 1983). Im Modell von Flavell (1979) werden die metakognitiven Fertigkeiten als metakognitive Strategien bezeichnet.

Metakognitiven Fertigkeiten zur Regulation von Kognition sind prinzipiell transsituational (können also potenziell in einem breiten Spektrum von Problemlöseaufgaben angewendet werden), jedoch unterliegt das Wissen über ihre Eigenschaften und Anwendungsbedingungen einem Lernprozess, in dessen Verlauf ihr Einsatz in einer Vielzahl von spezifischen Anwendungssituationen beurteilt wird. Dieser Beurteilungsprozess greift auf die Ergebnisse aus bewussten Überwachungs- und Kontrollaktivitäten zurück (Brown & DeLoache, 1978).

Der exekutiven Kontrolle werden als zentraler Steuerungsinstanz bedeutsame Funktionen in der Regulation der Kognition zugeschrieben. Ihr obliegt es, sowohl den Gesamtprozess als auch die innerhalb des Prozesses eingesetzten Strategien zu steuern. Brown (1978, S. 82) umreißt die Fülle an Prozessen und Fähigkeiten, die zur Erfüllung dieser Steuerungsaufgabe notwendig sind:

(1) Vorhersage der Grenzen der eigenen Verarbeitungskapazität
(2) Bewusstheit der Bandbreite und des Repertoires an Strategien sowie ihrer Eignung und Anwendbarkeit in unterschiedlichen Anwendungskontexten
(3) Identifikation und Charakterisierung des vorliegenden Problems
(4) Planung und Anordnung von geeigneten und anwendbaren Strategien
(5) Überwachung und Verlaufsbeobachtung des Strategieeinsatzes hinsichtlich der Effektivität
(6) Dynamische Evaluation des Strategieeinsatzes hinsichtlich des Erfolgs oder Misserfolgs, um die strategische Aktivität ggf. einzustellen.

Der effektive Einsatz dieser Funktionen basiert auf der Bewusstheit und dem Wissen über das eigene kognitive System (Brown, Campione & Barclay, 1979). Zudem wird deutlich, dass die Kontrollaktivität auf einem Bewusstsein über Aufgabenanforderungen einerseits und die Einsetzbarkeit von Strategien in unterschiedlichen Aufgabenkontexten andererseits, mithin also deklarativem und prozeduralem metakognitivem Wissen basiert (Brown, 1980).

Entwicklungshypothesen

Grundsätzlich wird im Modell von Brown und Kollegen angenommen, dass sich Metakognition in Abhängigkeit von der Erfahrung mit einer Aufgabe entwickelt. Alter und Erfahrung sind – insbesondere in schulischen Anforderungen – eng miteinander verknüpft. Novizen besitzen mangels Erfahrung mit einer Aufgabe weder Wissen über die eigenen Fähigkeiten, noch über die Zielsetzungen der Aufgabe und der Schritte, die zu ihrer Erledigung notwendig sind, noch über die Strategien, die zu einer effizienten Lösung führen. Der geringe Vertrautheitsgrad mit einer Aufgabe äußert sich in defizitären Kontrollprozessen und einer damit verbundenen Passivität in der Steuerung des kognitiven Prozesses (Brown & DeLoache, 1978).

Im Zuge zunehmender Erfahrung mit einer Aufgabe wird folgende Entwicklung der Metakognition vorhergesagt: Der Novize, der vor einer gänzlich unbekannten Anforderung steht, ist lediglich zu rudimentären Kontrollprozessen in der Lage und kann den kognitiven Prozess damit nicht aktiv steuern. Der relative Experte, der aufgrund vorangegangener Erfahrungen mit der vorliegenden Aufgabe bereits über lösungsrelevantes Wissen verfügt, ist zunehmend in der Lage, den kognitiven Prozess bewusst zu überwachen und aktiv zu regulieren. Der Experte schließlich löst die Anforderung in automatisierter Weise, da die lösungsrelevanten Prozesse und ihre Koordination überlernt sind und ohne bewusste Überwachung und Regulation effizient ablaufen. Zusätzlich zu den aufgabenspezifischen Aspekten der Metakognition wird im Zuge der Erfahrung mit unterschiedlichen Aufgaben auch Wissen über die transsituationalen Eigenschaften der metakognitiven Fertigkeiten erworben (Brown & DeLoache, 1978; Brown et al., 1983). Die metakognitive Entwicklung ist also das Ergebnis von Erfahrungen mit immer vielfältigeren und komplexeren Aufgabenstellungen, welche oft, jedoch nicht notwendigerweise parallel zum chronologischen Alter verläuft.

Die metakognitive Entwicklung im Modell von Brown vollzieht sich damit in einem zunehmenden Bewusstsein gegenüber Aufgabenanforderungen und Strategieeigenschaften. Dieses Bewusstsein wiederum wirkt positiv auf die Effektivität der Überwachungs- und Regulationsprozesse zurück, aus denen es entstanden ist. Das Entwicklungsmuster geht von einem zunächst aufgabenspezifischen Erwerb metakognitiven Fertigkeiten aus. Mit zunehmender Erfahrung in einem breiten Spektrum von unterschiedlichen Aufgaben wird dann ein Transfer dieser Fertigkeiten möglich.

2.5 Facetten des metakognitiven Wissens (Paris und Kollegen)

Im Modell von Brown und Kollegen wird innerhalb des metakognitiven Wissens zwischen deklarativen und prozeduralen Wissensfacetten unterschieden (Brown, 1980; Brown et al., 1983). Paris, Lipson und Wixson (1983) greifen diese Unterscheidung auf, definieren die Facetten allerdings neu.

Als *deklarativ* bezeichnen sie das Wissen über Aufgabenanforderungen, Aufgabenziele und verarbeitungsrelevante persönliche Eigenschaften. Als *prozedural* wird das Wissen darüber verstanden, wie kognitive Aktivitäten bzw. Strategien auszuführen sind. Dieses Wissen wird aus den metakognitiven Erfahrungen in der Ausführung von Strategien abstrahiert, betrifft aber nicht die Ausführung der Strategien selbst.

Eine zusätzliche, dritte Facette des metakognitiven Wissens wird unter der Bezeichnung *konditional* postuliert. Das konditionale Wissen umfasst ein Bewusstsein darüber, warum eine Strategie effektiv ist und unter welchen Bedingungen sie auszuwählen oder auszuführen ist (Jacobs & Paris, 1987). Durch die Repräsentation der Ziele, die mit einer Strategie zu erreichen sind, motiviert das konditionale Wissen den Strategieeinsatz (Paris et al., 1983). Das Wissen, unter welchen Aufgabenanforderungen spezifische Strategien welche Effekte erzielen, ist notwendig, um zu entscheiden, ob die Ausführung einer Strategie in einem gegebenen Kontext sinnvoll ist. Konditionales Wissen ist also verantwortlich für die Modifikation bzw. den Transfer von Strategien in unbekannten Anwendungssituationen (Paris et al., 1983). Das konditionale Wissen als Facette des metakognitiven Wissens wurde zunächst auf dem Gebiet des Leseverstehens entwickelt und empirisch überprüft (Jacobs & Paris, 1987), in späteren Übersichtsarbeiten aber auch domänenübergreifend als dritte Facette des metakognitiven Wissens bezeichnet (Schneider, 2010; Shraw & Moshman, 1995; Veenman et al., 2006).

2.6 Modell des *Good Information Processing* (Pressley, Borkowski, Schneider und Kollegen)

Das Modell des *Good Information Processing* (Pressley, Borkowski & Schneider, 1989) ging aus dem *Metamemory About Strategies*-Modell (MAS-Modell) hervor, das innerhalb der Konzeption von Flavell (Flavell & Wellman, 1977; Flavell, 1979) insbesondere auf die Strategiewissensfacette fokussierte (Pressley, Borkowski & O'Sullivan, 1985). Kernstück der Theorie ist die Beschreibung der Prozesse der Auswahl und Ausführung von Strategien unter der Zielsetzung einer effektiven Informationsverarbeitung (Borkowski, Chan & Muthukrishna, 2000).

Zunächst sollen die Charakteristika des MAS (Pressley, Borkowski & O'Sullivan, 1985) vorgestellt werden, bevor die theoretischen Weiterentwicklungen zum *Good Strategy User*-Modell (GSU; Pressley, Borkowski & Schneider, 1987) bzw. *Good Information Processing*-Modell (GIP; Pressley et al., 1989) beschrieben werden.

Metamemory About Strategies (MAS)

Das MAS (s. Abb. 2.3) wird als ein aus sechs Komponenten bestehendes, hoch interaktives, dynamisches System vorgestellt, das das Wissen über Gedächtnisstrategien beinhaltet. Die konstante Integration neuer metakognitiver Erfahrungen führt zu einer ständigen Veränderung und Weiterentwicklung in diesem Wissenssystem.

Strategien: Elementarer Bestandteil des MAS ist das dem Lerner verfügbare Repertoire an kognitiven Strategien.

Allgemeines Strategiewissen: Darunter wird das Wissen über allgemeine Prinzipien verstanden, die für alle Strategien Gültigkeit besitzen. Dieses allgemeine Verständnis strategischer Prozesse beinhaltet das Bewusstsein über die Bedeutung von Strategien für kognitive Prozesse (d. h. die Kosten und den Nutzen, die der Strategieeinsatz mit sich bringt). Der Ausprägung des allgemeinen Strategiewissens entsprechend werden auch die Auswirkungen, die der Einsatz von Strategien auf den kognitiven Prozess hat, auf die Strategieanwendung oder auf externe Ursachen attribuiert

(Borkowski & Turner, 1989). Das allgemeine Strategiewissen wird induktiv aus dem spezifischen Strategiewissen abgeleitet und beeinflusst in konkreten Anwendungssituationen die Auswahl und Ausführung geeigneter Strategien.

Spezifisches Strategiewissen: Das spezifische Strategiewissen enthält das Wissen über die spezifischen Eigenschaften einzelner Strategien. Dies beinhaltet das Wissen über die Ziele, das Anwendungsspektrum und die Effektivität einer Strategie in unterschiedlichen Anwendungskontexten sowie die Resultate ihres Einsatzes. Strategiewahl und -anwendung in einer spezifischen Anforderungssituation erfordern ein bewusstes Verständnis über die Passung einer Strategie im Anwendungskontext und ggf. über die Art und Weise, wie die Strategie zu modifizieren ist, um eine ausreichende Passung herzustellen. Das spezifische Strategiewissen bildet sich aus episodischen Informationen (d. h. metakognitiven Erfahrungen) darüber heraus, wann, wo und wie die Strategie angewendet wurde und welchen Erfolg ihr Einsatz hatte.

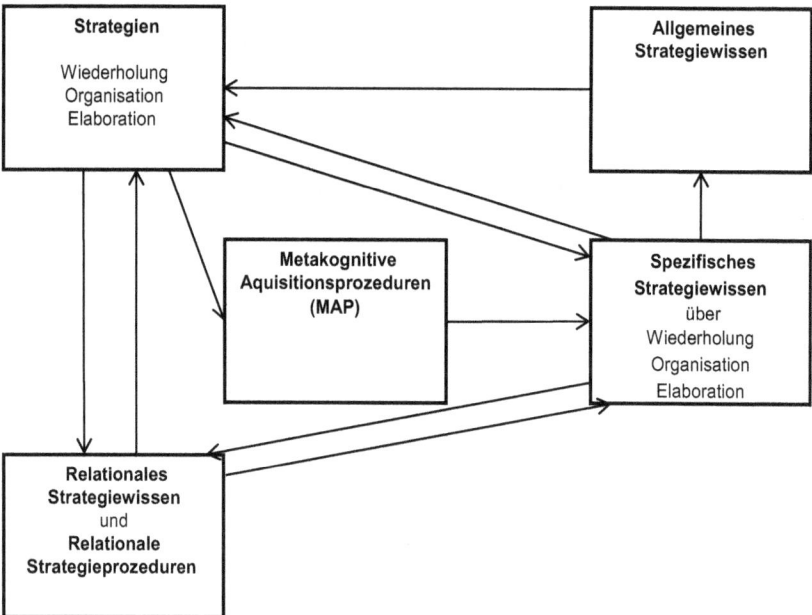

Abbildung 2.3: Das Modell des Metagedächtnisses über Strategien (*Metamemory About Strategies*) nach Pressley et al. (1985)

Relationale Strategieprozeduren und relationales Strategiewissen: Unter die Bezeichnung relationaler Strategieprozeduren werden Prozesse gefasst, die Unterschiede und Gemeinsamkeiten zwischen unterschiedlichen verfügbaren Strategien eines

Lerners aufdecken. Durch diesen Prozess wird das Strategierepertoire auf Grundlage der gemeinsamen Eigenschaften von Strategien strukturiert. Das relationale Strategiewissen beinhaltet den deklarativen Aspekt dieser Struktur, spiegelt also das bewusste Wissen über Unterschiede und Gemeinsamkeiten zwischen Strategien wider. In der Darstellung des Modells ist nicht klar, welche Strategieeigenschaften in die relationale Struktur eingehen: Während Pressley et al. (1985) als strukturierendes Element Gemeinsamkeiten in den Produktionsregeln der Strategien implizieren, beziehen Borkowski und Turner (1989) alle Elemente des spezifischen Strategiewissens mit ein.

Metakognitive Erwerbsprozeduren (Metacognitive Acquisitions Procedures, MAP): Unter metakognitiven Erwerbsprozeduren werden Strategien höherer Ordnung verstanden, also Strategien, deren Operationsgrundlage andere Strategien (d. h. Strategien erster Ordnung) sind. MAP erlauben die Reflexion über Auswahl und Einsatz einer spezifischen Strategie in einem gegebenen Anwendungskontext. Der Reflexionsprozess dient im Wesentlichen der Anreicherung des spezifischen Strategiewissens. Als Beispiel für eine MAP wird das *self-testing* genannt. Dieser Prozess kann sich innerhalb des Verarbeitungsprozesses auf den formativen Vergleich zwischen den erwarteten und den tatsächlichen Effekten des Strategieeinsatzes beziehen. Weiterhin kann auch die (summative) Effektivität unterschiedlicher Strategien im Kontext einer Aufgabe bzw. die Effektivität einer Strategie im Kontext unterschiedlicher Aufgaben verglichen werden. Die Informationen aus diesen Vergleichen werden in das spezifische Strategiewissen integriert. MAP werden in späteren Konzeptualisierungen des Modells als *monitoring*-Prozesse bzw. als exekutive Funktionen bezeichnet (Borkowski, Carr & Pressley, 1987; Borkowski & Turner, 1989; Borkowski et al., 2000). Entsprechend werden den MAP die – im ursprünglichen Modell nicht explizit enthaltenen – Funktionen der Prozesssteuerung zugeschrieben: Analyse der Aufgabenanforderung, Auswahl der geeigneten Strategie, Überwachung und Regulation des Strategieeinsatzes (Borkowski et al., 2000).

Erweiterungen und Weiterentwicklungen des MAS

Das Modell des *Good Strategy User* (GSU; Pressley et al., 1987) beschreibt die komplexe Interaktion aus Strategien, Metakognition und allgemeiner Wissensbasis, durch die sich der kompetente und effiziente Strategieeinsatz auszeichnet. Dabei werden die Komponenten des MAS im Wesentlichen beibehalten und in Bezug auf nicht gedächtnisbezogene kognitive Aktivitäten verallgemeinert und ergänzt. Effizienter Strategieeinsatz wird demnach durch folgende Charakteristika ermöglicht (Pressley et al., 1987, S. 89 f.):

(1) Ein reichhaltiges Repertoire an spezifischen und allgemeinen, zielorientierten Strategien. In diese Kategorie fallen auch das *monitoring* von Strategien und die Fähigkeit, eine Sequenz aus mehreren spezifischen Strategien systematisch

zu planen und deren Ausführung zu überwachen und zu evaluieren (im Ausgangsmodell MAP).

(2) Deklaratives, prozedurales und konditionales Wissen über spezifische Strategien, also Wissen, wie, wann und wo bestimmte Strategien einzusetzen sind.
Darunter wird auch das Wissen um Strategien der Motivation und um die
leistungsförderliche Attribution strategischer Phänomene gefasst (spezifisches
Strategiewissen).

(3) Allgemeines Bewusstsein, dass erfolgreiche Informationsverarbeitung Anstren-
gung insbesondere in der Ausführung geeigneter Strategien erfordert, dass spezifische Strategien situationsübergreifend einsetzbar sind und dass kognitive
Handlungen durch geeignete motivationale, volitionale und aufmerksamkeits-
bezogene Rahmenbedingungen zu unterstützen sind (allgemeines Strategiewissen).

(4) Reichhaltiges Weltwissen und domänenspezifisches Wissen, das den Einsatz
von Strategien unnötig machen kann bzw. Strategien automatisch aktiviert und
als Vorwissen mehrschrittige Handlungssequenzen vorstrukturiert und so den
Einsatz komplexerer Strategien höherer Ordnung ermöglicht.

(5) Übungsbedingte Automatisierung in Ausführung und Koordination kognitiver
Prozesse und damit Reduktion der erforderlichen kognitiven Verarbeitungskapazität.

Durch die explizite Einbeziehung von mehrschrittig zusammengesetzten kognitiven
Handlungen und die damit notwendige Regulation des Verarbeitungsprozesses kann
das Modell auch auf – im Vergleich zu einfachen Gedächtnisaufgaben – komplexere Anforderungen des Problemlösens angewendet werden. In Anlehnung an Chi
(1987) wird die Planung einer Sequenz aus spezifischen Strategien und die Überwachung ihrer Ausführung durch *monitoring*-Strategien selbst als Strategie höherer
Ordnung oder Metastrategie bezeichnet. Das Ineinandergreifen von spezifischen
Strategien und *monitoring-Strategien* konzeptualisiert eine sich selbst regulierende
Informationsverarbeitung und knüpft damit an die Vorstellungen der Regulation
von Kognition (Brown, 1978) an.

Die Berücksichtigung motivationaler, volitionaler und aufmerksamkeitsbezo-
gener Aspekte stellt eine weitere Annäherung des Modells an moderne Vorstellungen einer multifaktoriellen Beeinflussung schulischen Lernens durch kognitive und
nicht kognitive Determinanten dar (vgl. z. B. die Theorien des selbstregulierten Lernens, Kap. 2.8).

Die Berücksichtigung komplexer, mehrschrittiger strategischer Prozesse und ihrer Steuerung trägt wesentlichen Kritikpunkten von Brown (1978) und Brown et al.
(1983) bezüglich des Metagedächtnismodells von Flavell und Wellman (1977) bzw.
Flavell (1979) Rechnung.

In einer weiteren Überarbeitung des Modells, dem Modell des *Good Information Processing* (GIP-Modell; Pressley et al., 1989; Schneider & Pressley, 1997), wird der Rahmen der für effiziente Informationsverarbeitung verantwortlichen Eigenschaften von Lernern nochmals erweitert. Es werden zusätzlich neurologische Aspekte, lernförderliche wissensbezogene Überzeugungen sowie lernförderliche Umgebungsfaktoren als Merkmale effizienter Informationsverarbeitung berücksichtigt.

Die spezifischen Vorhersagen des GIP-Modells zum Erwerb metakognitiven Wissens und seiner Rolle in der erfolgreichen Informationsverarbeitung wurden genutzt, um Prinzipien für eine effektive pädagogische Praxis zur Vermittlung von Strategien im Rahmen des Unterrichts abzuleiten. Diese Prinzipien fanden in allen Kernbereichen des schulischen Lernens, d. h. Lesen, Schreiben, Fremdspracherwerb und Mathematik breite Anwendung (für eine systematische Übersicht s. Pressley & McCormick, 1995 und Pressley & Harris, 2006). Die für den Inhaltsbereich Mathematik relevanten Mechanismen im Zusammenspiel zwischen metakognitivem Wissen, effektiver Strategieanwendung und erfolgreicher Informationsverarbeitung werden in Kapitel 5 dargestellt.

Entwicklungshypothesen

Innerhalb des dynamischen, interaktiven Wechselspiels zwischen den Modellkomponenten ist folgender Entwicklungsverlauf metakognitiver Kompetenzen impliziert (Borkowski et al., 2000; Borkowski & Turner, 1989; Pressley et al., 1987):

Ausgangspunkt ist der spontane bzw. instruierte Einsatz von Strategien. Die Sensitivität gegenüber metakognitiven Erfahrungen (s. o.) führt zum Bewusstsein über die Eigenschaften einer in einem spezifischen Aufgabenkontext eingesetzten Strategie und zum Erwerb spezifischen Strategiewissens. Durch die wiederholte Anwendung einer Strategie in unterschiedlichen Kontexten und den daraus resultierenden, bewusst wahrgenommenen metakognitiven Erfahrungen entsteht Wissen und Verständnis darüber, wie, wann und wo sich die Strategie erfolgreich einsetzen lässt. Durch relationale Strategieprozeduren werden Unterschiede und Gemeinsamkeiten zwischen unterschiedlichen Strategien entdeckt. Dadurch differenziert sich das relationale Wissen aus, das Strategierepertoire wird organisiert und strukturiert, was die Auswahl adäquater Strategien in spezifischen Anwendungssituationen fördert. Unterstützt durch domänenspezifisches Wissen entwickeln sich sukzessive MAP (Pressley et al., 1985; Pressley et al., 1987) bzw. exekutive Funktionen (Borkowski & Turner, 1989), die als Strategien höherer Ordnung die Ausführung und Koordination der Strategien überwachen und steuern. Die Anwendung dieser Prozeduren generiert zunehmend Strategiewissen, das für die Analyse der vorliegenden Aufgabe und die Auswahl adäquater Strategien genutzt werden kann. Zudem wird die Regulation zunächst einfacher und später komplexerer Strategien bzw. Sequenzen aus planvoll aneinandergereihten Strategien möglich. Allgemeines Strategiewissen, also die Erkenntnis, dass Strategien prinzipiell nützlich und essenziell für kognitive Leistungen sind, entsteht als Folge des sich entwickelnden spezifischen Strategiewissens und der zunehmend ausdifferenzierten Erwerbsprozeduren. Der Inhalt des allgemeinen Strategiewissens wirkt sich über attributionale Prozesse auf die Motivation zum Strategieeinsatz aus. Durch die Entwicklung domänenspezifischen Wissens können Aufgaben zunehmend auch ohne den (bewussten) Einsatz von Strategien gelöst werden. In solchen Situationen sind metakognitive Prozesse nicht mehr notwendig. Zusätzlich wird die kognitive Kapazität, die eine kontrollierte Ausführung von Strategien erfordert, durch übungsbedingte Automatisierungsprozesse reduziert.

Zusammenfassung
Insgesamt lässt sich das GIP-Modell in den von Flavell (1979) entwickelten Rahmen einordnen. Das Modell präzisiert insbesondere die Interaktion zwischen kognitiven Handlungen, metakognitiven Erfahrungen und metakognitivem Wissen und konkretisiert den Entwicklungsmechanismus des metakognitiven Wissens durch Erfahrung mit kognitiven Handlungen und durch die Beschreibung von MAP. Unter der Bezeichnung spezifisches Strategiewissen sind deklarative, prozedurale und konditionale Wissensfacetten über kognitive Strategien subsumiert. Die von Flavell als metakognitiv bezeichneten Strategien der Steuerung kognitiver Prozesse werden im Modell als Strategien höherer Ordnung verstanden, auf deren Entwicklung die gleichen Prinzipien wirken wie auf die kognitiven Strategien.

2.7 Modell des *Meta-Knowing* (Kuhn)

In Kuhns Entwicklungsmodell des kritischen Denkens als Voraussetzung für Wissen und Wissenserwerb nimmt das Bewusstsein über die eigenen Denkprozesse und die Reflexion über das eigene und fremdes Denken als Objekt der Kognition, mithin Metakognition, die zentrale Rolle ein (Kuhn, 1999a, 1999b, 2000).

Ihr Konzept der Metakognition bzw. des Metawissens beinhaltet drei Elemente: die reflexive Bewusstheit über eigene und fremde Kognition, *monitoring* und Regulation der Kognition sowie ein allgemeines und persönliches Verständnis über die Natur des Wissens (Kuhn, 1999a). Letztere Kategorie entspricht den als epistemologische Theorien bezeichneten Kognitionen (Hofer & Pintrich, 1997) und soll daher aus der weiteren Diskussion ausgeklammert werden. In den beiden anderen Komponenten wird die traditionelle Differenzierung der Metakognition in deklarative und prozedurale Facetten fortgesetzt (Kuhn, 1999a, 1999b, 2000). Die deklarative Facette (*metacognitive knowing*) umfasst das Bewusstsein und die Reflexion über die Produkte oder Objekte der Kognition (Kuhn, 1999a). Als Indikatoren für eine Entwicklung des *metacognitive knowing* werden der Erwerb mentaler Verben (d. h. die Entwicklung des begrifflichen Denkens in Bezug auf mentale Zustände und Aktivitäten) und eine *theory of mind* (d. h. die Entwicklung einer naiven Theorie über die Funktionsweise mentaler Repräsentation) angesehen (Kuhn, 1999a, 1999b). Die grundlegenden Entwicklungsschritte im *metacognitive knowing* werden also in der frühen Kindheit erzielt. Damit kann das *metacognitive knowing* als ein Vorläufer des traditionellen Metakognitionskonzepts und als erste Stufe in der Entwicklung des epistemologischen Wissens interpretiert werden (Kuhn, 2000; s. auch Schneider & Lockl, 2006, 2007b).

Die prozedurale Facette (*metastrategic knowing*) befasst sich mit der Auswahl und Steuerung kognitiver Operationen. Das *metastrategic knowing* beinhaltet Bewusstsein, Verständnis, Überwachung und Regulation strategischer Prozesse in kognitiven Anforderungen (Kuhn, 2000). Es enthält Wissen darüber, wie eine Strategie anzuwenden ist, in welchen Aufgabenanforderungen sie einsetzbar und wie effektiv sie in diesem Kontext ist, d. h., Wissen wie, wann und warum eine Strategie eingesetzt werden sollte (Kuhn, Garcia-Mila, Zohar & Andersen, 1995). Entsprechend der Kopplung zwischen Aufgabenkontext und Strategieeinsatz unterscheidet Kuhn *metatask knowledge*, das die vorliegende Aufgabe repräsentiert und *metastrategic knowledge*, das die zur Verfügung stehenden Strategien repräsentiert (Kuhn, 2000, 2001; Kuhn & Pearsall, 1998).

In konkreten kognitiven Anforderungen interagieren beide metastrategischen Komponenten (Kuhn, 2001): Die Kenntnisse über die Anforderungen einer Aufgabe (*metatask knowledge*) und über die Eigenschaften der verfügbaren Strategien (*metastrategic knowledge*) führt zur Auswahl und Anwendung einer spezifischen Strategie. Die Strategie wird von der metastrategischen Instanz ausgeführt, ihre Ausführung wird überwacht. Die Ergebnisse der Überwachung werden zur Ebene des *metastrategic knowing* zurückgemeldet: Durch diese zyklischen Rückmeldeprozesse entsteht auf der Ebene des *metatask knowledge* eine vertiefte Repräsentation der spezifischen Aufgabe und ihrer Anforderungen. Auf der Ebene des *metastrategic knowledge* entwickelt sich die Wissensbasis über Nutzen und Grenzen einer Strategie in einem bestimmten Anwendungskontext. Durch wiederholten Einsatz unterschiedlicher Strategien in unterschiedlichen Anwendungskontexten akkumuliert das *metastrategic knowing*. Diese durch Erfahrung angereicherte Wissensbasis erleichtert zunehmend die Auswahl geeigneter Strategien in unterschiedlichen Kontexten und unterstützt ihre effiziente Ausführung. Durch akkumulierte Rückkopplungsprozesse verschiebt sich die Nutzungshäufigkeit bestimmter Strategien innerhalb des verfügbaren Strategierepertoires (s. auch Siegler, 1996, 2005).

Zusammenfassend lässt sich als ein spezifischer Aspekt des Modells von Kuhn die explizite Berücksichtigung und Erklärung kognitiver Entwicklung durch metakognitive Prozesse ausmachen. Die metakognitive Ebene, genauer Wissen, Bewusstheit über und Steuerung von kognitiven Prozessen, wird als der Ort angesehen, an dem sich die Entwicklung kognitiver Fähigkeiten vollzieht (Kuhn, 2000): In Übereinstimmung mit dem Modell von Siegler (z. B. Siegler, 1996, 2005) zeigt sich kognitive Entwicklungsveränderung in der Strategiewahl, welche von Kuhn (1999a) als metakognitive Leistung angesehen wird. Während die Funktionen, die das *metacognitive knowing* im Modell von Kuhn übernimmt, als Vorläufer des metakognitiven Wissens angesehen werden (Schneider & Lockl, 2006, 2007b), finden sich die Funktionen des *metastrategic knowing* als deklarative, prozedurale und konditionale Facetten des metakognitiven Wissens in den bereits vorgestellten Modellen wieder. Obwohl Kuhns Modell an zentraler Stelle exekutive Funktionen im Sinne von Regulationsaktivitäten annimmt, werden Voraussetzungen und Eigenschaften dieser Prozesse nicht konkret konzeptualisiert. Der Schwerpunkt des Modells liegt auf der Beschreibung des metakognitiven Wissens.

2.8 Modelle des selbstregulierten Lernens

Modelle des selbstregulierten Lernens und der Metakognition sind konzeptuell schwer voneinander zu trennen; in empirischen Arbeiten werden die beiden Konzeptionen oft nicht klar voneinander abgegrenzt (Dinsmore et al., 2008).

Selbstreguliertes Lernen wird als aktive metakognitive, motivationale und behaviorale Steuerung des eigenen Lernprozesses verstanden (Zimmerman, 1986). In diese relativ allgemeine Definition lassen sich sehr unterschiedliche theoretische Konzeptionen des selbstregulierten Lernens einordnen (Zimmerman & Schunk, 2001, 2011). Den theoretischen Perspektiven gemeinsam ist die Annahme eines zielgerichteten Einsatzes von Strategien zur Verbesserung der akademischen Leistung, die Vorstellung des selbstregulierten Lernens als zyklischen, durch rekursive Feedbackschleifen gesteuerten Prozess, die Berücksichtigung kognitiver und motivationaler Prozesse in der Auswahl und Ausführung von kognitiven Strategien, die Annahme von entwicklungsbedingten Veränderungen in der Fähigkeit zum selbstregulierten Lernen sowie die explizite Berücksichtigung motivationaler Faktoren (Zimmerman, 2001).

Zentrale Prozesse im selbstregulierten Lernen sind die Planung, Überwachung, Regulation und Evaluation des eigenen Lernens (Winne & Hadwin, 1998; Zimmerman, 2001). Damit stehen metakognitive Aktivitäten im Mittelpunkt des Konzepts. Anders als in den meisten Modellen der Metakognition werden in den Modellen des selbstregulierten Lernens auch die Einflüsse nicht kognitiver Faktoren explizit berücksichtigt. Darunter fallen motivationale und affektive Charakteristika des Lerners ebenso wie Merkmale des Lernkontextes. Neben den kognitiven Prozessen sind auch diese nicht kognitiven Faktoren zu überwachen und zu regulieren (Pintrich, 2004). Dementsprechend kann das selbstregulierte Lernen als das umfassende, allgemeinere Konstrukt bezeichnet werden, das Wissen und Regulation von Kognition (d. h. Metakognition) miteinschließt (Boekaerts, 1999; Dinsmore et al., 2008; Pintrich, Wolters & Baxter, 2000).

Die motivationalen Aspekte beeinflussen die Auswahl von Aufgaben, die Initiierung ihrer Ausführung sowie Persistenz und Anstrengungsbereitschaft während der Ausführung. Als motivationale, lernrelevante Überzeugungen werden Ergebniserwartungen, Effektivitätserwartungen, intrinsisches Interesse, Zielorientierungen, volitionale Strategien und Attributionen genannt (Corno, 2001; Pintrich et al., 2000; Schunk, 2001; Winne, 2001). Auch emotionale Begleiterscheinungen während des Lernens (z. B. Stolz, Erleichterung, Angst oder Hoffnungslosigkeit), die als Reaktion auf die Ergebnisse von *monitoring*-Prozessen entstehen und sich auf kognitive und metakognitive Aspekte des Lernens auswirken, werden berücksichtigt (Boekaerts, 2011). Die Regulation der Motivation erfordert – in Analogie zur Regulation der Kognition – metamotivationales Wissen, die Überwachung des motivationalen Status sowie den Einsatz zielgerichteter Strategien zur Beeinflussung der eigenen Motivation (Wolters, Benzon & Arroyo-Giner, 2011). Die Merkmale des Lernkontextes werden als externe Einflüsse auf das Lernen ebenfalls betrachtet. Darunter fallen die Aufgabenanforderungen und der situative Kontext, in dem das Lernen stattfindet (Pintrich, 2004; Schunk, 2001; Winne & Hadwin, 1998). Unter dem situativen Kontext werden externe Ressourcen und Hilfsmittel, soziale Einflüsse, die dem Lerner Informationen über den eigenen Lernprozess vermitteln, sowie Merkmale der Lernumgebung verstanden (Schunk, 2001; Winne, 2001).

Metakognitives Wissen ist in den Modellen des selbstregulierten Lernens also in ein multifaktorielles, kognitives, motivational-affektives, soziales Geschehen zur Erklärung des Lernverhaltens eingebunden.

2.9 Zusammenfassung und Schlussfolgerungen

In den vorgestellten Metakognitionsmodellen bleibt die traditionelle Unterscheidung in *Wissen über Kognition* und *Regulation von Kognition* erhalten. Innerhalb des Wissens über Kognition unterscheidet sich die Taxonomie zwischen den Modellen. Dies betrifft insbesondere die Wissensinhalte, die sich auf das Wissen über Strategien beziehen. Während das Personen- und Aufgabenwissen nicht in allen Metakognitionsmodellen explizit erwähnt ist, wird das Strategiewissen sowohl in seiner Interaktion mit anderen metakognitiven Komponenten als auch in seiner Funktion für die Auswahl und Ausführung kognitiver Aktivitäten sehr differenziert beschrieben. Dies unterstreicht den hohen Stellenwert, den dieses Wissen in der Entwicklung kognitiver Fähigkeiten einnimmt (Kuhn, 2000; Pressley & Harris, 2006; Siegler, 1996, 2005).

Die Entwicklung des metakognitiven Wissens wird in allen vorgestellten Modellen als aktiver konstruktivistischer bzw. sozio-konstruktivistischer Prozess der Auseinandersetzung mit kognitiven Aufgaben und der Reflexion und Abstraktion der metakognitiven Erfahrungen beschrieben. Dementsprechend bilden kognitive Erfahrungen, die aus der bewussten oder unbewussten Überwachung kognitiver Prozesse entstehen, die Quelle von Entwicklungsveränderungen. Da diese Erfahrungen in der Regel mit zunehmender Auseinandersetzung mit kognitiven Anforderungen und damit mit zunehmendem Lebensalter akkumulieren, wird eine Zunahme des metakognitiven Wissens mit dem Lebensalter erwartet.

3   Metakognition und Mathematik

Die Modelle der Metakognition wurden ursprünglich im Kontext der Gedächtnisforschung entwickelt. Wie z. B. das Modell von Nelson und Narens (1990, 1994) anschaulich zeigt, bezieht sich Metakognition auf kognitive Vorgänge auf einer Objektebene (vgl. Kap. 2). Es ist also davon auszugehen, dass unterschiedliche kognitive Prozesse auch unterschiedliche metakognitive Prozesse bedingen und zu unterschiedlichen metakognitiven Erfahrungen führen, letztlich also in anforderungsspezifischem metakognitivem Wissen resultieren.

Das folgende Kapitel geht der Frage nach, wie sich die Konzepte der Metakognitionsforschung auf den Anwendungskontext Mathematik übertragen lassen und welche domänenspezifische Aspekte der mathematischen Kognition bei einer solchen Übertragung einzubeziehen sind.

Dazu werden kognitive Modelle der mathematischen Informationsverarbeitung vorgestellt, in denen Metakognition als Prozessmerkmal berücksichtigt ist. Zur Validierung und Konkretisierung dieser theoretischen Vorstellungen werden empirische Studien berichtet, in denen das Zusammenspiel von Kognition und Metakognition beobachtet wurde.

3.1 Modelle der Metakognition in der mathematischen Informationsverarbeitung

Das Modell von Polya

Polya (1949) leistete in seinem Modell des Problemlösens einen entscheidenden Beitrag zur Erforschung kognitiver Prozesse in mathematischen Anforderungen. Er postulierte eine linear fortschreitende Sequenz aus vier distinkten Phasen. Jede der Phasen ist innerhalb des Lösungsprozesses auf ein spezifisches Ziel hin ausgerichtet und notwendig, um die Lösung eines Problems zu finden. Konkret bezeichnen die vier Phasen das Verstehen der Aufgabenstellung, das Ausdenken eines Lösungsplanes, das Ausführen des Planes und die Rückschau.

Jeder dieser Phasen ordnete Polya *Heuristiken* zu. Darunter versteht er „Denkoperationen, die beim Lösen von Aufgaben typisch nützlich sind" (Polya, 1949, S. 156). In der modernen Nomenklatur können die von Polya vorgeschlagenen Heuristiken im Wesentlichen den kognitiven Strategien zugeordnet werden (s. z. B. Bruder & Collet, 2011 für eine breite theoretische und unterrichtspraktische Darstellung von Heuristiken im Kontext mathematischen Problemlösens). Polya sieht als treibende Kraft für die Entwicklung von Expertise im mathematischen Problemlösen den Erwerb eines reichhaltigen Repertoires an Heuristiken (s. Polya, 1949, S. 91f.): Mithilfe reflexiv-evaluativer Prozesse erkennt ein Problemlöser, dass eine von ihm eingesetzte spezifische Lösungsmethode effektiv zur Aufgabenlösung beigetragen hat. Durch den mehrmaligen erfolgreichen Einsatz bei verwandten Problemen wird die spezifische Lösungsmethode zu einer allgemein anwendbaren Lösungsstrategie generalisiert. Durch die Auseinandersetzung mit einer Vielzahl unterschiedlicher Probleme entwickelt der Problemlöser so ein Repertoire von unterschiedlichen Lösungsstrategien und erreicht Expertenstatus. Diese Entwicklung der Strategierepertoires ist trotz des individuellen Verlaufes äquifinal, führt also bei unterschiedlichen Personen zu vergleichbaren Resultaten, d. h. zu einem Bestand an allgemein effektiven Strategien und dem Wissen über ihre Anwendung. Durch introspektive Methoden, ausgeführt von Experten, lassen sich idealtypische heuristische Strategien identifizieren und beschreiben. Vermittelt man nun das Repertoire der Experten weniger erfahrenen Problemlösern, dann – so Polyas didaktischer Ansatz – lässt sich der individuelle Entwicklungsprozess abkürzen.

In der frühen Konzeption von Polya (1949) lassen sich also wesentliche Punkte der in Kapitel 2 geschilderten Modelle des *Wissens über Kognition*, insbesondere zur Entwicklung von metakognitivem Wissen bzw. Strategiewissen, bereits erkennen. Jedoch findet sich bei Polya kein Hinweis darauf, wie der Problemlöser in konkreten Anforderungssituationen die Sequenz der vier Lösungsphasen steuert, wie er die geeignete Strategie aus dem Repertoire der zur Verfügung stehenden Heuristiken auswählt und wie er ihre Ausführung überwacht und reguliert. Die in den modernen Konzeptionen der Metakognition dem Aspekt *Regulation von Kognition* zugeschriebenen Funktionen (s. o.) wurden von Polya also nicht berücksichtigt.

Das Modell von Schoenfeld

Schoenfeld (1985) griff das Konzept der Heuristiken von Polya (1949) auf. Auf Grundlage seiner Untersuchungen, in denen er das Problemlöseverhalten von Novizen und Experten verglich, kam er jedoch zum Schluss, dass die Kenntnis von Heuristiken allein wenig Relevanz für die Bearbeitung mathematischer Probleme aufweist. Als Begründung führt er die ausgeprägte Personen- und Aufgabenspezifität von Heuristiken an. Damit greift er die Position aus dem GIP-Modell (s. o., Pressley et al., 1989) auf, wonach neben den rein deklarativen Wissensaspekten auch konditionale, prozedurale und relationale Wissensfacetten, also Wissen über die spezifischen Eigenschaften von Strategien in unterschiedlichen Aufgabenkontexten, einen Einfluss auf den effektiven Strategieeinsatz haben. Ähnliche Vorhersagen trifft auch das Modell von Kuhn (2001; s. Kap. 2), in dem Wissen über Eigenschaften der Aufgabe (*metatask knowledge*) und der Strategie (*metastrategic knowledge*) in der Auswahl geeigneter Strategien interagieren.

Schoenfeld (1985) führt weiter aus, dass neben einem reichhaltigen Repertoire an Heuristiken die Überwachung und Regulation der Strategieauswahl und -ausführung relevant ist:

In consequence, having a mastery of individual heuristic strategies is only one component of successful problem solving. Selecting and pursuing the right approaches, recovering from inappropriate choices, and in general monitoring and overseeing the entire problem-solving process, is equally important. One needs to be efficient as well as resourceful. In broadest terms, this is the issue of control. (S. 98 f.)
Diese Steuerungsprozesse fasst Schoenfeld unter der Bezeichnung *control* zusammen. Die von Schoenfeld beschriebene Sequenz aus Planung, Ausführung, Überwachung und Regulation mehrerer (kognitiver) Strategien konzeptualisiert Flavell (1979) als Anwendung metakognitiver Strategien. Im Modell von Brown entsprechen die Prozesse der *control* den exekutiven Funktionen, werden also der Komponente Regulation von Kognition zugeordnet (Brown, 1978). Im GIP-Modell (Pressley et al., 1989) werden die von Schoenfeld beschriebenen Prozesse als MAP bzw. Strategien höherer Ordnung bezeichnet.

Schoenfeld operationalisiert *control* durch die Effektivität, mit der ein Problemlöser den Lösungsprozess durch Entscheidungen steuert. Diese aktiv in den Lösungsprozess eingreifenden Entscheidungen sind der manifeste Ausdruck metakognitiver Aktivitäten. Mit einem Fokus auf diesen metakognitiven Steuerungsprozessen hat Schoenfeld (1985) ein Rahmenmodell zur Analyse der Informationsverarbeitung bei der Lösung mathematischer Probleme formuliert. Das Modell unterteilt in Anlehnung an Polya (1949) den Lösungsprozess in sieben distinkte Bearbeitungsepisoden. Die Episoden bezeichnen in sich konsistente Lösungsaktivitäten, die jeweils einem spezifischen Ziel im Verarbeitungsprozess dienen: Lesen, Verstehen, Analysieren, Explorieren, Planen, Durchführen und Verifizieren. Während und zwischen den Bearbeitungsepisoden finden Prozesse der Überwachung und Regulation statt. Die Überwachungsaktivitäten beinhalten fortlaufende Bewertungen, die zum einen den aktuellen Erkenntnisstand bzgl. der Aufgabe und zum anderen den aktuellen Lösungsstand zum Gegenstand haben. Regulationsaktivitäten beinhalten die Nutzung der während des Lösungsprozesses durch Überwachung gewonnenen Erkenntnisse.

Konkret äußert sich das effektive Zusammenspiel der beiden metakognitiven Aktivitäten in drei Formen der Prozesssteuerung: (a) der adaptiven Anpassung der Lösungsaktivitäten an den Lösungsfortschritt, d. h. dem effizienten und zielorientierten Wechsel zwischen den Bearbeitungsepisoden; (b) dem Erkennen und Berücksichtigen lösungsrelevanter Informationen, die während des Lösungsprozesses generiert werden, z. B in Form einer Aktualisierung der Aufgabenrepräsentation und Neubewertung der Lösungsperspektiven durch die Wiederaufnahme der Analyse- bzw. Explorationsepisode; (c) dem Abbruch ineffizienter Lösungsprozesse, z. B. ein Wechsel von der Durchführungs- in eine erneute Analyse- bzw. Explorationsepisode, wenn kein hinreichender Lösungsfortschritt zu erzielen ist. Die als *transition points* bezeichneten Entscheidungsphasen im Übergang zwischen den

Bearbeitungsepisoden gelten als Indikatoren für flexible und effiziente Steuerungs-
entscheidungen und damit für metakognitive Kompetenz. Über den globalen Steu-
erungsaspekt hinaus kontrollieren metakognitive Aktivitäten auch innerhalb der
Bearbeitungsepisoden die effiziente Nutzung lösungsrelevanter Aspekte wie Vorwissen, Strategierepertoire und mathematikbezogene Überzeugungen.

Das Modell von Garofalo und Lester (1985)

Während Schoenfeld (1985) die metakognitive Regulationskomponente des mathematischen Problemlösens relativ elaboriert beschrieb und empirisch untersuchte, griff er die metakognitive Wissenskomponente lediglich in der Feststellung auf,
dass Wissen über kognitive Strategien, wie es Polya (1949) darstellte, allein nicht
ausreichend für kompetentes Problemlösen sei.

Garofalo und Lester (1985) integrierten die Vorstellungen von Polya und
Schoenfeld, um das Zusammenspiel aus kognitiven und metakognitiven Prozessen
in der Lösung mathematischer Probleme zu modellieren. Dabei nahmen sie auch
explizit Bezug zur Konzeption des metakognitiven Wissens aus dem Metagedächtnismodell von Flavell und Wellman (1977) und verknüpften damit die mathematik-
didaktische und die kognititionspsychologische Forschungsperspektive miteinander. Die drei Metagedächtnisvariablen wurden auf mathematische Anforderungen
übertragen.

Das *Personenwissen* beinhaltet eine individuelle Einschätzung des eigenen Fä-
higkeitsprofils in Mathematik allgemein und in spezifischen mathematischen Inhaltsgebieten und Anforderungen, sowie eine individuelle Beurteilung der eigenen
Ausprägung in Faktoren, die diese Fähigkeiten beeinflussen (z. B. emotional-motivationale Einflüsse, Bearbeitungszeit, Übung, Instruktion). Das *Aufgabenwissen*
beinhaltet Überzeugungen über die Eigenschaften und Anforderungen mathematischer Aufgabenstellungen. Dies zeigt sich in einem Bewusstsein für die Effekte
des Inhalts, des Kontexts, der Struktur und der sprachlichen Gestaltung auf die
Schwierigkeit von Aufgaben. Das *Strategiewissen* beinhaltet neben dem Wissen
über Heuristiken und Algorithmen das Bewusstsein über Strategien zur Unterstützung des Aufgabenverständnisses, der Organisation lösungsrelevanter Information, der Planung der Lösungsschritte, der Ausführung des Lösungsplanes und
der Überprüfung der erzielten Lösungen. Das Wissen bezieht sich also sowohl auf
kognitive Strategien als auch auf metakognitive Strategien. In konkreten Anforderungssituationen interagieren die drei metakognitiven Wissensvariablen. Funktion
und Manifestation der interagierenden metakognitiven Wissensvariablen werden –
in Entsprechung zu den oben beschriebenen Modellen der Metakognition – in der
effektiven Gestaltung metakognitiver Regulationsprozesse gesehen:

For example, if a student is aware that he or she is prone to making computation
errors, especially when doing complex or less practiced calculations or when work-

ing fast, the student is likely to engage in [...] monitoring behaviors [...] and is more likely to check the results. (Garofalo & Lester, 1985, S. 168)
In Anlehnung an Polya (1949) unterteilten Garofalo und Lester (1985) den Lösungsprozess mathematischer Probleme in vier Bearbeitungsepisoden. Wie bei Schoenfeld (1985) werden nicht nur die kognitiven Handlungen innerhalb der Bearbeitungsepisoden, sondern auch die metakognitiven Aktivitäten zur Strukturierung und Regulation des Lösungsprozesses beschrieben.

Die vier Bearbeitungsepisoden, *Orientierung, Organisation, Durchführung* und *Verifikation* sind durch charakteristische kognitive und metakognitive Ziele und Aktivitäten definiert (s. Abb. 3.1). Die kognitiv-metakognitiven Aktivitäten des Modells sind nicht nur auf mathematisches Problemlösen in Sachaufgaben beschränkt, sondern lassen sich in unterschiedlichen Schwerpunktsetzungen auch in anderen Aufgabenformen, wie arithmetischen Anforderungen oder Anwendungsproblemen finden.

Eine interessante Modifikation und inhaltliche Akzentuierung des Modells betrifft die Rolle der Überwachungsprozesse. Ymer und Ellerton (2010) ordneten jeder Bearbeitungsepisode einen zusätzlichen metakognitiven Prozess zur Reflexion der Zielerreichung zu. Zudem nahmen die Autoren am Ende des Lösungsprozesses eine zusätzliche Internalisierungsepisode an. Die Ziele dieser Episode (Reflexion des Lösungsprozesses, Identifikation besonderer Merkmale des Lösungsprozesses sowie Reflexion der Transfermöglichkeiten des Lösungsweges) beziehen sich explizit auf die Integration metakognitiver Erfahrungen in die metakognitive Wissensbasis. Diese Prozesse der Wissensassimilation greifen die Vorstellungen von Flavell (1979), Pressley et al. (1989) und Kuhn (2001) zur Entwicklung von metakognitivem Wissen durch die Identifikation, Abstraktion und Organisation metakognitiver Erfahrungen auf. Im klassischen kognitiv-metakognitiven Rahmenmodell sind diese Aktivitäten als Bestandteil der Verifikationsepisode enthalten (s. Abb. 3.1).

Garofalo und Lesters (1985) stringente theoretische Herleitung, die Integration mathematikdidaktischer und kognitionspsychologischer Positionen, die umfassende Beschreibung von Lösungsprozessen und die klare und nachvollziehbare Operationalisierung metakognitiver Aktivitäten zeichnen das kognitiv-metakognitive Rahmenmodell aus und machten es zu einem hervorragenden Ausgangspunkt für die systematische Analyse und Bewertung kognitiver und metakognitiver Phänomene in der mathematischen Informationsverarbeitung.

ORIENTIERUNG: Strategisches Verhalten mit dem Ziel, das Problem zu bewerten und zu verstehen

(A)	Verstehensstrategien
(B)	Analyse der gegebenen Informationen
(C)	Einschätzung der Vertrautheit mit der Aufgabe
(D)	Initale und nachfolgende Aufgabenrepräsentation
(E)	Einschätzung des Schwierigkeitsgrades und der Erfolgsaussichten

ORGANISATION: Planung des Verhaltens und Wahl der Lösungshandlungen

(A)	Identifikation von Zielen und Zwischenzielen
(B)	Globale Planung
(C)	Lokale Planung (um die globale Planung umzusetzen)

DURCHFÜHRUNG: Regulation des Verhaltens mit dem Ziel, den Plan umzusetzen

(A)	Umsetzen der lokalen Planungen
(B)	Monitoring des Fortschritts in den lokalen und globalen Planungen
(C)	Abstimmung zwischen Durchführungseigenschaften (z. B. Geschwindigkeit vs. Genauigkeit, Eleganz)

VERIFIKATION: Evaluation der getroffenen Entscheidungen in Orientierung, Organisation und Ausführung

(A)		Evaluation der Orientierungs- und Organisationsperiode
	i.	Angemessenheit der Aufgabenrepräsentation
	ii.	Angemessenheit der Planung der Lösung und der Auswahl der Lösungshandlungen
	iii.	Zusammenhang zwischen lokalen Plänen und der globalen Planung
	iv.	Zusammenhang zwischen der globalen Planung und dem Aufgabenziel
(B)		Evaluation der Durchführungsperiode
	i.	Angemessenheit der Umsetzung der Lösungshandlungen
	ii.	Zusammenhang zwischen den Lösungshandlungen und der Planung
	iii.	Zusammenhang zwischen lokalen Ergebnissen und Planung und gegebener Information
	iv.	Zusammenhang zwischen den globalen Ergebnissen und den gegebenen Informationen

Abbildung 3.1: Das kognitiv-metakognitive Rahmenmodell nach Garofalo und Lester (1985, S. 171)

3.2 Befunde zur Metakognition in der mathematischen Informationsverarbeitung

Die oben beschriebenen Aspekte der Theoriebildung, Polyas Differenzierung des Problemlöseprozesses in vier Bearbeitungsphasen, Schoenfelds Modell der metakognitiven Steuerung des Prozesses und die Integration der Positionen durch Garofalo und Lester erwiesen sich als konstruktive Grundlage für Forschungsaktivitäten.

Insbesondere die qualitative Forschung vermittelt eine konkrete Vorstellung von metakognitiven Prozessen in der Mathematik und soll daher in ihren zentralen Befunden in einem weiten Spektrum mathematischer Anforderungen, Altersstufen und Fähigkeitsbereiche vorgestellt werden (s. Tab. 3.1 für eine Übersicht).

Die Untersuchungen zogen als Referenzrahmen für die Kodierung der beobachteten kognitiven und metakognitiven Aktivitäten teilweise die vier Bearbeitungsepisoden aus dem Modell von Garofalo und Lester (1985) heran, teilweise beriefen sie sich auf das Modell mit sieben Bearbeitungsepisoden von Schoenfeld

(1985). Wie die Gegenüberstellung zeigt, stellen die beiden Modelle allerdings lediglich unterschiedliche Differenzierungsgrade einer isomorphen Struktur dar (siehe Tab. 3.2).

Tabelle 3.1: Übersicht über die berichteten qualitativen Studien zum mathematischen Problemlösen

Autor (Jahr)	N	Altersbereich	Methode	Stimulus
Artzt & Armour-Thomas (1992)	27	Jahrgangsstufe 7	Kleingruppen-*think-aloud*-Protokoll	eine komplexe Problemlöseaufgabe (nicht curricular)
Pugalee (2004)	20	Jahrgangsstufe 9	*think-aloud*-Protokoll und schriftliches Protokoll	sechs Problemlöseaufgaben (curricular)
Geiger & Galbraith (1998)	47	Jahrgangsstufe 11	schriftliches Protokoll	vier komplexe Problemlöseaufgaben (curricular)
Goos (2002)	keine Angabe	Jahrgangsstufe 11	Kleingruppen-*think-aloud*-Protokoll	drei Problemlöseaufgaben (curricular)
Stillman & Galbraith (1998)	22	Jahrgangsstufe 11	Dyaden-*think-aloud*-Protokoll	eine komplexe Problemlöseaufgabe (nicht curricular)
Ymer & Ellerton (2010)	17	Lehramtsstudierende	halb-standardisiertes konkurrentes Interview	sechs komplexe Problemlöseaufgaben
Carlson & Bloom (2005)	12	postgraduierte Mathematiker	*think-aloud*-Protokoll	fünf komplexe Problemlöseaufgaben

Anmerkung: N = Stichprobenumfang.

Differenzierung kognitiver und metakognitiver Prozesse

Ein grundlegendes Problem der Metakognitionsforschung in Theoriebildung und -prüfung ist die Unterscheidbarkeit kognitiver und metakognitiver Prozesse (Brown, 1987). Konzeptuell wird die Ausführung einer Denkoperation als kognitiv und ihre Überwachung und Regulation als metakognitiv bezeichnet (z. B. Flavell, 1979; Nelson & Narens, 1990). In konkreten Informationsverarbeitungsprozessen jedoch ist das Zusammenspiel zwischen den beiden Ebenen so komplex, dass eine einfache, allgemeine Unterscheidung nicht möglich ist. Auch innerhalb mathematischer Problemlöseprozesse sind die kognitive und die metakognitive Ebene funktional aufeinander bezogen, ihre Abgrenzung ist daher schwierig. Artzt und Armour-Thomas (1992) haben das kognitiv-metakognitive Rahmenmodell des mathematischen Problemlösens genutzt, um eine Differenzierung hinsichtlich dieses Aspekts vorzunehmen. Dazu wurden innerhalb der Bearbeitungsepisoden Lösungsaktivitäten hinsichtlich ihres kognitiven bzw. metakognitiven Charakters unterschieden und die Episoden auf Grundlage der funktionalen Dominanz der Ebenen als kognitiv und/oder metakognitiv bezeichnet (s. Tab. 3.2).

Lediglich für das Lesen der Aufgabenstellung ergab sich eine eindeutige Dominanz kognitiver Verarbeitungsprozesse. In den beiden übrigen Phasen der Orientierung dominieren metakognitiv-reflexive Prozesse. Ebenso ist die Auswahl von Lösungsheuristiken in der Organisationsepisode überwiegend metakognitiver Natur. Exploration (ebenfalls in der Episode Organisation) sowie Durchführung und

Verifikation können je nach individueller Ausführung kognitiv oder metakognitiv dominiert sein: Werden verschiedene Rechenoperationen sequenziell nach dem Versuchs-Irrtumsverfahren exploriert, liegt ein überwiegend kognitiver Prozess vor. Werden Qualität und Eignung potenzieller Lösungsansätze während der Exploration bewertet und der Fortlauf des Explorationsprozesses entsprechend dieser Bewertungen gesteuert, dominiert die metakognitive Ebene. Gleiches gilt für die Durchführungsepisode: Werden ohne weitere reflexive Aktivitäten die in den vorangegangenen Episoden entwickelten Lösungsprozeduren systematisch ausgeführt, dominiert der kognitive Prozess; werden die entwickelten Lösungsprozeduren während ihrer Ausführung hinsichtlich ihrer Eignung und Angemessenheit bewertet und auf dieser Grundlage weiterentwickelt bzw. revidiert, sind die Durchführungsaktivitäten überwiegend metakognitiver Natur. In der Verifizierungsepisode können auf kognitiver Ebene die Korrektheit der Berechnungen überprüft werden oder auf metakognitiver Ebene die Resultate vor dem Hintergrund der Informationen aus den vorangegangenen Episoden reflektiert werden. Die empirischen Befunde, die Artzt und Armour-Thomas (1992) zur Validierung dieser Klassifikation vorlegten, bestätigten die Annahmen zur funktionalen Charakterisierung der Bearbeitungsepisoden und damit die Nachweisbarkeit metakognitiver Aktivitäten in nahezu allen Phasen des mathematischen Problemlösens. In den Bearbeitungsepisoden, in denen sowohl eine Dominanz kognitiver als auch metakognitiver Prozesse möglich ist, wurden beide Ausprägungen in annähernd gleicher Häufigkeit gezeigt. Die relativen Häufigkeiten, in denen sich die metakognitiven Aktivitäten auf die Bearbeitungsepisoden verteilten, unterschieden sich jedoch (s. u.). In einer studentischen Stichprobe, die über eine höhere Expertise im Problemlösen verfügte, ließen sich Unterscheidungen zwischen kognitiven und metakognitiven Aktivitäten nicht mehr in der Art und Weise ihrer Ausführung erkennen. Vielmehr unterschieden sich kognitive und metakognitive Ausprägungen in den von den Versuchspersonen explizit benannten Zielsetzungen (Ymer & Ellerton, 2010). Der gezielte Einsatz von bzw. der gezielte Verzicht auf metakognitive Aktivitäten setzt ein umfangreiches inhaltliches und metakognitives Wissen voraus, das eine funktionale Ähnlichkeit zur Sensitivität im Modell von Flavell (1979, 1981a) besitzt.

Tabelle 3.2: Bezeichnung der Problemlöseepisoden im Modell von Garofalo und Lester (1985) und Schoenfeld (1985). Klassifikation der dominanten Ebene innerhalb der Episoden (Artzt & Armour-Thomas, 1992)

Episode nach Garofalo & Lester (1985)	Episode nach Schoenfeld (1985)	dominante Ebene (Artzt & Armour-Thomas, 1992)
Orientierung	Lesen	kognitiv
	Verstehen	metakognitiv
	Analysieren	metakognitiv
Organisation	Explorieren	kognitiv und metakognitiv
	Planen	metakognitiv
Durchführung	Durchführen	kognitiv und metakognitiv
Verifikation	Verifizieren	kognitiv und metakognitiv

Relative Häufigkeit metakognitiver Aktivitäten

Auch die relativen Häufigkeiten, mit denen metakognitive Aktivitäten sich über die Bearbeitungsepisoden verteilen, lassen Rückschlüsse auf die Bedeutung der Metakognition in den vier Bearbeitungsepisoden des kognitiv-metakognitiven Rahmenmodells zu (für eine Übersicht s. Tab. 3.3). Vergleiche zwischen den Studien sind dabei mit Vorsicht zu interpretieren, da die Ergebnisse auf unterschiedlichen Stichproben, unterschiedlichen Erhebungsmethoden und unterschiedlichen Aufgabenstimuli basieren (s. Tab. 3.1).

In der dyadischen Bearbeitung des komplexen Problems in der Untersuchung von Artzt und Armour-Thomas (1992) konzentrierten sich die als metakognitiv identifizierten Verhaltensweisen auf die Episoden Orientierung und Organisation. Metakognitive Aktivitäten in der Durchführungs- und Verfikationsepisode waren dagegen relativ selten zu beobachten.

Tabelle 3.3: Prozentuale Anteile der beobachteten metakognitiven Aktivitäten in den Bearbeitungsepisoden in drei Beobachtungsstudien

	Artzt & Armour-Thomas (1992)[a]	Stillman & Galbraith (1998)	Pugalee (2004)[ab]
Orientierung	44%	33%	18%
Organisation	44%	16%	37%
Durchführung	6%	20%	25%
Verifikation	6%	30%	21%

Anmerkungen: [a] eigene Berechnung, kognitive Verhaltensweisen wurden nicht berücksichtigt. [b] nur Befunde der think-aloud-Protokolle.

Stillman und Galbraith (1998), die das Verhalten von Schülerinnen der 11. Jahrgangsstufe bei der Lösung eines komplexen Problems untersuchten, ordneten die meisten metakognitiven Aktivitäten ebenfalls der Orientierung zu. Indikatoren metakognitiven Verhaltens in der Organisation und Durchführung eines Lösungsweges waren demgegenüber etwas geringer ausgeprägt. Metakognitive Aktivitäten der Verifikation waren jedoch mit etwa einem Drittel aller beobachteten metakognitiven Aktivitäten relativ häufig. In einer etwas jüngeren Stichprobe, die mehrere curricular valide Sachaufgaben variierenden Inhalts und variierender Schwierigkeit bearbeiteten, verteilten sich die metakognitiven Aktivitäten stärker über die Episoden, bildeten jedoch einen relativen Schwerpunkt in der Organisationsepisode (Pugalee, 2004).

Geiger und Galbraith (1998) stellten eine rein qualitative Beurteilung der relativen Bedeutung der Metakognition in den einzelnen Bearbeitungsepisoden an. Insbesondere dann, wenn eine qualitativ gute Problemrepräsentation in der Orientierungsetappe voranging, waren mehr metakognitive Aktivitäten in der Organisations- und der Durchführungsepisode festzustellen. In ihrer Stichprobe konnten sie kaum metakognitive Aktivitäten der Verifikation nachweisen. Sowohl sehr gute als auch sehr schlechte Problemlöser überprüften ihre Lösungen häufig nicht (s. auch Pugalee, 2004).

Insgesamt ließen sich also in allen Bearbeitungsepisoden des kognitiv-metakognitiven Rahmenmodells metakognitive Aktivitäten nachweisen. Die Anteile der metakognitiven Aktivitäten in den Episoden variierten zwischen den Studien. Mit einem Anteil von jeweils mehr als 50% erwiesen sich die Orientierungs- und Organisationsepisode und damit die Aktivitäten zum Verstehen der Aufgabenstellung und der Planung des Lösungsansatzes als besonderer Schwerpunkt für metakognitive Aktivitäten.

Metakognition und Prozesssteuerung – Routineaktivitäten
Die Bedeutung metakognitiver Aktivitäten für die Steuerung des Lösungsprozesses lässt sich am Vergleich zwischen effektiven und ineffektiven Problemlösungen erkennen. Die Prozesssteuerung manifestiert sich in der Sequenz der Bearbeitungsepisoden, d. h. der sukzessiven Ausrichtung der Lösungsaktivitäten auf spezifische Ziele innerhalb des Bearbeitungsprozesses. Die Gegenüberstellung von zwei Fallvignetten Schoenfelds (1985) illustriert die Bedeutung metakognitiver Steuerung für den Wechsel zwischen den Bearbeitungsepisoden (Abb. 3.2 und Abb. 3.3).

Das Verlaufsprotokoll von zwei Novizen (Abb. 3.2), die in Partnerarbeit ein trigonometrisches Problem lösten, zeigt einen ineffizienten Problemlöseprozess: Nach einer kurzen Orientierungsepisode entschieden sich die Probanden, einen Lösungsansatz zu explorieren. Die Exploration wurde über die gesamte verbleibende Bearbeitungszeit fortgesetzt, ohne jedoch zu einem konkreten Lösungsplan zu gelangen, der sich ausführen ließe. Bemerkenswert ist der lange Zeitraum, in dem ohne erkennbare metakognitive Steuerung ein fruchtloser Prozess fortgeführt wurde (eine sogenannte *metakognitive Blindheit*, s. auch unten).

Der Experte dagegen durchlief in der Bearbeitungszeit alle Episoden (Abb. 3.3). Nach einer kurzen Orientierungsepisode wurde ein erster Lösungsansatz geplant, durchgeführt und verifiziert (Schoenfeld unterschied auf der Verhaltensebene nicht zwischen den Aktivitäten der Planung und Durchführung). Die Evaluation erbrachte ein in Bezug auf die Problemstellung positives Resultat. Dann schloss sich für den zweiten Teil der Problemlösung eine erneute Orientierungsepisode an, in der die Problemstellung analysiert wurde, bis das Problem hinreichend mental repräsentiert war. Auf Grundlage der Problemrepräsentation wurden in der erneuten Organisationsepisode Lösungsansätze exploriert, in der Planungs-/Durchführungsepisode ausgeführt und schließlich verifiziert.

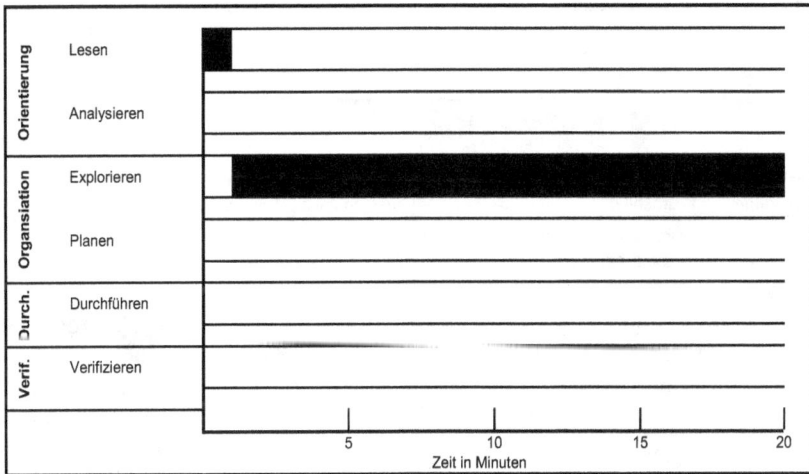

Abbildung 3.2: Protokoll der Problemlösung einer Novizen-Dyade nach Schoenfeld (1985, S. 294)

Die jeweilige zeitliche Ausdehnung der einzelnen Bearbeitungsepisoden des Experten war relativ kurz. Es überwogen analytische Aktivitäten (Orientierungsepisode). Die Aktivitäten der Organisations- und der Durchführungsepisode waren sehr zielführend gestaltet. In beiden Bearbeitungsschritten wurden die Resultate verifiziert. In relativ kurzen Abständen wurden auch metakognitive Überwachungsaktivitäten sichtbar (symbolisiert durch Dreiecke). Der Prozess wurde also kontinuierlich überwacht und effizient gesteuert.

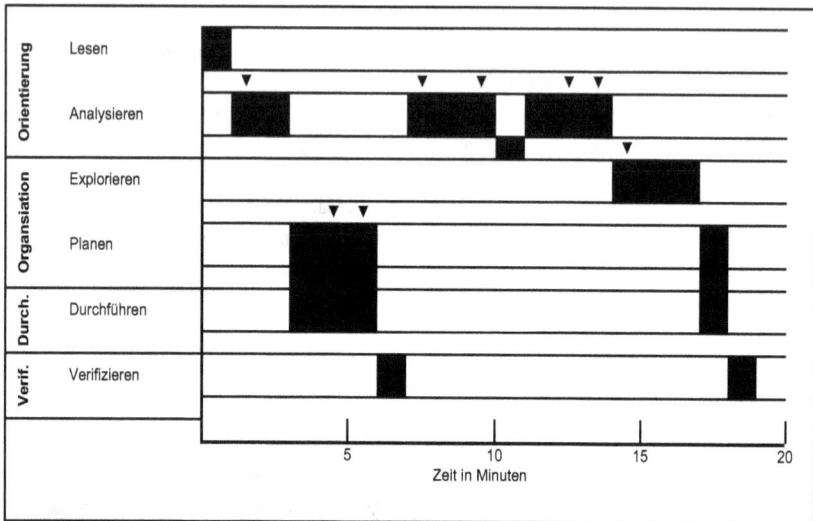

Abbildung 3.3: Protokoll der Problemlösung eines Experten nach Schoenfeld (1985, S. 312)

Anmerkung: Die Dreiecke indizieren eine beobachtbare metakognitive Aktivität. Die Aktivitäten zwischen den Bearbeitungsepisoden stellen *transition points* dar.

Metakognition und Prozesssteuerung – Modifikation, zirkuläre Prozesse

Neben der Steuerung eines Routineprozesses sind metakognitive Überwachungs- und Regulationsaktivitäten auch für die effektive Integration neuer lösungsrelevanter Informationen, die während des Lösungsprozesses generiert wurden, sowie für die Modifikation dysfunktionaler Lösungsprozesse verantwortlich.

In der Vorstellung von Polya (1949) ist ein linear fortschreitender Prozess impliziert. Schoenfeld hingegen macht zwei Situationen aus, in denen ein effektives Prozessmonitoring zur Modifikation der Abfolge der Bearbeitungsepisoden führen kann: Zum einen ist dies der Fall, wenn während des Lösungsprozesses neue lösungsrelevante Informationen erkannt und unter Rekurs auf eine erneute Orientierungs- bzw. Organisationsphase zur Modifikation der Aufgabenrepräsentation bzw. des Lösungsplanes genutzt werden. Zum anderen, wenn dysfunktionale bzw. fehlerhafte Entwicklungen im Lösungsprozess festgestellt werden (vgl. Schoenfeld, 1985). Während eine Nichtberücksichtigung neuer Informationen sich nicht notwendigerweise auf den Erfolg der Problemlösung auswirkt, macht das Ignorieren dysfunktionaler Prozesse ein Scheitern wahrscheinlich (Goos, 2002). Beide Ereignisse, die Integration neuer Informationen und das Identifizieren dysfunktionaler Lösungsprozesse, führen zu einem zyklischen Lösungsprozess, in dem eine oder mehrere Bearbeitungsepisoden mehrmals durchlaufen werden. Abbildung 3.4

zeigt als Beispiel für einen zirkulär verlaufenden Prozess das Verlaufsprotokoll einer dyadischen Problemlösung (Goos & Galbraith, 1996).

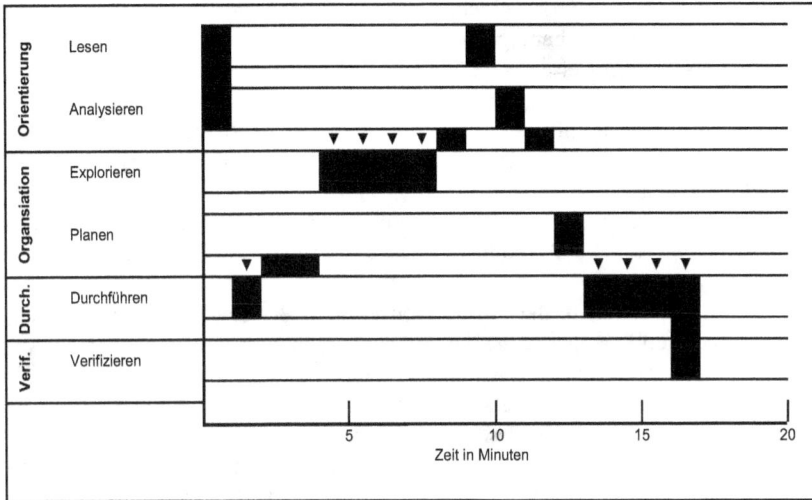

Abbildung 3.4: Protokoll einer dyadischen Problemlösung nach Goos und Galbraith (1996, S. 244)

Anmerkung: Die Dreiecke indizieren eine beobachtbare metakognitive Aktivität. Die Aktivitäten zwischen den Bearbeitungsepisoden stellen *transition points* dar.

Grundsätzlich können in allen Bearbeitungsepisoden dysfunktional verlaufende Prozesse anhand spezifischer Indikatoren identifiziert werden. Da die Bearbeitungsepisoden interdependente Ziele beinhalten, treten Probleme immer auch dann auf, wenn eine vorangegangene Bearbeitungsepisode nicht vollständig oder fehlerhaft abgeschlossen wurde. Dementsprechend erfordern diese Probleme in der Regel den Rekurs auf eine der vorangehenden Episoden (vgl. auch Goos, 2002). Ergibt sich z. B. aus der Überwachung des Lösungsprozesses kein Fortschritt in der Organisationsepisode (s. Abb. 3.2), stockt also die Planung der Lösungshandlungen und die Entwicklung lösungsrelevanter Heuristiken, weist dies auf eine unvollständige oder fehlerhafte Problemrepräsentation hin. In diesem Falle ist also die Orientierungsphase nochmals zu durchlaufen (s. Abb. 3.2 und 3.4; Artzt & Armour-Thomas, 1992; Ymer & Ellerton, 2010). Ungeübte mathematische Problemlöser werden erst dann auf Fehler bzw. Lücken in der Orientierungs- und Organisationsepisode aufmerksam, wenn sie sich in der Durchführungsepisode manifestieren. Problemlöser mit Expertise evaluieren die Gültigkeit ihrer Orientierungs- und Organisationsaktivitäten bereits vor der Durchführung in einem antizipatorischen Regelkreis, in dem sie die Eignung eines Lösungsansatzes in Form von hypothetischen Planungs-Durchführungs-Verifikations-Zyklen untersuchen (Carlson & Bloom, 2005).

Ein weiterer Indikator für einen dysfunktionalen Prozess ist die Entdeckung von inkonsistenten Zwischenergebnissen in der Durchführungsphase (s. Abb. 3.4). Diese Inkonsistenzen weisen auf Widersprüche zwischen lokalen Resultaten und der Repräsentation der Aufgabe (Orientierungsepisode) bzw. dem Lösungsplan (Organisationsepisode) hin, zeigen also an, dass der beabsichtigte Lösungsansatz fehlerhaft geplant oder ausgeführt wurde. Werden solche Inkonsistenzen erkannt, so sind diese neuen Erkenntnisse im Zuge einer erneuten Orientierungsepisode in die Aufgabenrepräsentation zu integrieren und in der Organisationsepisode zu berücksichtigen (Artzt & Armour-Thomas, 1992; Carlson & Bloom, 2005; Geiger & Galbraith, 1998).

Werden schließlich in der Verifikationsepisode Resultate entdeckt, die nicht in der erwarteten Lösungsmenge der Aufgabe enthalten sind, so sind alle vorangegangenen Episoden einer Prüfung auf Fehler zu unterziehen (Geiger & Galbraith, 1998; Goos, 2002). Metakognitive Aktivitäten allein garantieren jedoch keine erfolgreiche Regulation des Lösungsprozesses. Es lassen sich drei allgemeine Formen unangemessener Reaktionen auf die Ergebnisse der metakognitiven Aktivitäten unterscheiden (Goos, 2002): Erstens können die Indikatoren fehlerhafter Prozesse übersehen bzw. nicht erkannt werden. Der dysfunktionale Prozess wird weiter verfolgt (*metakognitive Blindheit*). Im zweiten Fall werden die Indikatoren fehlerhafter Prozesse zwar erkannt, jedoch wird nicht der Lösungsprozess der Aufgabe angepasst, sondern die Aufgabe an den eingeschlagenen Lösungsprozess (*metakognitiver Vandalismus*). Drittens kann die Überwachung selbst fehlerhaft sein. Information, die nicht valide ist, führt dann dazu, dass ein funktionaler Rechenweg aufgegeben wird (*metakognitive Illusion*).

Metakognition und kognitive Strategien

Die von Polya als Heuristiken bezeichneten Lösungsaktivitäten entsprechen kognitiven Strategien. Neben den Funktionen der Prozesssteuerung dienen metakognitive Aktivitäten der Auswahl und dem effizienten Einsatz dieser Strategien (Garofalo & Lester, 1985). Darüber hinaus können Strategien auch als Auslöser metakognitiver Aktivitäten im Lösungsprozess wirksam werden (Lester, 1982).

Nach Schoenfeld (1985) ist das Wissen über Lösungsstrategien allein nicht hinreichend für eine kompetente Problemlöseleistung. Steht ein breites Repertoire an Lösungsstrategien zur Verfügung, werden Kontrollprozesse, also Entscheidungen, welche Strategie an welchem Punkt einzusetzen ist, immer wichtiger. Die Auswahl geeigneter Strategien ist dabei genauso von Bedeutung wie das frühzeitige Erkennen und Regulieren nicht zielführender Strategieanwendung.

Die klassischen von Polya (1949) vorgeschlagenen kognitiven Strategien sind auf Zielsetzungen der Orientierungs- und Organisationsepisode ausgerichtet. In der Verfikationsepisode bilden die kognitiven Strategien selbst den Gegenstand der Reflexion. Stillman und Galbraith (1998), die in ihrer Studie auch den spontanen Einsatz kognitiver Strategien beobachteten, stellten fest, dass kognitive Strategien in der Orientierungsepisode zum Aufbau einer Aufgabenrepräsentation genutzt wurden. In dieser Phase wurden Wiederholungsstrategien (z. B. wiederholtes Lesen), Organisationsstrategien (z. B. Anfertigen von Visualisierungen) und Elaborationsstrategien (z. B. Suche nach bereits gelösten analogen Aufgaben) ausgeführt. In der Organisationsphase wurden kognitive Strategien zur Entwicklung von Lösungsplänen angewendet, insbesondere wurde eine adaptive Kombination aus Vorwärts- und Rückwärtsarbeiten (Auswahl der Rechenschritte sowohl aus der Kenntnis der gesuchten Größen als auch der gegebenen Informationen) eingesetzt.

In Studien, in denen mehrere und curriculare Problemstellungen als Stimuli zur Lösung vorgegeben wurden, war der Einsatz kognitiver Strategien relativ selten zu beobachten (Geiger & Galbraith, 1998). Zudem stand die interindividuelle Variabilität in den Selektionsentscheidungen in Abhängigkeit zur Aufgabenschwierigkeit: Aufgaben mit geringer Schwierigkeit zeichnen sich durch geringe individuelle Unterschiede in der Strategiewahl aus, während es bei Aufgaben höherer Schwierigkeit zu größeren Unterschiede in der Strategieauswahl kommt (Pugalee, 2004).

Metakognition und der Transfer von Vorwissen

Eine effiziente Problemlösung erfordert nicht grundsätzlich das vollständige Durchlaufen aller Episoden. Experten, die über ein reichhaltiges inhaltliches Vorwissen verfügen, zeichnen sich dadurch aus, dass Lösungen nicht mehr Schritt für Schritt entwickelt werden müssen, sondern bereits bekannte Lösungsalgorithmen durch die Problemstellung aktiviert und direkt implementiert werden können (Schoenfeld, 1985). Eine besondere Rolle kommt daher der Orientierungsepisode zu, in der eine mentale Repräsentation des Problems hergestellt wird.

Nach Geiger und Galbraith (1998) sind vier Interaktionsmuster zwischen dem Vorwissen und den metakognitiven Aktivitäten zu beobachten (s. auch Schoenfeld, 1985): (a) Alle lösungsrelevanten Fakten und Lösungsalgorithmen werden aktiviert und abgerufen; metakognitive Aktivitäten zur Überwachung der Ausführung bzw. zur Adaption an den Aufgabenkontext sind nicht notwendig. (b) Lösungsrelevante Fakten und Lösungsalgorithmen werden aktiviert und abgerufen; die Informationen führen allerdings nicht vollständig zur Lösung bzw. sind fehlerhaft; durch angemessene metakognitive Überwachung werden fehlerhafte bzw. fehlende Informationselemente erkannt und der Lösungsweg entsprechend modifiziert. (c) Lösungsrelevante Fakten und Lösungsalgorithmen werden aktiviert und abgerufen; die Informationen führen allerdings nicht vollständig zur Lösung bzw. sind fehlerhaft; aufgrund oberflächlicher metakognitiver Überwachung werden fehlerhafte bzw. fehlende Informationen nicht erkannt, die resultierenden Inkonsistenzen im Lösungsweg bzw. in den Ergebnissen werden ignoriert. (d) Keine lösungsrelevanten Fakten und Lösungsalgorithmen werden aktiviert und abgerufen; die Aufgabenbearbeitung wird überhaupt nicht oder ineffizient metakognitiv überwacht.

Metakognitive Aktivitäten sind also auch im Falle hoher inhaltlicher Expertise relevante Faktoren für die kompetente Ausführung von Problemlösungen. Sie dienen auch in diesen Fällen der Identifikation und Korrektur von Fehlentwicklungen. Zusätzlich sind metakognitive Prozesse notwendig, um bekannte Lösungsalgorithmen flexibel an wechselnde Aufgabenanforderungen anzupassen, d. h. Lösungswege auf neue Aufgaben zu transferieren. Lediglich in vollständig automatisierten Prozessen wirken sich metakognitive Aktivitäten nicht aus.

3.3 Zusammenfassung und Schlussfolgerungen

In der Metagedächtnisforschung standen vergleichsweise einfache Prozesse des Enkodierens, Speicherns und Abrufens von Informationen im Fokus. Im mathematischen Problemlösen liegt der Erklärungsschwerpunkt dagegen auf der Steuerung komplexer und mehrschrittig zusammengesetzter Sequenzen aus kognitiven Prozessen. Die dazu eingesetzten metakognitiven Überwachungs- und Regulationsstrategien wurden hinsichtlich ihrer Eigenschaften und ihrer Funktion im mathematischen Lösungsprozess sehr differenziert beschrieben.

Die mathematische Informationsverarbeitung lässt sich in eine Sequenz aus vier interdependenten Bearbeitungsepisoden untergliedern: Orientierung, Organisation, Durchführung und Verifikation. Die Beteiligung metakognitiver Aktivitäten ist in allen Bearbeitungsepisoden durch empirische Untersuchungen belegt. Metakognitive Strategien wirken sich auf die mathematische Informationsverarbeitung in vier Punkten aus:

(1) im effizienten Wechsel zwischen den Bearbeitungsepisoden;

(2) in der Identifikation dysfunktionaler Lösungsaktivitäten und der Modifikation der Sequenz der Bearbeitungsepisoden;

(3) in der Auswahl und Regulation kognitiver Strategien innerhalb der Bearbeitungsepisoden;

(4) im effektiven Transfer bekannter Lösungsalgorithmen auf neue Aufgaben.

Während Schoenfeld (1985) die metakognitive Wissenskomponente in seinem theoretischen Modell nur unzureichend berücksichtigte, nahm das Modell von

Garofalo und Lester (1985) direkt Bezug auf die Konzeption des Metagedächtnisses von Flavell und Wellman (1977) und übertrug die metakognitiven Variablen des Personen-, Aufgaben- und Strategiewissens auf den mathematischen Inhaltsbereich. Insbesondere dem Strategiewissen und der Interaktion des Strategiewissens mit dem Personen- und dem Aufgabenwissen wird aufgrund seiner Schlüsselposition auf die Ausführung kognitiver und metakognitiver Strategien eine besondere Bedeutung zugeschrieben.

Aus den theoretisch differenzierten und empirisch validierten Beschreibungen mathematischer Informationsverarbeitungsprozesse und der Rolle, die insbesondere metakognitive Strategien darin spielen, lassen sich die relevanten deklarativen, prozeduralen und konditionalen Inhalte des metakognitiven Wissens über Strategien in dieser kognitiven Domäne ableiten.

4 Messung und Entwicklung des metakognitiven Wissens

Die ursprüngliche Konzeption der Metakognition wurde entwickelt, um alterskorrelierte Verbesserungen der Gedächtnisleistungen im Vorschul- und Schulalter zu erklären. Altersunterschiede in der Gedächtnisleistung wurden auf Altersunterschiede in metakognitiven Kompetenzen zurückgeführt (Flavell & Wellman, 1977). Die Entwicklung metakognitiver Kompetenzen stand damit von Anfang an im Fokus der Metakognitionsforschung (Kreutzer, Leonard & Flavell, 1975).

Die in Kapitel 2 zusammen mit den theoretischen Modellen der Metakognition vorgestellten Entwicklungshypothesen sehen konstruktivistische Erwerbsprozesse als ursächlich für die Zunahme des metakognitiven Wissens. Im Kern konstruktivistischer Entwicklungsansätze steht die Annahme, dass Wissen auf Grundlage konkreter Erfahrungen vom Lerner aktiv konstruiert wird (O'Donnell, 2012). Innerhalb konstruktivistischer Entwicklungstheorien bestehen unterschiedliche Positionen bezüglich der relativen Bedeutung der Aktivitäten des Individuums und der Einflüsse der Umwelt auf den Erwerbsprozess (für eine konzeptuelle Übersicht über die Positionen s. Moshman, 1982). Für die metakognitive Entwicklung wurden sowohl endogene als auch exogene Ursachen bzw. eine Interaktion aus beiden Einflussquellen angenommen (Baker, 1994; Brown et al., 1983; Carr & Biddlecomp, 1998; Flavell, 1979; Pressley et al., 1989). Über die grundsätzliche Annahme eines multifaktoriellen, transaktionalen Entwicklungsgeschehens hinaus liegen jedoch auch heute noch keine differenzierten Erklärungsmodelle für die Entwicklung metakognitiver Kom petenzen vor (Hasselhorn, 2010).

Die metakognitive Entwicklungsforschung ist stattdessen von einer empiristischen Position geprägt: Unter der Annahme, dass metakognitive Erfahrungen als basale Elemente konstruktivistischer Entwicklungsprozesse in einem engen Zusammenhang mit dem Lebensalter stehen, wurden alterskorrelierte Entwicklungsveränderungen in einer Reihe von empirischen Befunden dokumentiert.

In diesen Untersuchungen zeigte sich, dass die beiden Komponenten der Metakognition, *Wissen über Kognition* und *Regulation von Kognition* nicht nur inhaltlich unterschiedliche Aspekte metakognitiver Kompetenzen beschreiben, sondern auch unterschiedliche Entwicklungsverläufe aufweisen (Schneider & Lockl, 2006). Das vorliegende Kapitel konzentriert sich im Wesentlichen auf Befunde zur metakognitiven Wissenskomponente, die aktuelle Befundlage zur Entwicklung der Regulationskomponente findet sich z. B. bei Schneider und Lockl (2008) zusammengefasst. Zunächst stehen Befunde zu intraindividuellen Veränderungen bzw. alterskorrelierten Entwicklungsunterschieden im Vordergrund. Befunde zu interindividuellen Unterschieden in der Entwicklung metakognitiven Wissens werden dann in Kapitel 6 berichtet.

Die charakteristische Unschärfe des Begriffes Metakognition macht eine genaue Beschreibung der eingesetzten Messstrategien und Messinstrumente zur Voraussetzung für eine Integration von Entwicklungsbefunden (s. Kap. 2). Daher werden zusätzlich zu den Entwicklungsbefunden auch die Operationalisierungsformen diskutiert, mit denen die Entwicklung des metakognitiven Wissens quantifiziert wurde. Neben der kritischen Würdigung der Testinhalte werden besonders die psychometrischen Eigenschaften der Messinstrumente untersucht.

Da die Erhebung des metakognitiven Wissens in der Regel unter Bezugnahme auf spezifische kognitive Prozesse, d. h. auf Grundlage unterschiedlicher Objektebenen im Sinne von Nelson und Narens (1990, 1994; s. Kap. 2) erfolgt, werden die Befunde in den folgenden Abschnitten getrennt für die Domänen Gedächtnis, Leseverstehen, Problemlösen und Mathematik berichtet. Metakognitive Entwicklungsprozesse ohne spezifischen Bezug auf eine inhaltliche kognitive Ebene werden als domänenübergreifende Befunde berücksichtigt.

Um die inhaltlich und methodisch heterogene Befundlage zu einem Gesamturteil zu integrieren, folgt am Ende des Kapitels eine ausführliche Zusammenfassung, in der die Entwicklungsbefunde inhaltlich gewürdigt werden. Zusätzlich werden auch die wesentlichen Erkenntnisse zu den psychometrischen Eigenschaften der im Forschungsfeld eingesetzten Messverfahren diskutiert.

4.1 Messverfahren und Messstrategien

Messverfahren zur Erfassung metakognitiver Kompetenzen

Gemäß ihrer Definition als Kognition über Kognition (s. Kap. 2) sind metakognitive Kompetenzen stets auf kognitive Prozesse bezogen. Dementsprechend lassen sich die Instrumente zu ihrer Erfassung hinsichtlich des Bezuges zum korrespondierenden kognitiven Prozess in drei Kategorien unterscheiden (Veenman, 2005): (a) *Prospektive Messverfahren*: Darunter fallen zum einen Verfahren, die den generischen Aspekt der Metakognition, d. h. Metakognition ohne Bezug zu einer konkreten Aufgabe, messen und zum anderen Instrumente, die Metakognition vor dem Hintergrund einer konkreten, hypothetischen Aufgabe erfassen. Beispiele sind Fragebögen (z. B. das Kieler Strategieinventar; Baumert, Heyn & Köller, 1992) oder Interviews (z. B. Kreutzer et al., 1975). (b) *Konkurrente Messverfahren*: In den Verfahren dieser Kategorie werden metakognitive Prozesse während der Bearbeitung einer konkreten Aufgabe beobachtet. Auch hier lassen sich zwei Erfassungsstrategien unterscheiden: zum einen die Protokollierung der von der Versuchsperson während der Bearbeitung verbalisierten (meta-)kognitiven Prozesse (*think-aloud*-Protokolle), zum anderen die systematische Beobachtung des sichtbaren Verhaltens und der Verhaltensspuren. Häufig werden beide Strategien kombiniert eingesetzt (Beispiele für diese

Verfahren finden sich in Kap. 3). (c) *Retrospektive Messverfahren:* Die Erfassung metakognitiver Kompetenz erfolgt nach der Bearbeitung einer konkreten Aufgabe mittels Fragebogen oder Interview. Die Inhalte dieser Befragung beziehen sich auf die vorangegangenen Bearbeitungsprozesse, die als Stimuli für die Aktivierung metakognitiver Kompetenzen genutzt werden (für Beispiele vgl. Kap. 5). Prospektive und retrospektive Messverfahren werden aufgrund ihrer zeitlichen Absetzung von metakognitiven Aktivitäten auch unabhängige Messungen genannt, konkurrente Erfassung entsprechend abhängige Messungen (Schneider, 1989). Konkurrente und retrospektive Verfahren weisen einen relativ engen Bezug zu spezifischen kognitiven Prozessen auf. Prospektive Maße erfassen je nach der Spezifität der gestellten hypothetischen Anforderung mehr oder weniger allgemeine Aspekte der Metakognition.

Messstrategien zur Erfassung des metakognitiven Wissens

Metakognitives Wissen ist definiert als Wissensstruktur, die sich aus der Abstraktion von Erfahrungen entwickelt, die während der Bearbeitung kognitiver Anforderungen entstehen (s. Kap. 2). Dieses Wissens ist per definitionem unabhängig von konkreten kognitiven Anforderungen und daher prospektiv oder retrospektiv zu messen. Insbesondere in Forschungsarbeiten im Paradigma des selbstregulierten Lernens wurden unter der Annahme valider introspektiver Fähigkeiten der Versuchspersonen selbstberichtete Nutzungsfrequenzen von Strategien als Indikator für Metakognition interpretiert (für eine Übersicht s. Spörer & Brunstein, 2006). Da aus der Nutzungshäufigkeit einer Strategie weder auf das Wissen über ihre Angemessenheit in einem konkreten Kontext noch auf die Fähigkeit, sie korrekt auszuführen, geschlossen werden kann, lassen sich diese Angaben weder als Wissen über Kognition noch als Regulation von Kognition interpretieren (Artelt & Neuenhaus, 2010) und stehen in der Regel auch in keinem Zusammenhang mit dem tatsächlich beobachteten Verhalten (Artelt, 2000; Veenman, 2005).

Flavell (1979) postulierte, dass metakognitives Wissen dieselben Eigenschaften besitzt wie anderes Weltwissen, also z. B. objektivierbar richtig oder falsch sein kann (s. Kap. 2). Metakognitives Wissen lässt sich daher durch objektive Testverfahren operationalisieren. Analog zu Leistungstests in anderen Domänen werden in diesen Tests Phänomene bzw. Probleme vorgegeben, deren Erklärung bzw. Lösung metakognitives Wissen erfordert (Szenarien). Die Vorgabe der Szenarien kann dabei ebenso wie ihre Beantwortung schriftlich oder mündlich erfolgen. Die Antworten können im offenen oder geschlossenen Format gegeben werden. Sie werden in der Regel mit einer Musterlösung als Referenzpunkt für ihre Korrektheit verglichen. Zentrale Annahme dieser Messstrategie ist also, dass es für das vorgestellte Szenario objektiv korrekte und nicht korrekte Antworten gibt und dass das Generieren der Antworten einen Zugriff auf das metakognitive Wissen erfordert. Grundsätzlich können mit diesen Testverfahren alle drei Variablen des metakognitiven Wissens, also Personen-, Aufgaben- und Strategiewissen, erfasst werden. Je nach Formulierung der Aufgabenstellung kann die Beurteilung der Szenarien deklarative, prozedurale und konditionale Wissensfacetten einbeziehen. Im Folgenden werden die drei szenarienbasierten Strategien zur Erfassung des metakognitiven Wissens, d. h. Interview, Strategiedemonstration und Wissenstest, vorgestellt.

Interview: Die traditionelle Messstrategie zur Erfassung des metakognitiven Wissens ist das standardisierte Interview. In einer Einzeltestsituation werden der Versuchsperson mündlich Szenarien vorgestellt (z. B. Kreutzer et al., 1975). Um das Aufgabenverständnis zu erhöhen, werden im jüngeren Altersbereich teilweise auch zusätzliche piktorale Abbildungen des vorgestellten Szenarios vorgelegt (z. B. Wellman, 1977). Die Antworten der Schüler erfolgen in der Regel ebenfalls mündlich. Es werden sowohl offene wie auch geschlossene Antwortformate sowie Kombinationen aus beiden Formaten verwendet. Ein Beispiel für ein offenes Interviewitem aus dem Interview von Kreutzer et al. (1975) ist das Szenario *preparation: object*:

Stell dir vor, du willst morgen nach der Schule mit einem Freund zum Eislaufen gehen und du willst sicherstellen, dass du deine Schlittschuhe mitnimmst. Wie kannst du wirklich sichergehen, dass du nicht vergisst, deine Schlittschuhe morgen in die Schule mitzubringen? [Die Versuchsperson antwortet] Kannst du dir auch noch etwas anderes vorstellen? [Die Versuchsperson antwortet] Wie viele Möglichkeiten kannst du dir noch ausdenken? (S. 25, Übersetzung durch den Verfasser)

In diesem Item werden die Versuchspersonen ermuntert, so viele Strategien wie möglich zu nennen. Die genannten Strategien werden als korrekt gewertet, wenn sie einer von mehreren möglichen und im geschilderten Kontext geeigneten und zielführenden Strategiekategorien zuzuordnen sind (deklarative und konditionale Wissensfacetten).

Neben offen formulierten Items, die – wie das oben vorgestellte Item – eine quantitative Auswertung erlauben, werden in Interviews mit offenem Antwortformat auch qualitative Auswertungsoptionen zur Erfassung des metakognitiven Wissens verfolgt. Beispielsweise werden in einem Interview zur Erfassung des metakognitiven Wissens im Problemlösen Schülerantworten entsprechend des darin zum Ausdruck gebrachten metakognitiven Bewusstseins auf einer Skala von null (kein metakognitives Bewusstsein) bis fünf (hohes metakognitives Bewusstsein) Punkten kategorisiert (Swanson, Christie & Rubadeau, 1993). Die offenen Fragen dienen in diesen Items nicht der Erfassung eines konkreten Wissensinhaltes, sondern als Stimulus zur Aktivierung eines allgemeinen metakognitiven Bewusstseins.

Ein Beispiel für ein Interviewitem im geschlossenen Format ist das Szenario *rote-paraphrase* aus Kreutzer et al. (1975):

Einmal habe ich einem Mädchen eine Aufnahme mit einer Geschichte vorgespielt. Ich habe das Mädchen gebeten, sich die Geschichte sorgfältig anzuhören, so oft sie will, damit sie mir die Geschichte später erzählen kann. Bevor sie die Geschichte an-

gehört hat, hat sie mir eine Frage gestellt: ,Soll ich mich an die Geschichte Wort für Wort erinnern wie auf der Aufnahme oder kann ich sie in eigenen Worten erzählen?' [...] Wäre es einfacher die Geschichte Wort für Wort zu lernen oder in eigenen Worten? [Die Versuchsperson antwortet] Warum? (S. 43, Übersetzung durch den Verfasser)

In diesem Item ist zu beurteilen, welche der beiden vorgestellten Varianten des Abrufs leichter ist. Zusätzlich wird nach einer Begründung für das Urteil gefragt und damit zum einen Ratetendenzen der Versuchsperson kontrolliert und zum anderen auch konditionale Wissensaspekte erfasst. Als korrekt gewertet werden in der Regel sowohl die richtige Beurteilung (geschlossenes Antwortformat) als auch die korrekte Begründung im offenen Antwortformat (z. B. Kreutzer et al., 1975; Myers & Paris, 1978; Wellman, 1977, 1978).

In den Interviewverfahren erfolgt die Bewertung der von den Versuchspersonen genannten Lösungen in der Regel auf Grundlage eines von den Forschern entwickelten Kodiersystems. Wie die Beispiele zeigen, sind innerhalb eines Interviewszenarios häufig mehrere Antworten zu geben. Daher werden die Szenarien nicht dichotom als richtig oder falsch gewertet, sondern als komplexe Items, in denen die Anzahl der korrekten (Teil-) Antworten ungewichtet addiert wird. Auf eine Aggregation der Resultate über die polytomen Szenarien zu einem Gesamtsummenwert wird häufig verzichtet (s. z. B. Cavanaugh & Borkowski, 1980 für ein Auswertungsbeispiel).

Strategiedemonstration: In einer weiteren Operationalisierungsform des metakognitiven Wissens ist im Vergleich zu den Interviews der sprachliche Anforderungsgrad reduziert und die Aufgabenspezifität erhöht. Während in den oben beschriebenen Interviewitems Wissen über Personen, Aufgaben und Strategien erfasst wird, sind Strategiedemonstrationen auf das Strategiewissen beschränkt. Vor dem Hintergrund einer spezifischen kognitiven Aufgabe werden zwei oder mehr alternative Strategien vorgegeben. Die Vorgabe der zu vergleichenden Strategien erfolgt nicht auf der abstrakten Ebene von sprachlicher Beschreibung bzw. bildhafter Darstellung, sondern konkret in Form einer videographierten Demonstration der Strategie durch ein gleichaltriges Kind. In Anschluss sollen die Versuchspersonen die Effektivität der demonstrierten strategischen Handlungen auf die Gedächtnisleistung beurteilen.

Justice (1989) z. B. untersuchte bei Vorschulkindern das Wissen über Strategien zum Memorieren von Lokationen. In diesem Versuchsaufbau wurde eine Figur unter einem von sechs Bechern versteckt. Im Anschluss wurden die Becher rotiert. Die Aufgabe bestand darin, sich zu merken, unter welchem Becher die Zielfigur versteckt war. Dazu wurden den Kindern vier unterschiedliche, recht konkrete Memorierstrategien in einer Videoaufnahme vorgespielt: Markieren des Bechers, Berühren des Bechers während der Rotation, visuelles Fixieren des Bechers während der Rotation und Ignorieren der Rotation. Im Anschluss wurden je zwei der Strategien gegenübergestellt und die Kinder sollten entscheiden, welche der Strategien in einer besseren Erinnerungsleistung resultiert. Die Beurteilung der Strategien erfolgte entweder absolut oder in Relation zu den anderen Strategien (z. B. Sodian, Schneider & Perlmutter, 1986; Schneider, 1986).

Die Methode ist notwendigerweise sehr aufgabenspezifisch und wurde bisher insbesondere zur Untersuchung des Wissens über die Vorteile von Wiederholungs- und Organisationsstrategien eingesetzt (erfasst also das deklarative und konditionale Strategiewissen bzw. das spezifische Strategiewissen sensu Pressley et al., 1989). Die Bewertung des Versuchspersonenurteils erfolgte durch den Abgleich mit einem Expertenvotum. Entspricht ein Präferenzurteil bzgl. der Effektivität zweier Strategien dem Referenzurteil des oder der Experten, wird es als korrekt angesehen und als richtig kodiert (z. B. Justice, 1989; Schneider, 1986).

Wissenstest: Interviews und Strategiedemonstrationen sind nur im Einzeltestsetting durchführbar und erfordern daher einen großen Erhebungsaufwand. Um die Testökonomie zu steigern, wurde das Erfassungsprinzip der beiden Verfahren auf schriftliche *paper-pencil-*Tests übertragen. In diesen Verfahren werden ebenfalls ein Anwendungsszenario und zwei bis drei Antwortalternativen vorgegeben (Annevirta & Vauras, 2001; Belmont & Borkowski, 1988; Jacobs & Paris, 1987; Mevarech, 1995; Schlagmüller, Visé & Schneider, 2001; s. Abb. 4.1).

Im Unterricht sprecht Ihr über Tiere und Pflanzen. Als Hausaufgabe sollt Ihr aus dem Buch die Namen von 9 Tieren auswendig lernen. Der Lehrer macht Euch folgende Vorschläge, damit Ihr Euch die Tiere besonders gut merken könnt:

O   Schreibe die Namen der Tiere ungeordnet aus dem Buch in Dein Heft ab.

Katze, Affe, Eichhörnchen, Krokodil, Hirsch, Hund, Reh, Elefant, Meerschweinchen

O   Ordne die Tiere nach Gruppen (Haustiere; Tiere, die im Wald leben; Zootiere). Schreibe jede Gruppe in Dein Heft.

Meerschweinchen, Katze, Hund – Eichhörnchen, Reh, Hirsch – Krokodil, Affe, Elefant

O   Ordne die Namen der Tiere nach ihrem Anfangsbuchstaben und schreibe die Tiere in Dein Heft.

Affe, Eichhörnchen, Elefant, Hirsch, Hund, Katze, Krokodil, Meerschweinchen, Reh

Nun darfst Du die Noten 1, 2, 3, 4 oder 5 vergeben. Einem guten Vorschlag gibst Du eine gute Note, einem mittelguten eine mittelgute Note und einem schlechten Vorschlag gibst Du eine schlechte Note. Schreibe die Noten bitte in die Kästchen davor. Du kannst eine Note auch mehrmals vergeben.

Abbildung 4.1: Szenario aus der Würzburger Testbatterie Deklaratives Metagedächtnis (WTDM; Schlagmüller et al., 2001)

Die vorgeschlagenen Alternativen sind von den Versuchspersonen zu vergleichen und hinsichtlich ihrer relativen Güte zu beurteilen. Die Versuchspersonen bringen die Antwortalternativen dazu entweder direkt in eine Rangreihe vom besten bzw. zutreffendsten Vorschlag bis zum schlechtesten bzw. am wenigsten zutreffenden Vorschlag oder indirekt über die Vergabe von Bewertungen (z. B. in Form von Schulnoten). In einigen Verfahren werden zusätzlich zu den getroffenen Urteilen Begründungen verlangt (z. B. Annevirta & Vauras, 2001).

In den Verfahren, die nach diesem Prinzip für den Einsatz in der Sekundarstufe konstruiert wurden, wurde die Anzahl der Antwortvorschläge auf fünf bis sechs pro Szenario erhöht (Artelt, 2006; Schlagmüller & Schneider, 2007). Das Auswertungsprinzip der relationalen Vergleiche bleibt erhalten. Die Bewertung der Strategiebeurteilungen erfolgt in den Wissenstests durch einen Vergleich mit einem intern entwickelten und zum Teil extern validierten Referenzurteil (Artelt, Beinicke, Schlagmüller & Schneider, 2009; Schlagmüller et al., 2001).

Übersicht der Messinstrumente

Tabelle 4.1 zeigt eine Übersicht verbreiteter metakognitiver Wissenstests. Der Großteil der Verfahren erfasst das metakognitive Wissen in Gedächtnis- und bzw. oder Leseverstehensanforderungen. In anderen kognitiven Domänen wie Problemlösen oder Mathematik liegen nur vereinzelt Messinstrumente vor.

Bezüglich der untersuchten Wissensvariablen fällt auf, dass in den Testverfahren des Vor- und frühen Grundschulalters meist alle drei Variablen des metakognitiven Wissens repräsentiert sind, während die für ältere Stichproben des Sekundarschulbereichs entwickelten Verfahren vor allem auf das Strategiewissen fokussieren. Dies zeigt sich z. B. im WLST und dem Metagedächtnis-Mathematik-Test (Artelt, 2006; Schlagmüller & Schneider, 2007).

In allen drei Messstrategien wird metakognitives Wissen kontextualisiert erfasst. Das Wissen über kognitive Prozesse muss also auf eine spezifische kognitive Anforderungssituation bezogen werden. In den in Kapitel 2 vorgestellten Modellvorstellungen des metakognitiven Wissens werden damit also Aufgaben x Person - bzw. Aufgaben x Strategie – Interaktionen (sensu Flavell), deklarative und konditionale Wissensfacetten (sensu Paris und Kollegen) bzw. metastrategic knowing (sensu Kuhn) bzw. spezifisches Strategiewissen (sensu Pressley, Borkowski, Schneider und Kollegen) erfasst. Für die prozeduralen Aspekte des metakognitiven Wissens (sensu Paris und Kollegen konzeptualisiert), also dem Wissen, wie Strategien auszuführen sind, liegen bislang keine Messinstrumente vor.

In den folgenden Kapiteln werden die in Tabelle 4.1 aufgeführten Verfahren, ihre psychometrische Qualität und die mit ihnen gewonnenen Befunde zur Entwicklung des metakognitiven Wissens näher beschrieben. Besonderes Augenmerk liegt auf den psychometrischen Eigenschaften der Verfahren, da Objektivität in Durchführung und Auswertung sowie die Reliabilität der Messung Grundvoraussetzungen für die valide Erfassung von Ausprägung und Veränderung eines psychologischen Konstrukts wie dem metakognitiven Wissen sind (s. z. B. Lienert & Raatz, 1998). Zur vergleichbaren Beurteilung der Entwicklungseffekte werden, sofern Mittelwerte und Standardabweichungen berichtet wurden, Effektstärkemaße *(d)* berechnet.

Soweit verfügbar, werden im Folgenden auch die Test-Retest-Korrelationen von Wiederholungsmessungen berichtet. Liegen zwischen zwei Messungen Zeitintervalle von wenigen Wochen, wird die Fluktuation der Messwerte als messfehlerbedingte Schwankung interpretiert. In diesem Fall gilt die Test-Retest-Korrelation als Indikator für die psychometrische Zuverlässigkeit des Messinstruments (Lienert & Raatz, 1998). Liegen zwischen Test und Retest Zeitintervalle, in denen Entwicklungsveränderungen potenziell stattfinden können, bilden diese Korrelationen – neben dem Messfehler – die zeitliche Stabilität des gemessenen Merkmals ab. In diesem Falle lassen sich aus den Test-Retest-Korrelationen Informationen über den Entwicklungsprozess ableiten. Konkret deuten niedrig oder moderat ausgeprägte Stabilitäten auf differenziell verlaufende Entwicklungsprozesse hin, hohe Stabilitäten auf homogene Entwicklungsveränderungen (Montada, Lindenberger & Schneider, 2012).

Tabelle 4.1: Übersicht über Verfahren zur Erfassung des metakognitiven Wissens

Autoren	Bezeichnung	Verfahren	Domäne	Variable	Facette	Alter
Kreutzer, Leonard & Flavell (1975)		Interview	Gedächtnis	Person, Aufgabe, Strategie	deklarativ, konditional	5-10
Wellman (1977, 1978)		Interview	Gedächtnis	Person, Aufgabe, Strategie	deklarativ, konditional	3-10
Myers & Paris (1978)		Interview	Leseverstehen	Person, Aufgabe, Strategie	deklarativ, konditional	8-11
Swanson, Christie & Rubadeau (1993)		Interview	Problemlösen	Person, Aufgabe, Strategie	deklarativ	9-10
Carr & Jessup (1997)		Interview	Mathematik	Strategie	deklarativ, konditional	6-7
Justice (1985)		Strategiedemonstration	Gedächtnis	Strategie	deklarativ, konditional	7-9
Belmont & Borkowski (1988)	Metamemory Battery (MMB)	Wissenstest	Gedächtnis	Strategie	deklarativ, konditional	5-10
Schlagmüller, Visé & Schneider (2001)	Würzburger Testbatterie Deklaratives Metagedächtnis (WDTM)-Allgemeines Gedächtniswissen (ADM)	Wissenstest	Gedächtnis	Person, Aufgabe, Strategie	deklarativ, konditional	6-9
Schlagmüller, Visé & Schneider (2001)	Würzburger Testbatterie Deklaratives Metagedächtnis (WDTM)-Semantisches Kategorisieren(SKS)	Wissenstest	Gedächtnis	Strategie	deklarativ, konditional	6-9
Schlagmüller, Visé & Schneider (2001)	Würzburger Testbatterie Deklaratives Metagedächtnis (WDTM)-Textverarbeitung (TVM)	Wissenstest	Leseverstehen, Gedächtnis	Person, Aufgabe, Strategi	deklarativ, konditional	8-9
Jacobs & Paris (1987)	Index of Reading Awareness (IRA)	Wissenstest	Leseverstehen	Aufgabe, Strategie	deklarativ, konditional	8-10
Schlagmüller & Schneider (2007)	Würzburger Lesestrategie-Wissenstest (WLST)	Wissenstest	Gedächtnis, Leseverstehen, Lernen	Strategie	deklarativ, konditional	12-17
Annevirta & Vauras (2001)	Metacognitive Knowledge Test (MCK)	Wissenstest	Mathematik	Strategie	deklarativ, konditional	5-7
Mevarech (1995)	Metamathematical Knowledge Test	Wissenstest	Mathematik	Person, Aufgabe, Strategie	deklarativ, konditional	5
Artelt (2006)	Metagedächtnis-Mathematik-Test	Wissenstest	Mathematik	Strategie	deklarativ, konditional	15

Anmerkungen: Die Angabe zur Autorenschaft basiert auf der ersten verfügbaren Beschreibung des Verfahrens. Die Verfahren wurden in gleicher oder abgewandelter Form auch von anderen Autoren eingesetzt. In den Angaben zum Altersbereich wurden auch andere Studien berücksichtigt, in denen die Verfahren zum Einsatz kamen.

4.2 Klassische Messverfahren und Befunde

Die Heterogenität der Messverfahren macht eine detaillierte Beschreibung der Testinhalte, besonders der klassischen Verfahren, auf deren Vorbild die moderneren Verfahren basieren, notwendig. Daher werden zunächst die drei Messstrategien konkret vorgestellt und exemplarische Befunde berichtet. Darauf aufbauend werden dann in den nachfolgenden Abschnitten Entwicklungsbefunde zum metakognitiven Wissen gegliedert nach inhaltlichen Domänen dargestellt.

Klassische Interviewverfahren

Das Interview von Kreutzer et al. (1975): Die erste und einflussreichste systematische Untersuchung der metakognitiven Wissensentwicklung stammt von Kreutzer et al. (1975). Die Autoren führten mit jeweils 20 Kindern in vier Alterskohorten im Alter von 5 bis 10 Jahren (Kindergarten, erste, dritte und fünfte Jahrgangsstufe) ein Interview mit 14 Items durch.

Ein Teil der Szenarien beschreibt typische Anforderungssituationen aus Laboruntersuchungen der kognitiven Entwicklungspsychologie. Darunter fallen z. B. mehrere Szenarien zum Memorieren von Listen (*savings, story list, opposites-arbitrary, study time, study plan*) bzw. Geschichten (*rote-paraphrase*). Gegenstand der Szenarien sind das Wissen über gedächtnisrelevante Unterschiede in Aufgabenanforderungen (*savings, rote-paraphrase*), Lernmaterial (*story list, opposites-arbitrary*), Lernaktivitäten (*study time*) sowie eigene Vorschläge für effektive Lernaktivitäten in spezifischen Lernsituationen (*study plan*). Andere Szenarien beschreiben Gedächtnisphänomene, die sich in stärkerem Maße auf den Hintergrund der alltäglichen Erfahrungswelt der Kinder beziehen (z. B. *immediate-delay, preparation: object, preparation: event, retrieval: object, retrieval: event, retroactive interference*). In den Szenarien des Interviews traten drei unterschiedliche Aufgabenformate einzeln oder in Kombination auf: (a) die Beurteilung zweier Alternativen im geschlossenen Format, (b) die Begründung des Urteils (offenes Format) und (c) das Generieren möglicher Strategien im vorgestellten Kontext (offenes Format).

Inhaltlich nimmt das Strategiewissen bzw. die Kombination aus Personen-, Aufgaben- und Strategiewissen breiten Raum im Interview ein. *Story list* fragt nach Wissen über den Effekt von Elaborationsstrategien. *Rote-paraphrase* beinhaltet Wissen über den Effekt eines bedeutungsorientierten Paraphrasierens einer Geschichte. *Study plan* bezieht sich auf die Anwendung einer Strategie des kategorialen Organisierens. Die Szenarien *preparation: object* und *preparation: event* zielen auf das Repertoire von Enkodierstrategien bei prospektiven Erinnerungszielen ab. *Retrieval: object* und *retrieval: event* erfassen analog dazu das Repertoire an Abrufstrategien.

In Abbildung 4.2 sind einige Befunde aus der ursprünglichen Untersuchung von Kreutzer et al. (1975) und aus Replikationsstudien dargestellt. Im Vergleich der Alterskohorten zeigte sich folgendes Entwicklungsmuster: Bereits Kindergartenkinder verfügten über ein rudimentäres Wissen über Gedächtnisprozesse. Dieses Wissen nahm im Verlauf der Grundschuljahre zu. Besonders markante Entwicklungsunterschiede ergaben sich mit dem Beginn der Schulzeit, d. h. zwischen der ersten und der dritten Jahrgangsstufe. Zwischen den Kindergartenkindern und den Schülern der ersten Klasse sowie zwischen den Schülern der dritten und der fünften Jahrgangsstufe waren weniger ausgeprägte Entwicklungsunterschiede festzustellen. Während in vielen der Wahlaufgaben ab der dritten Jahrgangsstufe nahezu perfekte Antworten gegeben wurden, schienen insbesondere differenzierte Begründungen für die getroffenen Aussagen und das Repertoire komplexerer Strategien zum Enkodieren und Abrufen von Informationen auch bei Schülern der fünften Klasse noch nicht vollständig entwickelt zu sein.

Das in dieser Studie entwickelte Aufgabenmaterial und das beschriebene Entwicklungsmuster des metakognitiven Wissens legten den Grundstein für die nachfolgenden Forschungsaktivitäten zur Untersuchung des metakognitiven Gedächtniswissens und des metakognitiven Wissens allgemein. Da die Studie explorativ angelegt war, wurde kein Wert auf die psychometrischen Eigenschaften des eingesetzten Messinstruments gelegt. In späteren Untersuchungen wurden dagegen erhebliche Zweifel an der Reliabilität und der Validität der Messungen angemeldet.

In einer Replikation des Interviews konnte zwar das ursprüngliche Muster der alterskorrelierten Unterschiede repliziert werden, es zeigte sich jedoch auch, dass die Leistungen in den einzelnen Szenarien nur sehr geringe Zusammenhänge zueinander aufwiesen. Die Korrelationen zwischen den Szenarien waren teilweise negativ und überstiegen in der Regel nicht $r = .35$ (Cavanaugh & Borkowski, 1980). Auch die Retestkorrelationen überstiegen in einem kurzen Zeitintervall von sechs Wochen nicht $r_{tt} = .40$ (Kurtz, Reid, Borkowski & Cavanaugh, 1982). Die geringen Inter- und Retestkorrelationen weisen auf eine geringe Reliabilität des Messinstruments hin.

Auch die Validität der ermittelten Entwicklungsunterschiede wurde in Frage gestellt. Fritz, Howie und Kleitman (2010) fanden inhaltlich nicht zu begründende Korrelationen zwischen der Testleistung und den sprachlichen Fähigkeiten von Grundschülern. Sie vermuteten daher, dass Unterschiede im sprachlichen Aufgabenverständnis und nicht die Entwicklung eines Bewusstseins über Gedächtnisvorgänge ursächlich für die gefundenen Unterschiede zwischen den Alterskohorten sein könnten. Allerdings erwies sich dieser Zweifel als unbegründet. Auch in einem modifizierten Interview, in dem das Instruktionsverständnis auch für jüngere Schüler durch sprachliche Vereinfachung und zusätzliche Visualisierungen reduziert wurde, zeigte sich der bekannte Entwicklungsverlauf.

Die Interviewstudien von Wellman: Neben dem Interview von Kreutzer et al. (1975) erwiesen sich auch die wenig später von Wellman (1977, 1978) entwickelten Interviews als außerordentlich einflussreich für die metakognitive Wissensforschung. Ebenfalls auf der Grundlage vergleichender Urteile kann damit metakognitives Wissen bereits bei Kindern im Alter von drei Jahren nachgewiesen werden. Die verbal und bildlich vorgegebenen Szenarien sind inhaltlich bewusst an metakognitive Phänomene aus der Lebens- und Erfahrungsumwelt der Kinder angepasst. Sie erfassen das Wissen in den Variablen Person (z. B. die Beurteilung des Einflusses des Alters des Lerners auf die Gedächtnisleistung), Aufgabe (z. B. die Beurteilung des Einflusses der Anzahl der zu memorierenden Gegenstände, des Umgebungslärms und der Lernzeit auf die Gedächtnisleistung) und Strategie (z. B. die Beurteilung des Einflusses von sozialer Unterstützung und der Nutzung von Abrufstrategien auf die Gedächtnisleistung). Als Indikatoren für das metakognitive Wissen werden die Korrektheit der Beurteilungen (gemessen am Maßstab der Einschätzungen der Forscher) sowie die Begründungen für die Urteile ausgewertet.

Die Mehrzahl der Kinder weiß gegen <u>Ende der Kindergartenzeit</u>, dass	- man Dinge vergessen kann
	- es schwerer ist, sich an länger zurückliegende Ereignisse zu erinnern als an gerade abgelaufene Ereignisse
	- es schwerer ist, sich eine große Menge von Lernmaterialien zu merken als nur wenige erhöhte Anstrengung zu besseren Gedächtnisleistungen führt
	- Merkmale wie Kleidung, Haarfarbe oder Körpergewicht unerheblich sind für die Gedächtnisleistung
	- externe Gedächtnishilfen sinnvoll sein können (z. B. zum Wiederauffinden eines Objekts in Versteckaufgaben)
Die Mehrzahl der Kinder weiß zu <u>Beginn der Grundschulzeit</u>, dass	- das Herstellen eines inhaltlichen Zusammenhanges zwischen Begriffen zu einer besseren Erinnerungsleistung führt
	- die Lernzeit die Gedächtnisleistung beeinflusst
	- Neulernen schwerer ist als Wiederholen
	- Wiedererkennen leichter ist als Reproduktion
	- eine ablenkende Tätigkeit die Gedächtnisleistung beeinträchtigen kann
	- mechanisch gelernte Informationen (z. B. Telefonnummern) schnell vergessen werden
Die Mehrzahl der Kinder weiß gegen <u>Ende der Grundschulzeit</u>, dass	- nach Oberbegriffen kategorisierbare Begriffe leichter zu lernen sind als nicht kategorisierbare Begriffe
	- Gegensatzpaare leichter zu lernen sind als zufällig verknüpfte Wortpaare
	- Wiederholungs- und Organisationsstrategien hilfreich sind
	- eine wortwörtliche Wiedergabe eines Textes schwieriger ist als eine sinngemäße Wiedergabe
	- Interferenzen die Gedächtnisleistung bewirken können

Abbildung 4.2: Entwicklung des metakognitiven Gedächtniswissens im Kindergarten und in der Grundschule nach Lockl und Schneider (2007a, S. 258)
Anmerkung: Die Befunde stammen aus den Studien von Kreutzer et al. (1975), Wellman (1977, 1978) bzw. Replikationen dieser Studien.

Wellman (1977) konnte mit diesem Instrument Entwicklungsunterschiede im metakognitiven Gedächtniswissen zwischen drei Alterskohorten im Alter von drei, vier und fünf Jahren belegen. Urteile über Gedächtnisvariablen fielen den Kindern leichter, wenn die Szenarien Bezüge zu ihrer Erfahrungswelt aufwiesen, ausschließlich die eigene Leistung betrafen und die zu beurteilenden Unterschiede konkret und leicht zu erkennen waren. Diese Bedingungen weisen auf die Bedeutung einer Passung zwischen dem Inhalt der Beurteilungsaufgabe, der Erfahrungswelt eines Kindes und der Konkretheit der Darstellungsform für die Messung metakognitiven Wissens hin. Sind diese Bedingungen erfüllt, kann bereits im Vorschulalter eine substanzielle Entwicklung im Wissen über gedächtnisrelevante Variablen nachge wiesen werden. Yussen und Bird (1979) sowie Henry und Norman (1996) replizierten diese Ergebnisse in ähnlich angelegten Querschnittstudien.

Wellman (1978) erweiterte den Ansatz, indem er älteren Kindern Szenarien vorgab, in denen mehrere metakognitive Variablen in Interaktion standen. Damit näherten sich die Szenarien authentischen Anforderungssituationen an, in denen die Metagedächtnisvariablen in der Regel nicht isoliert voneinander auftreten. Zwei Kohorten im Alter von fünf und zehn Jahren wurden drei einfache und drei komplexe Szenarien vorgegeben. Im ersten Fall variierten die Szenarien einer Aufgabe lediglich in einer Gedächtnisvariablen (z. B. Zahl der zu memorierenden Gegenstände oder Schwierigkeit der Aufgabe oder Strategieeinsatz). Im zweiten Falle unterschieden sich die drei vorgestellten Szenarien in jeweils zwei Variablen (z. B. Zahl der zu memorierenden Gegenstände und Strategieeinsatz). Die Auswertung zeigte, dass die jüngeren Kinder trotz guter Leistungen in den einfachen Aufgaben in den komplexen Aufgaben deutlich schlechter abschnitten als die älteren Kinder. D. h. auch jüngere Kinder verfügen prinzipiell über das zur Beurteilung der Szenarien ausreichende metakognitive Wissen. Jedoch ist dieses Wissen zunächst nur als isoliertes Faktenwissen verfügbar und entwickelt sich erst im Verlauf der Schulzeit zu einem Wissenssystem, in dem die einzelnen Wissensaspekte in ihrer Wechselwirkung beurteilt werden können.

Strategiedemonstrationen

Der Untersuchungsschwerpunkt dieser Messstrategie lag in der Entwicklung des deklarativen und konditionalen Wissens über die Strategie des kategorialen Organisierens im *sort-recall*-Paradigma. Die Natürlichkeit der Testsituation, die Anschaulichkeit des Materials und der relativ hohe Alltagsbezug des Verfahrens ermutigten dazu, das metakognitive Strategiewissen auch junger Kinder im Alter zwischen vier und sechs Jahren zu untersuchen (Sodian et al., 1986; Schneider & Sodian, 1991).

Allerdings zeigen die Resultate dieser Studien, dass Kinder in diesem Alter noch nicht in der Lage sind, konsistent Unterschiede in der Effektivität von Strategien zu erkennen und zu bewerten. Untersuchungen, in denen die Strategiebewertungen nicht als absolute Urteile, sondern als relative Präferenzen abzugeben waren, belegten bis in das Grundschulalter hinein eine graduelle Zunahme in der Fähigkeit zur konsistenten Strategiebeurteilung. Jüngere Kinder beurteilten mehrmals vorgegebene, identische Paarvergleiche häufig noch unterschiedlich, sodass die Strategiepräferenzen eher probabilistisch als deterministisch interpretiert werden müssen. Erst ab der zweiten Klasse war das Urteil dagegen so konsistent, dass von der reliablen Messung eines Wissens über die Effektivität unterschiedlicher Strategie ausgegangen werden konnte (Justice, 1985, 1986, 1989; Schneider, 1986).

Die Befunde zum Wissen über das kategoriale Organisieren in *sort-recall*-Aufgaben ergaben ein klares Entwicklungsmuster (Justice, 1985, 1986; Schneider, 1986). Kinder im Alter von vier und sechs Jahren zeigten noch keine Präferenzen für unterschiedliche, zum Enkodieren einer Liste mit Begriffen einsetzbare Strategien (bloßes Anschauen, Benennen, Wiederholen, kategoriales Organisieren). Schüler der zweiten Jahrgangsstufe dagegen präferierten Wiederholungs- und Organisationsstrategie, differenzierten zwischen diesen beiden Strategien allerdings nicht (Justice, 1985, 1986; Schneider, 1986). Auch in der vierten Jahrgangsstufe waren Schüler lediglich zu einer groben Unterscheidung zwischen effektiven und ineffektiven Strategien in der Lage (Justice, 1985; Schneider, 1986). Erst in der sechsten Jahrgangsstufe trafen die Schüler eindeutige Effektivitätsunterscheidungen zwischen der Wiederholungs- und der Organisationsstrategie (Justice, 1985). Die Entwicklung des Wissens über die relative Effizienz in relativ früh verfügbaren Gedächtnisstrategien, wie Wiederholung und Organisation (Hünnerkopf, Kron-Sperl & Schneider, 2009), setzt sich also über die ganze Primarstufe bis in die frühe Sekundarstufe I hin fort.

In Studien, in denen sowohl Interviewverfahren als auch Strategiedemonstrationsverfahren zur Erfassung des metakognitiven Wissens eingesetzt wurden, ergaben sich im Zuge des allgemeinen Entwicklungsprozesses des metakognitiven Wissens zunehmende korrelative Zusammenhänge zwischen den Resultaten der beiden Messstrategien. Vor oder am Beginn der Grundschulzeit zeigten sich noch geringe Korrelationen beider Verfahren (Lange, Guttentag & Nida, 1990; Schneider, 1986), am Ende der Grundschulzeit zeichneten sich moderate, jedoch substanzielle Korrelationen ab (Schneider, 1986). Diese Befunde deuten auf ein sich sukzessive integrierendes metakognitives Wissenssystem über Gedächtnisphänomene hin, dessen Erfassung zunehmend unabhängiger von der Messstrategie wird.

Ein erster Wissenstest

Mit dem Ziel, eine ökonomisch im Gruppentest durchführbare Alternative zu den aufwendigen Interviewverfahren zu schaffen, fassten Belmont und Borkowski (1988) bewährte Indikatoren für metakognitives Gedächtniswissen zu einem Testinstrument zusammen (*Metamemory Battery*, MMB). Die fünf ausgewählten Aufgaben wurden so modifiziert, dass sie im Grundschulalter in einer Gruppentestung zu instruieren und durchzuführen waren. Zwei Aufgaben operationalisierten das Wissen über die Anwendung und die Effekte des kategorialen Organisierens in Listenlernaufgaben. Eine aus dem Interview von Kreutzer et al. (1975) übernommene und schriftlich vorgegebene Aufgabe erfasste das Strategierepertoire zum prospektiven Erinnern (*preparation: object*). Zusätzlich wurde die metakognitive Regulationskomponente durch eine Aufgabe zur Leistungsprä- und postdiktion erfasst.

Der Test wies, wie auch die Interviews, sehr problematische psychometrische Kennwerte auf. Am Beginn der Grundschulzeit wurden in der Regel keine signifikanten Interkorrelationen zwischen den fünf Aufgaben des Tests erzielt (Geary, Klosterman & Adrales, 1990; Hasselhorn, 1994; DeMarie & Ferron, 2003). Erst am Ende der Grundschulzeit ergaben sich überhaupt bedeutsame Zusammenhänge (DeMarie & Ferron, 2003). Insgesamt ist also eine geringe Konsistenz des Verfahrens zu konstatieren, was auf ein inhaltlich heterogenes Konstrukt hinweist. Trotz der Probleme der internen Konsistenz lagen die Retestreliabilitäten des Verfahrens über Zeiträume von vier bis sechs Wochen zwischen $r_{tt} = .41$ und $r_{tt} = .67$ im niedrigen, aber noch akzeptablen Bereich (Belmont & Borkowski, 1988; Hasselhorn, 1994).

Während die psychometrische Qualität des Verfahrens also insgesamt kritisch zu beurteilen ist, erwies sich der Test als entwicklungssensitiv. Querschnittliche Befunde zeigten statistisch signifikante Unterschiede zwischen Alterskohorten vom Vorschul- bis zum Ende des Grundschulalters. Die Effektstärken lagen für den Altersbereich zwischen der Vorschule (Alter ca. 5 Jahre) und der zweiten Jahrgangsstufe bei $d = 0,58$ (DeMarie & Ferron, 2003; eigene Berechnung). Für den Altersbereich zwischen der zweiten und der vierten Klasse wurden Effektstärken zwischen $d = 0,60$ (Hasselhorn, 1994; eigene Berechnung) und $d = 0,82$ (Geary et al., 1990) berichtet.

Allerdings fielen die Entwicklungsunterschiede zwischen unterschiedlichen Items innerhalb des Tests unterschiedlich aus (Hasselhorn, 1994; DeMarie & Ferron, 2003). Zwischen den Untersuchungen scheinen die Befunde für die einzelnen Items und die Gesamtskala jedoch weitgehend konsistent zu sein (DeMarie & Ferron, 2003; Geary et al., 1990; Hasselhorn, 1994).

Mit dem Verfahren wurde ein erster Versuch unternommen, metakognitives Wissen ökonomisch in Gruppensettings zu messen. Die Auswahl der Items und die Zusammenstellung des Tests schien allerdings weniger auf theoretisch-konzeptionelle Überlegungen zurückzugehen, als vielmehr von der Verfügbarkeit empirisch bewährter Aufgaben geleitet worden zu sein. Hasselhorn (1994) hielt aufgrund der niedrigen Reliabilität die Interpretation eines aggregierten Gesamtscores als Indikator des metakognitiven Gedächtniswissens – wie sie für Tests im entwicklungspsychologischen Kontext häufig angestrebt wird – für nicht zulässig. Da damit lediglich Unterschiede und Veränderungen in einzelnen Items valide zu interpretieren sind, erbrachte der Test über die erhöhte Durchführungsökonomie hinaus keinen messstrategischen Vorteil zu den Interviewverfahren.

Weiterentwicklung der klassischen Testinstrumente

Die klassischen Untersuchungen zur Entwicklung des metakognitiven Gedächtniswissens konzentrierten sich auf die Frage, in welchem Alter spezifische Wissensaspekte erworben werden. Ein Entwicklungsprofil wurde in diesen Studien auf Grundlage einer qualitativen Beurteilung der Einzelitems erstellt.

In späteren Untersuchungen zur metakognitiven Wissensentwicklung wurde dagegen häufig auf Analysen auf Itemebene verzichtet (vgl. Schneider, 1989). Stattdessen wurden die einzelnen Items zu globalen Indikatoren für metakognitives Wissen aggregiert (sogenannte Kompositscores). Entwicklungsunterschiede bzw. -veränderungen wurden auf Grundlage von alterskorrelierten Unterschieden in Summenwerten bewertet. Die vorangegangene Diskussion zeigte durchgängig geringe Inter-Item-Korrelationen in den Verfahren zur Erfassung des metakognitiven Wissens. Die Konstruktvalidität von Gesamtscores, die aus diesen gering interkorrelierenden Items aggregiert wurden, und damit ihre Vergleichbarkeit, ist stark eingeschränkt (s. auch Cavanaugh & Perlmutter, 1982; Hasselhorn, 1994). Mit anderen Worten: Bestehen metakognitive Wissenstests nicht aus identischen Aufgaben, sind ihre Ergebnisse nur bedingt vergleichbar.

Eine Durchsicht der publizierten Befunde erbringt allerdings für Studien in Vorschule und Grundschule einen relativ homogenen Kernbestand an häufig eingesetzten Aufgaben. Dieser Aufgabenbestand enthält z. B. die Szenarien *preparation: object*, *retrieval: event*, *rote-paraphrase* und *story-list* aus dem Interview von Kreutzer et al. (1975). Häufig wurden diese Szenarien jedoch nicht im herkömmlichen offenen Antwortformat vorgegeben, sondern modifiziert in einem geschlossenen Urteilsformat (z. B. Lockl & Schneider, 2006). Fester Bestandteil der Summenscores im Vorschulalter sind auch die Items zur Beurteilung von Gedächtnisvariablen, insbesondere zum Einfluss des Alters, der Lernzeit, der Itemmenge und der Interaktion dieser Variablen aus Wellman (1977, 1978). Strategievergleichende Verfahren auf Grundlage von Strategiedemonstrationen nach Justice (1985) bzw. Schneider (1986) wurden dagegen kaum eingesetzt. Allerdings wurde das Prinzip des relativen Vergleichs zwischen Strategien aus diesen Verfahren übernommen. Dabei wurden die Strategiealternativen jedoch nicht visuell demonstriert, sondern verbal beschrieben.

Während für Untersuchungen im Vorschulalter Forschungsinstrumente aus diesem Aufgabenbestand individuell zusammengestellt wurden, liegen für das Grundschulalter standardisierte Testverfahren vor, die eine über unterschiedliche Studien hinweg vergleichbare Beurteilung von Unterschieden und Veränderungen im metakognitiven Wissen erlauben.

4.3 Metakognitives Gedächtniswissen

Vorschule und Übergang zur Grundschule

Lockl und Schneider (2006) bezogen in ihre längsschnittliche Untersuchung des metakognitiven Gedächtniswissens im Vorschulalter (drei Messzeitpunkte mit 5, 5;6 und 6 Jahren) neben Szenarien von Wellman (1977) zur Erfassung des Personen- und Aufgabenwissens auch zwei Szenarien zur Erfassung des Strategiewissens aus dem Metagedächtnisinterview (Kreutzer et al., 1975) ein und bildeten daraus einen Summenwert. Das Messinstrument deckte damit inhaltlich einen breiten Bereich des metakognitiven Gedächtniswissens ab und erwies sich als reliabel (α = .79; zwölf Items; s. auch Lockl & Schneider, 2007b). Die Entwicklungsveränderungen zwischen den drei Messzeitpunkten waren statistisch bedeutsam. Wie Abbildung 4.3 zeigt, verlief die Zunahme des metakognitiven Wissens gleichmäßig (d = 0,66 im ersten Intervall, d = 0,68 im zweiten Intervall). Die Stabilität des metakognitiven Wissens, eingeschätzt durch die Test-Retest-Korrelation über einen Zeitraum von jeweils sechs Monaten, lag mit r_{tt} = .56 (Messzeitpunkte 1 und 2) bzw. r_{tt} = .49 (Messzeitpunkte 2 und 3) im moderaten Bereich.

Eine weitere längsschnittliche Untersuchung beobachtete den Übergang vom Kindergarten in die Grundschule (Krajewski, Kron & Schneider, 2004). Der metakognitive Wissenstest war ähnlich zusammengesetzt wie das Instrument von Lockl und Schneider (2006) und zeigte in den ersten sechs Monaten der Grundschule ebenfalls einen bedeutsamen Zuwachs im metakognitiven Wissen (d = 0,69). Auch hier zeigt die Retestkorrelation eine moderate Stabilität des metakognitiven Wissens (r_{tt} = .52).

Beide längsschnittlichen Befunde belegen eine substanzielle, linear verlaufende Zunahme des allgemeinen metakognitiven Gedächtniswissens bereits vor Eintritt in die Grundschule. Die außerordentlich stark ausgeprägten Effektstärken für die Veränderungen in den Sechsmonatsintervallen weisen auf einen schnellen und umfassenden Zugewinn der metakognitiven Kenntnisse hin. Die moderaten Stabilitäten sprechen für differenziell wirksame Entwicklungsprozesse in diesem Altersbereich.

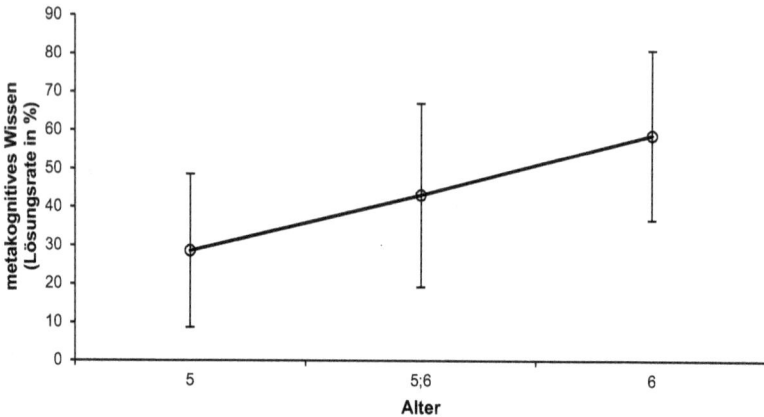

Abbildung 4.3: Entwicklung des metakognitiven Gedächtniswissens im Vorschulalter nach Lockl und Schneider (2006; mittlere Lösungsraten und Standardabweichungen)

Grundschule

Besonders intensiv wurde die metakognitive Wissensentwicklung im Grundschulalter erforscht. Neben einem nach wie vor bestehenden Fokus auf dem metakognitiven Gedächtniswissen rückten mit der Veränderung in den kognitiven Anforderungen durch die Beschulung auch andere Domänen, insbesondere das Leseverstehen, in den Fokus der metakognitiven Wissensforschung. Befunde zu diesen Domänen und domänenübergreifenden Entwicklungen werden in den nachfolgenden Abschnitten behandelt.

Mit der Würzburger Testbatterie Deklaratives Metagedächtnis (WTDM; Schlagmüller et al., 2001) gelang es, ein Verfahren zur Erfassung des metakognitiven Gedächtniswissens zu konstruieren, das hinsichtlich der Testgütekriterien den Anforderungen eines standardisierten Tests näherungsweise genügte. Die WTDM beinhaltet zwei Subtests, in denen spezifisch das metakognitive Gedächtniswissen erfasst wird. Der dritte Subtest des Verfahrens, der das textverarbeitungsbezogene metakognitive Wissen erfasst, wird unten dargestellt. Die Subskala „Allgemeines Deklaratives Metagedächtnis" (ADM) basiert im Wesentlichen auf den oben vorgestellten Inhalten der Verfahren von Kreutzer et al. (1975) und Wellman (1977, 1978). Die Subskala zum „Wissen über Semantische Kategorisierungsstrategien" (SKS) erfasst das spezifische Strategiewissen zum kategorialen Organisieren und basiert im Wesentlichen auf Szenarien zur Beurteilung der relativen Effektivität von Memorierstrategien (Justice, 1985; Schneider, 1986) und zur Beurteilung der relativen Schwierigkeit von Wortlisten (vgl. z. B. Schneider, 1986). Während die zwölf Items der Skala SKS eine zufriedenstellende interne Konsistenz aufwiesen

(α = .75), lag die interne Konsistenz der elf Items der Skala ADM relativ niedrig (α = .48). Mittlere Lösungsraten von 77% (Skala ADM; eigene Berechnung) bzw. 68% (SKS; eigene Berechnung) bestätigten eine ausreichende Differenzierungsleistung des Tests und damit eine valide Beurteilbarkeit von Entwicklungsunterschieden bis in die vierte Jahrgangsstufe.

Grammer, Purtell, Coffman und Ornstein (2010) untersuchten die Entwicklung des metakognitiven Wissens durch die viermalige Vorgabe der beiden gedächtnisbezogenen Skalen der WTDM im Verlauf der ersten Jahrgangsstufe. Zwischen dem ersten und dem vierten Messzeitpunkt ließ sich ein bedeutsamer Entwicklungsgewinn im metakognitiven Gedächtniswissen beobachten (d = 0,33; eigene Berechnung). Die Form der Entwicklungsveränderung war linear, allerdings deutete sich in den Messintervallen (jeweils drei Monate) eine Beschleunigung der Entwicklung an: Während im ersten Intervall eine Effektstärke von d = 0,12 festzustellen war, lagen die Veränderungen im zweiten und dritten Intervall bei d = 0,22 bzw. d = 0,20 (eigene Berechnungen). Die relativ geringe Variabilität in der Veränderung zwischen den Versuchspersonen wies auf eine relativ homogen verlaufende Entwicklungsveränderung in diesem Altersbereich hin.

Schlagmüller et al. (2001) erfassten mit der WTDM das metakognitive Wissen zweier Alterskohorten (Schüler am Ende der zweiten und dritten Jahrgangsstufe) zu zwei Messzeitpunkten im Intervall von vier Monaten. Die Differenzen zwischen den Kohorten wurden in dieser Untersuchung als Entwicklungsunterschiede, die Veränderungen der Messwerte zwischen den beiden Messzeitpunkten als Retesteffekte bezeichnet. Während sich in der allgemeinen Skala ADM relativ geringe Entwicklungsunterschiede (eigene Berechnungen) zwischen den Alterskohorten zeigten (d = 0,33), bestanden große alterskorrelierte Unterschiede in der aufgabenspezifischen Skala SKS (d = 0,69). Darüber hinaus ergaben sich geringe, jedoch in Relation zu den Kohortenunterschieden durchaus substanzielle Retesteffekte (eigene Berechnungen) in der Skala ADM (d = 0,14) und insbesondere in der Skala SKS (d = 0,23). Aufgrund des relativ langen Test-Retest-Intervalls sind zur Erklärung dieser Effekte allerdings auch tatsächliche Entwicklungsveränderungen plausibel. Die relativ geringen Test-Retest-Korrelationen (r_{tt} = .40 in der Skala ADM, r_{tt} = .60 in der Skala SKS) deuten auf relativ heterogen verlaufende Veränderungsprozesse in dieser Entwicklungsphase hin.

Zusammenfassend bestätigen diese Ergebnisse die Resultate aus den klassischen Untersuchungen: Über die ganze Grundschulzeit lassen sich Entwicklungsveränderungen im metakognitiven Gedächtniswissen beobachten. Während am Beginn der Grundschulzeit eine Beschleunigung der Entwicklung festzustellen ist, reduziert sich die Entwicklungsrate in der zweiten Hälfte der Grundschulzeit. Diese Reduktion ist im Wesentlichen auf geringere Zunahmen im Personen- und Aufgabenwissen zurückzuführen. Das Wissen über kognitive Strategien nimmt

dagegen unvermindert zu. Die Schüler der Grundschule haben also bereits ein hohes Niveau an Kenntnissen über personen- und anforderungsbezogene Einflussfaktoren auf die Gedächtnisleistung erworben. Das Wissen über die Effektivität
eigener strategischer Aktivitäten dagegen wird in diesem Alter noch zunehmend
exploriert und verändert sich deutlich.

Sekundarstufe

Hinweise auf die Entwicklung im metakognitiven Gedächtniswissen über das
Grundschulalter hinaus lassen sich aus der Heidelberger Studie zur „Entwicklung
von Metakognition, Attributionsstilen und Selbstinstruktion" (MAST) ableiten. In
dieser Studie wurde eine große Stichprobe (N = 578) von Schülern aus der dritten, fünften und siebten Jahrgangsstufe im Abstand von einem Schuljahr zweimal untersucht (Knopf, Körkel, Schneider & Weinert, 1988). Die Erfassung des
metakognitiven Gedächtniswissens erfolgte auf der konzeptuellen Grundlage des
Interviews von Kreutzer et al. (1975). Allerdings wurden weder Informationen zur
Zusammensetzung des eingesetzten Tests noch zur Ziehung und Zusammensetzung der Stichprobe berichtet. Die aus den angegebenen deskriptiven Statistiken
erschließbaren Unterschiede zwischen den Alterskohorten lassen sich als Beleg für
eine bedeutsame Zunahme des Metagedächtniswissens im untersuchten Altersbereich interpretieren. Die Alterseffekte (eigene Berechnungen) lagen zwischen der
dritten und der fünften Jahrgangsstufe höher (d =0,73) als zwischen der fünften
und der siebten Jahrgangstufe (d = 0,33). Für etwaige Entwicklungsveränderungen
zwischen der ersten und der zweiten Messung wurden keine Befunde berichtet.

Körkel (1987) berichtete detaillierter über eine Teilstichprobe aus Grund- und
Hauptschülern (n = 185) der MAST-Studie. In dieser Teilstichprobe wurde das
metakognitive Wissen über zwei inhaltlich unterschiedliche Subskalen erhoben.
Das allgemeine gedächtnisbezogene metakognitive Wissen wurde mithilfe nicht
näher bezeichneter Überarbeitungen der Items aus Kreutzer et al. (1975) erfasst.
Die aggregierten Leistungen in diesen Items wiesen alterskorrelierte Unterschiede in der untersuchten Stichprobe aus; die Effektstärken (eigene Berechnungen)
der Entwicklungsunterschiede nahmen mit zunehmendem Alter der Kohorten ab
(d = 0,62 zwischen der dritten und der fünften Jahrgangsstufe und d = 0,50 zwischen der fünften und der siebten Jahrgangsstufe). Eine besondere Stärke der
Studie ist die kovarianzanalytische Kontrolle von kognitiven und motivationalen
Schülermerkmalen. Auch nach diesem relativ konservativen Vorgehen blieben die
alterskorrelierten Unterschiede zwischen den Kohorten erhalten.

Die Stichprobenziehung der Studie war allerdings sehr selektiv: In der dritten
Jahrgangsstufe wurden intakte Grundschulklassen in die Untersuchung einbe-
zogen. In der fünften und siebten Jahrgangsstufe beschränkte sich der Autor auf
Schüler der Hauptschule und damit einen relativ leistungsschwachen Ausschnitt

des Leistungsspektrums in der Sekundarstufe. Die Generalisierbarkeit der Befunde ist damit stark eingeschränkt.

Der Entwicklungsverlauf des metakognitiven Gedächtniswissens in der Sekundarstufe I lässt sich anhand der vorliegenden Befunde also nicht abschließend einschätzen. Allenfalls für leistungsschwächere Schülergruppen sind Entwicklungsunterschiede belegt. Diese fallen deutlich geringer aus als in der Grundschule.

4.4 Metakognitives Wissen im Leseverstehen

Brown (1978) argumentierte, dass die Befunde zur Entwicklung des Metagedächtnisses sich nicht über alle kognitiven Anforderungsbereiche verallgemeinern ließen. Das Bewusstsein über komplexere, den Alltagsanforderungen der Kinder in höherem Maße entsprechende Phänomene zeigt nach ihren Prognosen einen anderen, vergleichsweise späteren Verlauf. Reine Gedächtnisaufgaben würden nur einen Teil des schulischen Anforderungsprofils abbilden, da schulische Leistungen neben dem reinen Enkodieren und Abrufen von Informationen insbesondere die Konstruktion von Wissensstrukturen, d. h. ein Verstehen von Informationen, erforderten. Als erster kognitiver Kontext neben dem Gedächtnis wurde das metakognitive Wissen über Prozesse des Leseverstehens untersucht. Der höheren Komplexität der beteiligten kognitiven Prozesse entsprechend, wurde in dieser Domäne zum ersten Mal auch das Wissen über metakognitive Strategien zur Überwachung und Regulation kognitiver Aktivitäten gezielt erfasst.

In einer ersten empirischen Untersuchung wurde die Entwicklung des metakognitiven Wissens im Lesen an zwei Alterskohorten der zweiten und der sechsten Jahrgangsstufe untersucht (Myers & Paris, 1978). Die Messung des metakognitiven Wissens erfolgte durch ein an Kreutzer et al. (1975) angelehntes Interview mit Fragen zum metakognitiven Personen-, Aufgaben- und Strategiewissen in Anforderungen des Lesens. Die Resultate der Studie zeigten, dass die jüngere Kohorte Lesen eher als Dekodieranforderung wahrnahm, während ältere Kinder ein Bewusstsein für das Lesen als Aufgabe der Bedeutungskonstruktion und des Verstehens erkennen ließen. Bezogen auf die Personenvariable zeigten die älteren Kinder eine differenziertere Sicht für die Effekte der Motivation auf die Leseleistung. Während jüngere Schüler durchaus Kenntnis über Indikatoren der Aufgabenschwierigkeit in der Oberflächenstruktur hatten, zeigten erst die älteren Schüler ein Verständnis für Merkmale der inhaltlichen Struktur von Texten. Die jüngeren Schüler schlugen im Vergleich zu den Sechstklässlern auch weniger metakognitive Strategien bei Verständnisproblemen vor. Darüber hinaus ließen die Schülerantworten auch auf ein geringeres Wissen über Zielsetzungen, Nutzen und Anwendungsbedingungen von metakognitiven Strategien schließen. Bedingt durch Veränderungen in der Wahrnehmung des Lesens als Verstehensprozess und die zunehmenden Kenntnisse über Faktoren, die diesen Prozess erschweren, standen in den Grundschuljahren also Veränderungen im Wissen über metakognitive Strategien und im Bewusstsein über konditionale Aspekte des Strategieeinsatzes im Vordergrund.

Auch in der Domäne des Leseverstehens wurden Versuche unternommen, die Messung des metakognitiven Wissens durch die Konstruktion von schriftlichen Wissenstests ökonomischer zu gestalten. Jacobs und Paris (1987) entwickelten das Interview von Myers und Paris (1978) zu einem schriftlichen und im Gruppentest durchzuführenden *Index of Reading Awareness* (IRA) weiter. Im IRA werden Schülern spezifische Anforderungsszenarien vorgegeben. In jedem Szenario werden drei unterschiedlich effektive strategische Handlungsalternativen vorgeschlagen, für die die Versuchspersonen ein Präferenzurteil abgeben sollen. Der Test enthält 20 Szenarien zum lesebezogenen metakognitiven Aufgaben- und Strategiewissen und berücksichtigt in besonderer Weise das konditionale Wissen über metakognitive Strategien. Seine interne Konsistenz weist einen niedrigen, aber akzeptablen Wert auf (α = .61; McLain, Gridley & McIntosh, 1991). Van Kraayenoord und Schneider (1999) sowie van Kraayenoord, Beinicke, Schlagmüller und Schneider (2012) dokumentierten mit dem IRA substanzielle Entwicklungsunterschiede im metakognitiven Wissen über Strategien des Leseverstehens zwischen der dritten und vierten Jahrgangsstufe ($d = 0,78$).

Die Würzburger Testbatterie Deklaratives Metagedächtnis (WTDM; Schlagmüller et al., 2001) enthält einen ähnlich konzipierten Subtest zur Erfassung des „Textverarbeitungsbezogenen Metagedächtnisses" (TVM). Die neun Items dieses Subtests sind ebenfalls an das Interview von Myers und Paris (1978) angelehnt und erfassen das Wissen um verstehens- und gedächtnisrelevante Merkmale von Personen und Aufgaben sowie um kognitive und metakognitive Strategien zum Lernen aus Texten. Die Skala ist relativ konsistent (α = .65). Der Vergleich zweier Alterskohorten (Schüler am Ende der zweiten und dritten Jahrgangsstufe) erbrachte einen ausgeprägten Mittelwertunterschied ($d = 0,69$; eigene Berechnung), der auf einen substanziellen Entwicklungsprozess hindeutet. Die moderate Test-Retest-Korrelation über einen Zeitraum von vier Monaten verwies mit r_{tt} = .54 auf deutliche interindividuelle Unterschiede in den beobachteten Entwicklungsveränderungen.

Beide Testverfahren, IRA und WTDM, führen also zum selben Ergebnis. Das metakognitive Wissen im Lesen nimmt in der zweiten Hälfte der Grundschulzeit deutlich zu. In welchem Maß Wissenszuwächse in den drei metakognitiven Wissensvariablen dabei zur Gesamtentwicklung beitragen, lässt sich aufgrund der Aggregation der eingesetzten Tests zu Summenwerten nicht genau bestimmen. In der Sekundarstufe I wurden die Entwicklungen im metakognitiven Strategiewissen empirisch weiterverfolgt.

Dazu entwickelten Schlagmüller und Schneider (2007) die textverarbeitungsbezogene Skala der WTDM zum Würzburger Lesestrategie-Wissenstest für die Jahrgangsstufen 7 bis 12 weiter (WLST 7-12). Während in der WTDM auch Personen- und Aufgabenwissen erfasst wird, fokussiert der WLST ausschließlich auf das Wissen über kognitive und metakognitive Strategien. In allen Szenarien sind fünf bis sechs unterschiedliche Strategievorschläge in einem geschlossenen Antwortformat zu bewerten. Aufgrund der komplexeren Anforderungssituationen der Szenarien, der erhöhten Zahl der zu bewertenden Strategien und der geringeren Unterschiede zwischen den Strategien ist eine im Vergleich zu den im Grundschulbereich eingesetzten Verfahren differenziertere metakognitive Wissensbasis zur Beurteilung notwendig. Um ein inhaltlich gültiges Referenzkriterium für die Auswertung der Strategiebeurteilungen zu erhalten, wurden in einer Weiterentwicklung des WLST Urteile international anerkannter Experten aus der Leseforschung eingeholt (Artelt et al., 2009). Neben einer hohen inhaltlichen Validität weist der Test auch hervorragende Reliabilitätskennwerte bezüglich der internen Konsistenz (α = .88; 40 Items) und der Retestreliabilität (r_{tt} = .81; sechs Wochen) auf. Aus den Normierungsdaten des Tests lassen sich alterskorrelierte Entwicklungsunterschiede zwischen den Jahrgangsstufen 7 bis 11 ableiten. Diese fielen mit einer über Jahrgangsstufen, Schularten und das Geschlecht gemittelten Effektstärke von d = 0,18 (SD = 0,07; eigene Berechnungen) pro Schuljahr allerdings recht moderat aus.

Aus den Untersuchungen zur Entwicklung des metakognitiven Wissens im Lesen lassen sich folgende Punkte festhalten: Die in dieser Domäne entwickelten Messinstrumente beziehen sich inhaltlich und methodisch klar auf die Verfahren zur Erfassung des metakognitiven Gedächtniswissens. Der durch querschnittliche Untersuchungen überblickte Entwicklungszeitraum reicht von der ersten Hälfte der Grundschule bis an das Ende der Sekundarstufe I. Entwicklungsunterschiede zeigen sich sowohl im Verlauf der Grundschulzeit als auch während der Sekundarstufe I. Soweit die Befunde der Messinstrumente vergleichbar sind, deuten sich in den Grundschuljahren stärkere Entwicklungseffekte an als in der Sekundarstufe I.

4.5 Metakognitives Wissen im Problemlösen

In der Arbeitsgruppe um Swanson wurde nach dem Vorbild von Kreutzer et al. (1975) und Myers und Paris (1978) ein Interviewverfahren entwickelt, das metakognitives Wissen über allgemeine Denk- und Problemlöseprozesse im Übergang von der Grundschule in die Sekundarstufe I erfassen sollte (Swanson et al., 1993).

Das Interview beinhaltet fünfzehn Items, die sich vier inhaltlichen Subskalen zuordnen lassen: *Bewusstsein für Situationen*, die Problemlösungen erfordern (z. B. „Jim kann besser Klavier spielen, Bilder zeichnen und Mathematikaufgaben lösen als alle anderen in der Klasse. Ist er die schlaueste Person in der Klasse?"), *Perso-nenwissen* (z. B. „Wer ist schlauer, Jerry, der Bilder malt, um sie zu verkaufen, oder John, der für einen Supermarkt Mathematikaufgaben löst?"), *Aufgabenwissen* (z. B. „Ryan ist fünf Jahre alt und weiß alles über Dinosaurier. Sein Vater weiß nicht so viel über Dinosaurier. Wenn beide ein Buch über Dinosaurier anschauen, wer kann sich an mehr erinnern?") und *Strategiewissen* (z. B. „Wer ist schlauer, ein Junge, der ohne zu überlegen die Lösung für Mathematikaufgaben weiß, oder ein Junge der sich Zeit nimmt, um sich die Lösung zu überlegen?"). Fragen und Antworten erfol-gen mündlich. Die Schülerantworten wurden nicht quantitativ, sondern qualitativ entsprechend des darin zum Ausdruck gebrachten Ausmaßes an metakognitivem Bewusstsein bewertet (s. o.). Die Autoren des Interviews entwickelten für jedes der fünfzehn Items ein eigenes Kodiersystem, in dem die einzelnen Schülerantworten sechs abgestuften Kategorien zugewiesen werden. Die resultierende Gesamtskala hat einen Wertebereich von 0 bis 75 Punkten. Die interne Konsistenz erreichte mit $\alpha = .92$ einen hohen Wert. Die Struktur des Interviews mit vier Hauptkomponenten ließ sich auch empirisch nachweisen. Die interne Konsistenz der vier Subskalen erreichte hohe Werte ($\alpha \geq .87$; Swanson, 1993).

Befunde zu Entwicklungsveränderungen und -unterschieden im metakogniti-ven Wissen über Problemlösen liegen nicht vor, da das Instrument bislang nicht in Entwicklungsfragestellungen eingesetzt wurde. Die vorliegenden Befunde zum metakognitiven Wissen im Problemlösen belegten allerdings, dass Unterschiede im kognitiven Potenzial und/oder schulischer Leistungsfähigkeit sich auch im me-takognitiven Wissen abbilden (Short, 1992; Swanson, 1992, 1993). Diese Befunde werden in Kapitel 6.1 diskutiert.

Das Instrument brachte also kaum stichhaltige Erkenntnisse zur Entwick-lung, weist allerdings ein Defizit auf, das einen wichtigen Aspekt metakognitiver Wissenstests verdeutlicht. Zwar wiesen die von Swanson et al. (1993) berichteten psychometrischen Kennwerte eine im Bereich des metakognitiven Wissens uner-reicht hohe Reliabilität aus. Die inhaltliche Aussagekraft der Ergebnisse ist damit allerdings nicht sichergestellt. Denn diese basiert auf der inhaltlichen Validität des Kodiersystems, mit dem das in den offenen Antworten enthaltene metakognitive Wissen quantifiziert wird. Diese Validität wurde durch eine Expertenbefragung, in der Professoren und Hochschulabsolventen der (Pädagogischen) Psychologie als Experten fungierten, erheblich in Zweifel gezogen (Sigler & Tallent-Runnels, 2006). Die Experteneinschätzungen waren nicht mit dem Kategoriensystem, das die Testautoren als Referenzrahmen zur Bewertung des metakognitiven Wissens verwendeten, in Übereinstimmung zu bringen. Ursachen für den Mangel an Vali-dität liegen nach Sigler und Tallent-Runnels (2006) in der zu offenen Formulierung der Fragen begründet: Die Fragen sind so unspezifisch formuliert (z. B. „Wer ist schlauer?"), dass kein klarer Bezug zu einer spezifischen, objektiv und eindeutig zu bewertenden und empirisch belegten Konzeption der (meta-) kognitiven Prozesse des Problemlösens herzustellen ist.

Aus diesem Befund lassen sich zwei Schlussfolgerungen für die Konstruktion metakognitiver Wissenstests ziehen. Erstens: Stellen metakognitive Anforderungsszenarien keine objektiven und eindeutig formulierten Bezüge zu spezifischen kognitiven Phänomenen her, ist eine objektive Bewertung der Antworten nicht möglich. In einem validen metakognitiven Wissenstest müssen also explizite Bezüge auf theoretisch klare bzw. empirisch überprüfte kognitive Prozesse hergestellt werden. Zweitens: Während in akademischen Anforderungen, wie Mathematik oder Rechtschreibung, korrekte und nicht korrekte Lösungen objektiv unterschieden werden können, liegen für metakognitive Wissenstests per se keine eindeutigen Referenzwerte vor, anhand derer Lösungen bewertet werden könnten. Beide Aspekte, inhaltliche Validität und Auswertungsobjektivität, sind anders als in herkömmlichen Leistungstests im metakognitiven Wissen also nicht augenscheinlich, sondern müssen empirisch durch Expertenbefragungen überprüft werden.

4.6 Metakognitives Wissen in domänenübergreifenden Anforderungen

Ihren Ausgang nahm die Forschung zum metakognitiven Wissen und seiner Entwicklung in sehr spezifischen Wissensinhalten. Bedingt durch psychometrische Probleme in der Messung etablierte sich später allerdings eine zunehmend globale Perspektive auf das Konstrukt. Während zunächst aufgabenspezifische Bezüge zwischen einer bestimmten kognitiven Anforderung und dem darauf bezogenen metakognitiven Wissen isoliert untersucht wurden (z. B. das Wissen über den Nutzen des kategorialen Organisierens innerhalb des *sort-recall*-Paradigmas), wurden später aufgabenspezifische Wissenselemente, die sich auf ähnliche kognitive Prozesse beziehen, aggregiert (z. B. in Skalen zur Erfassung des metakognitiven Gedächtniswissens). In einem weiteren Generalisierungsschritt wurde auch die Domänenspezifität aufgehoben und metakognitive Wissensindikatoren, die sich auf unterschiedliche kognitive Prozesse beziehen, zusammengefasst. Wohl aufgrund der historischen Entwicklung des Forschungsgegenstandes wurde besonders häufig das metakognitive Wissen in den Domänen Gedächtnis und Leseverstehen zu gemeinsamen Skalen aggregiert.

Annevirta und Vauras (2001) beobachteten die Entwicklung des metakognitiven Wissens an einer Stichprobe von Kindern zu drei Messzeitpunkten: unmittelbar vor Eintritt in die Schule, am Ende der ersten und am Ende der zweiten Jahrgangsstufe. Der metakognitive Wissenstest (*Metacognitive Knowledge Test*, MCK) wurde auf Grundlage der Instrumente von Kreutzer et al. (1975) und Wellman

(1977) konstruiert und erfasst das metakognitive Strategiewissen in drei Domänen: metakognitives Wissen über Gedächtnisphänomene, textverarbeitungsbezogenes metakognitives Wissen sowie metakognitives Wissen in alltagsnahen Lernprozessen (z. B. das Wissen, dass Modelllernen für den Erwerb handwerklicher Kompetenzen effektiver ist als rein textbasiertes Lernen). In diesem Test werden für jede Situation zwei bis drei unterschiedlich effektive Verhaltensvorschläge sowohl schriftlich als auch bildlich zur Beurteilung (Präferenzurteil) vorgegeben. Bereits im Vorschulalter waren die Kinder im Großen und Ganzen in der Lage, den jeweils effektivsten Verhaltensvorschlag auszuwählen. Als entwicklungssensitiv erwiesen sich dagegen die zusätzlich erfassten Begründungen für die jeweilige Strategiewahl.

Die drei Subtests wurden zu einem Gesamtsummenwert zusammengefasst, der zu allen drei Messzeitpunkten eine relativ hohe interne Konsistenz erreichte ($\alpha \geq .78$). Im beobachteten Zeitraum nahm das globale metakognitive Wissen substanziell zu. Die Entwicklung verlief nicht linear. Nach bereits deutlich ausgeprägten Entwicklungsgewinnen im Verlauf des ersten Testintervalls ($d = 0{,}54$) beschleunigte sich die Entwicklung im zweiten Testintervall zwischen dem Ende der ersten und dem Ende der zweiten Jahrgangsstufe ($d = 0{,}97$). Die Test-Retest-Korrelationen blieben mit $r_{tt} = .59$ bzw. $r_{tt} = .58$ konstant und deuteten auf ein innerhalb der Stichprobe differenziell verlaufendes Entwicklungsgeschehen hin.

Die oben bereits beschriebene Würzburger Testbatterie Deklaratives Metagedächtnis (WTDM) besteht aus zwei gedächtnisbezogenen und einer textverarbeitungsbezogenen Subskala. Die Gesamtskala stellt damit also einen domänenübergreifenden Indikator für das metakognitive Wissen dar. Die 32 Items der Gesamtskala erreichten mit $\alpha = .70$ am Ende der zweiten Jahrgangsstufe und $\alpha = .76$ am Ende der dritten Jahrgangsstufe akzeptable interne Konsistenzen (Schlagmüller et al., 2001). Van Krayenoord und Schneider (1999) untersuchten das metakognitive Wissen von Schülern der dritten und vierten Jahrgangsstufe mit der WTDM und dem IRA. Die beiden metakognitiven Wissensindikatoren korrelierten mit $r = .50$. Aufgrund der relativ geringen internen Konsistenz des IRA in der Stichprobe ($\alpha = .56$) ist von einer Unterschätzung des Zusammenhangs auszugehen. Doppelt minderungsattenuiert erreicht der Wert $r_{(korr)} = .78$ (s. Lienert & Raatz, 1998). Die hohe messfehlerbereinigte Korrelation konnte in einer ähnlich angelegten Untersuchung repliziert werden (van Kraayenoord et al., 2012) und weist auf eine hohe inhaltliche Übereinstimmung der domänenübergreifenden WTDM und des textverarbeitungsbezogenen IRA hin.

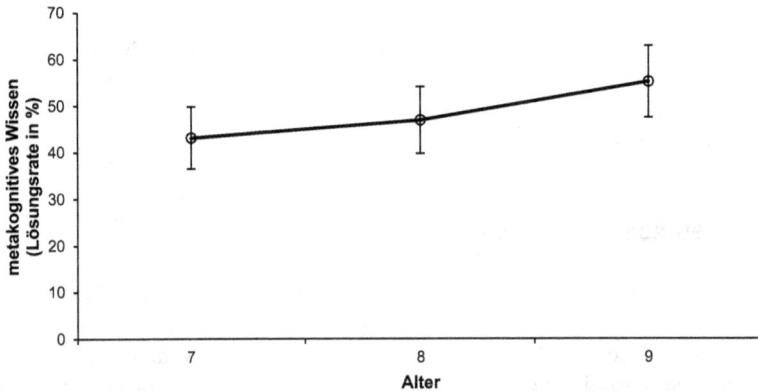

Abbildung 4.4: Entwicklung des metakognitiven Gedächtniswissens im Vor- und Grundschulalter (mittlere Lösungsraten und Standardabweichungen nach Annevirta & Vauras, 2001).

Im Vergleich der beiden Alterskohorten ergaben sich für beide Verfahren vergleichbare und deutlich ausgeprägte alterskorrelierte Effekte (d = 0,98 in der WTDM und d = 0,78 im IRA; eigene Berechnungen). Roeschl-Heils, Schneider und van Krayenoord (2003) untersuchten die Stichprobe von van Kraayenoord & Schneider (1999) vier Jahre später ein zweites Mal, also in der siebten bzw. achten Jahrgangsstufe, und setzten zur Erfassung des metakognitiven Wissens den WLST ein (Schlagmüller & Schneider, 2007). Ähnlich wie bei der ersten Erhebung in der Grundschule zeigte sich auch in diesem Altersbereich ein ausgeprägter alterskorrelierter Unterschied zwischen den Kohorten (d = 0,65). Die Korrelationen zwischen den Ausprägungen des metakognitiven Wissens im Grundschulalter und in der siebten bzw. achten Jahrgangsstufe lagen relativ hoch (r = .50 für die WTDM und r = .54 für den IRA). Diese angesichts des langen Zeitraumes hohe Konstanz der interindividuellen Unterschiede belegte eine früh ausgeprägte, hohe Stabilität des metakognitiven Wissens. Die Unterschiede im metakognitiven Wissen über basale Gedächtnisprozesse und Lesestrategien, die zwischen den Schülern am Ende der Grundschulzeit bestanden, blieben über den Verlauf der Sekundarstufe I in einem relativ hohen Ausmaß erhalten.

In der Zusammenfassung entspricht die Befundlage in den domänenübergreifenden Verfahren also weitgehend den Erkenntnissen aus den bereits vorgestellten Domänen: bereits früh nachweisbare, substanzielle Entwicklungsveränderungen, die sich in der ersten Hälfte der Grundschule beschleunigen und über den ganzen Verlauf der Grundschule anhalten. Besonders interessant sind die relativ engen Zusammenhänge domänenübergreifender und domänenspezifischer Verfahren, die nicht nur in korrelativen Zusammenhängen, sondern auch in relativ eng korrespondierenden Entwicklungsunterschieden sichtbar werden. Die Zunahme des metakognitiven Wissens in unterschiedlichen Domänen lässt sich also – so eine Erklärung für die korrespondierenden und längsschnittlich relativ stabilen interindividuellen Unterschiede in WTDM, IRA und WLST – auf früh und domänenübergreifend wirksame Entwicklungsprozesse zurückführen.

4.7 Metakognitives Wissen in Mathematik

Zur Beurteilung der Entwicklung des metakognitiven Gedächtniswissens liegen sowohl Untersuchungsstrategien und -instrumente vor als auch eine empirische Grundlage für die Darstellung eines Entwicklungsverlaufes vom Vorschulalter bis ans Ende der Grundschulzeit. Auch im Inhaltsbereich Lesen lässt sich Dank miteinander vergleichbarer Untersuchungsinstrumente ein konsistentes Bild über die Entwicklung des metakognitiven Wissens bis ans Ende der Sekundarstufe I erkennen. Für den Inhaltsbereich Mathematik liegen – wie der Überblick verfügbarer Befunde zeigen wird – keine systematisch eingesetzten Messstrategien vor, die eine Integration von Befunden in ein umfassendes Entwicklungsmusters erlauben. Im Folgenden werden die punktuellen Befunde vorgestellt, aus denen sich Hinweise für eine Entwicklung des metakognitiven Wissens über kognitive Prozesse in der Domäne Mathematik ableiten lassen.

Vorschule

Whitebread, Coltman, Pino Pasternak, Sangster, Grau, Bingham, Almeqdad und Demetriou (2009) entwickelten ein standardisiertes Kodierschema zur systematischen Beobachtung von metakognitiven Aktivitäten von Kindern im Kindergartenalter (*Children´s Independent Learning Development Coding Scheme*, CHILD). Das Beobachtungsinstrument differenziert zwischen dem Wissen in den metakognitiven Variablen Person, Aufgabe und Strategie sowie den Fähigkeiten zur Regulation von Kognition, Emotion und Motivation. Während die Wissensaspekte aus verbalen Äußerungen abgeleitet werden, basiert die Einschätzung der Fähigkeitsaspekte auf sichtbaren Regulationsaktivitäten der Kinder.

Whitebread und Coltman (2010; s. auch Coltman, 2006) suchten mithilfe von CHILD bei Kindern zwischen drei und fünf Jahren nach Belegen für die Emergenz metakognitiver Kompetenzen im Zusammenhang mit mathematischen Aktivitäten. In einem qualitativ-exploratorischen Forschungsansatz wurden 142 Kinder zu mehreren Messzeitpunkten bei der interaktiven Bearbeitung unterschiedlicher mathematischer Spiele mit konkretem elementararithmetischem und elementargeometrischem Anforderungsgehalt beobachtet.

Das *Personenwissen* drückte sich in Äußerungen zu den eigenen Stärken und Schwächen sowie in Präferenzen gegenüber bestimmten mathematischen Anforderungen aus. Häufigster Ausdruck des Wissens über die Personenvariable war das Bewusstsein über die eigenen Fähigkeiten. Während differenzierte Urteile (z. B. „Ich bin gut im Zählen.") noch relativ selten waren, wurden häufig kategorische Urteile über die eigene Fähigkeit gefällt (z. B. „Ich kann zählen.").

Die Identifikation von Ähnlichkeiten und Unterschieden zwischen Aufgaben und die Einschätzungen zur Schwierigkeit einer Aufgabe wurde als *Aufgabenwissen* kodiert. Am häufigsten wurden in dieser Kategorie Beschreibungen der Aufgabenanforderungen zwischen den Spielpartnern erfasst (z. B. „Jetzt müssen wir ... machen."). Auch konkrete Vergleiche zwischen unterschiedlichen Aufgaben waren häufiger zu beobachten (z. B. „Diese Aufgabe ist schwerer als die andere Aufgabe."). Verbalisierungen, die auf ein abstrahiertes Bewusstsein des Schwierigkeitsgrades einer Aufgabe hindeuten (z. B. „Diese Aufgabe wird nicht lange dauern."), waren dagegen eher selten.

Als *Strategiewissen* wurden Verhaltensäußerungen interpretiert, die Wissen gegenüber einer selbst ausgeführten Strategie zum Ausdruck brachten. Darunter fielen z. B. prospektive oder retrospektive Beschreibungen (meta-)kognitiver Handlungen in konkreten Anforderungssituationen sowie die Evaluation ihrer Effektivität. Am häufigsten wurde Strategiewissen im Zusammenhang mit der Planung eines Einsatzes bestimmter Strategien im Hinblick auf bestimmte Aufgabenziele und in der Vorhersage der Effektivität des Strategieeinsatzes beobachtet. Seltener war Strategiewissen in Form eines bewussten Strategietransfers in einen anderen, als analog erkannten Kontext zu sehen (z. B. die Generalisierung einer Zählstrategie in einen anderen Zahlenbereich). Ebenso selten wurde der bewusste Einsatz von metakognitiven Strategien zur Evaluation kognitiver Handlungen beobachtet (z. B. Überprüfung, ob der Strategieeinsatz zum gewünschten Ergebnis geführt hat). Während jeweils etwa 20% auf Indikatoren des Personen- und Aufgabenwissens entfielen, lag der Schwerpunkt der kodierten metakognitiven Äußerungen mit einem Anteil von etwa 60% auf Indikatoren des Wissens über kognitive und metakognitive Strategien.

Insgesamt belegten die Befunde, dass bereits junge Kinder schon sehr früh über ein Bewusstsein kognitiver Prozesse auch in mathematischen Anforderungssituationen verfügen. Die geschilderten Kodierbeispiele zeigen aber auch, dass dieses Bewusstsein eher als eine sich entwickelnde grundlegende Sensitivität gegenüber kognitiven Phänomenen, denn als konkretes, bewusstes und aktivierbares Faktenwissen interpretiert werden muss. Entsprechend ihrer Zielsetzung, ökologisch valide Belege für frühe Indikatoren metakognitiver Kompetenz zu erbringen, wiesen die Studien der Arbeitsgruppe um Whitebread (Coltman, 2006; Whitebread et al., 2009; Whitebread & Coltman, 2010) eine sehr enge Passung mit der natürlichen

Lebens- und Erfahrungswelt der Kinder auf. Allerdings erlaubt der dem explorativen Charakter der Studie geschuldete Mangel an standardisierten Bedingungen, der sich u. a. in der Heterogenität der eingesetzten Aufgabenstimuli und der anekdotischen Auswahl der berichteten Beobachtungsepisoden äußert, kaum Aussagen, die über den Nachweis der Existenz eines grundsätzlichen Bewusstseins gegenüber kognitiven Phänomenen in mathematischen Situationen hinausgehen.

In einer weiteren Beobachtungsstudie im Vorschulalter von Pappas, Ginsburg und Jiang (2003) wurden Kinder im Alter zwischen vier und fünf Jahren bei der Bearbeitung von sieben unterschiedlichen elementararithmetischen Aufgaben beobachtet. Die Aufgaben beinhalteten Schlüsselaspekte von Additions-, Subtraktions- und Modellierungsanforderungen. Beobachtbares Verhalten und verbale Äußerungen der Kinder wurden drei metakognitiven Kompetenzkategorien zugeordnet: die Kompetenzen, eigene Berechnungsfehler zu erkennen, Lösungsstrategien anzupassen und die ausgeführten Lösungsstrategien zu beschreiben. Da die Daten getrennt für vier- und fünfjährige Kinder berichtet wurden, lässt der Vergleich der Alterskohorten auch Rückschlüsse auf Entwicklungsprozesse zu.

Innerhalb der drei metakognitiven Kategorien ergab der Kohortenvergleich zahlreiche bedeutsame alterskorrelierte Unterschiede in der Komplexität der beobachteten metakognitiven Aktivitäten und damit im Bewusstsein für metakognitive Phänomene. Insgesamt erkannte ein kleiner, jedoch substanzieller Teil der Kinder die eigenen Rechenfehler. Die jüngere Kohorte zeigte seltener ein Bewusstsein für Fehler als die ältere Kohorte. Ein ähnliches Muster zeigte sich in der Kategorie der Anpassung von Lösungsstrategien: In beiden Alterskohorten war bereits ein grundsätzliches Bewusstsein für dysfunktionale Lösungswege und die Fähigkeit, diese selbstständig zu korrigieren, zu beobachten. Allerdings lag der Anteil der Kinder, die kein solches Bewusstsein zeigten, unter den Vierjährigen höher als unter den Fünfjährigen. Die am deutlichsten ausgeprägten Altersunterschiede ergaben sich für die Beschreibung der eigenen Lösungsstrategien. Der Anteil der Kinder, die ihren Rechenweg und Strategieeinsatz adäquat beschreiben konnten, lag unter den Fünfjährigen bedeutsam höher als unter den Vierjährigen. Die Befunde sind ein Beleg für die Emergenz eines rudimentären metakognitiven Bewusstseins in mathematischen Anforderungen bereits vor Beginn der Beschulung. Da die Unterschiede zwischen den Alterskohorten relativ gering ausgeprägt waren, muss im Vorschulalter von einer sehr langsamen und graduell verlaufenden Entwicklung des Bewusstseins für kognitive Prozesse im Zusammenhang mit mathematischen Anforderungen ausgegangen werden.

Der zentrale Befund von Whitebread und Kollegen (Coltman, 2006; Whitebread & Coltman, 2010), die Sensitivität gegenüber metakognitiven Phänomenen bereits im Vorschulalter, konnte also in dieser stärker standardisierten Untersuchung repliziert werden. Zusätzlich scheinen sich bereits bei jungen Kindern Entwicklungsunterschiede im metakognitiven Bewusstsein für komplexe kognitive Prozesse nachweisen zu lassen. Eine Einordnung der von Pappas et al. (2003) beobachteten Kompetenzen in die Taxonomie des Konstrukts Metakognition ist jedoch nicht eindeutig zu treffen. Das metakognitive Wissen ist am klarsten, jedoch nicht ausschließlich, in der Fähigkeit zur Beschreibung der eigenen Lösungsstrategien repräsentiert.

Mevarech (1995) erfasste das metakognitive Wissen von Vorschulkindern im Alter von fünf Jahren mit einem prospektiven Instrument, das methodisch und inhaltlich klar an die Konzeption des metakognitiven Wissens, wie sie in der Metakognitionsforschung vertreten wird, anknüpft. Den Kindern wurden allgemeine und aufgabenspezifische mathematische Szenarien geschildert, die sie unter Rückgriff auf ihr metakognitives Wissen in den drei Variablen Person, Aufgabe und Strategie beurteilen sollten. Die Items weisen einen klaren Bezug auf die in Kapitel 3 beschriebenen Modellvorstellungen der (meta-)kognitiven Prozesse beim Problemlösen auf. Die Szenarien greifen Aspekte der Orientierung, Organisation und Durchführung von Problemlösungen auf. Lediglich die Bearbeitungsepisode Verifikation ist nicht berücksichtigt. Während in den Szenarien zur Personen- und Aufgabenvariable zum Großteil allgemeinere Urteile erfragt werden, weisen die Fragen zum Strategiewissen einen Bezug zu konkreten Aufgabenstellungen auf. Diese entsprechen in Inhalt und Formulierung typischen Textaufgaben in diesem Altersbereich („Shula hat drei Autos. Yossi hat zwei Autos mehr als Shula. Wie viele Autos hat Yossi? Stellst du dir bei der Lösung der Aufgabe die Autos von Shula und Yossi bildlich in deinem Kopf vor?"). Alle Antworten erfolgten im geschlossenen Format, die Kinder wählten zwischen zwei Antwortalternativen aus. Tabelle 4.2 zeigt die Ergebnisse des Tests.

Die hohen Lösungsraten in den Fragen zum Personen- und Aufgabenwissen belegen, dass Kinder bereits vor Eintritt in die Grundschule ein Bewusstsein für ihre eigene Leistungsfähigkeit und basale schwierigkeitsgenerierende Merkmale in mathematischen Anforderungen entwickelt haben und dieses in abstrahierter Form zur Beantwortung einfacher Beurteilungsaufgaben nutzen können. Die Szenarien der Strategievariable enthielten Aussagen zu den Effekten spezifischer kognitiver Strategien auf die Lösung von Textaufgaben. Dieses Wissen war in der untersuchten Stichprobe relativ rudimentär ausgeprägt, wie die nahe der Zufallswahrscheinlichkeit (50%) liegenden Zustimmungsraten der Kinder belegen.

Deskriptiv ergibt sich aus den Antworten der Vorschüler ein Bild über das metakognitive Wissen vor Eintritt in die Schule. Während recht klare Vorstellungen über die leistungsrelevanten Eigenschaften der eigenen Person und der Aufgabe zu erkennen sind, erscheinen die eigenen strategischen Möglichkeiten zur Gestaltung mathematischer Lösungsprozesse noch nicht erschlossen zu sein. Dieser Befund lässt drei Erklärungsoptionen zu: Entweder verfügten die Kinder noch nicht über

die vorgestellten Strategien und konnten demnach noch keine Erfahrungen über
ihre Effektivität sammeln oder sie waren noch nicht hinreichend sensitiv gegenüber
den Effekten der Strategie und nahmen sie nicht als metakognitive Erfahrungen
wahr oder sie waren noch nicht in der Lage, ihr metakognitives Wissen auf die
vorgestellten Anwendungskontexte zu übertragen. Aufgrund des kleinen Stichpro-
benumfanges (N = 32) und der lediglich einmaligen Vorgabe des Instrumentes ist
der Wert der Befunde für die Beschreibung des Entwicklungsverlaufes im mathematischen metakognitiven Wissen sehr beschränkt. Zudem weisen die annähernd
maximalen Lösungsraten im Aufgaben- und Personenwissen und die zufallskor-
rigiert minimalen Lösungsraten im Strategiewissen auf eine geringe Trennschärfe
des Verfahrens im untersuchten Altersbereich hin. Weiterhin problematisch auf die
Interpretierbarkeit der Befunde wirkt sich das Fehlen sämtlicher psychometrischer
Testkennwerte aus.

Tabelle 4.2: Ergebnisse der Studie von Mevarech (1995)

Variable	Aussage	Zustimmung [a]
Person	Nicht immer können Textaufgaben korrekt gelöst werden.	94%
	Nicht alle im Test gelösten Textaufgaben sind korrekt. [b]	84%
	Positive Einstellung gegenüber Textaufgaben.	87%
Aufgabe	Textaufgaben, die große Zahlen enthalten, sind schwieriger als Textaufgaben mit kleinen Zahlen.	94%
	Jüngere Kinder haben bei der Lösung von Textaufgaben mehr Schwierigkeiten als ältere Kinder.	87%
	Textaufgaben, die Subtraktionen erfordern, sind schwieriger als Textaufgaben mit Additionen.	100%
Strategie	Die Lösung von Textaufgaben durch Kopfrechnen ist effektiver als das Rechnen mit Hilfsmitteln [b]	55%
	Instruktion in der Ausführung von Kopfrechnen erleichtert die Bearbeitung einer Textaufgabe. [b]	57%
	Die quantitative Information, die in einer Textaufgabe eingekleidet ist, ist lösungsrelevant. [b]	52%
	Die nicht quantitative Information, die in einer Textaufgabe eingekleidet ist, ist lösungsrelevant. [b]	45%
	Die mentale Repräsentation nicht quantitativer Informationen einer Textaufgabe ist nicht lösungs-relevant. [b]	65%
	Die Ordentlichkeit einer Skizze steht nicht in Zusammenhang mit ihrer Funktion. [b]	77%
	Die Einkleidung einer Textaufgabe in einen vertrauten Kontext erleichtert ihre Lösung. [b]	55%

Anmerkungen: Die Zuteilung der Items zu den drei metakognitiven Variablen wurde von der Autorin
übernommen; Alle Aussagen sind so formuliert, dass eine Zustimmung einer richtigen Beantwortung
entspricht; [a] die Fragen haben eine Zufallstrefferrate von 50%; [b] die Frage ist vor dem Hintergrund
einer konkreten Aufgabenstellung formuliert.

Grundschule

Die Entwicklung metakognitiven Wissens am Beginn der formalen mathematischen
Beschulung wurde in der Grundschule am Beispiel des Wissens über elementararithmetische kognitive Strategien untersucht. In der Entwicklung dieser Strategien
lassen sich nach Grube (2005) drei grundlegende Schritte unterscheiden: Zunächst
verwenden Kinder externe Repräsentationen, zählen also z. B. die Lösungen von
Additions- und Subtraktionsaufgaben unter Verwendung von Gegenständen aus.
Auf der zweiten Stufe ist in der Regel kein Rückgriff auf konkrete Vorstellungsmittel
mehr notwendig, da die zur Lösung notwendigen Informationen mental repräsen-

tiert werden können. Innerhalb dieser Stufe kommt es zur Entwicklung immer effektiverer mentaler Zählstrategien. Auf einer dritten Entwicklungsstufe schließlich ist die Verwendung von Zählstrategien nicht mehr notwendig, da die Lösungen von einfachen Rechenoperationen als Faktenwissen aus dem Gedächtnis abrufbar sind. Der Anwendungsbereich des Faktenabrufes kann durch den Einsatz einer Zerlegungsstrategie auch auf unbekannte Aufgaben erweitert werden (vgl. Cowan, 2003).

Carr und Jessup (1997) untersuchten im Verlauf der ersten Jahrgangsstufe die Entwicklung des metakognitiven Wissens über drei Strategien, die diesen Entwicklungsstufen zuzuordnen sind: das offene Auszählen der Lösung mithilfe der Finger oder anderer Gegenstände (externe Repräsentation), das verdeckte Auszählen der Lösung im Kopf (interne Repräsentation) und den Abruf der Lösung aus dem Gedächtnis (Faktenabruf). Die Kinder wurden bei der Lösung altersgemäßer Additions- und Subtraktionsaufgaben beobachtet. Daran schloss sich eine mündliche Befragung darüber an, warum sie eine der drei Strategien eingesetzt hatten, in welchen Situationen sie diese Strategie ebenfalls einsetzen würden und warum sie in der vorgegebenen Aufgabe keine andere Strategie eingesetzt hatten. Das retrospektive Interview erfasste also das deklarative und konditionale Strategiewissen. Die Auswertung über die drei Messzeitpunkte erbrachte eine bedeutsame und substanzielle Zunahme des Strategiewissens im Verlauf des ersten Schuljahres ($d = 0,44$; eigene Berechnung).

Throndsen (2011) untersuchte mit derselben Methode die Entwicklung des metakognitiven Wissens über ein breiteres Spektrum elementararithmetischer kognitiver Strategien im Verlauf der zweiten Jahrgangsstufe. Er differenzierte seine Stichprobe anhand ihrer arithmetischen Leistungen in drei Fähigkeitsgruppen (überdurchschnittliche, durchschnittliche und unterdurchschnittliche Schüler) und erfasste zu zwei Messzeitpunkten das metakognitive Wissen der Grundschüler. Während die überdurchschnittlichen Schüler im Laufe des zweiten Schuljahres bedeutsam an metakognitivem Wissen hinzugewannen ($d = 0,95$), war für durchschnittliche Schüler keine Veränderung und für unterdurchschnittliche Schüler sogar eine bedeutsame Verschlechterung im metakognitiven Wissen zu verzeichnen.

Zusammenfassend lassen sich diese Befunde als Beleg für die Entwicklung des metakognitiven Wissens parallel zum Erwerb der korrespondierenden kognitiven Kompetenzen werten. Die Generalisierbarkeit dieser Befunde ist allerdings hinsichtlich dreier Aspekte eingeschränkt. Erstens sind die untersuchten Stichproben relativ klein ($N = 85$ bzw. $N = 27$). Zweitens ist die untersuchte kognitive Domäne sehr spezifisch und das metakognitive Wissen auf eine kleine Zahl kognitiver Strategien beschränkt. Die Funktionen metakognitiver Prozesse in der mathematischen Informationsverarbeitung sind damit nur ausschnittsweise abgebildet (s. Kap. 3). Drittens ist davon auszugehen, dass das metakognitive Wissen über elementararithmetische Strategien in älteren Grundschulstichproben aufgrund von Automatisierungsprozessen nicht mehr entwicklungssensitiv ist (s. u. und Kap. 5).

In einer Studie von Lucangeli und Cornoldi (1997) wurde den Einwänden gegenüber der Generalisierbarkeit Rechnung getragen. Dazu wurde eine repräsentative Stichprobe von Schülern in zwei Alterskohorten in der dritten und vierten Jahrgangsstufe (N = 781) hinsichtlich eines breiten Spektrums metakognitiver Kompetenzen in einem repräsentativen Ausschnitt curricular relevanter mathematischer Anforderungen untersucht. Das metakognitive Wissen wurde hinsichtlich der Kenntnisse über kognitive und metakognitive Strategien getrennt für die Inhaltsbereiche Arithmetik, Geometrie und Sachrechnen erfasst. Innerhalb dieser Inhaltsbereiche wurde metakognitives Wissen über Aktivitäten in der Organisation, Durchführung und Verifikation des Lösungsprozesses differenziert. Aus den veröffentlichten Aufgabenbeispielen lässt sich schließen, dass innerhalb dieser Bearbeitungsepisoden in besonderem Maße metakognitive Strategien berücksichtigt wurden (s. Kap. 3).

Die gewählten Operationalisierungsformen des Tests waren sehr handlungsorientiert und aufgabenspezifisch. Beispielsweise wurde das metakognitive Wissen über die Prozesssteuerung erfasst, indem eine konkrete mathematische Problemlöseausgabe und die zu seiner Lösung notwendigen Bearbeitungsschritte in permutierter Reihenfolge vorgegeben wurden (z. B. die Lösung Schritt für Schritt ausführen, die Angabe sorgfältig lesen, die angemessenen Lösungsstrategien wählen, die lösungsnotwendigen Informationen extrahieren etc.). Der Indikator für das metakognitive Wissen bestand darin, diese Bearbeitungsschritte in einen korrekten Ablauf zu bringen. In anderen Formaten wurde eine Reihe unterschiedlicher aufgabenspezifischer kognitiver und metakognitiver Strategien vorgegeben. Vor dem Hintergrund eines unmittelbar vorher bearbeiteten mathematischen Problems sollte dann aus diesen Vorschlägen diejenige Strategie ausgewählt werden, die im gegebenen Aufgabenkontext eine besonders effiziente und sichere Lösung ermöglicht.

Da in den beiden untersuchten Alterskohorten unterschiedliche Aufgaben als metakognitive Stimuli vorgegeben wurden, waren Vergleiche zwischen den Altersgruppen nicht möglich. Stattdessen wurden die metakognitiven Fähigkeiten unterschiedlicher Leistungsgruppen innerhalb der Kohorten untersucht. Dazu wurden auf Grundlage der Leistung in einem standardisierten Mathematiktest Extremgruppen (oberstes vs. unterstes Quartil der Verteilung) in den Kohorten gebildet. Die Gruppenunterschiede waren für die drei Inhaltsbereiche unterschiedlich ausgeprägt. So wurden für die beiden Indikatoren des metakognitiven Wissens in der dritten Jahrgangsstufe Effektstärken (eigene Berechnungen) von d = 1,13, d = 2,32 und d = 1,20 für die Inhaltsbereiche Arithmetik, Geometrie und Sachrechnen ermittelt, in der vierten Jahrgangsstufe lagen die entsprechenden Effektstärken bei d = -0,12 (nicht signifikant), d = 0,84 und d = 1,37. Insgesamt zeigten sich mit

Ausnahme des Sachrechnens abnehmende Unterschiede zwischen den Leistungsgruppen. Die Nivellierung zwischen den Gruppen im Inhaltsbereich Arithmetik
erklärten die Autoren durch eine zunehmende Automatisierung algorithmischer
Prozeduren, die metakognitive Aktivitäten überflüssig macht.

Da die Leistungen der Alterskohorten im metakognitiven Wissenstest nicht
vergleichbar sind, können Aussagen zu einer Entwicklung des metakognitiven
Wissens nicht direkt getroffen werden. Jedoch deuten die Befunde darauf hin, dass
in mathematischen Inhaltsbereichen, in denen metakognitive Aktivitäten eine leistungsrelevante Funktion haben, innerhalb gleich alter Kohorten große Entwicklungsunterschiede im metakognitiven Wissen bestehen. In Inhaltsbereichen, in
denen die Bedeutung metakognitiver Prozesse abnimmt, reduzieren sich auch die
beobachteten Entwicklungsunterschiede.

Zusammenfassend bestätigen die Befunde aus der Grundschulzeit also die Annahmen des konstruktivistischen Entwicklungsansatzes. Zu Unterschieden und
Veränderungen im mathematischen metakognitiven Wissen kommt es in Inhaltsbereichen, in denen Schüler metakognitive Aktivitäten einsetzen. Dies ist in mathematischen Anforderungen immer dann der Fall, wenn Lösungsalgorithmen nicht
automatisch aktiviert und ausgeführt werden, sondern selbst entwickelt oder adaptiert werden müssen (s. Kap. 3). Obwohl die Befundlage im Grundschulbereich
sehr lückenhaft ist, lässt sich aus den wenigen verfügbaren empirischen Eckdaten
eine Entwicklung des metakognitiven Wissens über die Effektivität kognitiver und
metakognitiver Strategien in problemhaltigen mathematischen Anforderungen in-
terpolieren.

Sekundarstufe I

Während für das Vor- und Grundschulalter zumindest einige wenige empirische
Studien unternommen wurden, in denen Ausprägungen, Unterschiede und Veränderungen im mathematischen metakognitiven Wissen untersucht wurden, liegen
für die Sekundarstufe I keine Befunde vor, die eine direkte Beurteilung von Entwicklungsprozessen zulassen.

Indirekte Hinweise auf Veränderungen im metakognitiven Wissen jenseits der
Grundschule ergeben sich allerdings aus den Untersuchungen der Arbeitsgruppe
um Veenman (z. B. van der Stel, Veenman, Deelen & Haenen, 2010; Veenman &
Spaans, 2005). Gegenstand dieser Studien war u. a. die Häufigkeit und Effektivität,
in der Schüler der Sekundarstufe metakognitive Strategien zur Steuerung mathematischer Problemlöseprozesse einsetzten. Ähnlich wie in den in Kapitel 3 berichteten Studien wurden metakognitive Aktivitäten auf Grundlage des Modells von
Garofalo und Lester (1985) mittels Verhaltensbeobachtung und *think-aloud*-Proto-
kollen erfasst. Anstelle einer qualitativen Auswertung der Beobachtungen wurde in
diesen Studien allerdings ein quantitativer Auswertungsansatz gewählt.

Van der Stel et al. (2010) gingen innerhalb dieses Forschungsprogramms der Frage nach, ob sich die Häufigkeit und die Effizienz im Einsatz metakognitiver Strategien gegen Ende der Sekundarstufe I, in den Jahrgangsstufen 8 und 9, noch verändern. Im Hinblick auf die Entwicklungsfragestellung wies die Studie entscheidende Probleme im Design aus (querschnittliche Anlage, Einsatz unterschiedlicher Aufgabenstimuli in den Kohorten). Wenn auch der Behauptung der Autoren, Veränderungsprozesse gemessen zu haben, nur unter Vorbehalt zu folgen ist, deuteten die Befunde auf starke altersassoziierte Unterschiede in Frequenz (d = 0,59, eigene Berechnung) und Effizienz (d = 0,52, eigene Berechnung) des metakognitiven Strategieeinsatzes hin.

Die beobachteten Unterschiede in der strategischen Kompetenz lassen auf korrespondierende Unterschiede im zugrunde liegenden metakognitiven Wissen schließen: Der gezielte Einsatz einer Strategie ist zum einen Ausdruck angewendeten metakognitiven Wissens und zum anderen Quelle für die Veränderungen im metakognitiven Wissenssystem (s. Kap. 2 und Kap. 5).

Es ist also davon auszugehen, dass sich das mathematische metakognitive Wissen auch im Verlauf der Sekundarstufe I entwickelt. Während zur Untermauerung dieser Annahme bisher keine empirischen Befunde vorliegen, existiert ein Messinstrument, mit dem etwaige Entwicklungsprozesse am Ende der Sekundarstufe I abgebildet werden können. Dieses Messinstrument („Metagedächtnis-Mathematik-Test") wurde von Artelt (2006) entwickelt. Testkonzeption und -aufbau entsprechen dem Vorbild des WLST (Schlagmüller & Schneider, 2007). Inhaltlich erfasst das Instrument das metakognitive Wissen über kognitive und metakognitive Strategien in mathematischen Informationsverarbeitungsprozessen. Die Szenarien des Tests beschreiben zum einen typische Situationen, die bei der Lösung mathematischer Probleme auftreten („Die Lösung einer komplizierten Berechnung aus der Hausaufgabe erfordert mehrere Schritte. Bei einem dieser Schritte kommst Du nicht weiter. Was hilft in einer solchen Situation?"). Zum anderen werden auch sehr spezifische Bezüge zu bestimmten Aufgaben hergestellt („Im Mathematikunterricht fordert die Lehrkraft die Schülerinnen und Schüler auf, den Scheitelpunkt der quadratischen Funktion f(x)=(x+2)²-3 zu bestimmen. Die Schülerinnen und Schüler schlagen folgende Lösungswege vor[…]."). In jedem Szenario werden fünf bis sechs kognitive und metakognitive Strategien zur Bewertung vorgegeben. Entsprechend den Szenarien variieren die Strategien in ihrer Spezifität und beschreiben sowohl allgemeine metakognitive Strategien („Ich überprüfe, ob ich bei den ersten Rechenschritten einen Fehler gemacht habe") als auch aufgabenspezifische kognitive Strategien („Ich forme die Gleichung zunächst mit einer binomischen Formel um."). In den Szenarien wird der mathematische Informationsverarbeitungsprozess in allen vier Bearbeitungsepisoden abgebildet und die Vielfalt der Funktionen metakognitiver Aktivitäten innerhalb des Prozesses umfassend berücksichtigt (vgl. Kap. 3).

Die aus insgesamt 37 Items gebildete Skala wies bei ihrem einzigen dokumentierten Einsatz in der PISA-Studie 2003 eine zufriedenstellende Reliabilität auf (α = .78; Ramm et al., 2006). Obwohl das Verfahren das Potenzial für eine reliable und valide Messung der metakognitiven Wissensentwicklung am Ende Sekundarstufe I aufweist, liegen bislang keine veröffentlichten Daten vor, aus denen sich Informationen zu Entwicklungsunterschieden bzw. -veränderungen ableiten lassen. Einzig korrelative Befunde zum Zusammenhang zwischen dem metakognitiven Wissen und den akademischen Leistungen in PISA 2003 sind publiziert (z. B. Artelt & Neuenhaus, 2010; vgl. Kap. 5).

4.8 Zusammenfassung und Schlussfolgerungen

Psychometrische Eigenschaften der Erfassungsinstrumente

Defizite in der psychometrischen Qualität der Erfassungsinstrumente begleiten die Metakognitionsforschung schon seit ihren Anfängen (s. z. B. Cavanaugh & Perlmutter, 1982). Da objektive, reliable und valide Messungen Grundvoraussetzung für aussagekräftige inhaltliche Interpretationen sind, werden im Folgenden die wesentlichen Schlussfolgerungen aus den psychometrischen Charakteristika der in diesem Kapitel vorgestellten Messverfahren zur Erfassung des metakognitiven Wissens abgeleitet. Mit Ausnahme des Metagedächtnis-Mathematik-Tests (Artelt, 2006) liegen für den Inhaltsbereich Mathematik keine hinreichend standardisierten Verfahren bzw. keine Angaben zu den psychometrischen Kennwerten der eingesetzten Instrumente vor. Die folgenden Ausführungen sind daher zum Großteil auf die Domänen Gedächtnis, Lesen und Problemlösen beschränkt.

Objektivität: Während in Strategiedemonstrationen und Wissenstests durch das geschlossene Antwortformat Objektivität in Durchführung, Auswertung und Interpretation gegeben ist, ist eine Unabhängigkeit der Messergebnisse vom Untersucher in Interviewverfahren mit offenen Antwortformaten nicht grundsätzlich gegeben. Die zahlreichen übereinstimmenden Replikationen der Befunde aus den Items des Interviews von Kreutzer et al. (1975) belegen allerdings, dass das Verfahren metakognitives Wissen relativ unabhängig von der Person des Interviewers und des Auswerters erfassen kann (z. B. Cavanaugh & Borkowski, 1980). Auch gegenüber Modifikationen in der Formulierung der Items und der Kodierung der Antworten zeigte sich das Befundmuster robust (z. B. Fritz et al., 2010; Lockl & Schneider, 2006). Das qualitativ ausgewertete Interview von Swanson und Kollegen dagegen wies gravierende Mängel in der Objektivität auf. Zwar erbrachte das zur Kategorisierung der Antworten entwickelte Kodiersystem in der Arbeitsgruppe um Swanson (Swanson, 1992, 1993; Swanson et al., 1993; Short, 1992) übereinstimmende Befunde (Interrater-Übereinstimmungen über 90%), allerdings konnte die inhaltliche Validität des Kodiersystems selbst nicht belegt werden (Sigler & Tallent-Runnels, 2006).

Reliabilität: Für die Interviewverfahren, in denen die Szenarien nicht zu gemeinsamen Skalen aggregiert wurden, sind die Interkorrelationen zwischen den Szenarien ein Indikator für die interne Konsistenz des Konstrukts. Allerdings wurden zu diesen Verfahren häufig keine Angaben zu psychometrischen Kennwerten gemacht (z. B. Kreutzer et al., 1975; Wellman, 1977; Myers & Paris, 1978). Dort wo Zusammenhangsmaße berichtet wurden, unterschieden sich diese Korrelationen nur teilweise signifikant von null und lagen in der Regel unter $r = .35$ (z. B. Cavanaugh & Borkowski, 1980).

Die Übersicht über die Reliabilität der Verfahren, in denen Items zu Gesamtscores aggregiert wurden (hier wurde in der Regel Cronbach-α berichtet), ergibt ein wenig systematisches Befundmuster: Während für inhaltlich breit gefasste Tests bereits im Vorschulalter gute interne Konsistenzen berichtet wurden (z. B. $\alpha = .79$, Lockl & Schneider, 2006), ergaben sich für andere, inhaltlich vergleichbare Skalen auch in der Grundschule relativ geringe interne Konsistenzen ($\alpha = .48$, Skala ADM, Schlagmüller et al., 2001). Auch für spezifischere Skalen, die sowohl hinsichtlich der Inhaltsdomäne (Gedächtnis bzw. Leseverstehen), der erfassten Wissensfacette (Strategiewissen) und der Messstrategie (Wissenstest) homogen sind, unterschieden sich die Kennwerte der internen Konsistenz erheblich (z. B. $\alpha = .61$, IRA, McLain et al., 1991; $\alpha = .75$, Skala SKS, Schlagmüller et al., 2001; $\alpha = .88$, WLST, Schlagmüller & Schneider, 2007).

Aus der Perspektive entwicklungsbezogener Fragestellungen ist die Retestreliabilität bzw. die zeitliche Stabilität der Messung von besonderer Bedeutung für die valide Interpretation von Entwicklungsveränderungen (Schmiedek & Lindenberger, 2012). Auch in diesem Reliabilitätsmaß ergibt sich ein heterogenes Bild für die dargestellten Verfahren. Die Retestreliabilitäten auf Itemebene lagen in den klassischen Untersuchungen auch für Zeitintervalle von höchsten sechs Wochen nicht über $r_{tt} = .40$ (z. B. Kurtz et al., 1982). In den aggregierten Skalen lagen im Vor- und Grundschulalter die Retestreliabilitäten etwas höher, jedoch wurden auch in Intervallen zwischen vier Wochen und sechs Monaten in der Regel lediglich Werte zwischen $r_{tt} = .40$ und $r_{tt} = .60$ erreicht (z. B. Schlagmüller et al., 2001). Diese Werte deuten auf eine gering bis moderat ausgeprägte Stabilität der Messung hin. In dieser aus psychometrischer Sicht problematischen Befundlage tritt der WLST auch in diesem Kennwert mit einer für ein präzises Messinstrument zu erwartenden Retestreliabilität von $r_{tt} = .81$ über ein Sechswochenintervall positiv hervor (Schlagmüller & Schneider, 2007).

Insgesamt sind die Instrumente zur Erfassung des metakognitiven Wissens im Vergleich zu Leistungstests, deren interne Konsistenz in der Regel über $\alpha = .80$ liegt, aus psychometrischer Sicht eher unzuverlässig. Allein der WLST erreicht die

Konventionen für einen reliablen Test. Ebenfalls akzeptabel reliable Messungen sind für den von Artelt (2006) nach dem Vorbild des WLST entwickelten Metagedächtnis-Mathematik-Test dokumentiert. Da sich diese beiden Tests in mehreren Aspekten von den übrigen Verfahren zur Messung des metakognitiven Wissens unterscheiden, können die Ursachen für diese Sonderstellung nicht klar benannt werden. Plausible Ursachen für die höhere interne Konsistenz können im untersuchten Altersbereich (Sekundarstufe I), der untersuchten metakognitiven Wissensfacette (deklaratives und konditionales Strategiewissen) oder der gewählten Messstrategie (Wissenstest mit multiplen Strategievergleichen) liegen.

Validität: In den ursprünglichen Messverfahren war eine möglichst breite Abbildung unterschiedlicher Aspekte und Funktionen des metakognitiven Wissens in den relevanten kognitiven Verarbeitungsprozessen als Ziel zu erkennen (Kreutzer et al., 1975; Wellman, 1977; Myers & Paris, 1978). In späteren Untersuchungen wurde die inhaltliche Repräsentativität der Items aufgrund der psychometrischen Probleme (insbesondere der geringen Reliabilität) aufgegeben und Items nicht nach inhaltlichen, sondern nach psychometrischen Gesichtspunkten ausgewählt und aggregiert (z. B. Belmont & Borkowski, 1988). Auch in den modernen metakognitiven Wissenstests wurden in der Regel keine expliziten Bezüge zu theoretischen Rahmenmodellen der untersuchten Informationsverarbeitungsprozesse hergestellt. Obwohl häufig mit einem inhaltlichen Domänenbezug argumentiert wurde (s. z. B. Kap. 5), fand die Frage nach der tatsächlichen inhaltlichen Validität des erfassten metakognitiven Wissens in der Testkonstruktion insgesamt zu wenig Beachtung.

Neben der Repräsentativität für den untersuchten Merkmalsbereich wird die inhaltliche Validität eines Messverfahrens auch von der Frage bestimmt, ob eine im Sinne der Forscher korrekte Antwort auch tatsächlich Ausdruck metakognitiven Wissens ist. In den im Vor- und Grundschulbereich eingesetzten Verfahren zur Erfassung des metakognitiven Gedächtniswissens wurde dieser grundlegende Umstand als augenscheinlich postuliert (z. B. Kreutzer et al., 1975). Allerdings zeigt das Beispiel des Verfahrens von Swanson et al. (1993), dass sich auch ein reliables und augenscheinlich valides Messinstrument nach einer Überprüfung durch Experten als in der Auswertung höchst subjektiv und damit wenig inhaltlich valide erweisen kann (Sigler & Tallent-Runnels, 2006). Eine empirische Überprüfung der inhaltlichen Validität ist also gerade in inhaltlich anspruchsvolleren Verfahren unabdinglich. Jedoch liegen in der verfügbaren Literatur lediglich für die Modifikationen des WLST Befunde aus Expertenbefragungen vor (Artelt et al., 2009).

Resümee der Entwicklungsbefunde
Die Übersicht über die Entwicklungsbefunde zeigt, dass die Entwicklung im metakognitiven Wissen für den Altersbereich zwischen drei und siebzehn Jahren doku-

mentiert ist (vgl. z. B. Wellman, 1977; Schlagmüller & Schneider, 2007). Besonders dicht ist die Befundlage für den Übergang vom Kindergarten in die Grundschule und für den Verlauf der Grundschuljahre.

Die Studien waren zum Großteil querschnittlich angelegt. Entwicklungsprozesse wurden aus dem Nachweis von Unterschieden zwischen Alterskohorten erschlossen. Zudem wurden auch Unterschiede zwischen auf Grundlage schulischer Fähigkeiten gebildeter Extremgruppen als Indikatoren für Entwicklungsunterschiede interpretiert. Längsschnittliche Befunde liegen bislang lediglich für das Vorschulalter, den Übergang in die Grundschule und die ersten beiden Jahrgangsstufen in der Grundschule vor. In den längsschnittlichen Studien umfassten die Beobachtungsintervalle, in denen Entwicklungsveränderungen nachgewiesen wurden, drei bis zwölf Monate. In den querschnittlichen Studien wurden zumeist Alterskohorten im Einjahresabstand untersucht.

Die längsschnittlichen Befunde belegten in der Vorschulzeit eine relativ lineare Zunahme des metakognitiven Wissens über die Zeit (Lockl & Schneider, 2006). Nach dem Übertritt in die Grundschule deuteten die Befunde von Annevirta und Vauras (2001) und Grammer et al. (2001) auf eine sich beschleunigende Entwicklung im Lauf der ersten beiden Grundschuljahre hin. Die Veränderung in der Entwicklungsbeschleunigung fiel also mit Veränderungen in der Anregungs- und Anforderungsumwelt zusammen, die sich aus der formalen Beschulung ergaben. Auch die klassische Querschnittstudie von Kreutzer et al. (1975) und ihre älteren Replikationen lassen auf eine Beschleunigung der Entwicklung mit Eintritt in die Grundschule schließen. In diesen Studien wurden zusätzlich auch abnehmende Entwicklungsunterschiede am Ende der Grundschulzeit beobachtet.

Eine Interpretation der abnehmenden Kohortenunterschiede als Beleg für einen weitgehenden Abschluss der metakognitiven Wissensentwicklung ist jedoch aus mehreren Gründen anzuzweifeln: Zum ersten wiesen die Items aus dem Interview von Kreutzer et al. (1975) in der fünften Jahrgangsstufe mit einer Gesamtlösungswahrscheinlichkeit von 82% (eigene Berechnung auf Grundlage der Daten von Cavanaugh & Borkowski, 1980) auf einen Deckeneffekt hin. Entwicklungsunterschiede zwischen der dritten und fünften Jahrgangsstufe waren durch das Instrument also möglicherweise gar nicht mehr abzubilden. Neuere Arbeiten, die die gleichen Items bzw. Überarbeitungen verwendeten, fanden keine Deckeneffekte für Schüler der vierten bzw. fünften Jahrgangsstufe und zeichneten einen relativ linearen Entwicklungsverlauf bis in die fünfte Jahrgangsstufe (De Marie et al., 2003; Fritz et al., 2010).

Zum zweiten stellt sich die Frage, wie valide das Instrument für Entwicklungsprozesse am Ende der Grundschulzeit noch ist. Bereits Brown (1978) wies darauf hin, dass sich das Interview auf relativ einfache Anwendungskontexte beschränkt, sich auf mehr oder weniger mechanische Strategien fokussiert und die einzelnen Aspekte des metakognitiven Wissens (Person, Aufgabe und Strategie) relativ isoliert, anstelle in Interaktion miteinander erfasst werden. Verfahren, in denen kognitive Strategien differenzierter und vor dem Hintergrund komplexerer Anwendungsszenarien zu bewerten sind, fanden auch am Ende der Grundschule ausgeprägte Unterschiede zwischen den Alterskohorten (Schlagmüller er al., 2001).

Zum dritten schließlich sprechen die für die Sekundarstufe I zu beobachtenden Entwicklungsunterschiede in der Domäne Lesen gegen einen Abschluss der metakognitiven Wissensentwicklung und für eine Verlagerung des Entwicklungsschwerpunkts auf metakognitives Wissen über komplexere kognitive und insbesondere metakognitive Strategien zur Überwachung und Regulation kognitiver Prozesse. So dokumentieren die wenigen in der Domäne Lesen vorliegenden empirischen Befunde auch in diesem Altersbereich noch eine kontinuierliche und substanzielle Entwicklung. Allerdings verläuft die Entwicklung im Vergleich zum Grundschulalter relativ langsam (Schlagmüller & Schneider, 2007).

Im Inhaltsbereich Mathematik sind aufgrund des Mangels an längsschnittlichen Studien und Querschnittstudien, deren Anlage eine Interpretation von Kohortenunterschieden als Entwicklungsunterschiede erlauben würde einerseits, und der Heterogenität der Operationalisierungsansätze des metakognitiven Wissens andererseits, allgemeine Aussagen zur Entwicklung des metakognitiven Wissens nur schwer zu treffen. Bekannt ist lediglich, dass bereits im Vorschulalter mit einer Sensitivität gegenüber metakognitiven Erfahrungen die Grundlagen für die Ausbildung metakognitiven Wissens gelegt sind (Whitebread & Coltman, 2010; Pappas et al., 2003). Insbesondere im Wissen über kognitive Strategien zeichnete sich im Übergang zur Grundschule Entwicklungspotenzial und Entwicklungsveränderung ab (Mevarech, 1995; Carr & Jessup, 1997). Im Verlauf der Grundschule und der Sekundarstufe I rückten auch alters- oder fähigkeitsassoziierte Unterschiede im Wissen über metakognitive Strategien in den Forschungsfokus, allerdings erwies sich die gewählte Forschungsmethodik als unzureichend, um Entwicklungsveränderungen in diesem Altersbereich darzustellen (Lucangeli & Cornoldi, 1997; van der Stel et al., 2010).

Die im vorangegangenen Literaturüberblick ebenfalls ausgewertete Stabilität der interindividuellen Unterschiede im metakognitiven Wissen lässt auf insgesamt relativ heterogene Entwicklungsprozesse in der Grundschule schließen. Die berichteten Test-Retest-Korrelationen lagen für Zeitintervalle zwischen vier und sechs Monaten zwischen $r_{tt} = .40$ und $r_{tt} = .60$ (Annevirta & Vauras, 2001; Lockl & Schneider, 2006; Schlagmüller et al., 2001). Auch über ein längeres Beobachtungsintervall, zwischen dem Ende der Grundschulzeit und dem Ende der Sekundarschulzeit, wurde eine ähnlich ausgeprägte Stabilität ermittelt ($r_{tt} = .50$ bzw. $r_{tt} = .54$, Roeschl-Heils et al., 2003). Während sich am Ende der Grundschule also noch sehr heterogene Entwicklungsprozesse beobachten ließen, zeichneten sich im Verlauf der Sekundarstufe I vergleichsweise homogenere Entwicklungsveränderungen ab. Für eine Verfestigung der interindividuellen Unterschiede in der Sekundarstufe I liegen jedoch keine Hinweise vor. Aufgrund des Mangels an längsschnittlichen Untersuchungen insbesondere in der Sekundarstufe I ist die Datengrundlage zur Beurteilung der Stabilität in der Entwicklung des metakognitiven Wissens allerdings noch wenig belastbar.

Forschungsdefizite

Während zentrale Befunde, die für eine Entwicklung im metakognitiven Wissen sprechen, sich in annähernd vier Jahrzehnten Forschung als relativ robust gegenüber säkularen Effekten und Variationen in Messstrategie und Inhaltsdomäne gezeigt haben, ist das Forschungsfeld nach wie vor von außerordentlich persistierenden methodischen Schwierigkeiten und Kenntnislücken gekennzeichnet.

Obwohl zahlreiche Studien explizit die Entwicklung des metakognitiven Wissens untersuchten, sind längsschnittliche Befunde selten. Dabei lassen sich nur in Längsschnittuntersuchungen etwaige alterskorrelierte Unterschiede als intraindividuelle Entwicklungsveränderungen interpretieren (Baltes & Nesselroade, 1979). In den durchgeführten Längsschnittstudien wurde mit wenigen Ausnahmen das längsschnittliche Analysepotenzial zur Erklärung der beobachteten interindividuellen Unterschiede in der Entwicklungsveränderung durch relevante Merkmale des Individuums und seiner Entwicklungsumwelt nicht genutzt (s. auch Kap. 6).

Die verfügbaren Entwicklungsstudien beschränken sich auf die Beschreibung modaler Entwicklungsverläufe. Nach Entwicklungsgruppen, die sich durch besondere Entwicklungscharakteristika vom durchschnittlichen Entwicklungsmuster unterscheiden, wurde bislang nicht gesucht. So liegen z. B. auch für praktisch relevante Fragestellungen, wie der Entstehung von Risikogruppen mit defizitären Entwicklungsverläufen im metakognitiven Wissen, keine Erkenntnisse vor.

Zudem konzentrieren sich die vorliegenden längsschnittlichen Befunde auch heute noch auf den ursprünglichen Fokus der Metakognitionsforschung, d. h. den Entwicklungszeitraum in Vorschule und früher Grundschule und die Domäne des metakognitiven Gedächtniswissens. Wie sich aus den inzwischen vorliegenden querschnittlichen Befunden folgern lässt, sind jedoch insbesondere in schulnahen kognitiven Domänen wie Lesen und Mathematik Entwicklungsveränderungen für ältere Schüler zu erwarten. Insbesondere in der Domäne Mathematik fehlen allerdings mit wenigen Ausnahmen empirische Befunde, die sich in den bestehenden Forschungskorpus zur Entwicklung des metakognitiven Wissens integrieren ließen.

Die zahlreicher vorliegenden Querschnittstudien weisen zusätzlich zu den vergleichsweise eingeschränkten Analyseoptionen häufig gravierende Mängel im Design auf, die ihre Aussagekraft stark vermindern. Weil in der Regel keine Maßnahmen zur Kontrolle von Kohorteneffekten ergriffen wurden, kann eine Konfundierung von Entwicklungs- und Kohorteneffekten nicht ausgeschlossen werden. Die untersuchten Alterskohorten können sich in einer Vielzahl von Merkmalen unterscheiden, die über den Alters- bzw. Entwicklungseffekt hinaus einen Einfluss auf die Ausprägung im metakognitiven Wissen ausüben.

Weiterhin ist davon auszugehen, dass eine instruktionsgemäße Bearbeitung komplexer Verfahren zur Erfassung des metakognitiven Wissens ein hohes Maß an kognitiven Ressourcen, wie Intelligenz, Lese- bzw. Hörverständnis, Aufmerksamkeit oder Verarbeitungskapazität erfordern (s. Kap. 6 und Kap. 5). Da diese Merkmale selbst einer Entwicklung unterworfen sein können, spiegeln die Kohortenunterschiede, in denen diese Aspekte nicht kontrolliert wurden, also gegebenenfalls nicht Unterschiede bzw. Veränderungen im metakognitiven Wissen wider, sondern Unterschiede bzw. Veränderungen in den kognitiven Ressourcen, die in Zusammenhang mit dem Erhebungsverfahren stehen. Es besteht also die Möglichkeit, dass tatsächliche Entwicklungsveränderungen im metakognitiven Wissen überschätzt wurden.

5 Metakognitives Wissen und Leistung

Die Metakognitionsforschung nahm ihren Ursprung in der Annahme, metakognitives Gedächtniswissen und seine Entwicklung hänge kausal mit der Entwicklung der Gedächtnisleistung zusammen (Flavell & Wellman, 1977; Pressley et al., 1985). Im folgenden Kapitel sollen Befunde berichtet werden, die diese Annahme untersuchten. Im Vergleich zu den in Kapitel 4 berichteten reinen Entwicklungsfragestellungen existieren für den Zusammenhang zwischen metakognitivem Wissen und Leistung elaborierte theoretische Modelle. Auf der Grundlage der theoretischen Vorhersagen werden empirische Befunde getrennt für die kognitiven Domänen referiert. Aufgrund der kausalen Natur der Fragestellung werden die Befunde nach Maßgabe ihrer kausalen Interpretierbarkeit in korrelative Studien, Studien, in denen eine kausale Struktur modelliert wird, längsschnittliche Studien und experimentelle Trainingsstudien differenziert.

5.1 Theoretische Vorhersagen

Die sachgemäße Anwendung geeigneter Strategien wird als zentrale Determinante für gute Gedächtnisleistungen angesehen. Das metakognitive Wissen wiederum ist eine notwendige Voraussetzung für die Auswahl und den effektiven Einsatz von Strategien (Flavell & Wellman, 1977; Pressley et al., 1985). Flavell und Wellman (1977) fassen ihre Annahme zum Zusammenhang zwischen metakognitivem Wissen und Strategieanwendung zusammen:

[...] we could expect that a person who intelligently uses a particular memory strategy ought to have some metamemory knowledge of that strategy, and a person who does not use the strategy should be shown to be less knowledgeable. In other words, there ought to be a correlation between appropriate pieces of memory knowledge and pieces of memory behavior. (S. 27)

Gleichzeitig wird in den konstruktivistischen Entwicklungshypothesen die aus der Anwendung von Strategien resultierende metakognitive Erfahrung als Grundlage für die Ausbildung, Differenzierung und Aktualisierung des metakognitiven Wissens identifiziert (s. Kap. 2). Es sind also reziproke Zusammenhänge zwischen Strategieanwendung und metakognitivem Wissen zu erwarten (vgl. z. B. Schneider, 1989). In Theoriebildung und empirischer Praxis ist allerdings eine deutliche Dominanz zugunsten des ersten Teils der zirkulären Wirkungskette aus metakognitivem Wissen, Strategieanwendung und Leistung festzustellen: Der Einfluss des metakognitiven Wissens auf Auswahl und Ausführung effektiver Strategien stand aufgrund seines Erklärungspotenzials von Unterschieden und Veränderungen in kognitiven Leistungen häufig im Zentrum der Forschung. Die dem Strategieeinsatz nachfolgende Aktualisierung des metakognitiven Wissens durch die metakognitive Erfahrung, d. h. der für die Entwicklung des metakognitiven Wissens relevantere Prozess, wurde hingegen selten untersucht.

Sichtbar wird die Bedeutung des metakognitiven Wissens auf das strategische Verhalten im *Produktionsdefizit*. Darunter wird das Phänomen verstanden, dass Kinder zwar die Ausführung einer Strategie grundsätzlich beherrschen und sie daher auch adäquat und effektiv einsetzen können, die Strategie in konkreten Aufgabenstellungen jedoch nicht spontan produzieren (Flavell & Wellman, 1977). Das Produktionsdefizit kann als ein Problem der Strategiegeneralisierung angesehen werden: Eine in einem spezifischen Erwerbskontext als effizient und nützlich erfahrene Strategie kann nicht auf einen ähnlichen Kontext übertragen werden (Borkowski & Turner, 1989). Hasselhorn (1995) erklärt am Beispiel des kategorialen Organisierens in *sort-recall*-Aufgaben die Überwindung des Produktionsdefizites durch die Emergenz metakognitiver Überwachungs- und Kontrollprozesse, die eine bewusste Erfahrung vorher unbewusst ausgeführter strategischer Handlungen ermöglichen. Die abstrahierende Reflexion der Strategieerfahrungen führt zu Zunahmen im metakognitiven Personen-, Aufgaben- und Strategiewissen. Der Rückgriff auf die metakognitive Wissensbasis erlaubt dann die zunehmend gezielte Auswahl und den adaptiven Einsatz von effektiven Strategien in unterschiedlichen Kontexten.

Neben dem Produktionsdefizit wurde auch ein *Nutzungsdefizit* postuliert (Bjorklund, Miller, Coyle & Slawinski, 1997). Dieses Defizit wird dadurch charakterisiert, dass Strategien zwar spontan eingesetzt werden, das Produktionsdefizit also überwunden wurde, der Strategieeinsatz sich jedoch nicht in Form einer Verbesserung der Gedächtnisleistung niederschlägt, der Strategieeinsatz also zunächst ineffizient bleibt. Im Unterschied zum Produktionsdefizit scheint das Nutzungsdefizit allerdings keine normative Phase der Strategieentwicklung darzustellen (Schlagmüller & Schneider, 2002; Kron-Sperl, Schneider & Hasselhorn, 2008). Für die Überwindung des Nutzungsdefizits werden, wie auch für die Überwindung des Produktionsdefizits, Zunahmen im metakognitiven Wissen verantwortlich gemacht (DeMarie, Miller, Ferron & Cunningham, 2004).

Mit der *overlapping waves theory* gab Siegler (1996) das Modell einer kognitiven Entwicklung als normative Abfolge des Erwerbs einzelner, zunehmend effizienter Strategien auf und belegte z. B. in Arbeiten zu elementararithmetischen Strategien, dass Kindern zu einem gegebenen Zeitpunkt zur Lösung einer Aufgabe nicht nur eine, sondern ein Repertoire aus mehreren konkurrierenden Strategien zur Verfügung steht (s. auch Siegler, 2005). Entwicklungsveränderungen zeigen sich als Veränderungen in der Zusammensetzung des Strategierepertoires und als Tendenz, zunehmend häufiger adaptive und effektive Strategien auszuwählen *(shifting distributions)*. Innerhalb dieser Theorie beschreiben Crowley, Shrager und Siegler (1997)

die Strategieentwicklung und Strategieauswahl als Produkt eines Verhandlungspro-
zesses zweier wettstreitender kognitiver Systeme. Das assoziative System repräsentiert Zusammenhänge zwischen Aufgaben, Strategien und Resultaten. Die Enge der
Assoziationen variiert mit den Lernerfahrungen, die ein Individuum mit einer spezifischen Strategie in einem spezifischen Kontext gesammelt hat. Dem metakognitiven System werden zum einen reflexive Prozesse der Überwachung und zum anderen das aus der Reflexion von Lernerfahrungen abstrahierte metakognitive Wissen
zugeschrieben. In Aufgaben, in denen aufgrund zahlreicher Lernerfahrungen eine
enge Assoziation mit einer spezifischen Strategie besteht, wird diese Strategie in
der Regel automatisch aktiviert und ausgeführt. In neuartigen Kontexten, in denen
keine eindeutige Assoziation mit einer bestimmten Strategie aktiviert wird, kommt
das langsamere metakognitive System zum Zuge und entwickelt unter Rückgriff
auf das metakognitive Wissen eine geeignete Strategie. Auch im Falle einer automa-
tischen Aktivierung einer Strategie überwacht und beeinflusst das metakognitive
System die Ausführung und erzeugt so Variationen der Strategieausführung, die
das Strategierepertoire optimieren und erweitern (s. Kuhn, 2001; Kap. 2). Während
in überlernten Aufgabenstellungen das metakognitive Wissen also eine geringere
Rolle spielt, kommt dem metakognitiven System in neuartigen Aufgabenstellungen
oder beim Einsatz neuer Strategievariationen eine größere Bedeutung zu.

Weinert (1987) postulierte mit einer ähnlichen, wenngleich weniger prozessspe-
zifisch formulierten Argumentation ebenfalls, dass die Enge des Zusammenhanges
zwischen metakognitivem Wissen und Leistung vom Schwierigkeitsgrad der kognitiven Anforderung bzw. der Fähigkeitsausprägung der untersuchten Stichprobe
abhängig ist. Konkret nahm er einen umgekehrt u-förmigen Verlauf dieses Zusammenhanges an. Er begründete diese Annahme dadurch, dass in extrem schwierigen
Aufgaben die Anwendung von metakognitivem Wissen nicht zu einer Lösung der
Aufgabe, sondern zur Erkenntnis führt, dass weitere Anstrengungen nicht lohnen.
In extrem leichten Aufgaben dagegen sei eine Anwendung des metakognitiven
Wissens nicht erforderlich. Allein in Aufgaben mittlerer Schwierigkeit sei eine Be-
einflussung der Lösungsaktivitäten durch metakognitives Wissen und damit ein
Zusammenhang zwischen metakognitivem Wissen und Leistung zu erwarten.

Für den Zusammenhang zwischen metakognitivem Wissen und kognitiven
Leistungen ergeben sich also folgende Vorhersagen: In frühen Entwicklungspha-
sen sind noch keine Zusammenhänge zwischen dem metakognitiven Wissen und
der Leistung in kognitiven Anforderungen zu erwarten. Nach der Überwindung
des Produktions- und Nutzungsdefizits sollte sich das mit dem Alter und der Erfahrung zunehmende metakognitive Wissen auf die effektive Nutzung adäquater
Strategien und damit auch auf die kognitive Leistung auswirken. Dies gilt vor allem
für neuartige Aufgaben mittleren Schwierigkeitsgrades. Aber auch in bekannten
Aufgaben sollte, sofern Strategien zum Einsatz kommen, das metakognitive Wissen

zu einer Differenzierung und Optimierung des Strategierepertoires genutzt werden und somit langfristig die Leistung in kognitiven Aufgaben positiv beeinflussen. Der Zusammenhang zwischen dem metakognitiven Wissen und der Leistung variiert also in Abhängigkeit von Entwicklungsstand bzw. Fähigkeit der Person und Bekanntheitsgrad bzw. Schwierigkeit der vorliegenden Aufgabe.

Aber auch dann, wenn für die strategische Bearbeitung einer Aufgabe prinzipiell hinreichend metakognitives Wissen vorhanden ist, werden häufig Diskrepanzen zwischen metakognitivem Wissen und strategischem Verhalten beobachtet. Diese Diskrepanz beschreiben Flavell und Wellman (1977) mit der Metapher der Erbsünde: „Moral action does not always accord with moral beliefs, and similarly, we do not always try to retrieve information or prepare for future retrieval in what we believe to be the most effective ways" (Flavell & Wellman, 1977, S. 28).

Ob und wann metakognitives Wissen zur Auswahl und Ausführung optimaler Strategien im konkreten Fall genutzt wird, hängt von einer Reihe von situativen und individuellen Faktoren ab, die in den umfassenden Modellen der Metakognition, wie dem GIP-Modell (Pressley et al., 1989) oder den Modellen des selbstregulierten Lernens (Zimmerman & Schunk, 2001, 2011), beschrieben wurden (s. Kap. 2). In Abhängigkeit von der Ausprägung dieser Faktoren ist also auch hier von interindividuellen Unterschieden in der Nutzung des metakognitiven Wissens zur Optimierung der Informationsverarbeitung auszugehen.

Ursprünglich wurden die Zusammenhänge zwischen metakognitivem Wissen, Strategieanwendung und Leistung in sehr spezifischen kognitiven Paradigmen, wie dem *sort-recall* oder der Entwicklung elementararithmetischer Strategien, untersucht (vgl. z. B. Crowley et al., 1997; Schneider, 1989). Die eindeutige Operationalisierung der Konstrukte innerhalb dieser Paradigmen erlaubt eine differenzierte Analyse der Wirkzusammenhänge. Trotz der hohen Aufgaben- bzw. Strategiespezifität wurden diese prototypischen Befunde als Modell auf andere, meist allgemeinere Domänen akademischer Kompetenz generalisiert. Aufgrund der großen Bandbreite beteiligter Aktivitäten und damit einhergehender Probleme der Identifizierung und Operationalisierung spezifischer Prozesse formulieren diese allgemeiner gefassten Forschungsarbeiten vergleichsweise globale Annahmen zu den Zusammenhängen zwischen metakognitivem Wissen, Strategieanwendung und kognitiver Leistung. Artelt und Neuenhaus (2010) fassten diese Annahmen zusammen:

> *Über das gesamte Leistungsspektrum betrachtet sollten Personen mit höherem metakognitiven Wissen weniger kenntnisreichen Personen gegenüber im Vorteil sein. [...] Werden allgemeine Leistungs- beziehungsweise Kompetenzmaße (z. B. Lesekompetenz) als Kriterium herangezogen, ist anzunehmen, dass der für spezifische Situationen beschriebene Vorteil über verschiedene Situationen und Zeitpunkte hinweg kumuliert [...]. (S. 133)*

Zunächst ist also von spezifischen Zusammenhängen auszugehen, die mit zunehmender Erfahrung bzw. mit zunehmendem Alter immer mehr generalisiert werden. Damit wird klar, dass die inhaltliche Spezifität des Bezuges von metakognitivem Wissen und der korrespondierenden kognitiven Anforderung aus der Entwicklungsperspektive nicht unabhängig vom Alter bzw. vom Differenzierungsgrad des metakognitiven Wissenssystems ist (vgl. auch Pressley et al., 1985; Borkowski & Turner, 1989). Für jüngere Kinder sollten sich für das aufgabenspezifische metakognitive Wissen engere Zusammenhänge ergeben als für allgemeinere Inhalte des metakognitiven Wissens. Erst für ältere Kinder ist auch für weniger spezifische Bezüge ein Zusammenhang zu erwarten.

Zusammenfassend kann also theoretisch ein Zusammenhang zwischen metakognitivem Wissen und Leistung in kognitiven Anforderungen erwartet werden. Die Enge dieses Zusammenhangs wird jedoch in konkreten Lernsituationen durch eine Reihe von moderierenden Faktoren beeinflusst. Im Folgenden wird eine Übersicht über die empirische Befundlage gegeben. Wie auch in Kapitel 4 werden aufgrund ihrer Bedeutung für die Theoriebildung und die empirische Praxis zunächst Befunde aus der Metagedächtnisforschung und dem Leseverstehen vorgestellt.

5.2 Metakognitives Wissen und Gedächtnisleistung

Korrelative Befunde
Während frühe Übersichtsarbeiten zu widersprüchlichen Schlussfolgerungen aus der empirischen Befundlage zum Zusammenhang zwischen Metagedächtnis und Gedächtnisleistung kamen (Cavanaugh & Perlmutter, 1982; Wellman, 1983), erbrachte eine umfassende Metaanalyse von Schneider (1985) und ihre Aktualisierung im Jahr 1989 (Schneider, 1989) deutliche Belege für einen in der Ausprägung moderaten, jedoch substanziellen, direkten korrelativen Zusammenhang zwischen Metagedächtnis und Gedächtnisleistung (s. Tab. 5.1).

Schneider (1989) bezog insgesamt 60 Publikationen aus den Jahren 1976 bis 1987 mit einer Versuchspersonenzahl von 7097 Schülern in seine Analysen ein. Aufseiten der Metakognition traf er eine Unterscheidung zwischen Metakognitionsindikatoren, die das *monitoring* von Gedächtnisaufgaben, d. h. die Komponente der *Regulation von Kognition,* und Indikatoren, die das metakognitive Wissen über Strategien erfassten, was der Komponente *Wissen über Kognition* entspricht (s. Kap. 2). In der Komponente Wissen über Kognition unterschied er zwischen dem Wissen über Organisationsstrategien im Kontext von *sort-recall*-Aufgaben, dem Wissen über Elaborationsstrategien in *paired-associate*-Aufgaben und Befunden aus Trainingsstudien. Hinsichtlich der Gedächtnisleistungen wurde nicht zwischen Indikatoren für Strategieanwendung und Abrufleistung unterschieden (Schneider, 1985).

Metakognitives Wissen und Leistung

Tabelle 5.1: Korrelationskoeffizienten zwischen unterschiedlichen Metagedächtniskomponenten und der Gedächtnisleistung nach Schneider (1989, S. 98)

		Klassenstufe				M
	V/K	1/2	3/4	5/6	7+	
memory monitoring (Lernen aus Texten)	.39(5)	.45(7)	.35(10)	.42(8)	.59(2)	.39(16)
memory monitoring (Verstehen von Texten)	.24(2)	-	.28(3)	.49(10)	.41(4)	.44(15)
memory monitoring (Trainingsstudien)	-	.52(4)	.37(10)	.37(10)	.28(1)	.40(13)
Strategiewissen (Organisationsstrategien)	.12(1)	.15(6)	.41(14)	.47(5)	-	.33(43)
Strategiewissen (Elaborationsstrategien)	-	-	-	-	.52(2)	.60(3)
Strategiewissen (Trainingsstudien)	-	.39(10)	.32(19)	-	-	.37(36)

Anmerkungen: In Klammern die Anzahl der Korrelationen, die in die Durchschnittsbildung eingegangen sind; V/K = Vorschule bzw. Kindergarten; *M* = Mittelwert.

Die Gesamtkorrelation zwischen Metagedächtnisindikatoren und der Gedächtnisleistung dokumentiert mit $r = .41$ einen Zusammenhang substanzieller Ausprägung. Die in Tabelle 5.1 dargestellten Befunde zeigen, dass die Zusammenhänge im metakognitiven Wissen etwas geringer als im monitoring waren. Allerdings sieht Schneider (1989) „keinen Zweifel daran, dass der Zusammenhang zwischen Metagedächtnis und unterschiedlichen Gedächtnisaspekten, wie er sich in entwicklungspsychologischen Studien mit Kindern darstellt, sowohl statistisch signifikant wie auch praktisch bedeutsam ist" (S. 99).

Der globale Zusammenhang zwischen metakognitivem Gedächtniswissen und Gedächtnisleistung konnte empirisch also bestätigt werden. Auch für die in Kapitel 5.1 als Moderatoren des Zusammenhangs angenommenen Faktoren Alter, inhaltliche Spezifität und Schwierigkeit der Aufgabe wurde in der Domäne Gedächtnis nach empirischen Belegen gesucht.

Die nach untersuchtem Altersbereich aufgeschlüsselten Korrelationen in Schneiders Metaanalyse dokumentieren zunehmend engere Korrelationen mit zunehmendem Alter. Während in Kindergarten und Vorschule noch keine substanziellen Zusammenhänge nachgewiesen werden konnten, erreichten die Korrelationskoeffizienten ab der zweiten Hälfte der Grundschule Werte über $r = .30$.

Die altersabhängig abnehmende Spezifität des Zusammenhangs konnte in der längsschnittlichen Untersuchung von Krajewski et al. (2004; s. Kap. 4) bestätigt werden. Während zum ersten Messzeitpunkt (am Ende des Kindergartens) zwar für das spezifische Strategiewissen ein relativ schwacher Zusammenhang zur Leistung in einer *sort-recall*-Aufgabe zu finden war ($r = .26$), konnte für das allgemeine metakognitive Wissen noch kein Zusammenhang nachgewiesen werden ($r = .08$). Zum zweiten Messzeitpunkt (sechs Monate später in der ersten Jahrgangsstufe) nahmen beide Zusammenhangsmaße deutlich zu. Die Korrelationskoeffizienten sowohl für das spezifische Strategiewissen ($r = .59$) als auch für das allgemeine Strategiewissen

(r = .33) erreichten – bei einem deutlich engeren Zusammenhang für das spezifische Maß – statistische und praktische Bedeutsamkeit. Für eine zunehmende Unabhängigkeit der Zusammenhänge von konkreten Bezügen auf spezifische kognitive Prozesse sprechen auch Befunde aus dem späten Grundschulalter. So fanden z. B. Geary et al. (1990) für Schüler am Ende der Grundschule signifikante und substanzielle Korrelationen zwischen dem allgemeinen metakognitiven Gedächtniswissen und Leistungen im Lesen (r = .46) und in Mathematik (r = .29), obwohl die Leistungen in diesen schulischen Domänen nur mehr einen sehr geringen inhaltlichen Bezug zu Gedächtnisanforderungen aufweisen.

Die Annahmen zur Moderatorwirkung des Alters und der Aufgabenspezifität auf den Zusammenhang zwischen metakognitivem Gedächtniswissen und Gedächtnisleistung ließen sich empirisch also gut abbilden. Die Abhängigkeit des Zusammenhangs von der Aufgabenschwierigkeit bzw. Fähigkeit konnte allerdings empirisch nicht belegt werden. Für experimentelle Variationen des Schwierigkeitsgrades einer *sort-recall*-Aufgabe wurden z. B. weder für jüngere noch für ältere Kinder, weder im Querschnitt noch im Längsschnitt konsistent differenzielle Zusammenhänge nachgewiesen (Kron-Sperl, 2005; Schneider, 1986). Auch in Studien, in denen im Rahmen des Experten-Novizen-Paradigmas der Schwierigkeitsgrad einer *sort-recall*-Aufgabe nach Maßgabe des inhaltlichen Vorwissens variiert wurde, wurde die erwartete Interaktion aus metakognitivem Wissen und Expertisestatus nicht gefunden (Schneider, Schlagmüller & Visé, 1998).

Kausalmodelle

Die korrelativen Befunde weisen auf einen bedeutsamen Zusammenhang zwischen metakognitivem Wissen und Gedächtnisleistung hin. Als hinreichender Beleg für die theoretischen Annahmen können sie freilich nicht gelten. Diese gehen von einer kausalen Wirkung des metakognitiven Wissens auf die Prozesse und Produkte der Informationsverarbeitung aus. Daher werden auch kausal interpretierbare Analysen zu ihrem empirischen Nachweis benötigt. Eine Voraussetzung für einen kausal interpretierbaren Effekt ist der Ausschluss von Drittvariablen (z. B. Steyer, 1992). In multiplen Regressionsanalysen lassen sich die gerichtet als Beziehung zwischen einer unabhängigen und einer abhängigen Variable formulierten Zusammenhänge zweier Konstrukte gegen den Einfluss von Drittvariablen durch deren regressionsanalytische Kontrolle absichern (Eid, Gollwitzer & Schmitt, 2010). Im Kontext des Metagedächtnisses wurde insbesondere der Einfluss kognitiver Merkmale auf die Beziehung zwischen dem metakognitiven Wissen und der Leistung kontrolliert.

Short, Schatschneider und Friebert (1993) untersuchten Zweit-, Viert- und Sechstklässler in einer *free-recall*-Aufgabe. Zusätzlich erhoben sie das allgemeine und das aufgabenspezifische metakognitive Wissen. In einer multiplen Regressionsanalyse, in der sowohl Intelligenz als auch Alter bedeutsam die interindividuellen

Unterschiede in der Gedächtnisleistung aufklärten, leisteten allgemeines und spezifisches metakognitives Wissen zusätzliche Varianzaufklärung. Veränderungen in
der relativen Bedeutung kognitiver und metakognitiver Prädiktoren der Gedächtnisleistung im Laufe der Grundschulzeit dokumentierten Kron-Sperl et al. (2008)
in der Fortführung der bereits geschilderten Längsschnittstudie (vgl. Krajewski et
al., 2004). Zur Vorhersage der Leistung im *sort-recall* wurden in der zweiten, dritten
und vierten Jahrgangsstufe die Prädiktoren Intelligenz, Verarbeitungskapazität und
Strategieanwendung sowie allgemeines metakognitives Gedächtniswissen in eine
multiple Regression einbezogen. Dabei zeigte sich, dass das metakognitive Wissen
ab der dritten Jahrgangsstufe über den Einfluss der übrigen Prädiktoren hinaus einen eigenständigen und an relativer Bedeutung zunehmenden Beitrag zur Erklärung der Gedächtnisleistung leistete (s. auch Schneider, 1986 für einen analogen
Befund).

Während in eine multiple Regression alle Prädiktoren simultan in die Vorhersage einer abhängigen Variable eingehen, lassen sich in Strukturgleichungsmodellen
auch die Beziehungen zwischen den Prädiktoren modellieren. Diese multivariate
Regression wurde eingesetzt, um das theoretisch angenommene Modell eines über
die Strategieanwendung vermittelten Einflusses des metakognitiven Wissens auf
die Gedächtnisleistung zu überprüfen.

Über die beiden proximalen Prädiktoren, metakognitives Wissen und Strategieanwendung, wurden in diesen Strukturgleichungsmodellen auch zusätzliche, dista-
le Prädiktoren der Gedächtnisleistung einbezogen. Diese zusätzlichen Prädiktoren
(Verarbeitungskapazität, Intelligenz, Vorwissen, Attribution, Selbstkonzept, Interesse) ließen sich in Strukturgleichungsmodellen nicht nur kontrollieren, sondern
wurden selbst als erklärende Variablen für die proximalen Konstrukte eingesetzt
(DeMarie et al., 2004; Körkel & Schneider, 1992; Schneider, Borkowski, Kurtz &
Kerwin, 1986; Schneider, Körkel & Weinert, 1987; Schneider et al., 1998).

Schneider et al. (1998) bezogen neben dem metakognitiven Wissen (erfasst mit
der WTDM) und der Strategieanwendung auch Intelligenz und Verarbeitungskapazität in die Vorhersage der Gedächtnisleistung ein (s. Abb. 5.1). Beide Merkmale
erklärten interindividuelle Unterschiede in der Ausprägung des metakognitiven
Wissens. Das metakognitive Wissen wirkte sich auf Strategieanwendung (Anwendung einer Organisationsstrategie) und die Leistung im *sort-recall* aus. Wie erwartet, beeinflusste darüber hinaus auch die Strategieanwendung selbst die Gedächtnisleistung. Während also Intelligenz und Verarbeitungskapazität lediglich über
das metakognitive Wissen vermittelte, indirekte Effekte auf die Gedächtnisleistung
aufwiesen, wirkten sich sowohl metakognitives Wissen als auch Strategieanwendung direkt auf die Gedächtnisleistung aus. Betrachtet man direkte und indirekte
Effekte, erwies sich das metakognitive Wissen als der einflussreichste Prädiktor der
Gedächtnisleistung.

Dieser Befund belegte exemplarisch eine zentrale Annahme der Metakognitions-forschung: Das metakognitive Wissen beeinflusst die Auswahl und Ausführung von Strategien und die Strategieausführung wiederum wirkt sich auf die Gedächt-nisleistung aus. In diesem theoretischen Modell sollte sich das metakognitive Wissen ausschließlich indirekt auf die Gedächtnisleistung auswirken (s. z. B. das Strukturgleichungsmodell von Schneider et al., 1987). Allerdings fanden sich – wie dies die oben berichteten Regressionsanalysen ebenfalls andeuten – auch direkte Effekte des metakognitiven Wissens auf die Gedächtnisleistung. Dieser direkte Ef-fekt konnten auch in anderen, ähnlich angelegten Studien repliziert werden (z. B. Kurtz & Weinert, 1989; Pierce & Lange, 2000). Metakognitives Wissen erklärt also nicht nur interindividuelle Unterschiede in der Auswahl und Ausführung von Or-ganisationsstrategien, sondern übt darüber hinaus auch einen direkten Effekt auf die Gedächtnisleistung aus. Der direkte Effekt lässt sich neben dem aufgaben- bzw. strategiespezifischen Einfluss des metakognitiven Wissens als strategieübergreifen-der, allgemeiner Effekt des metakognitiven Wissens auf die Leistung interpretieren.

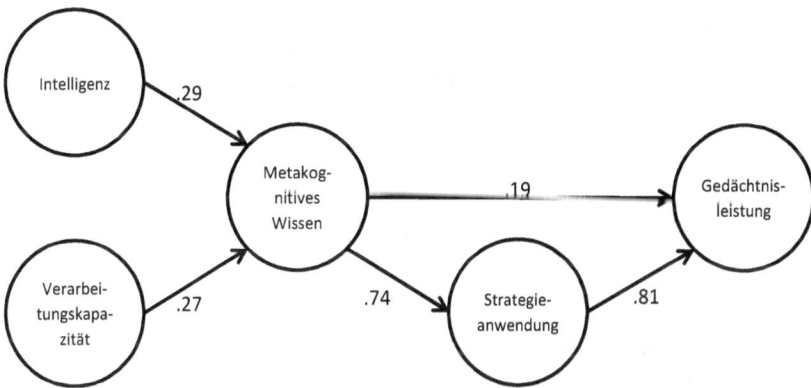

Abbildung 5.1: Strukturgleichungsmodell nach Schneider et al. (1998)
Anmerkung: Abgebildet ist das Strukturmodell. Nicht signifikante Pfade sind nicht eingezeichnet.

Die Anordnung der Konstrukte und die Modellierung ihrer gegenseitigen Wirk-beziehungen ist auch in den Strukturgleichungsmodellen – unter dem Vorbehalt der theoretischen Begründbarkeit – mehr oder weniger arbiträr und damit kein hinreichender Beleg für eine kausalen Beziehung (Schneider, 1989). Eine aus kau-saler Sicht überzeugendere Interpretation erfordert ein längsschnittliches Design (Steyer, 1992). Die Richtung der vermuteten Kausalzusammenhänge wird in einer längsschnittlichen Anordnung nicht nur durch theoretische Erwägungen vorgege-ben, sondern spiegelt sich auch in der zeitlichen Anordnung von Prädiktor und

Kriterium wider (Schmiedek & Lindenberger, 2012). Untersuchungen, die diese Bedingung erfüllen, sind selten. Lediglich Grammer et al. (2010) nutzten das längsschnittliche Potenzial ihrer Studie zur Vorhersage der Gedächtnisleistung aus dem vorangehenden metakognitiven Wissen. Die Befunde aus den querschnittlichen Untersuchungen bestätigten sich: Das metakognitive Wissen wies neben synchronen, d. h. „querschnittlichen" Effekten auf die Strategieanwendung auch längsschnittlich prädiktive Effekte aus. Die Ausprägung des metakognitiven Wissens zu einem gegebenen Messzeitpunkt sagte also sowohl die interindividuellen Unterschiede in der Strategieanwendung zum selben Messzeitpunkt als auch die Veränderungen der Strategieanwendung zum nachfolgenden Messzeitpunkt vorher. Ein reziproker Effekt der Strategieanwendung auf das metakognitive Wissen konnte dagegen nicht nachgewiesen werden. Allerdings wurde in der Studie die Entwicklung lediglich im Verlauf des ersten Schuljahres und damit zwar über einen aus Entwicklungsperspektive sehr bedeutsamen (siehe Kap. 4), jedoch relativ kurzen Zeitraum beobachtet. Wie die oben referierten Befunde deutlich machten, verändern sich die Zusammenhänge zwischen dem metakognitiven Gedächtniswissen und Strategieanwendung bzw. Gedächtnisleistung im Zuge der Entwicklung, sodass aus diesem einzelnen Befund keine endgültigen Schlussfolgerungen gegen den theoretisch postulierten bidirektionalen Zusammenhang zu ziehen sind.

Trainingsstudien

Über beobachtende Studien hinaus wurden in der Metagedächtnisforschung auch experimentelle Designs durchgeführt, um kausal interpretierbare und differenzierte Befunde über das Zusammenspiel von metakognitivem Wissen, Strategienutzung und Gedächtnisleistung zu erlangen (vgl. Borkowski, Milstead & Hale, 1988).

Die Studien weisen in der Regel ein traditionelles experimentelles Design auf (Joyner & Kurtz-Costes, 1997). Die Stichprobe wird in zwei Gruppen aufgeteilt. In einer gemeinsamen *baseline*-Messung werden dann Gedächtnisleistung, Strategienutzung bzw. metakognitives Wissen in beiden Versuchsgruppen erfasst. Im Anschluss durchläuft die Experimentalgruppe ein Trainingsprogramm, in dem unterschiedliche Aspekte zur Nutzung einer oder mehrerer Strategien gezielt vermittelt werden. Die Kontrollgruppe erfährt keine Behandlung.

Nach Abschluss des Trainings wird der Trainingseffekt durch eine zweite Erfassung von Gedächtnisleistung, Strategienutzung bzw. metakognitivem Wissen quantifiziert. Zusätzlich werden z. T. in *follow-up*-Messungen und Generalisierungstests Nachhaltigkeit und Transferierbarkeit der Trainingseffekte erfasst.

Die in Bezug auf das metakognitive Wissen zentralen Befunde lassen sich an drei klassischen Befunden exemplifizieren (vgl. Pressley et al., 1985): Die direkte Instruktion von spezifischem Strategiewissen unter Berücksichtigung von deklarativen, konditionalen und prozeduralen Wissensaspekten war, was Strategienutzung und korrespondierende Gedächtnisleistung angeht, einem rein explorativen Vorgehen, in dem den Probanden Übungsgelegenheit im Umgang mit der Strategie gegeben wird, überlegen (O'Sullivan & Pressley, 1984). Das Training von metakognitiven Strategien zur Überwachung der Informationsverarbeitungsprozesse (MAP, s. Kap. 2) wirkte sich positiv auf das Wissen über kognitive Strategien und ihre Anwendung aus (s. z. B. Lodico, Ghatala, Levin, Pressley & Bell, 1983). Das metakognitive Wissen vor Beginn eines Strategietrainings beeinflusste den Trainingserfolg positiv. D. h. Probanden, die über viel Strategiewissen verfügten, profitierten von einem Strategietraining in höherem Maße als Probanden mit geringerem metakognitivem Ausgangswissen (Carr, Kurtz, Schneider, Turner & Borkowski, 1989).

Die Befunde belegen also, dass sich metakognitives Wissen effektiv fördern lässt, dass sich eine Förderung von metakognitivem Wissen positiv auf Anwendung und Nutzen von Organisationsstrategien niederschlägt und dass sich strategische Aktivität positiv auf den Erwerb metakognitiven Wissens auswirkt. Damit sind die zentralen Erkenntnisse der Beobachtungsstudien auch experimentell bestätigt.

5.3 Metakognitives Wissen und Leseverstehen

Während sich die Arbeiten zum Metagedächtnis primär als Grundlagenforschung im Rahmen der kognitiven Entwicklungspsychologie verstanden, untersuchten die Arbeiten im Kontext Lesen schon früh die Relevanz der Metakognition im schulischen Kontext (z. B. Baker & Brown, 1984). Bezüglich des metakognitiven Wissens wurden im Kontext Lesen analoge Wirkzusammenhänge wie im Kontext Gedächtnis erwartet (vgl. z. B. Paris et al., 1983). Der enge Bezug der metakognitiven Leseverstehensforschung zur pädagogischen Praxis zeigt sich in der Vielzahl der seit Ende der 1970er -Jahren entwickelten metakognitiv orientierten Trainingsprogramme zur Förderung der Lesekompetenz. Dieser sehr fruchtbare und effektive Zweig der Metakognitionsforschung kann an dieser Stelle nicht referiert werden. Stattdessen sei auf den umfassenden Überblick über das breite Spektrum metakognitiver Trainingsprogramme von van Kraayenoord (2010) verwiesen. Im Folgenden soll aus der Fülle der verfügbaren Arbeiten zur Rolle des metakognitiven Wissens für das Leseverstehen eine Auswahl relevanter Befunde aus Beobachtungsstudien im schulischen Kontext berichtet werden.

Korrelative Zusammenhänge

Die Annahme, dass metakognitives Wissen in einem korrelativen Zusammenhang mit der Leseverstehensleistung steht, wurde über ein relativ breites Altersspektrum nachgewiesen. Bereits in der ersten Klasse konnte in einer finnischen Stichprobe eine substanzielle Korrelation ($r = .45$) zwischen einem domänenübergreifenden

Indikator für metakognitives Wissen und der Leseverstehensleistung beobachtet werden (Annevirta, Laakkonen, Kinnunen & Vauras, 2007). Ein ähnlich hoher Korrelationskoeffizient ($r = .47$) wurde auch für deutsche Schüler in der dritten und vierten Jahrgangsstufe mit der ebenfalls domänenübergreifenden WTDM erfasst (van Kraayenoord et al., 2012). Ebenfalls in dieser Größenordnung liegen die Korrelationskoeffizienten, die im Rahmen der repräsentativen PISA-Erhebungen aus den Jahren 2000 ($r = .56$; Artelt & Neuenhaus, 2010) und 2009 ($r = .55$; Artelt, Naumann & Schneider, 2010) mit dem WLST bzw. seinen Weiterentwicklungen ermittelt wurden. Im Durchschnitt über alle 34 an PISA teilnehmenden Staaten lag die Korrelation bei $r = .50$ (Artelt et al., 2010). Dies spricht für einen kulturübergreifend substanziellen Zusammenhang zwischen metakognitivem Wissen und der Leseverstehensleistung.

Wie die durchgehend hohen Korrelationskoeffizienten auch für domänenübergreifende Verfahren zeigen, sind die Zusammenhänge nicht spezifisch, was die Inhalte des erfassten metakognitiven Wissens angeht. Dafür spricht auch die von Artelt und Neuenhaus (2010) berichtete Korrelation zwischen dem metakognitivem Lesestrategiewissen (erfasst mit dem WLST) und der Leistung im PISA-Mathematiktest, die trotz augenscheinlich unterschiedlicher Anforderungsdimensionen einen substanziellen Wert erreichte ($r = .46$).

Eine für Jungen und Mädchen sowie Gymnasiasten und Hauptschüler getrennte Auswertung der Korrelationen zwischen metakognitivem Wissen und Leseverstehensleistung (Artelt et al., 2009) bestätigte die in der Gedächtnisdomäne bislang nicht nachgewiesene Annahme einer Moderatorwirkung der Aufgabenschwierigkeit bzw. Personenfähigkeit auf die Enge des Zusammenhanges (vgl. Weinert, 1987). Während für Hauptschüler ein bedeutsamer und substanzieller Zusammenhang zwischen der Leseleistung und dem metakognitiven Lesestrategiewissen bestand ($r = .34$), fiel der entsprechende Zusammenhang für die Gymnasiasten sehr niedrig aus und erreichte keine statistische Signifikanz ($r = .14$). Demgegenüber variierte der Zusammenhang nicht in Abhängigkeit vom Geschlecht ($r = .43$ für die Mädchen bzw. $r = .44$ für die Jungen).

Obwohl die Befunde mit den theoretischen Annahmen der Metakognitionsforschung in Übereinstimmung stehen, ist vor einer allzu unkritischen Interpretation in Bezug auf die Wirkzusammenhänge zwischen metakognitivem Wissen und Leistung zu warnen. Neben dem generellen Mangel an kausaler Aussagekraft treten gerade in der Domäne Leseverstehen zwei weitere allgemeine Probleme korrelativer Designs deutlich hervor, die sich in der metakognitiven Wissensforschung in besonderer Weise niederschlagen.

Zum einen muss davon ausgegangen werden, dass die korrelativen Zusammenhänge aufgrund eines *common method bias* überschätzt wurden (vgl. Podsakoff, McKenzie, Lee & Podsakoff, 2003). Diese Verzerrung tritt dann auf, wenn die Korrelation zweier Konstrukte nicht nur durch die inhaltliche Kovarianz der gemessenen Merkmale erzeugt wird, sondern auch auf Gemeinsamkeiten im Messverfahren zurückgeht. In der Messung des metakognitiven Wissens legen die relativ engen Zusammenhänge der mündlich vorgegebenen metakognitiven Wissenstests im Vorschulalter mit dem Wortschatz (Lockl & Schneider, 2006) und der Hörverstehensleistung (Annevirta et al., 2007) einen solchen Effekt nahe. Im Schulalter werden die metakognitiven Wissenstests in der Regel schriftlich vorgegeben. Da die Szenarien und Auswahlantworten relativ komplexe und abstrakte Sachverhalte beschreiben (Fritz et al., 2010), erfordert die instruktionsgemäße Bearbeitung eines metakognitiven Wissenstests nicht nur metakognitives Wissen, sondern auch Leseverstehen. Die Resultate des metakognitiven Wissenstests variieren daher nicht nur in Abhängigkeit der Ausprägung des metakognitiven Wissens, sondern hängen auch von den Lesekompetenzen ab, mit denen sie dann später in Bezug gesetzt werden.

Ein zweiter verzerrender Einfluss auf die Enge korrelativer Zusammenhänge ergibt sich aus der genaueren Analyse der wenigen Studien, in denen zwei unterschiedliche Instrumente zur Erfassung des metakognitiven Wissens eingesetzt wurden. Van Kraayenoord et al. (2012) setzten bei Schülern der dritten und vierten Jahrgangsstufe sowohl den IRA als auch die WTDM ein. Die beiden Verfahren unterschieden sich deutlich in ihren Korrelationen mit der Leseverstehensleistung (IRA: $r = .36$; WTDM: $r = .47$). Dieser Befund ist umso mehr kontraintuitiv, als der IRA das spezifischere Maß für die Erfassung des lesebezogenen metakognitiven Wissens ist (s. Kap. 4). Bereinigt man die Korrelationen zwischen metakognitivem Wissen und Leseverstehensleistung jedoch um den Einfluss ihrer deutlich unterschiedlichen Messfehler (Lienert & Raatz, 1998), ergibt sich, mehr oder weniger theoriekonform, für beide Verfahren der gleiche attenuierte Korrelationskoeffizient ($r_{(korr)} = .64$). Diese grundsätzlich zu beachtenden Verzerrungen von Korrelationen durch den Messfehler wirken sich aufgrund der in Kapitel 4 berichteten psychometrischen Schwächen vieler Verfahren zur Erfassung metakognitiven Wissens in diesem Forschungsfeld besonders aus.

Kausalmodelle

Ebenso wie in der Domäne des Gedächtnisses wurde auch im Leseverstehen das metakognitive Wissen in multiple Regressionsmodelle einbezogen. Während in der Metagedächtnisforschung neben dem metakognitiven Wissen insbesondere kognitive Merkmale (wie z. B. Intelligenz und Verarbeitungskapazität) in der Vorhersage der Gedächtnisleistung berücksichtigt wurden, erweiterten die Analysen im Kontext des Leseverstehens das Spektrum der Prädiktoren um emotional-motivationale Merkmale. In den Untersuchungen, die in Zusammenhang mit PISA 2000 und PISA 2009 durchgeführt wurden (Artelt et al., 2010; Artelt, Schiefele, Schneider &

Stanat, 2002), erwies sich das metakognitive Wissen als erklärungsstarker, eigenständiger Prädiktor der Leseverstehensleistung, auch unter Kontrolle einer großen Bandbreite an allgemeinen und lesespezifischen Leistungsprädiktoren. Artelt et al. (2002) konnten mit den Prädiktoren metakognitives Wissen, lesebezogene Verarbeitungsgeschwindigkeit (Dekodieren), Intelligenz, Selbstkonzept im Lesen und Interesse im Lesen insgesamt 72% der Varianz in der Leseverstehensleistung der deutschen PISA-Teilnehmer aufklären. Das metakognitive Wissen stellte zusammen mit der Verarbeitungsgeschwindigkeit den nach der Intelligenz aufklärungsstärksten Prädiktor des Leseverstehens. Auch im Zusammenspiel mit relativ spezifisch und differenziert erfassten motivationalen (Lesefreude, Online-Lesen, zum Vergnügen lesen) und soziodemographische Prädiktoren (Migrationshintergrund, sozioökonomischer Status und Ausstattung mit Wohlstandsgütern) setzte sich das metakognitive Wissen als aufklärungsstärkster Prädiktor durch (Gesamtvarianzaufklärung 45%; Artelt et al., 2010).

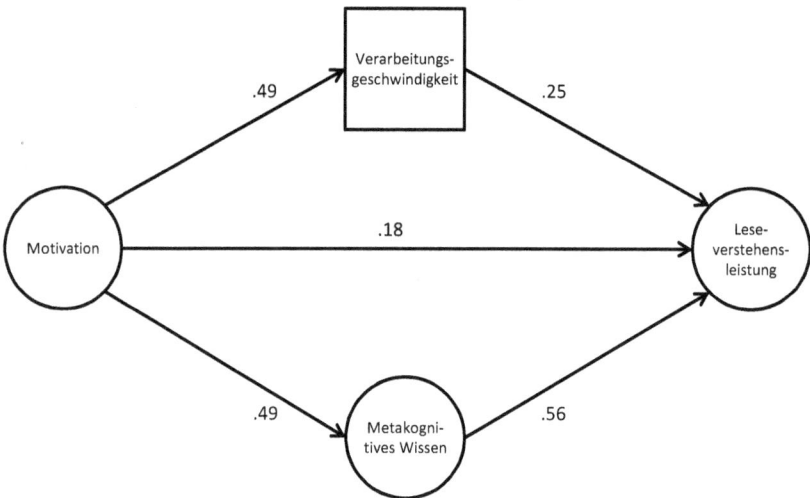

Abbildung 5.2: Strukturgleichungsmodell nach van Kraayenoord et al. (2012)
Anmerkung: Abgebildet ist das Strukturmodell. Nicht signifikante Pfade sind nicht eingezeichnet. Der latente Faktor metakognitives Wissen wurde aus den beiden eingesetzten Instrumenten Index of Reading Awareness (IRA; Jacobs & Paris, 1987) und Würzburger Testbatterie Deklaratives Metagedächtnis (WTDM; Schlagmüller et al., 2001) gebildet.

Die Wirkzusammenhänge zwischen lesespezifischen kognitiven und motivationalen Prädiktoren, metakognitivem Wissen und Leseverstehensleistung wurden von van Kraayenoord et al. (2012) in einer Stichprobe der dritten und vierten Jahrgangsstufe in einer multivariaten Modellierung überprüft. Metakognitives Wissen beeinflusste direkt und unabhängig von der Verarbeitungsgeschwindigkeit das Leseverstehen. Die Motivation (als latenter Faktor aus Interesse und Selbstkonzept im Lesen modelliert) wirkte sich neben einem geringer ausgeprägten direkten Effekt auf das Lesen vor allem indirekt vermittelt über Verarbeitungsgeschwindigkeit und metakognitives Wissen auf das Leseverstehen aus. Das metakognitive Wissen stellte auch in dieser Studie den einflussreichsten Prädiktor des Leseverstehens dar.

Trotz einer insgesamt über die gesamte Schulzeit relativ differenzierten Befundlage liegen mit einer Ausnahme keine längsschnittlichen Befunde zum Zusammenhang zwischen dem metakognitiven Wissen und der Leseverstehensleistung vor. Lediglich in der bereits vorgestellten Längsschnittuntersuchung von Annevirta und Vauras (2001; s. Kap. 4) wurden Entwicklungsdaten sowohl für das domänenübergreifend erfasste metakognitive Wissen als auch für das Leseverstehen zwischen Kindergarten und dritter Jahrgangsstufe berichtet. In einer Reanalyse dieser Daten modellierten Annevirta et al. (2007) für die beiden Veränderungsprozesse jeweils ein latentes Wachstumskurvenmodell. In diesen Modellen werden Entwicklungsveränderungen anhand zweier latenter Variablen dargestellt (vgl. Bollen & Curran, 2006, und Kap. 8): Ein Ausgangsfaktor (*intercept*) bildet den Ausgangswert der Versuchspersonen am Beginn des beobachteten Zeitraums ab. Ein Veränderungsfaktor (*slope*) gibt die intraindividuellen Veränderungen der untersuchten Stichprobe wieder. Um die Entwicklungsdynamik zwischen den beiden Entwicklungsprozessen zu untersuchen, wurden die Korrelationen zwischen den latenten Faktoren berechnet. Die Ausgangsleistungen in beiden Entwicklungsprozessen wiesen einen sehr engen Zusammenhang auf ($r = .73$). Auch die intraindividuellen Veränderungen im metakognitiven Wissen standen in einer substanziellen Korrelation mit der Leistung im Lesen ($r = .37$). Die beiden Entwicklungsprozesse stehen also in einem statistisch bedeutsamen Zusammenhang (genauer: die interindividuellen Unterschiede in der Leseleistung kovariierten mit der intraindividuellen Veränderung im metakognitiven Wissen). Schüler, die einen starken Zuwachs im metakognitiven Wissen aufwiesen, zeigten also auch eine starke Leistung im Leseverstehen.

5.4 Metakognitives Wissen und Mathematikleistung

Wie bereits der Literaturüberblick zur Erfassung und Entwicklung des metakognitiven Wissens (Kap. 4) zeigte, liegen zum metakognitiven Wissen im Kontext Mathematik relativ wenige Befunde vor. Dementsprechend sind auch die Befunde zum Zusammenhang zwischen der Ausprägung des metakognitiven Wissens und der Leistung in mathematischen Anforderungen relativ spärlich und lassen sich aufgrund der großen Heterogenität in den gewählten Operationalisierungen der Konstrukte nur eingeschränkt miteinander vergleichen.

Die in den allgemeinen Modellen der Metakognition postulierten positiven Zusammenhänge zwischen dem metakognitiven Wissen und der Überwachung und Regulation von Informationsverarbeitungsprozessen und damit der Leistung lassen sich auch auf mathematische Anforderungen übertragen (z. B. Pressley et al., 1989; Pressley, 1986). Auch aus dem kognitiv-metakognitiven Rahmenmodell des Problemlösens (s. Kap. 3) leitet sich ein enger Zusammenhang zwischen dem Wissen über kognitive und metakognitive Strategien und der Leistung in mathematischen Problemlöseaufgaben ab.

Korrelative Befunde

Elementararithmetik: Im Laufe der ersten Grundschuljahre lässt sich eine Entwicklung in der Verfügbarkeit und zunehmenden Anwendung effektiver elementararithmetischer Strategien beobachten. Zusätzlich nimmt in dieser Zeit auch das metakognitive Wissen über diese Strategien zu (s. Kap. 4). Martha Carr und Kollegen untersuchten nicht nur die Entwicklung, sondern auch den Zusammenhang zwischen metakognitivem Wissen, Strategieauswahl und Strategieanwendung. Carr, Alexander und Folds-Bennett (1994) erfassten in der zweiten Jahrgangsstufe mithilfe der in Kapitel 4 dargestellten Interviewmethode das spezifische deklarative und konditionale Strategiewissen über prototypische Rechenstrategien in den drei grundlegenden Entwicklungsstufen (externe Repräsentation, interne Repräsentation und Faktenabruf, s. Kap. 4). Zusätzlich wurden die tatsächliche Strategieanwendung und die Leistung in Arithmetikaufgaben zum Zeitpunkt der Erfassung des metakognitiven Wissens und fünf Monate vorher beobachtet. Während sich weder für externe Repräsentations- noch für Abrufstrategien Veränderungen zeigten, nahmen bezüglich der internen Repräsentationsstrategien sowohl die Häufigkeit als auch die Genauigkeit der Anwendung im fünfmonatigen Beobachtungsintervall zu. Das metakognitive Strategiewissen stand mit beiden Aspekten der Strategieanwendung in einem positiven Zusammenhang. Für die beiden anderen Strategien dagegen bestanden keine bedeutsamen Korrelationen. Wie der strategiespezifische korrelative Zusammenhang zeigt, steht metakognitives Strategiewissen dann in Zusammenhang mit der Strategiewahl, wenn sich diese Strategie aktiv entwickelt. Strategien, für die sich kein Entwicklungsprozess beobachten lässt, wurden vom metakognitiven Wissen hingegen nicht beeinflusst.

Alternativ lässt sich dieser Befund auch als Effekt des unterschiedlichen Automatisierungsgrades der drei Strategien interpretieren. Hier erwarteten Carr und Jessup (1995), dass adaptive und flexible kognitive Aktivitäten ein höheres Maß an metakognitivem Wissen erfordern als überlernte oder per se automatisiert ausgeführte Strategien. Zur Überprüfung dieser Annahme untersuchten sie das Wissen über und die Anwendung von drei Strategien, die bei Schülern der zweiten Jahrgangsstufe unterschiedliche Automatisierungsgrade aufwiesen. Dem Faktenabruf wurde aufgrund der assoziativen Verknüpfung von Aufgaben und ihren Lösungen und der damit unbewussten Aktivierung einer oder mehrerer potenzieller Lösungen der höchste Automatisierungsgrad zugeschrieben. Eine mechanische Zählstrategie wurde aufgrund der hohen Übungsdichte in der Grundschule als partiell automatisiert eingestuft. Eine Zerlegungsstrategie, in der unbekannte Aufgaben in kleinere Aufgaben mit bekannten Ergebnissen zerlegt werden, erfordert in diesem Altersbereich aufgrund relativ geringen Zahlenwissens ein bewusstes und planvolles Vorgehen. Ihre Anwendung wurde damit als am wenigsten automatisiert angenommen. Metakognitives Wissen und Strategienutzung wurden zweimal im Abstand von zwei Monaten erfasst. Die Befunde von Carr et al. (1994) konnten im Wesentlichen repliziert werden. Das metakognitive Wissen erwies sich als wichtiger Einflussfaktor auf Nutzung und Genauigkeit der wenig automatisierten Zerlegungsstrategie. Auf die überlernte Zähl- und die automatisierte Abrufstrategie hingegen wirkte sich das metakognitive Wissen nicht aus.

Throndsen (2011) wählte einen ähnlichen Ansatz wie Carr und Kollegen, erhob aber neben metakognitivem Strategiewissen und Strategieeinsatz zusätzlich auch die Leistung der Schüler in einem unabhängig administrierten Arithmetiktest. Das metakognitive Strategiewissen wurde in analoger Weise zu Carr und Kollegen (s. o.) aufgabenspezifisch erfasst. Die Strategieanwendung wurde als Entwicklungsstatus auf einer nach Effektivität geordneten Strategieskala von 1 (einfache Zählstrategie, externe Repräsentation) bis 10 (Faktenabruf) operationalisiert. Die Daten wurden zu zwei Messzeitpunkten im Abstand von etwa zwölf Monaten im Verlauf der zweiten Jahrgangsstufe erhoben. Korrelative Analysen ergaben einen engen und von Messzeitpunkt 1 zu Messzeitpunkt 2 zunehmenden Zusammenhang zwischen metakognitivem Wissen und strategischem Entwicklungsstatus ($r = .53$ bzw. $r = .63$). Darüber hinaus wiesen auch die Korrelationen zwischen dem metakognitiven Wissen und den extern erhobenen arithmetischen Leistungen einen engen und zunehmenden Zusammenhang auf ($r = .58$ bzw. $r = .87$). Leider wurde in der Studie das Analysepotenzial bei Weitem nicht ausgeschöpft: Es liegen weder längsschnittliche Analysen noch differenzierte Modelle für das Zusammenspiel zwischen metakognitivem Wissen, strategischer Kompetenz und arithmetischer Leistung vor.

Insgesamt stehen die Befunde zum Einfluss des metakognitiven Wissens auf Ausprägung und Entwicklung arithmetischer Strategien in Übereinstimmung mit den theoretischen Vorhersagen (Crowley et al., 1997; Weinert, 1987). Allerdings wurden die Zusammenhänge zwischen metakognitivem Wissen, kognitiven Strategien und resultierender Leistung nur korrelativ untersucht. Zudem wurden mögliche, auch im Kontext der arithmetischen Kompetenzen relevante Einflussfaktoren, wie z. B. Intelligenz (Stern, 2009), Vorwissen (Krajewski & Schneider, 2009) und Verarbeitungskapazität (Fuchs et al., 2006) nicht berücksichtigt. Ein weiteres Problem betrifft die Verallgemeinerbarkeit der Befunde. Die beschriebenen arithmetischen Lösungsprozesse sind nur in den ersten Jahren des Erwerbs arithmetischer Kompetenzen entwicklungssensitiv. Spätestens am Ende der Primarstufe ist in arithmetischen Anforderungen mehrheitlich der ohne metakognitive Beteiligung aktivierte, automatisierte Faktenabruf zu beobachten (Ostad, 1997, 1998).

Mathematisches Problemlösen: Auch für die wesentlich komplexeren und vielfältigeren kognitiven Prozesse des mathematischen Problemlösens liegen Befunde zum Zusammenhang zwischen metakognitivem Wissen, Strategieanwendung und Leistung vor. Mevarech (1995) erhob das metakognitive Personen-, Aufgaben- und Strategiewissen im Kontext des mathematischen Problemlösens (s. Kap. 4 für eine Beschreibung des Instruments). Zusätzlich wurden die mathematische Problemlösekompetenz mit einem Set komplexer Sachaufgaben und die allgemeinen verbalen und nonverbalen kognitiven Fähigkeiten der untersuchten Vorschulkinder erhoben. Korrelationsanalysen ergaben einen engen Zusammenhang zwischen dem metakognitiven Wissen und der Problemlöseleistung ($r = .66$). Der Zusammenhang reduzierte sich kaum, nachdem die allgemeinen kognitiven Fähigkeiten auspartialisiert wurden ($r_{part.} = .61$). Die Korrelationen lagen für die Subskalen Strategie- und Personenwissen höher als für das Aufgabenwissen. In einer Regressionsanalyse zur Vorhersage der Problemlöseleistung erwies sich das metakognitive Wissen gegenüber den kognitiven Fähigkeiten mit einer Varianzaufklärung von 43% als erklärungsstärkster Prädiktor der Problemlöseleistung.

Während Mevarechs Ergebnisse einen anforderungsspezifischen Zusammenhang vermuten lassen, zeigen die Resultate von Aunola, Leskinen, Lerkkanen und Nurmi (2004) im selben Altersbereich, dass auch anforderungsfern erfasstes metakognitives Wissen mit der Mathematikleistung korrespondiert: Die Autoren setzten zur Erfassung des metakognitiven Wissens ein domänenübergreifendes Verfahren ein, in dem gedächtnis- und textverarbeitungsbezogene Aspekte des metakognitiven Wissens erfasst wurden (Annevirta & Vauras, 2001; für eine Beschreibung des Instruments s. Kap. 4). Auch dieses allgemeine metakognitive Wissen über ein breites, nicht mathematikbezogenes Spektrum kognitiver Prozesse stand in einem substanziellen Zusammenhang mit der Leistung in einem Mathematiktest ($r = .45$). Ein Kausalmodell erbrachte auch dann noch einen bedeutsamen Effekt des metakognitiven Wissens auf die Leistung, als mit dem Hörverstehen ein Methodenfaktor (metakognitiver Wissenstest und Mathematiktest wurden mündlich vorgegeben) sowie bekannte Prädiktoren der Mathematikleistung (Zählfertigkeiten, Verarbeitungskapazität, Geschlecht) kontrolliert wurden. Über diesen Effekt im Vorschulalter hinaus konnte das metakognitive Wissen allerdings keinen weiteren Beitrag zur Erklärung der interindividuellen Unterschiede in der Entwicklung der Mathematikleistung in den ersten Grundschuljahren leisten. Eine latente Klassenanalyse zeigte jedoch, dass Kinder, deren mathematische Leistungen sich besonders positiv entwickelten, bereits vor Eintritt in die Primarstufe über ein ausgezeichnetes metakognitives Wissen verfügten. Die Befunde von Mevarech (1995) und Aunola et al. (2004) belegen also, dass das metakognitive Wissen schon vor Beginn des formalen Mathematikunterrichts einen substanziellen Zusammenhang mit der Mathematikleistung aufweist.

Auch in der Grundschule konnten korrelative Zusammenhänge zwischen metakognitivem Wissen und der Mathematikleistung nachgewiesen werden. Lucangeli und Cornoldi (1997) nutzten zur Erfassung des metakognitiven Wissens in der dritten und vierten Jahrgangsstufe, wie in Kapitel 4 geschildert, curricular orientierte Leistungstests. Die beiden unterschiedlichen Tests deckten jeweils ein breites Spektrum mathematischer Anforderungen in drei Subtests (Arithmetik, Geometrie und Problemlösen) ab. Das metakognitive Wissen wurde eingesetzt, um die Leistung der Schüler in den Tests getrennt für die drei Inhaltsbereiche vorherzusagen. In der dritten Jahrgangsstufe lag die Gesamtvarianzaufklärung durch das metakognitive Wissen in allen drei Inhaltsbereichen zwischen 69% und 75%. In der vierten Jahrgangsstufe wurden in allen drei Inhaltsbereichen niedrigere Varianzaufklärungen zwischen 4% und 63% beobachtet. Während für die Leistungen in Geometrie und im Problemlösen in beiden Jahrgangsstufen substanzielle Varianzaufklärungen zu verzeichnen waren, sagte das metakognitive Wissen in der vierten Jahrgangsstufe kaum interindividuelle Unterschiede im Arithmetiksubtest vorher. Da in den beiden Jahrgangsstufen unterschiedliche Tests eingesetzt wurden, können die Befunde nicht als Veränderungen im Zusammenhangsmuster interpretiert werden. Sie können jedoch im Rahmen der theoretischen Vorhersagen zur Abhängigkeit des Zusammenhanges von der Aufgabenschwierigkeit erklärt werden (vgl. Crowley et al., 1997; Weinert, 1987): In mathematischen Inhaltsbereichen, in denen primär überlernte oder automatisierte Algorithmen leistungsrelevant sind, wie in den Arithmetikaufgaben der vierten Jahrgangsstufe, spielt das Wissen über Planung, Überwachung und Steuerung kognitiver Prozesse eine geringere Rolle als bei Aufgaben aus den Bereichen Geometrie und Problemlösen, in denen Lösungsprozeduren selbst zu entwickeln und zu steuern sind.

Die Arbeitsgruppe um Veenman (z. B. Veenman & Spaans, 2005; van der Stel et al., 2010) untersuchte die kognitiv-metakognitiven Prozesse des mathematischen Problemlösens in der Sekundarstufe I (vgl. Kap. 4). Ihre Befunde stützten sich auf die Auswertung von Verhaltensbeobachtungen und think-aloud Protokollen, d. h. Operationalisierungen der Regulation von Kognition. Konkret wurde quantitativ bewertet, welche metakognitive Aktivitäten in Orientierung, Organisation, Durchführung und Verifikation in welcher Häufigkeit (Veenman & Spaans, 2005) und welcher Qualität (van der Stel et al., 2010) ausgeführt wurden. Die verschiedenen Alterskohorten in den Jahrgangsstufen 7 bis 9 durchgeführten Studien belegten, dass Quantität und Qualität metakognitiver Strategien in engem Zusammenhang mit dem Lösungserfolg in komplexen mathematischen Problemstellungen stehen.

Diese korrelativen Zusammenhänge blieben im Wesentlichen auch erhalten, wenn die Intelligenz als weiterer Leistungsprädiktor kontrolliert wurde.

Die zentrale Fragestellung nach den Wirkzusammenhängen zwischen metakognitivem Wissen, Strategieanwendung und Leistung lässt sich mit diesem Design nicht beantworten, da metakognitives Wissen in den Studien von Veenman und Kollegen nicht direkt erfasst wurde. Ein Befund der Arbeitsgruppe gibt allerdings Hinweise auf die Bedeutung des metakognitiven Wissens (Veenman, Kok & Blöte, 2005). In dieser Studie wurde metakognitives Wissen durch die Vorgabe metakognitiver *cues* experimentell induziert und variiert. Die untersuchten Schüler der sechsten Jahrgangsstufe lösten mathematische Probleme und erhielten in allen Episoden des Lösungsprozesses Hinweise auf die Nutzung kognitiver und metakognitiver Strategien, z. B. wurde an die Paraphrase der Aufgabenstellung (Orientierungsepisode) oder an eine schrittweise Planung des Lösungsweges (Organisationsepisode) erinnert. In einer anderen Bedingung lösten die Schüler isomorphe Probleme ohne diese Hinweise auf den Einsatz metakognitiver Strategien. Die Auswertung erbrachte, dass die *cues* wirksam waren, die Probanden unter der Hinweisbedingung mehr metakognitive Strategien einsetzten ($d = 0{,}66$), den Bearbeitungsprozess also besser steuerten. Zusätzlich lag unter der Hinweisbedingung auch die Lösungsrate der mathematischen Probleme höher ($d = 0{,}72$). Die Befunde von Veenman und Kollegen belegen, dass die angenommene Wirkungskette zwischen metakognitivem Wissen, Strategieeinsatz und Leistung auch in mathematischen Anforderungen, in der Sekundarstufe I und für metakognitive Strategien gilt.

Für das Ende der Sekundarstufe I berichteten Artelt und Neuenhaus (2010) im Rahmen von PISA 2003 korrelative Zusammenhänge zwischen einem metakognitiven Wissenstest und der Leistung in einem allgemeinen Mathematiktest. Der Metagedächtnis-Mathematik-Test (Artelt, 2006; s. Kap. 4) erfasste das Wissen über kognitive und metakognitive Strategien im Kontext des mathematischen Problemlösens. Der Mathematikleistungstest erfasste die *mathematical literacy* auf einem repräsentativen Spektrum mathematischer Inhaltsbereiche und Anspruchsniveaus (Blum, Neubrand, Ehmke, Senkbeil, Jordan, Ulfig & Carstensen, 2004). Die Korrelation zwischen den beiden inhaltlich umfassenden Indikatoren für metakognitives Wissen und Mathematikleistung erreichte mit $r = .39$ eine substanzielle, praktisch bedeutsame Ausprägung. Obwohl sich der Metagedächtnis-Mathematik-Test klar auf spezifische mathematische Anforderungssituationen und Strategien bezog, bestand nicht nur mit der Mathematikleistung, sondern auch mit der Leseverstehensleistung ein korrelativer Zusammenhang in vergleichbarer Größenordnung ($r = .42$). Zusammen mit dem Umstand eines noch höheren Korrelationskoeffizienten zwischen dem WLST und der Mathematikleistung in der PISA-Erhebung 2000 (s. o.; Artelt & Neuenhaus, 2010) scheint sich das Bild eines wenig domänenspezifischen Zusammenhangs zwischen metakognitivem Wissen und Schulleistungen, das auch die oben berichteten Untersuchungen im Grundschulalter vermitteln, in der Sekundarschulzeit fortzusetzen.

Befunde in rechenschwachen Stichproben:

Zur Analyse der Zusammenhänge zwischen metakognitivem Wissen und Mathematikleistung wurden in den korrelativen Studien in der Regel unausgelesene Stichproben untersucht, die Schüler eines breiten Leistungsspektrums einschlossen. Eine alternative Strategie, um Zusammenhänge zwischen zwei Merkmalen zu belegen, ist die selektive Ziehung von Stichproben. Besteht ein Zusammenhang zwischen metakognitivem Wissen und mathematischer Leistung, dann sollten sich Schüler, die hinsichtlich ihrer Mathematikleistung einer Extremgruppe angehören, auch hinsichtlich ihres metakognitiven Wissens von Schülern durchschnittlicher Leistungsfähigkeit unterscheiden. Aufgrund der hohen pädagogischen Relevanz liegen für diesen Forschungsansatz insbesondere Studien im Kontext der Rechenschwäche vor, auf die im Folgenden eingegangen wird.

Fragestellungen zu Definition, Diagnosestellung und Ätiologie der Rechenschwäche werden intensiv beforscht und sind nach wie vor ein Feld kontroverser Diskussion (für einen Überblick s. Landerl & Kaufmann, 2008). Auf der Ebene der Symptomatik lassen sich nach einem breit akzeptierten Modell von Geary (2004) jedoch grundsätzlich drei Typen der Rechenschwäche unterscheiden, die charakteristische Defizite aufweisen: (a) Probleme im Aufbau und Abruf arithmetischen Faktenwissens (semantischer Subtyp), (b) Leistungseinschränkungen in visuell-räumlichen Anforderungen (visuell-räumlicher Subtyp), (c) Verwendung entwicklungsbezogen unreifer Strategien sowie Defizite in der Ausführung bekannter und Entwicklung neuer Lösungsalgorithmen (prozeduraler Subtyp). Das prozedurale Defizit zeigt sich insbesondere in komplexeren und mehrschrittigen mathematischen Problemlöseaufgaben (Fuchs & Fuchs, 2002).

Für die Defizite des prozeduralen Subtyps scheinen defizitäre metakognitive Steuerungsprozesse verantwortlich zu sein. Dies zeigte ein Vergleich zwischen Schülern ohne Rechenschwäche und Schülern mit semantischem bzw. prozeduralem Defizit: Schüler mit prozeduralem Defizit wiesen sowohl in der Leistungsprädiktion (d. h. der Einschätzung vor Beginn der Lösungsaktivitäten, ob die Aufgabe richtig gelöst werden kann) als auch in der Leistungsevaluation (d. h. der Einschätzung nach Abschluss der Lösungsaktivitäten, ob die Aufgabe richtig gelöst wurde) eine geringere Genauigkeit der Einschätzungen auf als Schüler ohne Lernschwäche. Zwischen Schülern mit semantischem Defizit und Schülern ohne Lernschwäche ergaben sich dagegen keine bedeutsamen Unterschiede (Desoete, 2006). Dieser Befund steht in Einklang mit einer Reihe von Befunden, in denen rechenschwache Stichproben im *monitoring* mathematischer Prozesse im Vergleich zu durchschnittlichen Schülern schlechtere Leistungen erbrachten (Desoete, Roeyers & Buysse, 2001; Garrett, Mazzocco & Baker, 2006; Slife, Weiss & Bell, 1985).

Leistungsprädiktion und -postdiktion im Kontext mathematischer Anforderungen weisen eine konzeptuelle Nähe zu Paradigmen der Metagedächtnisforschung wie *feeling of knowing* oder *judgement of learning* auf (s. z. B. Nelson & Narens, 1994) und lassen sich der metakognitiven Regulationskomponente zuordnen. Im GIP-Modell entsprechen diese Fertigkeiten den MAP, die einerseits die Informationsverarbeitung überwachen und regulieren und aus deren Resultaten andererseits das spezifische und allgemeine Strategiewissen generiert bzw. aktualisiert wird (Pressley et al., 1989; s. auch Kuhn, 2001). Da die Einschätzungen vor bzw. nach, nicht aber während kognitiver Aktivitäten erfasst wurden (also *off-line* bzw. unabhängig, vgl. Desoete et al., 2001), kann ihre konkrete Interaktion mit dem Wissen über kognitive Prozesse und ihre Ausführung empirisch nur indirekt erschlossen werden (Desoete & Roeyers, 2002).

Prozessnahe Befunde zu den metakognitiven Charakteristika rechenschwacher Schüler berichten die Arbeiten aus der Arbeitsgruppe um Montague. In diesen Arbeiten wurde in unterschiedlichen Leistungsgruppen sowohl das Wissen über kognitive und metakognitive Strategien erfasst als auch die konkrete Ausführung dieser Strategien in mathematischen Problemlöseanforderungen beobachtet.

Montague und Bos (1990) verglichen die kognitiven und metakognitiven Aktivitäten von unterdurchschnittlichen und mindestens durchschnittlichen Schülern der achten Jahrgangsstufe bei der Lösung mathematischer Probleme. Dabei wurde sowohl das Lösungsverhalten beobachtet als auch das metakognitive Wissen über allgemeine und konkret bei der Lösung eingesetzte kognitive und metakognitive Strategien in einem retrospektiven Interview erhoben. Wie erwartet zeigten die a priori als unterdurchschnittlich identifizierten Schüler geringere Lösungsraten in den Testaufgaben als Schüler mit unauffälligen Leistungen. Differenzierte Fehlerauswertungen erbrachten auch in dieser Studie Hinweise auf ein charakteristisches prozedurales Defizit. Die geringen Lösungsraten rechenschwacher Schüler waren nicht auf schwächere arithmetische Fertigkeiten, sondern auf Defizite in der Entwicklung und korrekten Ausführung eines adäquaten Lösungsalgorithmus zurückzuführen. Damit korrespondierend ergaben sich auf der Ebene des metakognitiven Wissens ebenso deutliche Unterschiede: Leistungsschwache Schüler generierten deutlich weniger potenziell einsetzbare kognitive Lösungsstrategien, verfügten also über ein geringeres deklaratives und konditionales Strategiewissen. Insbesondere das Wissen über Strategien zur Orientierung und Organisation war bei rechenschwachen Schülern weniger reichhaltig ausgeprägt (Montague & Applegate, 1993). Das mittels *stimulated recall* erfasste prozedurale Wissen über kognitive Strategien, die bei der Bearbeitung der mathematischen Probleme ausgeführt wurden, unterschied sich dagegen nicht von dem Wissen durchschnittlicher

Schüler. Deutliche Unterschiede traten jedoch im deklarativen und konditionalen Wissen über metakognitive Strategien zur Planung und Steuerung von kognitiven Strategien auf. Das geringere Bewusstsein für potenziell einsetzbare kognitive Strategien und der Mangel an Wissen über die Steuerung dieser Strategien legt die Annahme eines charakteristischen Defizits im metakognitiven Wissen nahe, das für die unterdurchschnittlichen Problemlöseleistungen der rechenschwachen Schüler verantwortlich scheint.

Folgeuntersuchungen, in denen das Lösungsverhalten von rechenschwachen Schülern mit dem von unauffälligen Schülern anhand von *think-aloud*-Prozeduren verglichen wurde, bestätigten diese Schlussfolgerung auch auf der Verhaltensebene. Das defizitäre metakognitive Wissen über kognitive Strategien wirkte sich insbesondere bei komplexeren Problemlöseaufgaben aus: Während Schüler mit normaler Leistungsfähigkeit bei zunehmender Aufgabenkomplexität auch zunehmend Strategien zur Orientierung und Organisation einsetzten, reagierten rechenschwache Schüler auf steigende Komplexität mit unsystematischen *trial-and-error*-Strategien (Montague & Applegate, 2000). In Situationen, in denen aus der Aufgabenstellung der Lösungsplan nicht direkt abgeleitet werden konnte bzw. keine expliziten Hinweise auf die auszuführenden Berechnungsschritte gegeben waren, fehlte rechenschwachen Schülern das Wissen und die Fähigkeit zur Ausführung kognitiver Strategien, um diese Handlungspläne selbst zu konstruieren. Das beobachtete ineffektive Perseverieren in explorativen Aktivitäten macht zusätzlich ein Defizit in der Prozesssteuerung, mithin der Ausführung metakognitiver Strategien deutlich (für ein Beispiel s. auch die Prozessanalyse der Novizen-Dyade in Abb. 3.2).

Rosenzweig, Krawec und Montague (2011) konzentrierten sich in einer ähnlich angelegten Studie auf Aktivitäten zur Steuerung des Lösungsprozesses. Die Autoren unterschieden die beobachteten metakognitiven Strategien in produktive Strategien zur Planung, Überwachung und Regulation des Lösungsprozesses und unproduktive, nicht zielführende Strategien. Hinsichtlich der Verwendung produktiver Strategien konnte das für kognitive Strategien belegte Befundmuster bestätigt werden: In Abhängigkeit von der Leistungsgruppe und der Aufgabenkomplexität ergaben sich Unterschiede in der Verwendung produktiver metakognitiver Strategien. Zwei Aspekte der Interaktion dieser beiden Merkmale sind von besonderem Interesse: (a) Bei einfacheren Aufgaben zeigten durchschnittliche Schüler weniger produktive metakognitive Aktivität als leistungsschwächere Schüler. (b) Während bei den durchschnittlichen Schülern die Zahl der produktiven metakognitiven Aktivitäten mit zunehmender Problemkomplexität zunahm, waren für die leistungsschwachen Schüler keine Zunahmen (Schüler mit Lernschwäche) bzw. Abnahmen (Schüler mit Lernstörung) der metakognitiven Aktivitäten zu beobachten (s. Abb. 5.3).

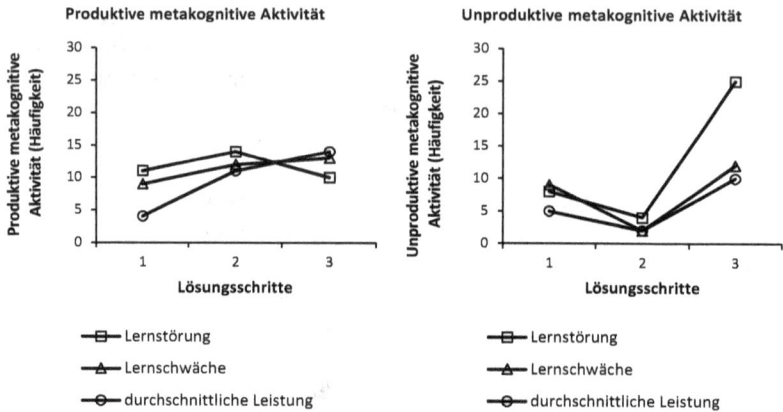

Abbildung 5.3: Häufigkeit metakognitiver Aktivitäten in Abhängigkeit von Aufgabenschwierigkeit (Lösungsschritte) und Leistungsgruppierung nach Rosenzweig et al. (2011)

Der erste Befund bestätigt die Ergebnisse von Geiger und Galbraith (1998; s. Kap. 3), wonach metakognitive Aktivitäten dann notwendig sind, wenn komplexere bzw. unbekannte Aufgabenstellungen die Planung, Überwachung und Regulation kognitiver Aktivitäten im Lösungsprozess erfordern. Aufgabenstellungen, in denen die lösungsrelevanten Informationen und Prozeduren klar ersichtlich sind, bedürfen keiner bewussten metakognitiven Aktivität, sondern werden unter Rückgriff auf mehr oder weniger automatisiert aktivierte und ausgeführte Strategien gelöst (s. auch Crowley et al., 1997). Wie die Unterschiede in den Lösungsraten belegten, waren auch die einfachsten Probleme für die unterdurchschnittlichen Schüler deutlich schwerer als für die unauffälligen Schüler. Die Gruppenunterschiede in den metakognitiven Strategien entsprachen damit der erwarteten Anpassung des Lösungsverhaltens an die (subjektive) Aufgabenschwierigkeit (Weinert, 1987). Für die komplexeren Aufgabenstellungen war dagegen ein maladaptives metakognitives Muster der unterdurchschnittlichen Schüler festzustellen. Wie die ebenfalls zu beobachtende deutliche Zunahme in den unproduktiven Strategien zeigt (s. Abb. 5.3), standen insbesondere in der leistungsschwächsten Gruppe für komplexe Anforderungen offensichtlich keine adäquaten metakognitiven Strategien zur Verfügung, sodass auf unproduktive Strategien zurückgegriffen wurde.

Insgesamt zeigten Schüler mit unterdurchschnittlichen Mathematikleistungen also Defizite in der Einschätzung der eigenen mathematischen Leistung, im Wissen über kognitive und metakognitive Strategien und in der adaptiven Anwendung dieser Strategien in mathematischen Problemlöseaufgaben. Daraus ergibt sich ein kohärentes Befundmuster für unterdurchschnittliche Schüler: Defizite in den Überwachungsfähigkeiten von Lösungsprozessen führen zu invalidem metakognitivem Wissen über den Nutzen von Strategien und damit zu einem kleineren Strategierepertoire und einem wenig effizienten Einsatz dieser Strategien v. a. in komplexeren Aufgabenanforderungen. Die differenziellen metakognitiven Profile unterschiedlicher Leistungsgruppierungen bestätigen und erweitern damit die Befunde aus korrelativen Studien in unausgelesenen Stichproben.

Trainingsstudien

Der leistungsförderliche Effekt der Vermittlung von metakognitivem Wissen ist für den Inhaltsbereich Mathematik in einer Vielzahl von Trainingsstudien gut belegt. Eine Einordnung der Effekte metakognitiv orientierter Trainingsansätze in unterschiedlichen akademischen Domänen gibt eine aktuelle Metaanalyse von Dignath und Büttner (2009). Die Trainingsprogramme im Inhaltsgebiet Mathematik erbrachten stärkere Fördereffekte als Programme in anderen akademischen Domänen. Wie die metaanalytischen Befunde weiterhin belegten, profitierten bereits die jungen Kinder in der Primarstufe von einem Training kognitiver und metakognitiver Strategien. Wurden deklarative und konditionale Aspekte der Strategieanwendung vermittelt, waren die Zunahmen in der Strategienutzung höher als bei rein prozeduralen Strategietrainings. Betrachtet man die Effekte der Trainingsprogramme auf die Leistung, zeigte sich ein altersabhängiges Befundmuster. In der Primarstufe reagierten Schüler in höherem Maße auf Programme mit einem Schwerpunkt auf dem Training prozeduraler Aspekte. Die Vermittlung von metakognitivem Strategiewissen wies dagegen geringere Erfolge auf. In der Sekundarstufe kehrte sich dies um: Hier übertrafen die Leistungszuwächse infolge der Vermittlung von Strategiewissen die Effekte des prozeduralen Strategietrainings. Während bei jüngeren Kindern also zunächst der Erwerb eines breiten Repertoires an kognitiven und metakognitiven Strategien und damit prozedurales Wissen leistungsrelevant war, wirkte sich bei älteren Kindern eine Förderung von deklarativen und konditionalen Aspekten des Strategiewissens stärker aus, also Trainingsinhalte, die eine effiziente Auswahl und flexible Anwendung adäquater Strategien erlauben. Insbesondere für die Sekundarstufe I lässt sich also ein enger Zusammenhang zwischen metakognitivem Strategiewissen und Mathematikleistung erwarten.

Eine Reihe komplexerer Programme vereint die von Dignath und Büttner (2009; vgl. auch Lester, Garofalo & Kroll, 1989; Pressley, 1986) als wirksam identifizierten Förderinhalte. In diesen Programmen wird (a) prozedurales Wissen über kognitive Strategien, (b) prozedurales Wissen über metakognitive Strategien zur Auswahl, Überwachung und Regulation der kognitiven Strategien sowie (c) deklaratives und konditionales Wissen über das Wann, Wo und Warum des Einsatzes von kognitiven und metakognitiven Strategien vermittelt.

Im Kern beziehen sich diese umfassenden kognitiv-metakognitiven Trainingsprogramme auf die in Kapitel 3 vorgestellten theoretischen Modelle von Schoenfeld (1985) und Garofalo und Lester (1985). Ziel der Programme ist die Anleitung der Schüler zur Überwachung und Bewertung der eigenen Informationsverarbeitung. Der effektive Einsatz dieser metakognitiven Prozeduren ist die Voraussetzung für die Steuerung von mathematischen Lösungsprozessen. Die durch Reflexions- und die daraus resultierenden Steuerungsaktivitäten generierten metakognitiven Erfahrungen sind die Quelle für die Aktualisierung des Wissens über kognitive und metakognitive Strategien. Charakteristisches Element dieser Trainingsprogramme ist die Vermittlung einer Selbstbefragungsprozedur, die zur Reflexion der Lösungsprozesse anhalten soll (z. B. IMPROVE, Mevarech & Kramarski, 1997; SOLVE IT, Montague, 1992; Cardelle-Elawar, 1995; Verschaffel et al., 1999). Exemplarisch wird diese Prozedur (eine MAP sensu Pressley et al., 1985) im Programm IMPROVE anhand von vier Fragestellungen vermittelt, die die Schüler bei der Lösung mathematischer Probleme berücksichtigen sollen (s. Tab. 5.2): Verständnisfragen, Verknüpfungsfragen, Strategiefragen und Reflexionsfragen.

Die Vermittlung dieser Sequenz aus metakognitiven Strategien erfolgt in IMPROVE und anderen, ähnlichen Trainingsprogrammen unter Nutzung unterschiedlicher Sozialformen, wie direkte Instruktion zur Vermittlung der Trainingsinhalte, kooperatives Lernen zur interaktiven Übung der Befragungsstruktur und individuelle Übung mit individualisierter Rückmeldung zur Generalisierung der metakognitiven Strategien auf ein breites Aufgabenspektrum (z. B. Kramarski & Mevarech, 2003).

IMPROVE und andere kognitiv-metakognitive Trainingsprogramme decken einen breiten Inhaltsbereich von elementaren arithmetischen Anforderungen (MASTER, Kroesbergen & van Luit, 2002) bis hin zu komplexeren mathematischen Problemen (z. B. IMPROVE, Mevarech & Kramarski, 1997; SOLVE IT, Montague, 1992; Cardelle-Elawar, 1995; Verschaffel et al., 1999; Gürtler, Perels, Schmitz & Bruder, 2002) ab. Die Effektivität dieser Trainingsprogramme konnte in experimentellen Studien in einem breiten Altersbereich von der dritten bis in die achte Jahrgangsstufe nachgewiesen werden (z. B. Cardelle-Elawar, 1995; Mevarech, Terkieltaub, Vinberger & Nevet, 2010) und ebenso in einem breiten Fähigkeitsbereich von Schülern mit Rechenstörung bis zu überdurchschnittlichen Schülern (Montague, Enders & Dietz, 2011; van Luit & Kroesbergen, 2006; Verschaffel et al., 1999). Der Großteil der experimentellen Wirksamkeitsnachweise bezog sich auf die Leistungsebene. Viele der Programme wiesen auch Effekte auf die Anwendung kognitiver und metakognitiver Strategien nach (MASTER, van Luit & Kroesbergen, 2006; IMPROVE, Kramarski, Weisse & Koloshi-Minsker, 2010; Verschaffel et al., 1999). In IMPROVE konnten zusätzlich zu den direkten Leistungsindikatoren auch Veränderungen im metakognitiven Wissen in der Folge der Intervention dokumentiert werden (Kramarski & Mevarech, 2003; Mevarech & Fridkin, 2006).

Erfolgreiche Trainingsprogramme im Inhaltsbereich Mathematik vermitteln also metakognitives Wissen über die effektive Überwachung und Steuerung von Lösungsprozessen. Das vermittelte metakognitive Wissen wirkt sich sowohl auf die leistungsförderliche Nutzung kognitiver und metakognitiver Strategien als auch auf die eigenständige Generierung deklarativen und konditionalen Wissens über die eingesetzten Strategien aus.

Tabelle 5.2: Metakognitive Überwachungsstrategie im IMPROVE Programm nach Kramarski et al. (2010)

Kategorie	Bearbeitungsepisode (Nach Garofalo & Lester, 1985)	Ziel	Inhalt / Auftrag
Verständnis	Orientierung	Repräsentation der Aufgabenstruktur	Worum geht es in der Aufgabe? Identifiziere... • die Art der Aufgabe • mathematische Begriffe • was gegeben ist • was gesucht wird.
Verbindungen	Organisation	Aktivieren von Vorwissen (bekannte Lösungswege)	Was sind Ähnlichkeiten und Unterschiede zwischen den Aufgaben?
Strategie	Orientierung, Organisation	Strategiewahl (deklarative, prozedurale und konditionale Aspekte)	Welche Strategie kann genutzt werden, und wie, um die Aufgabe zu lösen?
Reflexion	Verifikation	Aktivierung von Überwachungs- und Evaluationsprozessen	Verstehe ich die Aufgabe? Ist die Lösung vernünftig? Kann ich die Aufgabe anders lösen?

Aus den Trainingsbefunden kann ein enger Zusammenhang zwischen metakognitivem Wissen, der Leistung in mathematischen Anforderungen und daraus resultierend der Weiterentwicklung des metakognitiven Wissensstandes abgeleitet werden. Während in den vorliegenden Trainingsstudien einzelne Wirkzusammenhänge bereits experimentell belegt sind, fehlen nach wie vor umfassende Befunde, in denen das Zusammenwirken aller Elemente dieser Interaktion aus metakognitivem Wissen, Strategieanwendung, kognitiver Leistung und Aktualisierung des metakognitiven Wissens durch metakognitive Erfahrung untersucht wurde.

5.5 Zusammenfassung und Schlussfolgerungen

Wie in der Erfassung und Entwicklung metakognitiven Wissens liegen auch für den Zusammenhang zwischen metakognitivem Wissen und Leistung in der Grundlagenforschung zum Metagedächtnis sehr viel differenziertere Befunde vor als in den anwendungsnahen Arbeiten zu den akademischen Domänen Leseverstehen und insbesondere Mathematik. Wenn auch eine zusammenfassende Beurteilung des aktuellen Kenntnisstandes aufgrund der sehr heterogenen Operationalisierung der Konstrukte insbesondere in der Domäne Mathematik mehr oder weniger vereinfachende Generalisierungen erforderlich macht, lassen sich aus den Befunden acht Schlussfolgerungen ableiten:

(1) Metakognitives Wissen steht in einem statistisch und praktisch bedeutsamen Zusammenhang mit der Leistung in den Domänen Gedächtnis, Lesen und Mathematik. Zwar variiert die Enge dieses Zusammenhangs in Abhängigkeit der untersuchten Domänen, Alters- und Leistungsgruppen, Operationalisierungsformen des metakognitiven Wissens und Studiendesigns, erwies sich jedoch insgesamt als robust und substanziell.

(2) Strategienutzung ist der Mediator des Zusammenhangs zwischen metakognitivem Wissen und Leistung. In der Untersuchung akademischer Kompetenzen wird häufig auf die Erhebung dieser Mediatorvariable verzichtet und stattdessen lediglich die direkte Verknüpfung von metakognitivem Wissen und Leistung untersucht.

(3) Metakognitives Wissen und Leistung stehen nicht in einem statischen Zusammenhang, vielmehr werden dynamische, wechselseitige Einflüsse angenommen. Während die Effekte des metakognitiven Wissens auf die Leistung in kausal interpretierbaren Studien gut belegt sind, liegen für den aus Entwicklungsperspektive interessanteren umgekehrten Wirkzusammenhang bislang kaum Nachweise vor.

(4) Der Zusammenhang zwischen metakognitivem Wissen und Leistung ist für fortgeschrittene Lerner nicht domänenspezifisch, wohl aber anforderungsspezifisch. Werden metakognitive Wissenstests eingesetzt, die das Wissen über metakognitive Strategien zur Überwachung und Steuerung kognitiver Prozesse auf Grundlage domänenspezifisch formulierter Anforderungen erfassen, ergeben sich auch mit den Leistungen in anderen Domänen korrelative Zusammenhänge.

(5) Der Zusammenhang zwischen metakognitivem Wissen und Leistung ist nicht unabhängig von der Schwierigkeit des Leistungsindikators bzw. der Fähigkeit der untersuchten Population. In wenig elaborierten, mechanischen oder automatisierten kognitiven Prozessen spielt das metakognitive Wissen eine geringere Rolle als in anspruchsvollen, komplexeren Prozessen.

(6) Welche Aspekte des metakognitiven Wissens in Zusammenhang mit der Leistung stehen, verändert sich im Laufe der Entwicklung. In der Primarstufe sind engere Zusammenhänge mit den prozeduralen, in der Sekundarstufe I mit den deklarativen und konditionalen Aspekten des Strategiewissens zu erwarten.

(7) Der Zusammenhang zwischen metakognitivem Wissen und Leistung ist nicht unabhängig von kognitiven und motivationalen Schülermerkmalen. Während diese Kovariaten in Untersuchungen in der Metagedächtnisforschung und der Leseverstehensforschung in uni- und multivariaten Analysen berücksichtigt wurden, liegen für die Domäne Mathematik kaum Befunde zum Einfluss kognitiver und motivationaler Merkmale auf den Zusammenhang zwischen metakognitivem Wissen und Leistung vor.

(8) Methodische Schwächen der vorgestellten Befunde liegen insbesondere in den korrelativen Studien in der mangelhaften Berücksichtigung des *common method bias* und der Verzerrungen durch den Messfehler. Letzteres wirkt sich insbesondere in den wenig reliablen Messinstrumenten des metakognitiven Wissens aus (s. Kap. 4). Während insgesamt und im Vergleich zur empirischen Situation in Entwicklungsfragestellungen relativ aussagekräftige Designs und Analyseansätze vorliegen, ist auch für die Untersuchung des Zusammenhangs zwischen metakognitivem Wissen und Leistung ein Defizit an längsschnittlicher Forschung festzustellen.

6 Einflussfaktoren auf Unterschiede im metakognitiven Wissen

Wie die Darstellung in Kapitel 4 zeigte, ist die Entwicklungsliteratur im Bereich des metakognitiven Wissens von einer empiristischen Position geprägt. Während es eine Vielzahl von Befunden gibt, die Entwicklungsunterschiede bzw. differenzielle Entwicklungsveränderungen dokumentieren, fehlt es an validen Ansätzen zur Erklärung dieser interindividuellen Unterschiede. Das von John Flavell bereits im Jahr 1979 identifizierte Defizit ist im Kern noch heute gültig: "We [...] need to try to explain development in this area as well as to describe it, but there is little to say about explanatory factors at present."(S. 909)

Nach wie vor ist festzustellen, dass der Einfluss von individuellen Schülermerkmalen auf die interindividuellen Unterschiede in Ausprägung und Entwicklung des metakognitiven Wissens selten direkt untersucht wurde. Ein Großteil der Hinweise auf die interindividuellen Ausprägungsunterschiede im metakognitiven Wissen stammt aus Untersuchungen, in denen das metakognitive Wissen zusammen mit anderen Schülermerkmalen zur Prädiktion kognitiver Leistungen eingesetzt wurde (z. B. Schneider et al., 1998; van Kraayenoord et al., 2012). In diesen Untersuchungen wurden neben den relativen prädiktiven Beiträgen auch die Korrelationen zwischen den Prädiktoren berichtet. Korrelationen zwischen Merkmalen liefern zwar Ansatzpunkte für Wirkzusammenhänge, werden dem komplexen Bedingungsgefüge, von dem im Kontext akademischer Leistungen auszugehen ist, aber nicht gerecht (Helmke & Weinert, 1997). Aufgrund des grundsätzlichen Mangels an längsschnittlichen Studiendesigns liegen mit wenigen Ausnahmen auch keine Erkenntnisse zu den Ursachen interindividueller Unterschiede in der Entwicklungsveränderung des metakognitiven Wissens vor. Eben diese Kenntnisse sind für das grundlegende Verständnis eines Entwicklungsprozesses unerlässlich (Baltes & Nesselroade, 1979).

Einen Ansatzpunkt für die Identifikation potenzieller Einflussfaktoren auf die Entwicklung metakognitiven Wissens in der Sekundarstufe I geben die Modelle des schulischen Lernens (für eine Übersicht s. Helmke & Schrader, 2010). Schulleistung wird in der Regel als multikausales Geschehen konzeptualisiert. Helmke und Weinert (1997) haben ein bekanntes Bedingungsmodell schulischer Leistungen entworfen, in dem sie die Einflussfaktoren („Determinanten der Schulleistung") hinsichtlich der Unmittelbarkeit ihrer Wirkung auf die leistungsrelevanten Prozesse unterschieden. Einen direkten Einfluss auf die Lernleistung üben die lernrelevanten individuellen Charakteristika der Schüler aus. Darunter zählen konstitutionelle, kognitive und motivational-affektive Merkmale. Über die Schülermerkmale vermittelt wirken sich sowohl aufseiten der Schule (z. B. Schulart, Lehrperson, Unterrichtsmerkmale) als auch aufseiten der Familie und des sozialen Umfelds (z. B.

sozioökonomische Stellung der Familie, elterliche Anregung und Unterstützung, Medien und Gleichaltrige) strukturelle und prozessbezogene entwicklungsökologische Aspekte auf den Erwerb schulischer Kompetenzen aus.

Im Folgenden wurden Schulleistungsdeterminanten aus den drei maßgeblichen Ebenen des Modells von Helmke und Weinert (1997) ausgewählt. Hinsichtlich der proximalen, individuellen Leistungsdeterminanten werden konstitutionelle (Geschlecht), kognitive (Intelligenz und Arbeitsgedächtniskapazität) und motivationale Aspekte (Selbstkonzept und Interesse) berücksichtigt. Hinsichtlich der distalen Einflüsse werden strukturelle Merkmale der Beschulung (Schulart) und der Familien (soziale Herkunft) näher untersucht.

Ausgehend von Befunden zum Einfluss dieser Merkmale auf die Schulleistung insbesondere in Mathematik werden die verfügbaren Erkenntnisse zu den Beziehungen zwischen diesen Schulleistungsdeterminanten und dem metakognitiven Wissen berichtet.

6.1 Intelligenz

Definition und Facetten der Intelligenz

Rost (2009) stellt fest, dass es die eine explizite und umfassende Definition des Konstruktes Intelligenz nicht gibt. Ein Konsens in der kognitiven Psychologie besteht allerdings darin, dass Intelligenz die Fähigkeit beinhaltet, „komplexe Gedanken zu verstehen, sich flexibel an die Umwelt anzupassen, aus Erfahrungen zu lernen, unterschiedliche Formen des logischen Denkens einzusetzen und Hindernisse durch Denken zu überwinden" (Neisser et al., 1996, S. 77, Übersetzung durch den Verfasser).

Neben dieser und anderen theoretischen, abstrakten und praktisch wenig tauglichen Definitionen erwiesen sich operationale Definitionen der Intelligenz als sehr erfolgreich (Klauer & Leutner, 2010). In diesen Ansätzen wurde versucht, Intelligenz psychometrisch als diejenige Fähigkeit zu definieren, die allen mentalen Leistungen zugrunde liegt. In der Tradition von Spearman (1904; zitiert nach Rost, 2009) wurde eine hierarchische Struktur der Intelligenz mit einem allgemeinen General- oder g-Faktor an der Spitze und spezifischeren Facetten in untergeordneten Schichten angenommen (z. B. Carroll, 1993). Eine weitere besonders einflussreiche Konzeption stammt von Cattell (1963), der zwei allgemeine Intelligenzfacetten annahm. Unter fluider Intelligenz (gf) wird im Wesentlichen die Fähigkeit zum schlussfolgernden Denken verstanden, die kristalline Intelligenz (gc) beinhaltet das in der Auseinandersetzung mit kognitiven Anforderungen erworbene und über die Lebensspanne akkumulierte deklarative und prozedurale Wissen. Während sich die fluide Facette insbesondere auf die mentale Leistungsfähigkeit in neuartigen und unbekannten Aufgabenstellungen niederschlägt, wirkt sich die kristalline Intelligenz stärker im Kontext bekannter Aufgaben aus (vgl. auch das Entwicklungsmodell von Baltes; Baltes, Staudinger & Lindenberger, 1999). Aufgrund ihrer Beteiligung am Erwerb der kristallinen Intelligenz kann fluide Intelligenz als das basalere, allgemeinere Intelligenzkonstrukt gelten. Zahlreiche faktorenanalytische Studien bestätigten diese Annahme und belegten, dass die fluide Intelligenz einen sehr engen, nahezu perfekten Zusammenhang mit dem g-Faktor aufweist (z. B. Kvist & Gustafsson, 2008).

Intelligenz und Mathematikleistung

Helmke und Weinert (1997) beschreiben unter implizitem Bezug auf fluide und kristalline Intelligenzfacetten zwei psychologische Mechanismen, die den Zusammenhang zwischen intellektuellen Fähigkeiten und schulischer Leistung erklären: Zum einen sind intelligentere Schüler im Vergleich zu weniger intelligenten Schülern „besser in der Lage, sich auf neue Aufgaben einzustellen, effektive Problemlösestrategien zu entwickeln und lösungsrelevante Regeln zu erkennen" (Helmke & Weinert, 1997, S. 106). Zum zweiten – so ihre Annahme – sollten intelligentere Schüler „in kumulativen Lernsequenzen mehr und intelligenter organisiertes (tiefer verstandenes, vernetztes, multipel repräsentiertes und flexibel nutzbares) Wissen [erwerben]. Diese bereichsspezifischen Vorkenntnisse erleichtern die darauf aufbauenden Lernprozesse." (Helmke & Weinert, 1997, S. 106). Diese Annahmen sind für ein breites Spektrum schulischer Leistungen empirisch bestätigt. In Relation zu anderen Determinanten der Schulleistung gilt die Intelligenz als der erklärungsstärkste Prädiktor akademischer Kompetenzen (Helmke & Weinert, 1997; Rost, 2009).

In einer repräsentativen deutschen Stichprobe am Ende der neunten Jahrgangsstufe wurde mit einer messfehlerbereinigten Korrelation von $r = .80$ zwischen der fluiden Intelligenz und der Leistung in einem umfassenden Mathematikleistungstest ein sehr enger Zusammenhang gefunden (Brunner, 2008). In einer längsschnittlichen Untersuchung, die auf den Daten von über 70000 englischen Schülern basierte, wurde ein prädiktiver Zusammenhang zwischen der fluiden Intelligenzleistung am Beginn der Sekundarstufe I (im Alter von elf Jahren) und der durchschnittlichen Leistung in der zentral gestellten Abschlussprüfung der Sekundarstufe I (GCSE) von $r = .81$ (messfehlerbereinigt) ermittelt. Die Korrelation mit der Mathematikleistung ist über alle 25 einbezogenen Fächer hinweg die höchste gemessene und liegt bei $r = .77$ (Deary, Strand, Smith & Fernandes, 2007). Diese in repräsentativen Stichproben auf Grundlage valider Leistungskriterien gewonnenen Zusammenhänge belegen, dass etwa 60% der Mathematikleistungsvarianz am Ende der Sekundarstufe I durch Unterschiede in der fluiden Intelligenz erklärt werden können.

Da in der prädiktiven Studie von Deary et al. (2007) die Ausgangsleistungen nicht kontrolliert wurden, kann anhand der Daten nicht entschieden werden, ob die Intelligenz lediglich zeitstabile Leistungsunterschiede erklärt oder sich auch auf den Leistungszuwachs auswirkt. Ein längsschnittlicher Befund, in dem beide Aspekte (interindividuelle Unterschiede in der Ausgangsleistung und in der Leistungsveränderung) modelliert wurden, belegt, dass die Intelligenz über die anfänglichen Leistungsunterscheide auch einen positiven Effekt auf die Leistungsentwicklung ausübt (Primi, Ferrao & Almeida, 2010). Allerdings waren diese Effekte vergleichsweise gering. Damit deckt sich der Befund weitgehend mit den Ergebnissen aus der SCHOLASTIK-Studie (Weinert & Helmke, 1995) und der LOGIK-Studie (Stern, 2009), die nach der statistischen Kontrolle der Ausgangsleistung ebenfalls lediglich geringe Effekte der Intelligenz auf die Veränderung der Mathematikleistung fanden. Die Effekte der Intelligenz auf die Mathematikleistung reduzieren sich also, wenn das Vorwissen und damit die kristallinen Intelligenzmerkmale bzw. die kumulierten Effekte intelligenter Problemlösungen berücksichtigt werden. Unbeeinflusst blieben die Effekte der Intelligenz auf die Mathematikleistung dagegen von interindividuellen Unterschieden in der Arbeitsgedächtniskapazität und der Motivation (Swanson, Jerman & Zheng, 2008; Spinath, Spinath, Harlaar & Plomin, 2006).

Intelligenz und Metakognition

Das Konzept der Metakognition weist eine gewisse inhaltliche Nähe zur Intelligenz auf. In Sternbergs Triarchischer Intelligenztheorie werden metakognitive Kompetenzen zur Steuerung kognitiver Prozesse als Charakteristika intelligenten Problemlöseverhaltens (*metacomponents*) beschrieben (Sternberg, 1999). In einer Reihe von Untersuchungen wurde daher der Frage nachgegangen, in welcher Beziehung Metakognition und fluide Intelligenz stehen und ob die beiden Konstrukte überhaupt unterschiedliche Leistungen abbilden.

Veenman und Spaans (2005) formulierten ausgehend von der kriterialen Validität der beiden Konstrukte drei disjunkte Hypothesen zu diesem Zusammenhang: Die *Intelligenzhypothese* geht davon aus, dass Metakognition ein integraler Bestandteil intellektueller Fähigkeiten ist und über die Intelligenz hinaus keinen Einfluss auf die Prädiktion akademischer Leistungen hat. Die *Unabhängigkeitshypothese* geht davon aus, dass Intelligenz und Metakognition in keinem Zusammenhang stehen und unabhängig voneinander akademische Leistungen vorhersagen. Die *Mischungshypothese* schließlich geht von einer teilweisen Überlappung der beiden Konstrukte einerseits und eigenständigen Erklärungsbeiträgen für Intelligenz und für Metakognition andererseits aus. In empirischen Arbeiten lassen sich Befunde finden, die für die Geltung der Unabhängigkeits- und Mischungshypothese sprechen.

Swanson und Kollegen (Swanson, 1990; Swanson et al., 1993) konnten zeigen, dass in nach intellektuellen Fähigkeiten gebildeten Leistungsgruppen metakognitives Wissen und Intelligenz in unterschiedlichem Maße zur Erklärung der Problemlöseleistung beitragen. Höhere korrelative Zusammenhänge zwischen Problemlöseleistung, metakognitivem Wissen und Intelligenz konnten in leistungsschwächeren Gruppen (Schüler mit Intelligenzminderung, Lernschwäche und Intelligenzleistungen im unteren Durchschnittsbereich) gefunden werden. Die geringeren Korrelationen in den leistungsstärkeren Gruppen werteten Swanson und Kollegen als Beleg für sehr aufgabenspezifische Verarbeitungsprozesse bei höher begabten Schülern, die durch die globalen (meta-)kognitiven Leistungsindikatoren nicht abgebildet wurden. Der postulierte Moderatoreffekt intellektueller Begabung auf das Zusammenhangsmuster ist allerdings sehr vorsichtig zu interpretieren: Da aufgrund der Leistungsgruppierung der Schüler insbesondere in den Leistungsgruppierungen, in denen niedrige Korrelationen beobachtet wurden, auch die Varianz der korrelierten Indikatoren gravierend eingeschränkt war, lassen sich statistische Artefakte als Ursache für das Befundmuster nicht ausschließen. In einer Regressionsanalyse, in die Schüler aller Leistungsgruppierungen eingingen – eine Ausschöpfung der gesamten Merkmalsvarianz also angenommen werden kann – setzte sich das metakognitive Wissen als eigenständiger Prädiktor der Problemlöseleistung durch und stützte somit die Unabhängigkeitshypothese (Swanson et al., 1993).

Untersuchungen in der Sekundarstufe I, in denen mathematische Leistungen sowohl durch metakognitive Regulationskompetenzen als auch durch die Intelligenz vorhergesagt wurden, belegten neben überlappenden Varianzanteilen auch eine intelligenzunabhängige Varianzaufklärung durch die metakognitive Kompetenz (van der Stel et al., 2010). Insgesamt bestätigten die Befunde die kriteriale Validität der Metakognition und damit die Unabhängigkeits- bzw. Mischungshypothese: Unterschiedliche Facetten der Metakognition sagen über den Einfluss der Intelligenz hinaus akademische Leistungen vorher. Metakognition ist kein Epiphänomen der Intelligenz, sondern bildet eine eigenständige, valide Determinante kognitiver Leistungsfähigkeit.

Während intellektuelle und metakognitive Prozesse also zumindest teilweise unabhängig in der Leistungsvorhersage operieren, weisen die in Abhängigkeit von der Intelligenz zu beobachtenden interindividuellen Unterschiede im metakognitiven Wissen auf einen Zusammenhang zwischen intellektuellen Fähigkeiten und metakognitivem Wissenserwerb hin. In Bezug auf die Ursachen für diese Unterschiede wurden, ebenso wie für die allgemeinen Schulleistungen, überlegene fluide Verarbeitungsprozesse und die Effekte des kumulativen Wissensaufbaus angenommen (Helmke & Weinert, 1997; Carr & Taasoobshirazi, 2008). Über die Annahme eines generellen Zusammenhangs hinaus herrschte allerdings Unklarheit darüber, wann und in welcher Form sich die Intelligenz auf das metakognitive Wissen und seine

Entwicklung auswirkt. Alexander, Carr und Schwanenflugel (1995) stellten drei alternative Entwicklungshypothesen auf: (a) Metakognitive Erwerbsprozeduren und metakognitives Wissen sind Kompetenzen, die sich asymptotisch einem reifen Entwicklungsniveau annähern. Intellektuell begabte Individuen erreichen dieses Niveau früher als weniger begabte. Die Effekte der Begabung sollten sich, wenn diese Hypothese zutrifft, im Zuge der Entwicklung reduzieren (*ceiling development* Hypothese); (b) Überlegenheit in metakognitiven Erwerbsprozeduren und metakognitivem Wissen sind charakteristisch für intellektuelle Begabung. Trifft diese Hypothese zu, sollten die Effekte der Intelligenz auf das metakognitive Wissen im Zuge der Entwicklung zunehmen (*acceleration development* Hypothese); (c) Die Effekte der Intelligenz auf metakognitive Erwerbsprozeduren und metakognitives Wissen wirken sich über die Entwicklung hinweg konstant aus. Bereits anfänglich bestehende Unterschiede im metakognitiven Wissen bleiben daher ebenfalls konstant (*monotonic development* Hypothese).

Alexander und Kollegen kamen 1995 vor dem Hintergrund der zu diesem Zeitpunkt verfügbaren empirischen Erkenntnisse zu dem Schluss, dass intellektuell begabte Schüler sowohl in den frühen Grundschuljahren (z. B. Borkowski & Peck, 1986; Schneider & Bjorklund, 1992; Borkowski, Ryan, Kurtz & Reid, 1983; Schneider et al., 1987) als auch in den späten Grundschuljahren (z. B. Kurtz & Weinert, 1989; Schneider et al., 1987; Swanson, 1990, 1992; Swanson et al., 1993) über ein höheres metakognitives Wissen verfügten als weniger begabte Schüler. Die Autoren interpretierten diese unabhängig vom Alter nachweisbaren Effekte als Beleg für die *monotonic development* Hypothese (Alexander et al., 1995). Spätere Befunde dagegen stützten die *ceiling development* Hypothese (Schneider et al., 1998). Auch die einzige verfügbare längsschnittliche Untersuchung mit zwei Messzeitpunkten in der zweiten und der vierten Jahrgangsstufe sprach für einen nachlassenden Effekt der Intelligenz auf die Entwicklung des metakognitiven Wissens (Alexander & Schwanenflugel, 1996).

Neben ihrer Inkonsistenz weist die empirische Befundlage zur Rolle der Intelligenz in der Entwicklung des metakognitiven Wissens weitere Defizite auf: Die vorliegenden Studien waren mit wenigen Ausnahme (s. o.) querschnittlich angelegt, eine Konfundierung von tatsächlichen Entwicklungszusammenhängen und Kohorteneffekten kann also nicht ausgeschlossen werden. Zudem waren die Studien zum Großteil auf die Grundschule beschränkt, deckten also nur einen Teil der metakognitiven Entwicklungsprozesse ab, die bereits im Vorschulalter beginnen und sich bis in die Sekundarstufe I fortsetzen (vgl. Kap. 4). Es wurde meist ausschließlich die Entwicklung des metakognitiven Gedächtniswissens untersucht, für andere Domänen, die im Laufe der Schulzeit an Bedeutung gewinnen und eine stärkere Entwicklungsdynamik aufweisen, liegen dagegen kaum Erkenntnisse vor. Angesichts dieser empirischen Schwachpunkte muss auf Grundlage der Befundlage die Frage, ob und in welchem Ausmaß sich Intelligenzunterschiede auf die Entwicklung des metakognitiven Wissens auswirken, als empirisch noch nicht abschließend geklärt gelten.

6.2 Arbeitsgedächtnis

In den kognitiven Theorien des Lernens wird dem Arbeitsgedächtnis als basaler, kapazitätslimitierter Ressource eine zentrale Position in der Informationsverarbeitung zugeschrieben (z. B. Mayer, 2012). Winne (2011) bezeichnet das Arbeitsgedächtnis als virtuellen mentalen Ort, an dem kognitive und metakognitive Prozesse ausgeführt werden, um Lernerfahrungen zu verarbeiten und aktiv Veränderungen in der Wissensstruktur herbeizuführen. Aus funktionaler Sicht dient das Arbeitsgedächtnis im Informationsverarbeitungsprozess demnach der zeitweiligen mentalen Repräsentation und Transformation von Information (Hasselhorn & Schumann-Hengsteler, 2001; Schneider & Pressley, 1997).

Modellvorstellungen des Arbeitsgedächtnisses

Ein sehr einflussreiches und konstruktives Modell des Arbeitsgedächtnisses stammt von Baddeley und Hitch (1974). Dieses Modell unterscheidet drei interagierende Systeme: zwei passive Speichersysteme für akustisch-sprachliche Information (phonologische Schleife) und für visuell-räumliche Information (visuell-räumlicher Notizblock) sowie ein diesen beiden Systemen übergeordnetes, koordinierendes System (zentrale Exekutive). Die phonologische Schleife ist für die Kurzzeitspeicherung auditorischer Information zuständig. Der visuell-räumliche Notizblock speichert statische und dynamische visuelle Information. Die zentrale Exekutive überwacht und reguliert die Speichersysteme. Als wesentliche Aufgaben werden ihr die Koordination bzw. selektive Inhibition simultan ablaufender kognitiver Prozesse sowie die Steuerung von Enkodier- und Abrufprozessen in bzw. aus dem Langzeitgedächtnis zugeschrieben (Baddeley & Logie, 1999).

Der Schwerpunkt der empirischen Forschung zum Arbeitsgedächtnis liegt auf dem phonologischen Speichersystem und der zentralen Exekutive. Dem visuell-räumlichen Notizblock wird im Kontext des akademischen Lernens eine geringere Bedeutung zugeschrieben (Swanson & Alloway, 2012). Die weiteren Ausführungen konzentrieren sich daher auf die beiden relevanteren Arbeitsgedächtniskomponenten.

Zur Erfassung der Kapazität des phonologischen Speichersystems werden in der Regel Gedächtnisspannenaufgaben eingesetzt (Schneider & Pressley, 1997). Dazu werden dem Probanden zunehmend längere Sequenzen von Stimuli unterschiedlichen Inhalts (z. B. Zahlen, Buchstaben, Silben) mündlich vorgegeben, die er in der gleichen Reihenfolge wiederholen soll (Dempster, 1981). Die Gedächtnisspanne entspricht dann der längsten vollständig und korrekt reproduzierten Sequenz und gibt damit die Anzahl an Informationseinheiten wieder, die gleichzeitig mental repräsentiert werden kann. Es wird also lediglich die passive Speicherkapazität erfasst, eine aktive Transformation der vorgegebenen Information ist nicht erforderlich.

Kognitive Aktivitäten, die der zentralen Exekutive zugeschrieben werden, erfordern über die Speicherung hinaus auch die aktive Manipulation der Information. Der Komplexität der dafür erforderlichen Prozesse entspricht auch die Vielzahl ihrer Operationalisierungen. In einer empirischen Analyse zentral-exekutiver Operationalisierungsformen kristallisierten sich drei inzwischen allgemein als exekutive Funktionen akzeptierte Arbeitsgedächtnisprozesse heraus (Miyake et al., 2000): *shifting*, also die Fähigkeit, den Fokus der Aufmerksamkeit flexibel zwischen verschiedenen kognitiven Aufgaben zu verschieben; *updating*, worunter ein dynamischer Überwachungs- und Manipulationsprozess von mental repräsentierten Inhalten verstanden wird; und *inhibition*, womit die Fähigkeit zur willkürlichen Hemmung dominanter oder automatischer Reaktionen gemeint ist.

Arbeitsgedächtnis und Mathematikleistung

Ihrer zentralen Funktion im Informationsverarbeitungsprozess entsprechend stehen die unterschiedlichen Facetten des Arbeitsgedächtnisses mit einem breiten Spektrum akademischer Leistungen in Zusammenhang (für einen Überblick s. Swanson & Alloway, 2012). Auch in Bezug auf die kognitiven Prozesse in mathematischen Anforderungen belegt eine Vielzahl von Studien die große Bedeutung der Verarbeitungskapazität. Da ein umfassender Überblick über den Forschungsstand an dieser Stelle nicht zu leisten ist, sollen lediglich einige repräsentative Befunde berichtet werden: Es bestehen substanzielle korrelative Zusammenhänge zwischen den Komponenten des Arbeitsgedächtnisses und den allgemeinen Mathematikleistungen sowohl in der Primar- als auch in der Sekundarstufe (Gathercole, Pickering, Knight & Stegman, 2004). In längsschnittlichen Untersuchungen im Grundschulalter erwies sich insbesondere die zentral-exekutive Kapazität des Arbeitsgedächtnisses als Prädiktor des Leistungszuwachses in Mathematik (Geary, 2011; Swanson et al., 2008). Die verbale Speicherkapazität (phonologische Schleife) wirkte sich dabei v. a. in der ersten Hälfte der Grundschule auf die Leistung aus (Hecht, Torgesen, Wagner & Rashotte, 2001). Auch scheinen die interindividuellen Unterschiede in der Verarbeitungskapazität die Leistungsunterschiede zwischen durchschnittlichen und leistungsschwachen Schülern zum Teil erklären zu können (Swanson & Jerman, 2006). Neben den Befunden zur globalen Lösungsgenauigkeit in mathematischen Problemen wurde auch der Einfluss des Arbeitsgedächtnisses auf konkrete Abschnitte im Lösungsprozess untersucht (Lee, Ng & Ng, 2009). Hier ergab sich ein umfassender Effekt der zentral-exekutiven Kapazität sowohl auf die Fähigkeit, die Aufgabe mental zu repräsentieren, als auch auf die Effektivität in der Durchführung, Überwachung und Regulation der Lösung und damit auf alle im kognitiv-metakognitiven Rahmenmodell postulierten Bearbeitungsepisoden (s. auch Kap. 3).

Arbeitsgedächtnis und metakognitives Wissen

Der Zusammenhang zwischen Arbeitsgedächtniskapazität und Metakognition wurde v. a. in der Gedächtnisforschung untersucht. In diesem Kontext gilt die Kapazität als der grundlegendste von vier „Entwicklungsmotoren". Die Effekte der drei anderen Determinanten der Gedächtnisentwicklung (bereichsspezifisches Wissen, Strategieanwendung und Metagedächtnis) hängen letztlich alle von der limitierten Kapazität des Verarbeitungssystems ab (Schneider & Pressley, 1997).

Bezogen auf metakognitive Prozesse kann davon ausgegangen werden, dass sich eine hohe Kapazität positiv auf den Erwerb metakognitiven Wissens auswirkt. Metakognitives Wissen wird vom Individuum aktiv in der Auseinandersetzung mit kognitiven Anforderungen und der Anwendung von Strategien konstruiert (s. Kap. 2). Die Ausführung von Strategien, insbesondere von neu erworbenen oder komplexen Strategien erfordert, kognitive Ressourcen (Schneider & Pressley, 1997). Auch die metakognitiven Prozesse zur Auswahl, Überwachung und Steuerung von Strategien binden kognitive Ressourcen. In besonderem Maße sind für diese regulativen Prozesse zentral-exekutive Funktionen erforderlich (s. Kap. 2; Brown, 1978; Roebers, Cimeli, Röthlisberger & Neuenschwander, 2012). Diesen theoretischen Annahmen entsprechend zeigten Befunde aus der Grundschule, dass Schüler mit einer höheren Verarbeitungskapazität über mehr Strategien verfügen und diese flexibler und adaptiver in unterschiedlichen Anwendungskontexten anwenden. Zusätzlich zum verfügbaren Strategierepertoire und der kompetenten Strategieauswahl führen Schüler mit höherer Verarbeitungskapazität Strategien auch effizienter aus (DeMarie et al., 2004; Kron-Sperl et al., 2008).

Zentral-exekutive Prozesse (im GIP-Modell MAP) sind nicht nur bedeutsam für den effizienten Strategieeinsatz, sondern auch für die Integration der daraus resultierenden metakognitiven Erfahrungen in die bestehende Struktur des metakognitiven Strategiewissens (Pressley et al., 1989). Da Personen mit großer Verarbeitungskapazität in spezifischen Anforderungssituationen unter der Annahme ansonsten gleicher funktionaler Kapazitätsauslastung durch die Bearbeitung der Aufgabe über mehr frei verfügbare Kapazität zur Integration metakognitiver Erfahrungen verfügen, sollten sie im Vergleich zu Personen mit geringerer Kapazität auch in höherem Maße metakognitives Wissen aufbauen (s. auch die analogen Vorhersagen zur Rolle der Verarbeitungskapazität im Rahmen der *Cognitive Load Theory* des Multimedia-Lernens, Sweller, van Merrienboer & Paas, 1998).

Einige Studien belegen diesen theoretisch zu erwartenden Zusammenhang (DeMarie & Ferron, 2003; Schneider et al., 1998). DeMarie und Ferron (2003) bildeten aus einfachen Spannenaufgaben und zentral-exekutiven Aufgaben (*updating* und *switching*) einen gemeinsamen latenten Faktor, der die Verarbeitungskapazität widerspiegelt. Dieses latente Konstrukt stand in einem substanziell ausgeprägten Zusammenhang mit dem metakognitiven Gedächtniswissen. Schneider et al. (1998) berichteten ebenfalls moderat ausgeprägte Korrelationskoeffizienten zwischen der Verarbeitungskapazität und einem Indikator für metakognitives Wissen. In einem multivariaten Modell zur Vorhersage der Gedächtnisleistung konnten die Autoren zudem einen Wirkzusammenhang modellieren, in dem der Einfluss der Verarbeitungskapazität auf die Gedächtnisleistung vollständig durch das metakognitive Wissen vermittelt wird (s. Abb. 5.1).

In einer komplementären Untersuchung konnten DeMarie et al. (2004) diesen Befund allerdings nicht replizieren. In ihrem Vorhersagemodell der Gedächtnisleistung wirkten sich Verarbeitungskapazität und metakognitives Strategiewissen zwar ebenfalls bedeutsam auf die Strategienutzung aus und moderierten zusätzlich auch die Effektivität, mit der diese Strategien ausgeführt wurden. Allerdings agierten die beiden Prädiktoren unabhängig voneinander, d. h. Verarbeitungskapazität und metakognitives Wissen standen in keinem statistisch bedeutsamen Zusammenhang.

Der scheinbare Widerspruch der beiden Befunde lässt sich durch Unterschiede in den verwendeten Operationalisierungen des metakognitiven Wissens erklären. Im Gegensatz zu Schneider et al. (1998) erfassten DeMarie et al. (2004) das metakognitive Wissen sehr anforderungsspezifisch, indem sie die Kinder nach einer *sort-recall*-Aufgabe einmalig befragten, ob sie dabei eine Strategie eingesetzt hatten oder nicht. Dieses durch ein einziges Item punktuell erfasste Konstrukt kann nicht mit dem metakognitiven Wissen gleichgesetzt werden, wie es Schneider et al. (1998) mit der WTDM erfassten. Für den Erwerb einer umfassenden, differenzierten metakognitiven Wissensstruktur lässt sich – entsprechend des oben formulierten Zusammenhangs – eine Beteiligung der Verarbeitungskapazität erwarten.

6.3 Motivation: Selbstkonzept und Interesse

Erwartungs-Wert-Modell der Motivation

Die Motivationsforschung untersucht die Ursachen, die dem Verhalten eines Individuums zugrunde liegen. Konkret werden die Prozesse untersucht, die zur Aktivierung, Steuerung, Energetisierung, Aufrechterhaltung und gegebenenfalls zur Beendigung von Verhalten führen (Graham & Weiner, 2012).

Von besonderer Bedeutung sind dabei diejenigen motivationalen Prozesse, die die Initialisierung kognitiver Aktivität auslösen und damit von entscheidender Bedeutung dafür sind, ob lern- und leistungsrelevante Aktivitäten überhaupt in Angriff genommen werden. Als bestimmende Größen für die Initialisierung von Verhalten in einer konkreten Aufgabe werden die individuellen Einschätzungen der eigenen Fähigkeiten hinsichtlich der erfolgreichen Ausführung der Aufgabe (Erwartung) und des Wertes, den die Aufgabe besitzt (Wert), angenommen. Ein sehr einflussreiches Erwartungs-Wert-Modell, das explizit Bezug auf die Leistung in spezifischen akademischen Domänen nimmt, stammt von Eccles, Wigfield und Kollegen (z. B. Wigfield & Eccles, 2002). Das Modell postuliert, dass hohe motivationale Ausprägungen sowohl mit leistungsnahem Verhalten, wie der Auswahl von und der Persistenz in anspruchsvollen Aufgaben, als auch direkt mit akademischen Leistungen in Zusammenhang stehen (Graham & Weiner, 2012; Wigfield & Eccles, 2002).

Obgleich theoretisch komplexer, wird das Modell in der empirischen Forschung meist auf zwei globale Indikatoren für die beiden zentralen Komponenten reduziert (vgl. z. B. Durik, Vida & Eccles, 2006): Das domänen- bzw. anforderungsspezifische Selbstkonzept der akademischen Fähigkeiten steht für die Erwartungskomponente, das intrinsische Interesse an einer spezifischen akademischen Tätigkeit für die Wertkomponente.

Während in der ursprünglichen Theorie (Atkinson, 1957) eine multiplikative Verknüpfung der beiden Komponenten angenommen wurde (Erwartung x Wert-Theorie), geht das moderne Konzept von einer unabhängigen Wirkung der beiden Komponenten aus (vgl. z. B. Durik et al., 2006; s. aber auch Trautwein et al., 2012). Im Folgenden werden daher getrennt Selbstkonzept und Interesse definiert und die bekannten Zusammenhänge zwischen den beiden Komponenten auf die Leistung in mathematischen Anforderungen berichtet.

Selbstkonzept

Moschner und Dickhäuser (2010) definieren das Selbstkonzept global als „mentales Modell einer Person über ihre Fähigkeiten und Eigenschaften" (S. 760). Bereits in der ursprünglichen Konzeption wurde von einer hierarchischen Struktur des Selbstkonzepts mit zunehmender Inhaltsspezifität ausgegangen (Shavelson, Hubner & Stanton, 1976). Die anforderungsbezogenen Facetten des akademischen Selbstkonzepts „stellen generalisierte fachspezifische Fähigkeitseinschätzungen dar, die Schüler und Studenten aufgrund von Kompetenzerfahrungen in Schul- bzw. Studienfächern erwerben" (Möller & Köller, 2004, S. 19). Im Rahmen der sozial-kognitiven Theorie (Bandura, 1977) wird die Erwartungskomponente auch mit dem Konstrukt der Selbstwirksamkeitserwartung operationalisiert. Die Selbstwirksamkeitserwartung beinhaltet die Überzeugung einer Person, dass konkrete Verhaltensweisen, die zur Herstellung eines Handlungsergebnisses notwendig sind, erfolgreich ausgeführt werden können. Während auf theoretischer Ebene noch Unklarheit herrscht, inwieweit Selbstwirksamkeitserwartung und Ergebniserwartung (d. h. akademisches Selbstkonzept) unterschiedliche Konstrukte darstellen (Williams, 2010), sind auf der empirischen Ebene lediglich in Nuancen Unterschiede in der Operationalisierung festzustellen (Selbstwirksamkeitserwartung: „Ich bin überzeugt, dass ich in den Problemen und Aufgaben in diesem Fach gut abschneiden werde", Pintrich & DeGroot, 1990; Selbstkonzept: „In diesem Fach bin ich gut", Marsh, Trautwein, Lüdtke, Köller & Baumert, 2005).

Allgemein wird – unabhängig von der Bezeichnung des Konstrukts – angenommen, dass Individuen, die überzeugt sind, hohe Fähigkeiten zu besitzen, insgesamt schwierigere Aufgaben auswählen und eine höhere Motivation haben, diese auch erfolgreich auszuführen (Jacobs, Lanza, Osgood, Eccles & Wigfield, 2002). Die höhere Persistenz bei schwierigen Aufgaben wird durch das Bedürfnis erklärt, ein konsistentes Selbstbild aufrechtzuerhalten (Valentine, DuBois & Cooper, 2004).

In einer Metaanalyse wurde eine mittlere Korrelation zwischen der Leistung und dem Selbstkonzept der akademischen Fähigkeiten von $r = .42$ ermittelt. Im mathematischen Kontext liegt der Zusammenhang mit $r = .20$ deutlich niedriger (Hansford & Hattie, 1982). Im Verlauf der Schulzeit nimmt die Korrelation zwischen Selbstkonzept und akademischer Leistung zu (Denissen, Zarrett & Eccles, 2007).

Bezüglich des Wirkzusammenhangs wurden drei Hypothesen formuliert: Das self-enhancement-Modell geht davon aus, dass das Selbstkonzept der akademischen Leistung vorausgeht. Das skill-development-Modell geht davon aus, dass sich das Selbstkonzept infolge der akademischen Leistung verändert (Helmke & van Aken, 1995). Das Modell reziproker Effekte schließlich geht davon aus, dass sowohl self-enhancement- als auch skill-development-Prozesse gleichzeitig wirken, die Zusammenhänge also bidirektional sind. Auf Grundlage empirischer Untersuchungen weisen Marsh et al. (2005) den self-enhancement-Prozessen dabei allerdings die dominante Rolle zu. Eine Metaanalyse über längsschnittliche Studien, in denen die Ausgangsleistung kontrolliert wurde, bestätigt diese Annahme. Der Effekt des akademischen Selbstkonzepts auf die Leistungsentwicklung war klein, aber bedeutsam ($\beta = .13$; Valentine et al., 2004). Wenngleich gering ausgeprägt, so ist dieser Effekt doch von großer praktischer Bedeutung, da er belegt, dass das Selbstkonzept nicht nur eine Konsequenz von akademischen Leistungen ist, sondern auch aktiv die Leistungsentwicklung beeinflusst.

Interesse

Interesse wird als besondere Beziehung zwischen einer Person und einem Gegenstand konzeptualisiert (Krapp, 2010). Das zeitlich stabile, habituelle Interesse drückt sich in einer hohen subjektiven Wertschätzung des Gegenstandes und einer positiven emotionalen Gefühlslage in der Auseinandersetzung mit einem Gegenstand aus (Schiefele, 2008). Auch für das Interesse wird angenommen, dass das in einem bestimmten situationalen Kontext aktivierte habituelle Interesse die Auswahl und Persistenz kognitiver Verarbeitungsprozesse beeinflusst und somit mit den Prozessen und Produkten kognitiver Aktivität in Zusammenhang steht (Krapp, 2010).

In einer Metaanalyse ergab sich dementsprechend eine durchschnittliche Korrelation zwischen Interesse und Leistung in Höhe von $r = .30$. Im Fach Mathematik liegt die Korrelation leicht unter diesem Wert ($r = .28$; Schiefele, Krapp & Schreyer, 1993). Der korrelative Zusammenhang zwischen Interesse und Leistung wird über die Schulzeit zunehmend enger (Denissen et al., 2007). Allerdings zeigen längsschnittliche Befunde von Köller, Baumert und Schnabel (2000), dass sich in der Sekundarstufe I keine prädiktiven Effekte des Interesses auf die Mathematikleistung mehr nachweisen lassen, wenn das Vorwissen kontrolliert wird. Die Autoren führen dies auf institutionelle Rahmenbedingungen in der Sekundarstufe I zurück, die aufgrund lehrerzentrierten Unterrichts und der hohen Dichte an Lernzielkontrollen kaum Raum für interessenorientiertes Arbeiten lassen.

Motivation und metakognitives Wissen

Beide Komponenten der Erwartungs-Wert-Theorie stehen in einem substanziellen Zusammenhang mit der Leistung in Mathematik. Die Modelle des selbstregulierten Lernens, in denen motivationale Prozesse eine zentrale Rolle einnehmen (s. Kap. 2.8; Schunk & Zimmerman, 2008), erklären diesen Zusammenhang durch die Mediatorwirkung des Lernverhaltens: Es wird angenommen, dass sich motivationale Merkmale von Lernern auf die Regulation von kognitiven Prozessen und darüber vermittelt auf die Leistung auswirken (z. B. Winne & Hadwin, 1998; Zimmerman & Schunk, 2011).

Dieser Zusammenhang zwischen Motivation, strategischem Verhalten und Leistung konnte empirisch bestätigt werden (Pintrich & DeGroot, 1990; Wolters & Pintrich, 1998): Die Ausprägungen in fachspezifischer Selbstwirksamkeitserwartung und Interesse korrelierten sowohl mit dem selbst berichteten Einsatz von kognitiven und metakognitiven Strategien als auch mit den akademischen Leistungen. In Regressionsanalysen zur Vorhersage der Strategienutzung in mathematischen Anforderungen erwiesen sich beide motivationalen Konstrukte als unabhängige erklärungsstarke Prädiktoren (Wolters & Pintrich, 1998). In Regressionsanalysen zur Vorhersage der Leistung, in die neben den beiden motivationalen Komponenten auch die Nutzung von kognitiven und metakognitiven Strategien einbezogen wurde, konnte kein eigener Beitrag mehr für Selbstkonzept und Interesse ausgemacht werden (Pintrich & De Groot, 1990). Dieses Befundmuster belegt die Annahme eines durch Strategienutzung vermittelten Effektes motivationaler Merkmale auf die Leistung. Spezifischere Analysen in einer ähnlich angelegten Studie von Zimmerman und Martinez-Pons (1990) zeigten, dass das Selbstkonzept insbesondere mit der Nutzung komplexerer und aufwendiger Strategien (z. B. die Organisation und Transformation von Lernmaterial) in einem positiven Zusammenhang stand.

Auch im GIP-Modell werden die Zusammenhänge zwischen Motivation und strategischer Aktivität beschrieben. Zusätzlich werden in diesem Modell auch die

Auswirkungen dieser Interaktion auf das metakognitive Wissen konzeptualisiert. Die Kernannahme besteht auch in diesem Modell darin, dass motivationale Merkmale die Bereitschaft zur Ausführung von Strategien beeinflussen. Zusätzlich löst die Strategieanwendung metakognitive Erfahrungen aus, die zu Veränderungen im allgemeinen und spezifischen metakognitiven Wissen über Strategien führen (Borkowski, Carr, Rellinger & Pressley, 1990). Schüler mit einer hohen Motivation – Schüler, die sich selbst als kompetent und die vorliegende Aufgabe als wichtig erleben – führen mit einer höheren Wahrscheinlichkeit strategische Aktivitäten aus und entwickeln infolgedessen ein differenzierteres metakognitives Wissen über diese Strategien (s. auch Pressley et al., 1987). Neben Selbstkonzept und Interesse wird im GIP-Modell mit dem Attributionsstil ein weiteres motivationales Konstrukt als relevant für den Aufbau von metakognitivem Wissen diskutiert. Diese Überlegung basiert darauf, dass Effekte des Strategieeinsatzes auf die Leistung sich nur dann auf das Strategiewissen und die Disposition zum Strategieeinsatz auswirken, wenn diese Leistungseffekte ursächlich auf den Strategieeinsatz zurückgeführt werden (Borkowski et al., 1990). Aber auch ungeachtet dieses zusätzlichen Bewertungsmechanismus sollten sich aus höheren Ausprägungen in Selbstkonzept und Interesse, vermittelt über eine höhere Nutzungsintensität von Strategien, auch Veränderungen im metakognitiven Wissen ergeben. Allerdings wurde diese spezifische Vorhersage des GIP-Modells nicht isoliert untersucht. Deskriptive Befunde aus multivariaten Untersuchungen, in denen sowohl Motivation als auch metakognitives Wissen zur Vorhersage kognitiver Leistungen eingesetzt wurden, geben jedoch Hinweise auf einen solchen Zusammenhang.

Die allgemeine akademische Erfolgserwartung stand mit dem metakognitiven Gedächtniswissen in der fünften, nicht jedoch in der dritten Jahrgangsstufe in einem substanziellen korrelativen Zusammenhang ($r = .35$; Schneider et al., 1987). Ein zunehmend engerer Zusammenhang ergibt sich auch aus den von van Kraayenoord und Schneider (1999) ermittelten Korrelationen zwischen dem lesespezifisch erfassten Interesse und Selbstkonzept und dem metakognitiven Gedächtniswissen. Während sich für Schüler in der dritten Jahrgangsstufe ebenfalls kein reliabler Zusammenhang ergab, erreichten die Korrelationen in der Stichprobe der Viertklässler substanzielle Werte ($r = .38$ für das Selbstkonzept und $r = .35$ für das Interesse). Eine Folgeuntersuchung in der siebten bzw. achten Jahrgangsstufe, in der sowohl die motivationalen Komponenten als auch das metakognitive Wissen spezifisch für Anforderungen des Lesens erfasst wurden, erbrachte für das Selbstkonzept einen ähnlichen, moderaten Wert wie in der Grundschule ($r = .28$). Für das Interesse wurde in dieser Untersuchung eine wesentlich höhere Korrelation ($r = .50$) ermittelt. In der PISA 2009-Untersuchung konnte dieser außerordentlich hohe Wert allerdings nicht repliziert werden, vielmehr wurde hier eine moderat ausgeprägte Korrelation gefunden ($r = .29$) und damit die Effekte aus der Grundschulzeit repliziert (Artelt et al., 2010).

Die Befundlage spricht also klar für einen spätestens in der zweiten Hälfte der Grundschule moderat aber bedeutsam ausgeprägten Zusammenhang zwischen Motivation und metakognitivem Wissen. Die Richtung des Zusammenhangs scheint dabei den theoretischen Vorhersagen zu entsprechen: In Strukturgleichungsmodellen zur Erklärung der Leseverstehensleistung zeigte sich, dass sich die Erwartungs-Wert-Komponenten zum Großteil vermittelt über einen lesespezifischen Indikator (Dekodierfähigkeit) und metakognitives Wissen auf das Leseverstehen auswirken (van Kraayenoord et al., 2012; s. Abb. 5.2). Wenngleich nicht direkt beobachtet, kann also angenommen werden, dass höhere Motivation, vermittelt durch die höhere Bereitschaft zu strategischem Vorgehen, zu höheren Ausprägungen im metakognitiven Wissen führt. Eine kausal interpretierbare Überprüfung dieser Annahme erfordert allerdings ein längsschnittliches Design, in dem nicht nur der querschnittliche synchrone Zusammenhang zwischen Motivation und metakognitivem Wissen quantifiziert werden kann, sondern auch der längsschnittliche, diachrone Einfluss, den die Motivation auf den Erwerb des metakognitiven Wissens ausübt.

6.4 Soziale Herkunft

Ein häufig verwendeter Indikator für die soziale Herkunft von Schülern ist die sozioökonomische Stellung. Diese beschreibt die relative Position einer Familie in der sozialen Hierarchie einer Gesellschaft durch die Verfügbarkeit finanzieller Mittel, Macht und Prestige. Operationalisiert wird der sozioökonomische Status eines Schülers über die berufliche Tätigkeit seiner Eltern (Watermann & Baumert, 2006; Ehmke & Jude, 2010).

Der sozioökonomische Status wirkt sich auf die Gestaltung der Lebensverhältnisse eines Schülers aus und beeinflusst lernrelevante innerfamiliäre Prozessmerkmale. In Bezug auf die Schulleistung wurden als solche z. B. der Besitz kultureller und schulisch relevanter Güter, die kulturelle Praxis der Familie, die schulbezogene Unterstützung und die Einstellung gegenüber dem schulischen Lernen als relevant identifiziert (Ehmke, Hohensee, Siegle & Prenzel, 2006; Watermann & Baumert, 2006). In Abhängigkeit ihrer soziokulturellen Ressourcen bilden die Familien damit unterschiedliche Entwicklungsmilieus für schulisch relevante Kompetenzen: „Insgesamt scheinen sich Familien schichtspezifisch so stark in der Sprachkultur, der Wertschätzung von Lernen und Bildung und der Vermittlung von effektiven Lernstrategien zu unterscheiden, dass man von schichtspezifisch habitualisierten Lerngewohnheiten sprechen kann" (Maaz, Baumert & Trautwein, 2009, S. 15).

Soziale Herkunft und Mathematikleistung

Der Effekt des sozioökonomischen Status auf die schulische Leistung ist breit belegt. In einer Metaanalyse US-amerikanischer Studien konnte eine mittlere Effektstärke von $d = 0{,}22$ ermittelt werden. Für das Fach Mathematik lag die Effektstärke mit $d = 0{,}35$ im Vergleich zu anderen Schulleistungen am höchsten (Sirin, 2005). Die Effekte der sozialen Herkunft auf die Schulleistung sind auch fester Bestandteil der großen internationalen Vergleichsuntersuchungen. Diese Studien belegen zum einen konsistent starke Variationen des Einflusses der sozialen Herkunft auf schulische Leistungen zwischen unterschiedlichen Staaten und zum anderen überdurchschnittlich hohe Ausprägungen dieses Einflusses in Deutschland (z. B. TIMSS 2007, Bonsen, Frey & Bos, 2008; PISA 2003, Ehmke, Hohensee, Heidemeier & Prenzel, 2004). Bezogen auf mathematische Leistungen bestehen sowohl am Ende der Primarstufe als auch am Ende der Sekundarstufe enge Zusammenhänge mit Indikatoren der sozialen Herkunft. In TIMSS 2007 (Bonsen et al., 2008) und dem IQB-Ländervergleich 2011 (Richter, Kuhl & Pant, 2012) ließen sich 15% bzw. 12% der Unterschiede in der Mathematikleistung durch die soziale Herkunft aufklären. Am Ende der Sekundarstufe I klärte die soziale Herkunft sogar annähernd 23% der Leistungsvarianz auf (PISA 2003, Ehmke et al., 2004).

Die Befunde der querschnittlichen *large scale* Untersuchungen deuten also auf eine über die Schullaufbahn zunehmende soziale Disparität hin. Dieser Eindruck konnte in den zum Thema verfügbaren Längsschnittuntersuchungen jedoch nicht bestätigt werden. Die Effekte der sozialen Herkunft auf die Mathematikleistung waren zwar auch in diesen Studien deutlich ausgeprägt, blieben jedoch im Verlauf der Sekundarstufe I konstant (Baumert, Köller & Schnabel, 2000, zit. nach Maaz et al., 2009; Guill, Gröhlich, Scharenberg, Wendt & Bos, 2010; Ehmke et al., 2006; van Ophuysen & Wendt, 2009).

Zusammenfassend sind in Deutschland in der Sekundarstufe also konsistent soziale Disparitäten nachzuweisen. Mehrheitlich deutet die Befundlage auf stabile herkunftsbedingte Unterschiede hin. Die bis zum Ende der Primarstufe I akkumulierten Leistungsvorteile sozial begünstigter Schüler bleiben also bis zum Ende der Sekundarstufe I erhalten, wirken sich jedoch nach der Grundschule nicht weiter auf die Leistungsentwicklung aus.

Soziale Herkunft und metakognitives Wissen

Auch für das metakognitive Wissen wurden in einigen wenigen Studien im Vor- und frühen Grundschulalter soziale Disparitäten nachgewiesen. Pappas et al. (2003, s. Kap. 4) beobachteten einen Zusammenhang zwischen der sozioökonomischen Stellung der Herkunftsfamilie und der Fähigkeit von Kindern, die eigenen kognitiven Aktivitäten in der Lösung mathematischer Probleme zu verbalisieren und damit kognitive Prozesse mental zu repräsentieren. Damit haben Kinder aus Elternhäusern mit hohem sozioökonomischen Status bereits vor Eintritt in die Schule aufgrund ihres höheren metakognitiven Bewusstseins einen Vorteil für die Entwicklung metakognitiver Kompetenzen erworben. Dieser bereits früh angelegte Entwicklungsvorteil ist am Beginn der Grundschule als bedeutsam ausgeprägter Unterschied im metakognitiven Gedächtniswissen belegt: Wang (1993) erklärte die interindividuellen Unterschiede im metakognitiven Wissen von Schülern der zweiten Jahrgangsstufe durch Strukturmerkmale (sozioökonomischer Status) und damit in Zusammenhang stehenden Prozessmerkmalen (elterliche Hausaufgabenunterstützung und Familiengröße) der sozialen Herkunft.

Grammer et al. (2010) kamen zu ähnlichen Befunden: Die mit der sozioökonomischen Lage in Zusammenhang stehenden Prozessmerkmale wie kulturelle Besitztümer und kulturelle Praxis der Familie konnten das metakognitive Wissen am Beginn der ersten Jahrgangsstufe bedeutsam vorhersagen. Allerdings hatte die materielle Ausstattung der Familie mit lernrelevanten Gütern keinen Einfluss auf die Entwicklung des metakognitiven Wissens im Verlauf der ersten Jahrgangsstufe. Stattdessen wirkte sich das Ausbildungsniveau der Mutter auf den Leistungszuwachs der Schüler aus: Schüler, deren Mütter mindestens einen Hochschulabschluss erworben hatten, entwickelten in höherem Maße metakognitives Gedächtniswissen als Schüler, deren Mütter einen niedrigeren Bildungsgrad hatten. Die Autoren nehmen als Ursache für diesen Zusammenhang an, dass gebildetere Mütter Mutter-Kind-Interaktionen anregungsreicher gestalten und ihren Kindern mehr Gelegenheit zu gedächtnisbezogenen Aktivitäten bieten. Diese Interpretation greift die Annahmen der sozio-konstruktivistischen Entwicklungstheorien in der Tradition von Vygotsky auf, wonach Kinder metakognitive Kompetenzen in der sozialen Interaktion mit einem fähigeren anderen erwerben (s. z. B. Wertsch, 1978).

Diese Annahme wird auch auch durch einen Studie von Carr et al. (1989) gestützt. In dieser Studie wurden neben dem metakognitiven Wissen von Schülern der zweiten Jahrgangsstufe auch die Angaben der Eltern zum Umfang metakognitiver Förderung in der Familie erfasst. Die Eltern sollten z. B. angeben, wie oft sie mit ihren Kindern Spiele spielen, in deren Rahmen sie kognitive Strategien erklären und Hinweise zu ihrer Ausführung und Überwachung geben. Zusätzlich wurde im Kontext der Hausaufgabenbetreuung nach der Anleitung zu Überwachungs- und Regulationsstrategien gefragt. Die korrelativen Befunde ($r = .31$ für deutsche Schüler) belegten, dass sich Intensität und Qualität dieses spontanen Strategietrainings im Elternhaus positiv auf das metakognitive Wissen der Schüler auswirken.

Insgesamt stellen sich damit die Struktur- und die Prozessmerkmale der sozialen Herkunft im Grundschulalter als Determinanten des metakognitiven Gedächtniswissens dar. Welche Bedeutung Unterschiede der sozialen Stellung in anderen, schulnäheren metakognitiven Domänen, wie z. B. Mathematik, ausüben und ob sich diese Unterschiede auch für ältere Schüler auswirken, ist allerdings nach wie vor ungeklärt.

6.5 Geschlecht

Die schulischen Leistungen von Jungen und Mädchen unterscheiden sich systematisch. Während in schriftsprachlichen Anforderungen Mädchen im Vorteil sind, ergibt sich in Mathematik ein Effekt zugunsten der Jungen. Dieser domänenspezifische Geschlechtseffekt ist für deutsche Schülerinnen und Schüler sowohl in metaanalytischen Auswertungen als auch durch die Befunde der internationalen und nationalen *large scale* Untersuchungen belegt. Er zeigte sich sowohl am Ende der Grundschule (Böhme & Roppelt, 2012; Bonsen, Lintorf & Bos, 2008; Mücke, 2009; Hornberg, Valtin, Potthoff, Schwippert & Schulz-Zander, 2007) als auch am Ende der Sekundarstufe (Frey, Heinze, Mildner, Hochweber & Asseburg, 2010; Naumann, Artelt, Stanat & Schneider, 2010). Während Geschlechtseffekte im Leseverstehen in der Regel stärkere Ausprägungen zugunsten der Mädchen ergaben und sich im internationalen Vergleich auch relativ konsistent zeigten, waren die Geschlechtsunterschiede in Mathematik zugunsten der Jungen insgesamt geringer ausgeprägt und variierten im internationalen Vergleich relativ stark zwischen den Staaten (Else-Quest, Hyde & Linn, 2010).

Geschlechtsunterschiede in der Mathematikleistung: Ursachen und Befunde

Ursachen für die Geschlechtseffekte in Mathematik werden auf biologischer, kognitiver und soziokultureller Ebene angenommen (Gallagher & Kaufman, 2005; Halpern et al., 2007). Auf der biologischen Ebene werden Geschlechtseffekte insbesondere auf strukturelle und funktionale Unterschiede im Gehirn zurückgeführt. Auf der kognitiven Ebene werden Unterschiede in der Verarbeitung sowohl verbaler, räumlich-visueller als auch quantitativer Informationen als mögliche Ursachen für die Leistungsunterschiede verantwortlich gemacht. Sozio-kulturelle Ursachen schließlich werden in durch Elternhaus, Schule und Gesellschaft vermittelten Geschlechtsstereotypien gesehen, die sich über Interessen, Fähigkeitsselbstkonzepte und Rollenmuster auf die Mathematikleistung auswirken (Else-Quest et al., 2010). Leistungsunterschiede zwischen Jungen und Mädchen scheinen also nicht grundsätzlich im Leistungspotenzial zu liegen, sondern auch von der Art und Weise abzuhängen, wie mathematische Anforderungen wahrgenommen werden.

Zur Verortung der Leistungsunterschiede in spezifischen mathematischen Anforderungen wurden die Leistungen von Jungen und Mädchen in repräsentativen deutschen *large scale* Studien auf Itemebene miteinander verglichen. In den Leistungstests am Ende der Grundschule zeigten Jungen relative Stärken im flexiblen und geschickten Umgang mit Zahlen und Einheiten. Zudem wiesen sie bessere Leistungen in anspruchsvolleren Aufgabenstellungen auf, in denen eine mentale Repräsentation der Aufgabenstellung sowie die Entwicklung und Planung neuer, mehrschrittiger Lösungswege erforderlich waren. Mädchen dagegen waren in Aufgaben im Vorteil, die die Anfertigung oder die Interpretation von Abbildungen beinhalteten, viel Text enthielten, das Abzählen des Ergebnisses bzw. die direkte Berechnung in einem Lösungsschritt erlaubten oder durch eine präzise und systematische Anwendung bekannter und geübter Lösungsroutinen lösbar waren (Walther, Schwippert, Lankes & Stubbe 2008; Winkelmann, van den Heuvel-Panhuizen & Robitzsch, 2008). Eine ähnliche Analyse am Ende der Sekundarstufe I ergab ein weitgehend analoges Leistungsprofil (Brunner, Krauss & Martignon, 2011): In kalkülorientierten Standardaufgaben („technische Aufgaben"), die durch die bloße Anwendung eines bekannten Algorithmus lösbar waren, ergaben sich keine Geschlechtsunterschiede. Dagegen waren die Jungen den Mädchen in Aufgaben überlegen, in denen Ansatzpunkte für bekannte Lösungsalgorithmen durch Mathematisierungsprozesse erst zu erarbeiten waren bzw. bekannte Lösungsalgorithmen adaptiert werden mussten („rechnerisches Modellieren"). Für noch komplexere Aufgaben, zu deren Lösung die eigenständige Entwicklung bzw. der Transfer von Lösungsalgorithmen notwendig war („begriffliches Modellieren"), stiegen die Geschlechtsunterschiede weiter an.

Auf einer noch höheren Auflösungsebene ließen sich die höheren Lösungsraten der Mädchen in bekannten und die Überlegenheit der Jungen in unbekannten Aufgabenstellungen auf geschlechtsspezifische Präferenzen in der Wahl der Lösungsstrategien zurückführen. Schülerinnen neigen im Vergleich zu Schülern zur Verwendung von bekannten algorithmischen Lösungsstrategien. Dies zeigte sich bereits in der Primarstufe, wo Mädchen häufiger und über einen längeren Zeitraum konkrete Abzählstrategien verwendeten als Jungen, die schon früher abstraktere Strategien wie z. B. mentale Repräsentation und Faktenabruf einsetzten (s. Kap. 5; Carr & Jessup, 1997; Fennema, Carpenter, Jacobs, Franke & Levi, 1998). Auch im weiteren Verlauf der Grundschule präferierten Mädchen die schulisch vermittelten Standardalgorithmen zur Lösung arithmetischer Aufgaben, Jungen dagegen nutzten ihre Erfahrungen mit den Standardalgorithmen und entwickelten daraus früher individuelle Lösungsalgorithmen, was auf einen flexiblen und reflektierten Strategieeinsatz hindeutet. Dementsprechend schnitten die Jungen auch in Aufgaben besser ab, die mit der Anwendung von Standardalgorithmen nicht lösbar waren (Fennema et al., 1998).

Dieses Befundmuster konnte auch in der Sekundarstufe II repliziert werden (Gallagher & DeLisi, 1994; Gallagher et al., 2000). Schülerinnen tendierten auch in diesem Altersbereich sowohl in bekannten als auch in unbekannten Aufgabenstellungen grundsätzlich zur Anwendung algorithmischer Standardverfahren, während Schüler insbesondere in unbekannten Aufgaben eine Präferenz für die eigenständige Entwicklung von Lösungswegen durch die flexible Anpassung und Kombination von Standardstrategien aufwiesen. Durch dieses differenzielle Präferenzmuster lassen sich die anforderungsspezifischen Leistungsprofile erklären: Während die systematische Anwendung bekannter Lösungsstrategien den effektivsten Weg zur Lösung konventioneller Aufgaben darstellt, lassen sich unbekannte Aufgaben häufig nur durch die Entwicklung neuer Lösungsstrategien lösen.

Geschlechtsunterschiede im metakognitiven Wissen

Wie die vorangegangenen Ausführungen zeigen, gehen die geschlechtsspezifischen Unterschiede in der Mathematikleistung zumindest zum Teil auf Stärken der Jungen in der Lösung komplexerer Aufgabenstellungen zurück. Dieser spezifische Leistungsvorteil wiederum kann durch Präferenzen zu Entwicklung und Einsatz komplexerer Lösungsprozeduren erklärt werden. Folgerichtig sollten sich die Geschlechtsunterschiede auf der Produkt- und der Prozessebene mathematischer Informationsverarbeitung auch auf der Ebene des metakognitiven Wissens abbilden lassen.

Die einzige Studie, in der das metakognitive Wissen von Jungen und Mädchen verglichen wurde, erbrachte trotz differenzieller Entwicklungsverläufe in der Strategienutzung zugunsten der Jungen keine dazu analogen Geschlechtsunterschiede im Wissen über arithmetische Strategien (Carr & Jessup, 1997). Vielmehr deutete die Entwicklung der beobachteten metakognitiven Wissensunterschiede auf einen der Strategienutzung entgegengesetzten Verlauf hin: Während am Beginn der ersten Jahrgangsstufe die Jungen über ein tendenziell höheres metakognitives Wissen als die Mädchen verfügten ($d = -0,23$; eigene Berechnung), zeichneten sich die Mädchen am Ende der ersten Jahrgangsstufe durch ein höheres metakognitives Wissen aus ($d = 0,38$; eigene Berechnung). Es liegt also ein Schereneffekt vor (die Autorinnen überprüften die Geschlechtsunterschiede nicht auf statistische Signifikanz, jedoch deuten die Effektstärken auf praktisch bedeutsame Effekte hin).

Auch in Untersuchungen zum metakognitiven Gedächtniswissen konnten in diesem Altersbereich zunehmende Geschlechtsunterschiede zugunsten der Mädchen beobachtet werden. Diese waren bereits im Vorschulalter nachweisbar und erreichten mit Eintritt in die Grundschule eine substanzielle Ausprägung $d = 0,42$ (Lockl & Schneider, 2006; eigene Berechnung). In einer ähnlichen Untersuchung in der ersten Jahrgangsstufe konnten Krajewski et al. (2004) belegen, dass die Mädchen sowohl über höheres metakognitives Strategiewissen ($d = 0,48$) verfügten, als auch bessere Leistungen in einer Gedächtnisaufgabe (*sort recall*) zeigten ($d = 0,62$; eigene Berechnung). Am Ende der Grundschule lagen im domänenübergreifend erfassten metakognitiven Wissen – analog zu den Unterschieden in der Leseleistung – ebenfalls bedeutsame Geschlechtsunterschiede zugunsten der Mädchen vor ($d = 0,44$; van Kraayenoord et al., 2012). Auch im Verlauf der Sekundarstufe I waren die Mädchen im Lesestrategiewissen im Vorteil ($d = 0,39$), die Unterschiede zwischen den Mittelwerten der untersuchten Alterskohorten deuteten zusätzlich auf einen Schereneffekt hin (die mittleren Kohortenunterschiede der Mädchen betragen d = 0,24 gegenüber d = 0,12 für die Jungen; Schlagmüller & Schneider, 2007; eigene Berechnungen). Auch Befunde aus PISA 2009 belegten am Ende der Sekundarstufe I in allen Teilnehmerländern – ebenso wie für die Lesekompetenzen – bedeutsam höheres Lesestrategiewissen für die Mädchen (d = 0,30; Artelt et al., 2010; eigene Berechnung).

Die Befundlage zu den Geschlechtseffekten im metakognitiven Wissen ist, was die Richtung der Unterschiede angeht, relativ eindeutig: Schon am Beginn der Schulzeit liegen für metakognitives Gedächtnis-, Lesestrategie- und Rechenstrategiewissen Geschlechtseffekte zugunsten der Mädchen vor. Diese scheinen im Verlauf der Schulzeit zuzunehmen. Betrachtet man allerdings die Befundlage auf der Leistungsebene, so ergibt sich ein etwas komplexeres Bild. Während sich der metakognitive Wissensvorteil der Mädchen in Gedächtnis- und Leseanforderungen auch in einer höheren Leistung widerspiegelt, ist der Geschlechtseffekt im Rechenstrategiewissen zwar ebenfalls zugunsten der Mädchen ausgeprägt. Dieser Vorteil schlägt sich jedoch nicht in höheren Leistungen für die Mädchen nieder. Allerdings liegt, anders als in den Domänen Gedächtnis und Leseverstehen, in Mathematik nur ein einzelner Befund vor, der einen relativ spezifischen Aspekt mathematischer Metakognition untersuchte. Weitere Arbeiten in einem repräsentativeren Anforderungsspektrum und in einem breiteren Altersbereich sind für eine Beurteilung der Geschlechtseffekte im mathematischen metakognitiven Wissen notwendig.

6.6 Schulart

Am Beginn der Sekundarstufe I werden in Deutschland in der Regel die Schüler auf ein institutionell mehrgliedriges System aufgeteilt. Die Zuweisung der Schüler auf die unterschiedlichen Schularten erfolgt primär auf Grundlage der akademischen Leistungen in der Grundschule (z. B. Lenhard, Hasselhorn & Schneider, 2011). Die Leistungshomogenisierung in den Schularten soll innerhalb der Bildungsgänge optimale Fördermöglichkeiten für alle Schüler gewährleisten (Köller & Baumert, 2012). Allerdings führt der Übertritt von der Grundschule in die Schularten der Sekundarstufe I auch zu einer viel kritisierten sozialen Stratifizierung der Schülerschaft, in der Schüler aus Familien mit hohem sozioökonomischen Status unabhängig von ihrer kognitiven Leistungsfähigkeit wesentlich höhere Chancen haben, eine weiterführende Schule zu besuchen als Schüler aus sozial schwächeren Familien (z. B. Arnold, Bos, Richert & Stubbe, 2010).

Schularten als Lern- und Entwicklungsmilieus

Unterschiedliche Schularten stellen *differenzielle Lern- und Entwicklungsmilieus* für die Schüler dar (Baumert & Schümer, 2001b). Baumert, Stanat und Watermann (2006) beschreiben drei Aspekte, in denen sich die Schularten unterscheiden und die einen Einfluss auf die Entwicklung der schulischen Leistungen nehmen können: (a) Die Schularten unterscheiden sich hinsichtlich des Vorwissens ihrer Schüler. Da das Vorwissen ein bedeutsamer Prädiktor der zukünftigen Schulleistung ist, sollten sich sich die mittleren Lernzuwächse der Schüler zwischen den Schularten unterscheiden (individueller Matthäus-Effekt; z. B. Renkl, 1996). (b) Die Schularten unterscheiden sich in den strukturellen Rahmenbedingungen (z. B. Curriculum, Stundentafel), Merkmalen des Unterrichts (Brunner et al., 2006) und den Kompetenzen der unterrichtenden Lehrer (Baumert et al., 2010). Diese unterrichtsrelevanten Schulartunterschiede sollten sich in differenziellen Lernraten manifestieren. (c) Die Schülerschaft der drei Schulformen setzt sich hinsichtlich kognitiver, sozialer und kultureller Merkmale unterschiedlich zusammen. Diese Unterschiede in der Komposition auf Ebene der Klassen und Schulen innerhalb der Schularten sollte sich ebenfalls auf die Leistungsentwicklung auswirken (institutioneller Matthäus-Effekt; Baumert et al., 2006).

Schulartunterschiede in der Entwicklung der Schulleistungen

Die empirische Befundlage bezüglich der Auswirkungen der unterschiedlichen Entwicklungsmilieus auf die Entwicklung der Schulleistungen ist uneinheitlich. In einer Reihe von Untersuchungen wurden im Verlauf der Sekundarstufe die erwarteten Schereneffekte, d. h. Zunahmen der Leistungsunterschiede zwischen den Schularten, ermittelt. Diese Schereneffekte wurden für Mathematik (Becker, Lüdtke, Trautwein & Baumert, 2006; Köller & Baumert, 2001; van Ophuysen & Wendt, 2009), Lesekompetenz (Pfost, Karing, Lorenz & Artelt, 2010) und Fremdsprachkompetenz (Klieme, 2006) gefunden. Demgegenüber liegen auch Befunde vor, die in Mathematik (Schneider & Stefanek, 2004) und Leseverstehen (Retelsdorf & Möller, 2008) keine Schereneffekte, sondern konstante Leistungsunterschiede zwischen den Schularten fanden. In der Hamburger LAU-Untersuchung findet sich sogar ein umgekehrter Schereneffekt für die Entwicklung der Mathematikleistung. Die Leistungsunterschiede zwischen den Schularten reduzierten sich in dieser Untersuchung zwischen der siebten und achten Jahrgangsstufe (Lehmann, Peek, Gansfuß & Husfeld, 2001).

In Studien, in denen allgemeinere, nicht als Bestandteil des Curriculums vermittelte Kompetenzen, wie z. B. Wortschatz (Pfost et al., 2010) oder Indikatoren des verbalen Gedächtnisses (Schneider, Knopf & Stefanek, 2002) untersucht wurden, konnten zwar ebenfalls Unterschiede zwischen den Schülern unterschiedlicher Schularten festgestellt werden, diese veränderten sich jedoch in Abhängigkeit von der besuchten Schulart nicht mehr. Die Unterschiede zwischen den Schülern der unterschiedlichen Schularten entstanden also bereits im Grundschulalter oder früher und blieben auch unter dem Einfluss unterschiedlicher Lernumwelten in den Schularten konstant.

Schulartunterschiede im metakognitiven Wissen

Wenngleich die Befunde insbesondere für curriculumsfernere Inhalte nicht einheitlich Einflüsse unterschiedlicher Lernmilieus belegen, können für das metakognitive Wissen differenzielle Entwicklungsmuster erwartet werden. Unterschiede im metakognitiven Wissen verlaufen parallel zu den Unterschieden in der allgemeinen kognitiven Begabung (s. Kap. 6.1) und der Leistung (s. Kap. 5), daher ist auch in Bezug auf das metakognitive Wissen von einer Eingangsselektivität in den Schularten auszugehen, die sich in höheren Leistungen der jeweils anspruchsvolleren Schulart niederschlagen sollte. Zudem ist bekannt, dass metakognitives Wissen durch unterrichtliche Trainingsmaßnahmen gefördert werden kann (s. Kap. 5). Für fachlich kompetentere Lehrer und inhaltlich anspruchsvollere Lehrplaninhalte kann daher von einem stärkeren Wissenszuwachs ausgegangen werden. Schließlich sollte auch die unterschiedliche sozio-kulturelle Zusammensetzung der Schülerschaft in den Schularten die Leistungsentwicklung über sozial-konstruktivistische Prozesse in der Lehrer-Schüler- und Schüler-Schüler-Interaktion beeinflussen (s. Kap. 6.4).

Da bislang keine längsschnittliche Untersuchung der metakognitiven Wissensentwicklung in der Sekundarstufe I unternommen wurde, konnte die Annahme schulartspezifischer Entwicklungsmuster bislang noch nicht empirisch überprüft werden. Jedoch liegen für das metakognitive Wissen im Lesen zwei Befunde vor, die querschnittliche Schulartunterschiede in der Sekundarstufe I dokumentieren. In beiden Studien wurden Varianten des WLST eingesetzt. Schlagmüller und Schneider (2007) fanden in jeder der untersuchten Alterskohorten von der siebten bis zur neunten Jahrgangsstufe deutliche Unterschiede zwischen den Schularten. Die über die Jahrgangsstufen gemittelten Effektstärken erreichten große Effektstärken für Gymnasium und Realschule ($d = 0{,}57$), Gymnasium und Hauptschule ($d = 1{,}29$) und Realschule und Hauptschule ($d = 0{,}69$). Die durchschnittlichen Schularteffekte veränderten sich kaum über die beobachteten Jahrgangsstufen ($d = 0{,}87$, $d = 0{,}86$ und $d = 0{,}82$ für die siebte, achte und neunte Jahrgangsstufe). Einen etwas kleineren, aber immer noch stark ausgeprägten Effekt zwischen Gymnasium und Hauptschule ($d = 0{,}83$) berichteten Artelt et al. (2009) in der neunten Jahrgangsstufe. Die Fragen, zu welchem Zeitpunkt in der Entwicklung diese Unterschiede entstanden sind und ob sie im Laufe der Beschulung in der Sekundarstufe I zu- oder abnehmen, sind bislang noch unbeantwortet.

7 Fragestellungen der eigenen Untersuchung

7.1 Intraindividuelle Veränderungen

In der Übersicht über Studien zur Entwicklung des metakognitiven Wissens in Kapitel 4 wurde festgestellt, dass die Erkenntnislage über Entwicklungsveränderungen in der Sekundarstufe insbesondere im Inhaltsbereich Mathematik nach wie vor defizitär ist. Befunde querschnittlicher Studien in anderen inhaltlichen Domänen lassen in diesem Altersbereich jedoch Entwicklungsprozesse insbesondere im metakognitiven Wissen über Strategien erwarten.

In der Domäne Mathematik ist von einer großen Bedeutung strategischer Aktivitäten zur Überwachung und Steuerung komplexer und rekursiver Sequenzen von interdependenten Bearbeitungsepisoden mit unterschiedlichen Zielsetzungen im Lösungsprozess auszugehen (s. Kap. 3). Die Entwicklung des mathematischen metakognitiven Wissens in der Sekundarstufe sollte sich also im Wissen über die entsprechenden kognitiven und metakognitiven Strategien abbilden.

Die Darstellung in Kapitel 4 zeigte ebenfalls, dass für den Inhaltsbereich Mathematik nur vereinzelt empirisch bewährte Messinstrumente zur Erfassung des metakognitiven Wissens existieren (s. Tab. 4.1). Die kritische Bewertung der in der einschlägigen Literatur verwendeten Messverfahren kam für metakognitive Wissenstests hinsichtlich der Objektivität, Reliabilität und Validität der Messungen zu positiven Resultaten (s. Kap. 4.6). In diesen Tests ist die Effektivität mehrerer unterschiedlicher Strategien in spezifischen Anwendungssituationen zu beurteilen. Die Beurteilungen messen die Ausprägung deklarativer und konditionaler Aspekte des metakognitiven Wissens (s. Kap. 2 und Kap. 4.1 für alternative Einordnungen in den theoretischen Rahmen der metakognitiven Konzepte). Beispiele sind der WLST (Schlagmüller & Schneider, 2007) und der Metagedächtnis-Mathematik-Test (Artelt, 2006). In einem nach diesen Vorbildern neu konstruierten Instrument sollten sich also intraindividuelle Zunahmen des mathematischen metakognitiven Wissens am Beginn der Sekundarstufe I darstellen lassen.

Zur Beurteilung der Form von Entwicklungsverläufen sind längsschnittliche Beobachtungen über mindestens drei Messzeitpunkte notwendig. Studien, die diese Voraussetzungen erfüllten, sind bislang lediglich für das metakognitive Gedächtniswissen und domänenübergreifendes metakognitives Wissen im Kindergarten und frühen Grundschulalter publiziert. In diesen Studien wurden übereinstimmend lineare Entwicklungsprozesse mit einer Beschleunigung nach dem Schuleintritt berichtet. Für die Sekundarstufe I liegen keine längsschnittlichen Befunde vor. Querschnittliche Befunde fanden für die zweite Hälfte der Sekundarstufe I konstante Kohortenunterschiede im metakognitiven Wissen über Lesestrategien (vgl. Kap. 4). Unter dem Vorbehalt einer unzureichenden Datenlage lassen sich daher auch für den Inhaltsbereich Mathematik lineare Entwicklungsveränderungen annehmen.

Zusammenfassend lassen sich also bezüglich der intraindividuellen Veränderung des mathematischen metakognitiven Wissens in der Sekundarstufe I zwei Hypothesen formulieren:

Hypothese 1.1[1]: Das metakognitive Wissen in mathematischen Anforderung nimmt in der Sekundarstufe I zu.

Hypothese 1.2: Die Veränderung des metakognitiven Wissens verläuft kontinuierlich und linear.

7.2 Interindividuelle Unterschiede

Die kritische Bewertung der Entwicklungsbefunde in Kapitel 4 (s. insbesondere Kap. 4.6) führte zu dem Ergebnis, dass die Entwicklung des metakognitiven Wissens am Ende der Primarstufe noch nicht abgeschlossen ist. Aufgrund der andauernden Veränderungsprozesse sind daher am Beginn der Sekundarstufe I bedeutsame interindividuelle Unterschiede auch im mathematischen metakognitiven Wissen zu erwarten.

Die ebenfalls in Kapitel 4 berichteten Befunde zur moderat ausgeprägten Stabilität des metakognitiven Wissens stützen diese Annahme. Da auch am Ende der Grundschule keine systematische Verfestigung der Merkmalsunterschiede festgestellt werden konnte, können auch für die intraindividuellen Veränderungsprozesse im mathematischen metakognitiven Wissen am Beginn der Sekundarstufe I interindividuelle Unterschiede angenommen werden.

Wie die Darstellung in Kapitel 6 zeigte, liegen differenzierte Kenntnisse zu Schülermerkmalen vor, die die interindividuellen Unterschiede der Leistung in schulischen Anforderungen allgemein und der Mathematikleistung im Besonderen erklären. Analog zur kognitiven Ebene lassen sich für diese Schülermerkmale auch Einflussmechanismen auf die metakognitive Ebene und das metakognitive Wissen ableiten, jedoch ist die empirische Befundlage weitaus weniger elaboriert. Punktuell konnten für die Merkmale Intelligenz, Arbeitsgedächtnis, Selbstkonzept, Interesse und soziale Herkunft positive Einflüsse auf das metakognitive Wissen nachgewiesen werden (s. Kap. 6.1 - 6.4). Diese Befunde lassen die Annahme zu, dass diese Merkmale sowohl die interindividuellen Unterschiede in der Ausprägung des mathematischen metakognitiven Wissens am Beginn der Sekundarstufe I als auch die interindividuellen Unterschiede in der Veränderung dieses Wissens

[1] Aus Gründen der Übersichtlichkeit wurde auf eine Formulierung der jeweiligen Nullhypothesen verzichtet.

erklären können. Aus diesen Annahmen lassen sich die folgenden Hypothesen formulieren:

Hypothese 2.1: Am Beginn der Sekundarstufe I bestehen im mathematischen metakognitiven Wissen bedeutsame Ausprägungsunterschiede zwischen den Schülern

Hypothese 2.2: Im Verlauf der Sekundarstufe I bestehen im mathematischen metakognitiven Wissen bedeutsame Unterschiede in der Veränderung zwischen den Schülern.

Hypothese 2.3: Die Ausprägungsunterschiede im mathematischen metakognitiven Wissem am Beginn der Sekundarstufe I lassen sich durch kognitive, motivationale und sozioökonomische Merkmale der Schüler erklären.

Hypothese 2.4: Die Unterschiede in der Veränderung des mathematischen metakognitiven Wissens im Verlauf der Sekundarstufe I lassen sich durch kognitive, motivationale und sozioökonomische Merkmale der Schüler vorhersagen.

Die Diskussion der methodischen Probleme in der Erfassung des metakognitiven Wissens in Kapitel 4 erbrachte Hinweise auf eine Beeinflussung der Testleistungen in Interviews und schriftlichen Wissenstests durch das Instruktionsverständnis. Bevor die Versuchsperson in diesen Messverfahren die gestellten Aufgaben unter Rückgriff auf das metakognitive Wissen beantworten kann, muss sie die sprachlich häufig komplexen Anforderungsszenarien inhaltlich verstehen. In einem schriftlich vorgegebenen Wissenstest werden dahei Effekte der Lesekompetenz auf die Testleistung erwartet (s. auch die Diskussion zur *common method variance* in Kap. 5). Um diese Effekte einschätzen und kontrollieren zu können, wird das Leseverstehen als Kontrollvariable in die Erklärung der interindividuellen Unterschiede und die Vorhersage der Entwicklungsveränderung aufgenommen.

7.3 Geschlechtsunterschiede

In den Domänen Gedächtnis und Lesen wurden bedeutsame Geschlechtsunterschiede im metakognitiven Wissen zugunsten der Mädchen beobachtet. Diese waren bereits im Vorschulalter zu erkennen und nahmen im Verlauf der Grundschulzeit zu. Die Unterschiede auf der metakognitiven Ebene korrespondierten mit den Leistungsunterschieden auf der kognitiven Ebene.

In der Domäne Mathematik wurde ebenfalls ein Geschlechtsunterschied zugunsten der Mädchen im metakognitiven Wissen gefunden, allerdings war für die entsprechende kognitive Leistung ein entgegengesetzter Effekt festzustellen (s. Kap. 6.5). Während in den anderen untersuchten Domänen für die kognitive und metakognitive Ebene übereinstimmende Unterschiede zwischen Schülerinnen und Schülern gefunden wurden, weist die Befundlage in der Domäne Mathematik also auf eine Disparität zwischen Kognition und Metakognition hin.

Ordnet man den Befund eines überlegenen mathematischen metakognitiven Wissens für die Schülerinnen in die Erkenntnisse zur Entwicklung der Geschlechtsunterschiede in anderen kognitiven Domänen ein, ergibt sich domänenübergreifend ein übereinstimmendes Bild bereits vor Eintritt in die Grundschule nachweisbarer und im Schulalter zunehmender Geschlechtseffekte. Unter der Annahme, dass sich dieses Entwicklungsmuster auch auf die mathematische Domäne der Sekundarstufe I generalisieren lässt, sind folgende Hypothesen zu formulieren:

Hypothese 3.1: Schülerinnen verfügen am Beginn der Sekundarstufe I über ein höheres metakognitives Wissen als Schüler.

Hypothese 3.2: Die Unterschiede im metakognitiven Wissen zugunsten der Schülerinnen nehmen im Verlauf der Sekundarstufe I zu.

7.4 Schulartunterschiede

Die Diskussion in Kapitel 6.6 zeigte, dass Schulartunterschiede in akademischen Leistungen ein intendiertes, durch die Leistungsstratifizierung der Schüler am Ende der Grundschule erzeugtes und breit nachgewiesenes Phänomen sind. Unterschiede in der Entwicklung akademischer Leistungen zwischen den Schularten hingegen sind nicht per se intendiert und die empirische Befundlage zu ihrem Nachweis ist weit weniger eindeutig. Differenzielle Entwicklungsverläufe in Kompetenzen, die Gegenstand des schulischen Unterrichts sind, wurden als Hinweis auf die unterschiedlichen Lern- und Entwicklungsmilieus in den drei Schularten der Sekundarstufe I interpretiert. Potenzielle Ursachen für ihre Entstehung lassen sich auf der Ebene individueller, unterrichtsbezogener und institutioneller Unterschiede finden.

Während die akademischen Kernkompetenzen bereits Gegenstand zahlreicher empirischer Untersuchungen waren, liegen für das metakognitive Wissen lediglich Befunde für Schulartunterschiede, nicht jedoch für ihre Entwicklung in der Sekundarstufe I vor. Schulartunterschiede im metakognitiven Wissen über mathematische Informationsverarbeitung wurden bislang weder quer- noch längsschnittlich untersucht.

Aufgrund der Stratifizierung der Schüler hinsichtlich ihrer akademischen Leistungen am Beginn der Sekundarstufe I sind Schulartunterschiede auch in leistungsassoziierten Merkmalen wie dem metakognitiven Wissen zu erwarten. Bislang liegen solche Befunde nur für die Domäne des Leseverstehens in der zweiten Hälfte der Sekundarstufe I vor (s. Kap. 6.6). Sie werden auch für den mathematischen Kontext am Beginn der Sekundarstufe I erwartet. Da die Schüler der drei Schularten in der Grundschule im gleichen institutionellen Kontext unterrichtet wurden, sollten die erwarteten Unterschiede zwischen den Schularten in den ersten Monaten der Sekundarstufe noch durch die Berücksichtigung individueller Schülermerkmale (d. h. kognitiver, motivationaler und auf die soziale Herkunft bezogener Charakteristika) erklärt werden können.

Die Annahme differenzieller Entwicklungs- und Lernmilieus, die sich in Unterschieden in den Entwicklungsverläufen zwischen den Schularten manifestieren, wurden in akademischen, curriculumsnahen Leistungen in der Sekundarstufe, wenngleich nicht konsistent, so doch mehrheitlich, nachgewiesen. Schüler der – bezogen auf den angestrebten Bildungsabschluss – jeweils höheren Schulart zeigten in der Regel positivere Entwicklungsverläufe (Schereneffekte; s. Kap. 6.6). Für das metakognitive Wissen liegen bislang keine Daten vor, aus denen sich diesbezüglich valide Schlussfolgerungen ziehen lassen. Es kann jedoch angenommen werden, dass sich auch für das metakognitive Wissen entsprechende Schereneffekte zeigen. Bezüglich der Ursachen für die differenziellen Entwicklungs- und Lernmilieus kann angenommen werden, dass diese nicht ausschließlich auf die a priori zu beobachtenden individuellen Schülermerkmale zurückgehen, sondern auch auf Unterschieden in unterrichtlichen und institutionellen Merkmalen der Schularten beruhen.

Hypothese 4.1: Die Schüler der drei Schularten unterscheiden sich bereits am Beginn der Sekundarstufe I im mathematischen metakognitiven Wissen. Gymnasiasten weisen höhere Werte auf als Realschüler und Realschüler höhere Werte als Hauptschüler.

Hypothese 4.2: Die Schüler der drei Schularten zeigen differenzielle Entwicklungsverläufe im mathematischen metakognitiven Wissen. Gymnasiasten weisen höhere Entwicklungsgewinne auf als Realschüler und Realschüler höhere Entwicklungsgewinne als Hauptschüler.

Hypothese 4.3: Die Schulartunterschiede am Beginn der Sekundarstufe gehen auf Unterschiede in den leistungsrelevanten kognitiven, motivationalen und sozioökonomischen Schülermerkmalen zurück.

Hypothese 4.4: Die differenziellen Entwicklungsverläufe lassen sich nicht vollständig durch Unterschiede in den leistungsrelevanten kognitiven, motivationalen und sozio-ökonomischen Schülermerkmalen erklären.

7.5 Latente Entwicklungsklassen

Die vorliegenden Studien zur Entwicklung des metakognitiven Wissens konzentrierten sich auf die Beschreibung modaler Entwicklungsverläufe oder die Untersuchung von Entwicklungsunterschieden zwischen anhand äußerlicher Klassifikationsmerkmalen gebildeten Gruppen, wie Geschlecht und Schulart (s. Kap. 4, Kap. 6.5 und Kap. 6.6). Nach a priori unbekannten Gruppen von Schülern, deren Entwicklungsverläufe sich von den durchschnittlichen beobachteten Entwicklungsmustern unterscheiden (latente Klassen), wurde bislang nicht gesucht.

So liegen beispielsweise keine Erkenntnisse zu Risikogruppen vor, die besonders ungünstige Entwicklungsverläufe im metakognitiven Wissen aufweisen (s. Kap. 4). Insbesondere die Identifikation der Merkmale, die diese Gruppen mit einem Risiko für ungünstige Entwicklungsverläufe kennzeichnen, ist von besonderer Bedeutung in der Planung und Implementierung remedialer Fördermaßnahmen. Dies gilt umso mehr, als die Effektivität von Fördermaßnahmen im Bereich des metakognitiven Wissens gut belegt ist (s. Kap. 5).

Während die Analyse von Unterschieden zwischen festgelegten Gruppen von theoretischen Annahmen geleitet wird, ist die Suche nach latenten Entwicklungsgruppen ein exploratives, datengeleitetes Vorgehen. Die Formulierung spezifischer Hypothesen ist also per definitionem nicht möglich.

7.6 Metakognitives Wissen und Mathematikleistung

Die in Kapitel 5 berichteten Befunde belegen einen Zusammenhang zwischen dem metakognitiven Wissen und der Leistung in den Domänen Gedächtnis, Lesen und Mathematik. In den theoretischen Modellen dieses Zusammenhangs wurde angenommen, dass sich das metakognitive Wissen vermittelt über die effektive Nutzung von Strategien auf die Leistung auswirkt. Während in der Grundschule insbesondere prozedurale Aspekte des metakognitiven Wissens leistungsrelevant waren, standen in der Sekundarstufe I deklarative und konditionale Aspekte des Strategiewissens im Vordergrund. Empirische Arbeiten, insbesondere in der Domäne Leseverstehen, belegten, dass sich die Zusammenhänge zwischen metakognitivem Wissen und Leistung auch ohne die explizite Berücksichtigung strategischer Prozesse nachweisen lassen.

Die in querschnittlichen Studien ermittelten direkten Korrelationen zwischen metakognitivem Wissen und Leistung erreichten mit Werten, die in der Regel zwischen $r = .30$ und $r = .50$ lagen, substanzielle Ausprägungen. Als Moderatoren des Zusammenhangs zwischen metakognitivem Wissen und Leistung wurden das Alter, die inhaltliche Passung zwischen metakognitivem Wissen und kognitiver

Leistung, sowie die Schwierigkeit der kognitiven Anforderung in Relation zur individuellen Fähigkeitsausprägung angenommen. Für eine Moderation des Zusammenhangs durch das Geschlecht liegen keine theoretischen Vorhersagen vor. Vorbefunde aus der Sekundarstufe I belegen, dass das Alter und die enge inhaltliche Passung in diesem Altersbereich keine Rolle mehr spielen. Ein Einfluss der Aufgabenschwierigkeit auf die Enge des Zusammenhangs kann dagegen nach wie vor angenommen werden (vgl. Kap. 5). Die regressionsanalytische Kontrolle von kognitiven und motivationalen Schülermerkmalen in univariaten und die Modellierung ihres Einflusses in multivariaten Analysen zeigten, dass die Beziehungen zwischen dem metakognitiven Wissen und der Leistung nicht unabhängig von diesen Merkmalen sind. Über den mit diesen Merkmalen geteilten Einfluss hinaus erwies sich das metakognitive Wissen jedoch als eigenständiger Prädiktor der Gedächtnis- und der Leseverstehensleistung.

Aus der Entwicklungsperspektive wurde ein dynamischer, bidirektionaler Zusammenhang zwischen metakognitivem Wissen und kognitiver Leistung angenommen. Die notwendigerweise längsschnittliche Überprüfung dieser Annahme wurde allerdings nur vereinzelt und in Studien am Beginn des Grundschulalters angetreten (s. Kap. 5).

Für den Zusammenhang zwischen dem mathematischen metakognitiven Wissen und der Mathematikleistung sprechen Resultate aus korrelativen Untersuchungen, Resultate aus Studien, in denen das metakognitive Wissensprofil unterschiedlicher mathematischer Leistungsgruppen verglichen wurde, sowie Resultate aus experimentellen Ansätzen, in denen leistungsförderliche Effekte der Vermittlung von metakognitivem Wissen nachgewiesen wurden. Studien, in denen auch kognitive, motivationale und sozioökonomische Merkmale, die sowohl mit dem metakognitiven Wissen als auch der Mathematikleistung in Zusammenhang stehen, berücksichtigt wurden (s. Kap. 6.1 – 6.4), oder längsschnittliche Analysen, in denen der wechselseitige Einfluss von metakognitivem Wissen und Leistung im Entwicklungsverlauf untersucht wurde, sind in der Domäne Mathematik bislang nicht durchgeführt worden.

Aus den diesbezüglich besser untersuchten Domänen und Altersbereichen lassen sich analoge Zusammenhänge zwischen dem mathematischen metakognitiven Wissen und der Mathematikleistung in der Sekundarstufe I ableiten. Zudem wurden Geschlechts- und Schulartunterschiede in der Enge des Zusammenhangs bislang lediglich in einzelnen Studien in der Domäne Lesen untersucht. Entsprechend der theoretischen Vorhersagen (vgl. Kap. 5) sind für Schüler mittlerer Fähigkeitsausprägung (Realschüler) engere Zusammenhänge zu erwarten als für Schüler hoher (Gymnasiasten) bzw. niedriger Fähigkeitsausprägung (Hauptschüler). Für Jungen und Mädchen ist dagegen nicht von Unterschieden auszugehen.

Hypothese 6.1: Die synchronen Zusammenhänge zwischen dem mathematischen metakognitiven Wissen und der Mathematikleistung entsprechen der typischen in diesem Altersbereich zu erwartenden Größenordnung.

Hypothese 6.2: Die Entwicklung des mathematischen metakognitiven Wissens und der Mathematikleistung stehen im Verlauf der Sekundarstufe I in einem dynamischen, wechselseitigen Zusammenhang.

Hypothese 6.3: Die Zusammenhänge zwischen mathematischem metakognitiven Wissen und der Mathematikleistung bleiben auch dann bestehen, wenn die Einflüsse kognitiver, motivationaler und sozioökonomischer Merkmale berücksichtigt werden.

Hypothese 6.4: Die Zusammenhänge zwischen mathematischem metakognitiven Wissen und der Mathematikleistung unterscheiden sich für Mädchen und Jungen nicht. Für die unterschiedlichen Leistungsgruppen der Gymnasiasten, Realschüler und Hauptschüler bestehen dagegen unterschiedlich enge Zusammenhänge.

8   Methoden

8.1   Untersuchungsanlage

Stichprobe

An der Untersuchung nahmen insgesamt 928 Schüler aus 45 Klassen in 24 nord-
bayerischen Schulen (10 Hauptschulen, 7 Realschulen, 7 Gymnasien) teil[2]. Die
Schüler wurden im September 2008 in der Umgebung der am Projekt beteiligten
Universitäten Bamberg (n = 293) und Würzburg (n = 635) rekrutiert.

Die Stichprobenrekrutierung erfolgte über die beteiligten Schulen auf Klassen-
ebene. Es wurden alle Eltern der teilnehmenden Klassen angeschrieben und über
Untersuchungsanlass und -ablauf informiert. Gleichzeitig wurde eine schriftliche
Einwilligungserklärung erbeten. In die Auswertung gingen nur Daten von Schülern ein, deren Eltern ihre Einwilligung an der Studienteilnahme erklärt hatten.
Über die Beteiligungsquoten innerhalb der einzelnen Klassen liegen keine Informationen vor.

Zum Zeitpunkt des ersten Messzeitpunktes besuchten die Schüler die fünfte
Jahrgangsstufe. Ihr durchschnittliches Alter betrug 10;11 Jahre (SD = 6,48 Monate). Der Anteil der männlichen Schüler lag mit 51,0% etwas höher (n = 478) als
der Anteil der weiblichen Schüler (n = 450). 271 Schüler besuchten das Gymnasium (29,2%), 377 Schüler die Realschule (40,6%) und 280 Schüler die Hauptschule
(30,2%). Die in Tabelle 8.1 in der Übersicht dargestellte Stichprobenzusammensetzung in Abhängigkeit von Geschlecht und Schulart zeigt, dass innerhalb der
Schularten, insbesondere in der Hauptschule, das Verhältnis der Jungen und Mädchen nicht ausgeglichen ist.

Der Vergleich mit der Verteilung der Schüler im dreigliedrigen Schulsystem
in Bayern im Schuljahr 2007/2008 (ISB, 2009) zeigt, dass Hauptschüler (in Bayern
39%) und Gymnasiasten (in Bayern 37%) unter- und die Realschüler (in Bayern
22%) in der realisierten Stichprobe überrepräsentiert sind.

Bezüglich des sozialen Status der untersuchten Stichprobe (HISEI, s. Kap. 8.4)
zeigten sich mit einem mittleren HISEI von M = 48,17 (SD = 14,94) vergleichbare
Werte mit der Stichprobe der PISA-Studie 2009, die für eine für das gesamte Bun-

---

[2] Die hier berichteten Daten basieren auf den ersten vier Messzeitpunkten einer breiter angelegten, bis September 2013 laufenden Längsschnittstudie zur Untersuchung der Entwicklung von
Wissenskomponenten (EWIKO). EWIKO steht unter Leitung von Prof. Dr. Wolfgang Schneider
(Universität Würzburg) und Frau Prof. Dr. Cordula Artelt (Universität Bamberg). Die Studie
wurde durch Sachbeihilfen der Deutschen Forschungsgemeinschaft (Kennzeichen SCHN 315/36
und AR 301/8) im Schwerpunktprogramm „Kompetenzmodelle zur Erfassung individueller Ler-
nergebnisse und zur Bilanzierung von Bildungsprozessen" (SPP 1293) gefördert.

desgebiet repräsentative Stichprobe einen durchschnittlichen HISEI von $M = 48,9$
($SD = 15,6$) ermittelte (Ehmke & Jude, 2010).

Tabelle 8.1: Stichprobenzusammensetzung nach Geschlecht und Schulart

	Gymnasium	Realschule	Hauptschule	Σ
männlich	142 (15,3%)	174 (18,8%)	162 (17,5%)	478 (51,0%)
weiblich	129 (13,9%)	203 (21,9%)	118 (12,7%)	450 (49,0%)
Σ	271 (29,2%)	377 (40,6%)	280 (30,2%)	928

Anmerkungen: Σ = Zeilen- bzw. Spaltensumme; in Klammern prozentualer Anteil an der Gesamtstichprobe.

Tabelle 8.2: Verteilung der Stichprobe auf die EGP-Klassen im Vergleich mit der PISA-Studie 2009 (Ehmke & Jude, 2010)

		Bezugsperson PISA 2009	Bezugsperson EWIKO ($n = 552$)
I	Obere Dienstklasse	23,1	18,7
II	Untere Dienstklasse	18,7	28,4
III	Routinedienstleistungen	6,8	0,4
IV	Selbstständige	10,1	11,1
V + VI	Facharbeiter, leitende Arbeiter	20,5	24,5
VII	Un- und angelernte Arbeiter	20,8	17,0

Anmerkung: Erklärungen s. Kapitel 8.4. Alle Angaben in Prozent der jeweiligen Stichprobe. Als Bezugs-
person wurde der Vater ausgewählt. Falls für den Vater keine Angabe vorlag, wurde die Angabe für die
Mutter verwendet; n = Anzahl verfügbarer Angaben.

Wie ein Vergleich der relativen Häufigkeiten in den sozialen Schichten (EGP-Klassen, s. Kap. 8.4) in Tabelle 8.2 zeigt, lagen die Unterschiede zur PISA-Stichprobe
v. a. in den Klassen I und III (unterrepräsentiert) und II (überrepräsentiert). Bei
der Interpretation der Daten zum sozioökonomischen Status ist zu beachten, dass
nur für ca. 60% der Stichprobe Werte vorliegen ($n = 552$).

Design
Die vorliegenden Analysen basieren auf den ersten vier Messzeitpunkten der bis
ins Jahr 2013 laufenden Längsschnittstudie EWIKO (Entwicklung von Wissenskomponenten).

Die Schüler wurden am Beginn der fünften Jahrgangsstufe im September 2008
rekrutiert. Der erste Messzeitpunkt (T1) fand im November 2008, T2 im Juli 2009
(Ende der 5. Jahrgangsstufe), T3 im März 2010 (Mitte der 6. Jahrgangsstufe) und
T4 im November 2010 (Beginn der 7. Jahrgangsstufe) statt. Die Datenerhebungen
in den Schulen wurden zu allen Messzeitpunkten in einem Zeitraum von etwa

drei Wochen durchgeführt. Zwischen den Erhebungswellen lagen jeweils 8 Monate. Der beobachtete Zeitraum umfasst also 24 Monate.

Datenerhebung

Die Datenerhebungen fanden in den Schulen als Gruppentestungen im Klassenverband statt. Auch nach Auflösung der Klassenverbände nach dem Ende der fünften Jahrgangsstufe (T2) wurden die ursprünglichen Testgruppen beibehalten. Die Größe der Testgruppen lag zwischen 11 und 33 Schülern. Die Testverfahren wurden jeweils von zwei ausführlich geschulten und erfahrenen studentischen Hilfskräften angeleitet und überwacht. Die Datenerhebungen umfassten 135 (T1 und T3) bzw. 90 (T2 und T4) Minuten. Sie wurden jeweils in den ersten drei (T1 und T3) bzw. in den ersten zwei (T2 und T4) Schulstunden durchgeführt.

Tabelle 8.3: Übersicht über die eingesetzten Testverfahren zu den vier Messzeitpunkten

	Messzeitpunkt			
	T1	T2	T3	T4
Metakognitives Wissen Mathematik	x	x	x	x
Leseverstehen	x		x	
Metakognitives Wissen Lesen	x		x	
Englischleistung	x	x	x	x
Metakognitives Wissen Englisch	x	x	x	x
Prozedurale Metakognition Lesen			x	
Mathematikleistung	x	x	x	x
Kognitive Fähigkeiten (fluide Intelligenz)	x			
Metakognitives Wissen Allgemeines Lernen	x	x	x	x
Schülerfragebogen (u. a. fachspezifisches Interesse und Selbstkonzept)	x	x	x	x
Gedächtniskapazität (Zahlenspanne vorwärts/rückwärts)	x			

Anmerkung: T1 = Messzeitpunkt 1; T2 = Messzeitpunkt 2; T3 = Messzeitpunkt 3; T4 = Messzeitpunkt 4; grau hinterlegte Tests sind für die folgenden Ausführungen nicht relevant.

Tabelle 8.3 gibt Inhalt und Position der eingesetzten Testverfahren zu allen vier Messzeitpunkten wieder. Die für die weitere Darstellung nicht relevanten Testteile sind grau hinterlegt. Die Reihenfolge der Testteile wurde über die vier Messzeitpunkte hinweg konstant gehalten. Die Aufgaben wurden in zwei Testheftversionen vorgegeben, die sich in der Itemreihung innerhalb der Testverfahren unterschieden (Pseudoparalleltestversionen). Die Zuordnung der Schüler zu den Testheftversionen wurde über die Messzeitpunkte hinweg konstant gehalten. Zusätzlich zur Datenerhebung bei den Schülern wurden zu T1 auch die Eltern mittels Fragebogen zur sozialen Stellung der Familie befragt.

Umgang mit fehlenden Werten

Stichprobenmortalität: Von den insgesamt 928 Teilnehmern liegen von 494 Schülern (53%) vollständige Datensätze vor, von 434 Schülern fehlt mindestens ein Datenpunkt. Tabelle 8.4 zeigt eine Übersicht der Stichprobenmortalität getrennt für die vier Messzeitpunkte.

Von 165 (15,0%) Schülern liegen keine vollständigen Daten vor, da sie erst bei T2 (111 Versuchspersonen), T3 (48 Versuchspersonen) und T4 (6 Versuchspersonen) in die Stichprobe aufgenommen wurden.

Von 104 Versuchspersonen (8,6%) fehlen punktuell Daten, da sie an einem oder mehreren Untersuchungsterminen krank waren (insgesamt 108 fehlende Datenpunkte). Dauerhaft schieden aus der Stichprobe 142 Versuchspersonen (15,3%) aus: 110 Schüler (11,8%) wechselten die Schule bzw. die Schulart, 5 Schüler (0,5%) wiederholten die sechste Jahrgangsstufe, 27 Schüler (2,9%) zogen ihre Einverständniserklärung zurück. Von insgesamt 73 Schülern (7,8%) konnten aufgrund organisatorischer Gründe nicht zu allen Messzeitpunkten Daten erhoben werden. Dies betrifft v. a. T4.

Tabelle 8.4: Stichprobenmortalität zu den vier Messzeitpunkten

	T1	T2	T3	T4
Teilnehmer gesamt (% der Stichprobe)	763 (82,2%)	835 (90,0%)	767 (82,7%)	681 (73,3%)
krank am Testtag		23	53	32
Schulwechsel/Schulartwechsel		10	64	36
Klasse wiederholt			1	4
Einverständnis zurückgezogen		3	18	6
organisatorische Gründe		3	3	67
noch nicht in Stichprobe (nachrekrutiert)	165	54	6	
bereits dauerhaft ausgeschieden			16	102

Anmerkung: T1 = Messzeitpunkt 1; T2 = Messzeitpunkt 2; T3 = Messzeitpunkt 3; T4 = Messzeitpunkt 4.

Analyse des Drop-out: Die Drop-out-Analysen wurden auf Grundlage der nach T1 ausgefallenen Schüler durchgeführt. Die 165 nach T1 in die Stichprobe aufgenommenen Schüler wurden dabei nicht berücksichtigt. χ^2-Tests zur Überprüfung der Gleichverteilung des Stichprobenausfalls auf Geschlecht und Schulart ergaben keinen signifikanten Effekt für das Geschlecht ($\chi^2 = 0{,}485$; $df = 1$; $p = .486$). Jedoch zeigten sich Hinweise auf selektive Ausfallprozesse für die Schulart ($\chi^2 = 42{,}549$; $df = 2$; $p < .001$): Paarweise Vergleiche zwischen den Schularten belegten höhere Ausfallquoten in der Hauptschule im Vergleich zu Gymnasium ($\chi^2 = 39{,}175$; $df = 1$; $p = < .001$) und Realschule ($\chi^2 = 19{,}708$; $df = 1$; $p = < .001$) sowie in der Realschule im Vergleich zum Gymnasium ($\chi^2 = 4{,}122$; $df = 1$; $p = < .05$).

Um zu überprüfen, ob sich die im Verlauf der Untersuchung ausgeschiedenen Versuchspersonen in den erhobenen Merkmalsausprägungen von den Versuchspersonen mit vollständigen Datensätzen unterschieden, wurden in relevanten Merkmalen zu den vier Messzeitpunkten die Differenzen zwischen den Mittelwerten der Versuchspersonen mit vollständigen Datensätzen (n = 494) und unvollständigen Datensätzen (T1: n = 269; T2: n = 341; T3: n = 273; T4: n = 197) gebildet und an der gepoolten Standardabweichung standardisiert (Cohens d).

Im metakognitiven Wissen lagen die Effektstärken zwischen den beiden Gruppen zwischen d = 0,15 (T4) und d = 0,36 (T1 und T3); im Mathematikleistungstest zwischen d = 0,12 (T4) und d = 0,37 (T3).

In der Intelligenz lag die Effektstärke bei d = 0,27. In der Gedächtnisspannenaufgabe vorwärts wurde eine Effektstärke von d = 0,07, in der Gedächtnisspannenaufgabe rückwärts von d = 0,14 erreicht. In diesen beiden Aufgaben lagen insgesamt nur von n = 529 (Gedächtnisspanne vorwärts) bzw. n = 441 (Gedächtnisspanne rückwärts) Schülern Daten vor. Auch im Selbstkonzept und Interesse berichteten die Schüler, die zu allen Messzeitpunkten teilgenommen hatten, höhere Werte (jeweils d = 0,10 für Selbstkonzept und Interesse). Der gleiche Effekt zeigte sich für die soziale Herkunft (d = 0,13).

Die Schüler mit vollständigen Datensätzen erbrachten im Vergleich zu den Schülern mit fehlenden Daten also insbesondere in den Leistungsindikatoren sowie den kognitiven Fähigkeiten höhere Leistungen. Damit kann nicht ausgeschlossen werden, dass der Ausfallprozess mit potenziellen Hintergrundvariablen oder der Ausprägung der fehlenden Variable selbst in Zusammenhang stand. Die Annahme eines Missingmusters, das dem *Missing Completely At Random* (MCAR; Little & Rubin, 2002) entspricht, kann nicht aufrechterhalten werden. Das Ignorieren des Stichprobenausfalls (z. B. durch listenweisen Fallausschluss) würde in diesem Fall neben dem Verlust an Effizienz auch zu verzerrten Parameterschätzungen (*bias*) und damit zu möglicherweise fehlerhaften Befunden führen (Lüdtke, Robitzsch, Trautwein & Köller, 2007).

Daher ist für die inferenzstatistische Auswertung der Daten die *Full Information Maximum Likelihood*-Option (FIML) in Mplus 6.1 (Muthén & Muthén, 1998-2011) zu nutzen. Der FIML-Algorithmus bezieht in die Schätzung der zu testenden Parameter die beobachteten Datenpunkte ein, ohne die fehlende Datenpunkte zu imputieren oder zu ersetzen. Der FIML-Algorithmus für unvollständige Daten folgt dabei im Wesentlichen dem Vorgehen der klassischen ML-Schätzung mit vollständigen Daten (s. Enders, 2010 für eine detaillierte Beschreibung der Unterschiede zwischen ML- und FIML-Schätzung).

Die FIML-Schätzung kommt bei einem *Missing At Random* (MAR; Little & Rubin, 2002) zu erwartungstreuen und effizienten Parameterschätzungen (Enders, 2010). Von einem Ausfallmuster entsprechend dem MAR ist auszugehen, wenn das Fehlen eines Wertes in einer Variablen nach Kontrolle anderer beobachteter Variablen nicht mehr von der Ausprägung in der Variablen selbst abhängt. Dies ist dann gegeben, wenn der Missingprozess durch andere beobachtete Variablen (Hintergrund- oder Hilfsvariablen) erklärt werden kann. Je mehr Kovariaten in einem Hintergrundmodell als Hilfsvariablen in die Vorhersage der fehlenden Werte einbezogen werden, desto plausibler ist die Annahme eines MAR (Collins, Schafer & Kam, 2001). Finden sich auch nach Kontrolle von Hintergrundvariablen systematische Zusammenhänge zwischen dem Auftreten von Missings und der Ausprägung der fehlenden Werte, so spricht man von *Missing Not At Random* (MNAR). Auch in diesem Fall können durch eine FIML-Schätzung Verzerrungen in den Parameterschätzungen reduziert werden (Collins et al., 2001).

MPlus bezieht die Hilfsvariablen in Form eines *saturated correlates model* in die FIML-Schätzung ein (Graham, 2003). Dabei werden zur Ermittlung der Modelparameter nicht nur die Beziehungen zwischen den Variablen des jeweiligen Analysemodells genutzt, sondern zusätzlich auch alle möglichen Zusammenhänge zwischen den Analysevariablen und den Variablen des Hintergrundmodells (Asparouhov & Muthén, 2008). Für die vorliegenden Analysen wurde ein Hintergrundmodell mit 43 Variablen aus allen vier Messzeitpunkten spezifiziert. Neben den 17 direkt in die Analysen eingehenden Variablen wurden, um mögliche Verzerrungen durch MNAR zu korrigieren, auch 26 weitere zur Verfügung stehende demographische sowie kognitive und nicht kognitive Schülervariablen als Hilfsvariablen einbezogen (s. Tab. 8.3). Um valide Modellvergleiche zu gewährleisten, wurde das Hintergrundmodell über alle Analysen hinweg konstant gehalten (Asparouhov & Muthén, 2008). Eine Alternative zur FIML-Schätzung im Umgang mit fehlenden Werten bietet die multiple Imputation. In diesem Verfahren werden für jeden fehlenden Datenpunkt mithilfe regressionsanalytischer Strategien mehrere Datenpunkte geschätzt. Dabei werden mehrere vollständige Datensätze generiert, die separat analysiert werden müssen. Dieses Verfahren ermöglicht – ebenso wie die FIML-Schätzung – erwartungstreue und effiziente Parameterschätzung bei MAR. Beide Verfahren führen bei gleichen Hintergrundmodellen zu ähnlichen Resultaten (Collins et al., 2001). In Auswertungsstrategien, die auf Strukturgleichungsmodellen basieren, weist multiple Imputation jedoch einen entscheidenden Nachteil auf: Während Regeln zur Integration wichtiger statistischer Kennwerte aus den separaten Analyseläufen multipel imputierter Datensätze zu jeweils einem Kennwert existieren (Rubin, 1987), liegen keine Ansätze zur Ermittlung gepoolter Modell-Fit-Indizes in Strukturgleichungsmodellen vor (wie z. B. χ^2-Werte, RMSEA, TLI, CFI; vgl. Enders, 2010). Da die Beurteilung des Modellfits und der Vergleich von Modellen über Fitindizes zentrale Fragen bei Strukturgleichungsmodellen sind, wird in diesem Analysekontext der Einsatz von FIML-Schätzung empfohlen (Enders, 2010).

8.2 Methoden der längsschnittlichen Skalierung

Im Vergleich zur Klassischen Testtheorie bietet das Raschmodell auch für kleinere Stichprobenumfänge die Möglichkeit, Messinstrumente flexibel an Veränderungsprozesse im untersuchten Merkmal anzupassen, und ist daher prädestiniert für die längsschnittliche Abbildung von Entwicklungsprozessen (s. u.; Kolen & Brennan, 2004; Embretson & Reise, 2000; Hambleton, Swaminathan & Rogers, 1991). Das Raschmodell ist ein Spezialfall der allgemeineren *Item Response Theory* (IRT; vgl. Embretson & Reise, 2000 und Demars, 2010 für eine Einordnung des Raschmodells in die IRT).

Im Hinblick auf die Verwendung des Raschmodells als Messmodell für die Skalierung der längsschnittlich zu untersuchenden Konstrukte (metakognitives Wissen und Mathematikleistung) sollen die Annahmen und psychometrischen Eigenschaften der IRT vorgestellt werden. Im Anschluss werden die Methoden zur Skalierung der Testitems und die Prozeduren zur Überprüfung der Modellgültigkeit berichtet. Sind die Annahmen des Messmodells erfüllt, können Raschskalen durch sogenannte *linking*-Verfahren einfach miteinander verknüpft werden. Diese Möglichkeit kann in längsschnittlichen Untersuchungen wie der vorliegenden dazu genutzt werden, um Testinstrumente schrittweise an das zunehmende Fähigkeitsniveau der Versuchspersonen anzupassen und trotz teilweise unterschiedlicher Tests intraindividuelle Veränderungen in der Leistung interpretieren zu können. Annahmen, Methoden und Gütekriterien dieses sogenannten vertikalen *linking* werden im letzten Abschnitt des Kapitels beschrieben.

Das Raschmodell

Das Raschmodell basiert auf einer *latent trait* Theorie für dichotome Daten. Es unterscheidet also zwischen dem beobachtbaren (manifesten) Antwortverhalten einer Person und einer nicht beobachtbaren (latenten) Ausprägung des zu erfassenden Merkmals. Das manifeste Verhalten besteht in den Antworten einer Person auf Testitems (also richtige und falsche Lösungen), das latente Merkmal ist das hinter dem Verhalten stehende psychologische Konstrukt (z. B. Kompetenz). Die manifeste Variable fungiert als Indikator für die latente Variable, erklärt diese aber infolge einer fehlerbehafteten Messung nicht vollständig (Bollen, 2002).

Ein Messmodell beinhaltet eine Zuordnungsvorschrift, mit der das manifeste Antwortverhalten in Beziehung zur latenten Variable gesetzt wird (Wilson, 2005). Im Raschmodell wird diese Beziehung stochastisch ausgedrückt als die Wahrscheinlichkeit, ein Item zu lösen.

Diese Wahrscheinlichkeit ist eine Funktion der Differenz aus der latenten individuellen Merkmalsausprägung der Person (θ_p) und einem latenten Schwierigkeitsindikator des Testitems (β_i). Im Einzelnen läuft der Transformationsprozess des beobachteten Anwortverhaltens im Raschmodell wie folgt ab (vgl. Rost, 2004, S. 116-120):

Zunächst wird das Antwortverhalten x_{pi} einer Person p für ein Item i in einen sogenannten Wettquotienten (*odds ratio*) transformiert, d. h. es wird ein Quotient aus Lösungswahrscheinlichkeit (x_{pi} = 1) und Gegenwahrscheinlichkeit (x_{pi} = 0) gebildet. In einem zweiten Transformationsschritt wird dieser Quotient logarithmiert. Der logarithmierte Wettquotient wird als logit bezeichnet und hat einen Wertebereich von -∞ bis +∞ (vgl. Gleichung 1).

$$\log \frac{p(x_{pi} = 1)}{p(x_{pi} = 0)} \tag{1}$$

Diese logit-transformierte Lösungswahrscheinlichkeit lässt sich nun – so die Annahme des Raschmodells – als lineare Funktion der Differenz aus Personenfähigkeit θ_p und Itemschwierigkeit β_i beschreiben (vgl. Gleichung 2):

$$\log \frac{p(x_{pi} = 1)}{p(x_{pi} = 0)} = \theta_p - \beta_i \tag{2}$$

Nach einer Umformung (s. Rost, 2004, S. 119), die zu einer leichter interpretierbaren Darstellung der Lösungswahrscheinlichkeiten führt, erhält man die Modellgleichung des Raschmodells für dichotome Daten (Gleichung 3).

$$p(x_{pi}) = \frac{e^{x_{pi} \cdot (\theta_p - \beta_i)}}{1 + e^{(\theta_p - \beta_i)}} \tag{3}$$

Entscheidend für das beobachtete Antwortverhalten eines Items ist also die Differenz aus individueller Merkmalsausprägung und Itemschwierigkeit. Haben Merkmalsausprägung eines Probanden und Itemschwierigkeit den gleichen Wert, resultiert eine Lösungswahrscheinlichkeit von $P(x_{pi}$ = 1) = 0,5 (d. h. einer Lösungschance von 50%).

In Abbildung 8.1 ist in Form einer *Item-Characteristic-Curve* (ICC) abgebildet, wie sich Veränderungen in der latenten Merkmalsausprägung einer Person bei Items unterschiedlicher Itemschwierigkeiten auf die Lösungswahrscheinlichkeit des Items $P(x_{pi}$ = 1) auswirken.

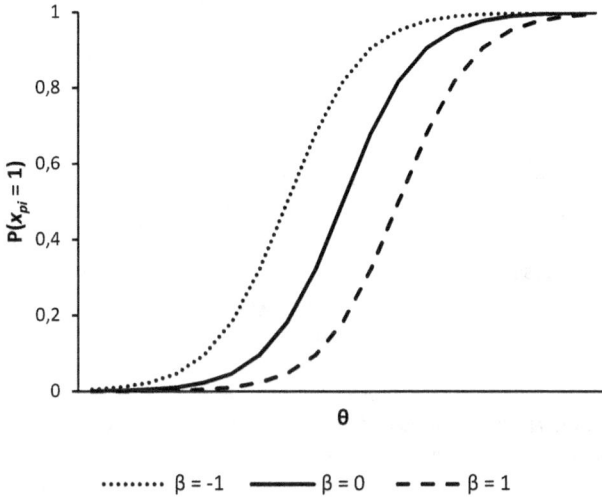

Abbildung 8.1: *Item Characteristic Curves* (ICC) für drei Items unterschiedlicher Schwierigkeit

Unter Geltung der Annahmen des Raschmodells haben die Funktionen der drei Items aus Abbildung 8.1 dieselbe Steigung und sind parallel zueinander auf der Abszisse verschoben. Merkmalsausprägung θ_p und Itemschwierigkeit β_i sind auf einer gemeinsamen Skala abgetragen. Daraus leiten sich die im Weiteren relevanten Eigenschaften des Raschmodells ab.

Unterschiede zwischen Versuchspersonen in der Lösungswahrscheinlichkeit eines Items lassen sich auf unterschiedliche Merkmalsausprägungen zurückführen (Invarianz der Items gegenüber den Personen), Unterschiede in den Lösungswahrscheinlichkeiten einer Versuchsperson zwischen Items dagegen auf unterschiedliche Itemschwierigkeiten (Invarianz der Personen gegenüber den Items). Unterschiede in der Lösungswahrscheinlichkeit verschiedener Items können also durch unterschiedliche Merkmalsausprägungen θ_p bei den Probanden oder durch unterschiedliche Itemschwierigkeiten β_i aufseiten des Tests zustande kommen. Beide Parameter befinden sich auf einer gemeinsamen Skala. Sie sind innerhalb und zwischen Tests und Stichproben invariant gegenüber linearen Transformationen (für eine ausführliche Herleitung s. Embretson & Reise, 2000; Rupp & Zumbo, 2006).

Allerdings bedeutet die Parameterinvarianz nicht, dass alle Items bei allen Personen gleich präzise messen: Abbildung 8.1 zeigt, dass sich Unterschiede auf der latenten Merkmalsausprägung (der Abszisse) v. a. dann in deutlichen Unterschieden in der Lösungswahrscheinlichkeit der Items manifestieren, wenn Merkmalsauspragung und Itemschwierigkeit ähnlich sind. D. h. leichte Items messen bei Personen geringer Merkmalsausprägung präzise, schwere Items messen bei Personen hoher Merkmalsausprägung präzise. Die Annahme von Parameterinvarianz ist in der empirischen Realität meist nur teilweise erfüllt (Hambleton et al., 1991). Die Parameterschätzungen von θ_p und β_i erweisen sich jedoch als relativ robust gegenüber Verletzungen dieser Annahme (Rupp & Zumbo, 2006).

Im Folgenden werden die zentralen Schritte der Raschskalierung, wie sie in der vorliegenden Arbeit durchgeführt wurde, beschrieben. In der Ausgangssituation sind nur die Muster der Antworten (*response patterns*) der Versuchspersonen in den Testitems bekannt. Daraus müssen sowohl die latenten individuellen Merkmalsausprägungen (Personenparameter) als auch die Itemschwierigkeiten (Itemparameter) geschätzt werden. Beide Parameter werden mithilfe des *maximum-likelihood*-Verfahrens (ML-Verfahren) geschätzt. In diesem iterativen Verfahren werden für die Parameter Werte gesucht, die – unter der Annahme der Modellgeltung – die Wahrscheinlichkeit (*likelihood*) für das beobachtete Datenmuster maximieren (vgl. Embretson & Reise, 2000 für eine detaillierte Vorstellung des Verfahrens). Die durch ML-Schätzung ermittelten Parameter werden zusätzlich durch einen Gewichtungsterm für extreme Werte (Warm, 1989) korrigiert (zur Herleitung s. Rost, 2004, S. 313f.) und werden zu *weighted likelihood estimators* (WLE). Nach Rost (2004, S. 315) stellen diese Parameterschätzungen die „besten Punktschätzer der individuellen Messwerte" dar. In der vorliegenden Arbeit wurde für die Schätzung der Item- und Personenparameter die Software ConQuest 2.0 eingesetzt (Wu, Adams, Wilson & Haldane, 2007). Da die ML-Schätzungen probabilistische Algorithmen sind, konvergieren sie immer auf eine Lösung. Die Gültigkeit des Modells oder eine hinreichende Präzision der Messung ist damit nicht nachgewiesen und muss nach erfolgter Schätzung überprüft werden.

Prüfung der Modellgeltung

Um die Gültigkeit der Annahmen des gewählten Messmodells im Datensatz zu überprüfen, sind zusammenfassend drei Aspekte zu berücksichtigen (Embretson & Reise, 2000; Moosbrugger, 2008; Demars, 2010):

Eindimensionalität: Erste Bedingung für die Gültigkeit des Raschmodells ist die Eindimensionalität der Items. Dies beinhaltet die Annahme, dass das Antwortverhalten der Versuchspersonen nur durch die Merkmalsausprägung der latenten Variable beeinflusst wird. Andere Einflussfaktoren werden als Fehlervarianz behandelt. Um die Faktorenstruktur dichotomer Items zu prüfen, muss die tetrachorische Inter-Item-Korrelationsmatrix überprüft werden.

Lokale stochastische Unabhängigkeit: Diese ist dann gegeben, wenn die Beziehungen zwischen zwei Items voll durch das Modell erklärt werden. Eine lokale Verletzung dieser Annahme muss sich nicht in der Mehrdimensionalität des Gesamttests niederschlagen, sondern zeigt sich in einer Korrelation der Items nach Kontrolle für den Gesamtscore. Eine Korrelation der Residuen führt zu einer Überschätzung der Trennschärfen und zu einer Unterschätzung der Standardfehler. Um lokale stochastische Unabhängigkeit näherungsweise zu prüfen, können in Analogie zu Yens Q3 (Yen, 1984, 1993) die Partialkorrelationen der Items nach Kontrolle für den Gesamtscore berechnet werden. Als unkritisch gelten Residualkorrelationen $r_e < .20$.

Fit: Der Modellfit kann durch die Inspektion der Residuen, also den Unterschieden zwischen den vom Modell vorhergesagten und den tatsächlich empirisch beobachteten Werten, beurteilt werden. Die *mean-square*-Statistik nach Wright und Master (1982, zitiert nach Wu et al., 2007) standardisiert die Residuen an ihrer Standardabweichung. Die standardisierten Residuen werden quadriert und zur Analyse des Itemfits über die Personen gemittelt. Ihr Erwartungswert bei Modellgültigkeit beträgt 1. Ein Wert MNSQ > 1 (d. h. die beobachtete Varianz ist größer als die erwartete Varianz) kann als eine geringer als erwartet ausgefallene Itemtrennschärfe interpretiert werden. In den beobachteten Antwortmustern ist also mehr Variation („Rauschen“) als durch das Modell erklärt werden kann (ein sogenannter *underfit*). Ein Wert MNSQ < 1 (die beobachtete Varianz ist also geringer als die erwartete Varianz) kann als eine höher als erwartet ausgefallene Itemtrennschärfe aufgefasst werden. Dies indiziert ein lokales Defizit an stochastischer Variation. Alle Antwortmuster entsprechen also sehr eng den modellierten Erwartungen. Ein Item mit einem solchen sogenannten *overfit* beeinträchtigt nicht die Modellgültigkeit, reduziert allerdings die Messgenauigkeit. MNSQ, die zur beobachteten Varianz in Beziehung gesetzt werden (weighted MNSQ, *infit*), sind sensitiver für Abweichungen von Antwortmustern bei mittlerer Merkmalsausprägung, ungewichtete MNSQ (*outfit*) dagegen sind sensitiver bei extremer Merkmalsausprägung. Nach Wilson (2005) zeigen mit dem Raschmodell vereinbare Items MNSQ zwischen 0,75 und 1,33. Nach Rost (2004, S. 372) überschätzen MNSQ oft die Modellabweichungen und können damit als konservative Maße gelten.

Vertikales *linking*

Die Untersuchung der in Kapitel 7 formulierten Fragestellungen macht es notwendig, die intraindividuellen Veränderungen im metakognitiven Wissen und der Mathematikleistung im Verlauf der Sekundarstufe I abzubilden. Wie z. B. die Diskussion in Kapitel 4 zeigte, erfordert eine veränderungssensitive und inhaltlich aussagekräftige Erfassung von Veränderungsprozessen sowohl die Abdeckung eines breiten Schwierigkeitsspektrums als auch die Gewährleistung der inhaltlichen Validität des erfassten Merkmals im gesamten untersuchten Altersbereich.

Die wiederholte Vorgabe ein und desselben Tests, der Merkmalsunterschiede und -veränderungen über mehrere Schuljahre abbilden kann, macht die Administration einer großen Menge von Items notwendig, von denen viele zu den jeweiligen Messzeitpunkten dem Leistungsstand der Schüler hinsichtlich Aufgabenschwierigkeit und -inhalt nicht entsprechen (Kolen & Brennan, 2004). Die Aufspaltung des Tests in Testlets, die den Leistungsstand der Schüler zu den einzelnen Messzeitpunkten reliabel und inhaltlich valide erfassen können, umgeht dieses Problem. Um trotz unterschiedlicher Testlets Entwicklungsprozesse als intraindividuelle Veränderung interpretieren zu können, müssen die Leistungen in den einzelnen Testlets jedoch auf eine gemeinsame Skala gebracht werden.

Schritte des vertikalen linking: Die Integration der Testlets zu einer Skala mit einer gemeinsamen Metrik lässt sich in drei Schritte unterteilen: (a) separate Schätzung der Itemparameter jedes Testlets, (b) Kalibrierung der Itemparameter auf einer gemeinsamen Skala, (c) Schätzung der Fähigkeitsparameter anhand dieser Skala.

Unter Annahme der Gültigkeit der Modellannahmen sind die Itemparameter invariant hinsichtlich linearer Transformationen (Parameterinvarianz s. Rupp & Zumbo, 2006). Die Metrik einer Parameterschätzung im Raschmodell ist zunächst arbiträr. Werden die Parameter zweier Skalen an einem gemeinsamen Mittelwert (in der Regel $M = 0$, sog. Summennormierung) zentriert, so befinden sich die Parameterschätzungen beider Tests auf einer gemeinsamen Skala. Die Position der Items auf der Skala geht dann aus einer linearen Transformation hervor. In der Kalibrierung der Itemparameter wird die Transformationsvorschrift ermittelt.

Als sehr einfach zu implementierendes und robustes Design der Itemkalibrierung gilt das im Folgenden verwendete *common-item*-Design. Dabei dienen die in mehreren Testlets eingesetzten Items (überlappende oder *common items*) als Anker, um eine lineare Transformationsvorschrift zu finden, die die einzelnen Skalen aufeinander abbildet. Gleichung 4 stellt diesen Zusammenhang für den Itemparameter β_i des in Testlet *I* und Testlet *J* eingesetzten Items *i* im Rahmen des Raschmodells dar:

$$\beta_{iI} = \beta_{iJ} + B_{IJ}$$

(4)

Im sogenannten *mean/mean equating* werden die Mittelwerte der Itemparameter der *common items* genutzt, um die *linking*-Konstante B_{IJ} zu berechnen und so die Itemparameterschätzungen der Testlets *I* und *J* aufeinander abzubilden (Kolen & Brennan, 2004). So können über diese sukzessive von Testlet zu Testlet ermittelte Transformationsvorschrift auch die Parameter der nicht überlappend eingesetzten Items auf die gemeinsame Metrik gebracht werden. Um Verzerrungen durch das verkettete Vorgehen der Mittelwertbildung zu vermeiden, werden in einer Verallgemeinerung des Verfahrens die *linking*-Konstanten simultan durch lineare Regression ermittelt (Haberman, 2009).

Sind die Schwierigkeitsparameter aller Items kalibriert, können im nächsten Schritt die Fähigkeitsparameter bzw. die Merkmalsausprägung θ der Versuchspersonen ermittelt werden: Die Itemparameter werden in allen Testlets auf den durch das *equating* transformierten Wert fixiert. Ändern sich die Lösungsraten des Items über die Administrationen der Testlets, so kann diese Veränderung – aufgrund des konstant gehaltenen β_i – auf Veränderungen in der Merkmalsausprägung θ der Versuchspersonen zurückgeführt werden.

Die *mean/mean* Transformation hat gegenüber anderen Transformationsverfahren wie der konkurrenten Skalierung oder den *characteristic-curves*-Verfahren den Vorteil, dass Items, die nicht den Modellannahmen entsprechen, identifiziert und aus der Skala ausgeschlossen werden können. Damit sind – bei Erfüllung der Modellannahmen – auch für kleinere Stichprobenumfänge, wie im vorliegenden Fall, Skalentransformationen akzeptabler Präzision möglich (Kolen & Brennan, 2004).

Voraussetzungen: Das Ausmaß, in dem die Veränderung der Lösungsraten auf Veränderungen der latenten Merkmalsausprägung und nicht Skalierungsartefakte zurückgeführt werden kann, hängt von der Gültigkeit und Präzision des vertikalen *linking* und damit im Wesentlichen von der Qualität der Ankeritems ab. Die Annahmen, die für raschkonforme Items gelten, gelten für Ankeritems in besonderem Maße, da Abweichungen aufgrund des *equating* kumulieren und zu Verzerrungen der Schätzungen führen. Ihrer Bedeutung entsprechend finden sich in der Literatur zahlreiche Empfehlungen über Inhalt, Zahl und Beschaffenheit der Ankeritems (Hambleton et al., 1991; Kolen & Brennan, 2004; Michaelides, 2010).

Zunächst sollten die Ankeritems hinsichtlich inhaltlicher und psychometrischer Eigenschaften repräsentativ für den Gesamttest sein. Als Mindestanzahl von Ankeritems werden 20% der Gesamttestlänge empfohlen, wobei die Präzision des *equating* mit zunehmendem Anteil an Ankeritems zunimmt. Weiterhin von Bedeutung ist die Konstanthaltung von Formulierung und Testheftposition der Ankeritems. Unerlässlich für die Validität des *equating* ist ein über Testlets und Personen hinweg stabiles Funktionieren der als Anker eingesetzten, die Testlets überlappenden Ankeritems. Daher sind diese Items auf differenzielle Veränderungen im Antwortverhalten über die Testlets (*Differential Item Functioning* (DIF) bzw. *Item Parameter Drift* (IPD)) zu überprüfen (Robitzsch, Dörfler, Pfost & Artelt, 2011).

Ein Item zeigt dann ein *Differential Item Functioning* (DIF), „if individuals having the same ability, but from different groups, do not have the same probability of getting the item right" (Hambleton, et al., 1991, S. 110). Das Vorliegen eines DIF verletzt also die Annahme der Parameterinvarianz. Bei der vertikalen Skalierung in längsschnittlichen Studien ist als besondere Form des DIF der *Item Parameter Drift* (IPD) zu beachten. Dieser ist dann zu beobachten, wenn zu mehreren Messzeitpunkten eingesetzte Items die Annahme der Parameterinvarianz verletzen, d. h.,

wenn sich der Bezug der manifesten Itemantworten zur latenten Merkmalsausprägung über die Messzeitpunkte, zu denen die Items eingesetzt werden, ändert. IPD
stellt damit die Vergleichbarkeit der Skalenwerte der Versuchspersonen über die
Messzeitpunkte infrage (s. Michaelides, 2010). Die Prüfung des IPD verläuft analog zur herkömmlichen DIF-Analyse auf Grundlage von logit-Differenzen (Wilson,
2005; Monahan, McHorney, Stump & Perkins, 2007).

Als Maßstab zur Beurteilung der logit-Differenzen zwischen den Schwierig-
keitsparametern eines Items zu zwei Messzeitpunkten dient die Klassifikation des
Educational Testing System (Dorans & Holland, 1993): Als vernachlässigbarer DIF
werden logit-Differenzen, die kleiner als 0,43 sind, bezeichnet. Ein kleiner bis mo-
derater DIF ist für logit-Differenzen zwischen 0,43 und 0,64, die signifikant größer
als 0 sind. Ein DIF ist dann moderat bis groß, wenn die logit-Differenzen über 0,64
liegen und signifikant größer als 0,43 sind.

Um die logit-Differenzen und damit den IPD auf der Skalenebene zu bewerten,
schlagen Penfield und Algina (2006) als Beurteilungsgrundlage die Varianz der logit-Differenzen über die Testitems vor. Diese bildet die Heterogenität der Items als
Abweichung vom Erwartungswert der logit-Differenzen ($M = 0$) ab. In Analogie
zum oben dargestellten Schema gelten folgende Konventionen: Ein kleiner DIF
liegt vor, wenn die Standardabweichung der logit-Differenzen kleiner als 0,26 ist.
Ein mittlerer DIF liegt für Standardabweichungen zwischen 0,26 und 0,37 vor. Ein
großer DIF schließlich ist festzustellen für Standardabweichungen, die größer als
0,37 sind.

8.3 Konstruktion des metakognitiven Wissenstests Mathematik

Mit Ausnahme des von Artelt im Rahmen von PISA 2003 entwickelten Metagedächtnis-Mathematik-Tests (Artelt, 2006) liegt kein Verfahren für die Messung des mathematischen metakognitiven Wissens in der Sekundarstufe I vor (vgl. die Literaturübersicht in Kap. 4). Da dieses Instrument für den Einsatz am Ende der Sekundarstufe I
konstruiert wurde, konnte es im vorliegenden Kontext nicht eingesetzt werden. Zur
empirischen Untersuchung der in Kapitel 7 formulierten Fragestellungen musste daher ein neues Messinstrument konstruiert werden.

Zielsetzungen

Aus der Diskussion der Messstrategien in Kapitel 4 lässt sich schlussfolgern, dass
der Einsatz schriftlicher Wissenstests bereits im Grundschulalter objektive, reliable,
valide und ökonomische Messungen des metakognitiven Wissens zulässt. In diesen
Wissenstests sind in der Regel zwei oder mehr Beschreibungen metakognitiver Phänomene vor dem Hintergrund spezifischer kognitiver Anforderungssituationen zu

beurteilen. Aus den Beurteilungen werden dann deklarative und konditionale Aspekte des metakognitiven Wissens abgeleitet (für alternative Zuordnungen der Wissensfacetten in dieser Messstrategie siehe auch Kap. 2 und Kap. 4).

Bezüglich der Inhalte, die metakognitives Wissen in der Sekundarstufe I operationalisieren, lassen die in Kapitel 4 zusammengefassten Befunde die Abbildung von Entwicklungsprozessen vorrangig über Veränderungen in den konkret handlungsbezogenen Aspekten des Wissens über kognitive und metakognitive Strategien erwarten. In mathematischen Anforderungen wurde in Kapitel 3 ein kognitiv-metakognitives Rahmenmodell der mathematischen Informationsverarbeitung vorgestellt (Garofalo & Lester, 1985). In diesem Modell werden kognitive und metakognitive Strategien in eine Sequenz aus vier interdependenten Bearbeitungsepisoden eingeordnet: Orientierung, Organisation, Durchführung und Verifikation. Metakognitive Strategien wirken sich dabei auf die effektive Steuerung dieser Sequenz aus. Konkret werden vier Funktionsbereiche identifiziert: die Steuerung der Sequenz aus Bearbeitungsepisoden, die Reaktion auf unvorhergesehene Schwierigkeiten während der Bearbeitung, die Auswahl und Steuerung von kognitiven Strategien und die Anpassung bekannter Lösungsansätze an neue Anforderungen (s. Kap. 3).

Die Übersicht der empirischen Befunde zur Entwicklung des metakognitiven Wissens zeigte teilweise gravierende psychometrische Probleme in den eingesetzten Messinstrumenten auf (vgl. Kap. 4). Um diese Probleme in der Neukonstruktion eines metakognitiven Wissenstests zu vermeiden, wurden folgende Aspekte besonders beachtet:

(1) Die Verwendung geschlossener Antwortformate sollte die Objektivität und die Ökonomie des Verfahrens erhöhen und einen Einsatz als Gruppentest ermöglichen.

(2) Da die Literaturübersicht keine klaren Hinweise auf den Einfluss inhaltlicher oder messstrategischer Aspekte auf die Reliabilität der Messverfahren ergab, wurde der WLST (Schlagmüller & Schneider, 2007), für den in der Sekundarstufe I hinreichend reliable Messungen nachgewiesen sind, als Vorbild für die Testkonstruktion herangezogen. Dies beinhaltete den Verzicht einer Auswertung auf Item- oder Subtestebene zugunsten eines über alle Items aggregierten, globalen Indikators für metakognitives Wissen.

(3) Um trotz eines globalen Summenwertes inhaltlich eindeutig interpretierbare Befunde zu erzielen, wurde mit dem kognitiv-metakognitivem Rahmenmodell (Garofalo & Lester, 1985) ein klarer Bezug zu einem theoretisch umfassenden Modell der mathematischen Informationsverarbeitung hergestellt. Zusätzlich wurde eine umfassende Berücksichtigung aller in diesem Modell relevanten metakognitiven Prozesse angestrebt. Soweit möglich, orientierte sich die Testkonstruktion diesbezüglich an den Inhalten des empirisch bereits bewährten Metagedächtnis-Mathematik-Tests von Artelt (2006).

(4) Um zu gewährleisten, dass die Testleistung tatsächlich metakognitives Wissen
wiedergibt, d. h. das Zielkonstrukt inhaltlich valide abbildet, wurde die inhaltliche Gültigkeit des Instruments durch eine Expertenbefragung überprüft.

(5) Als Messmodell wurde das Raschmodell gewählt, da es eine praktikable Anpassung des Tests an die Entwicklungsveränderungen der untersuchten Personen
erlaubt (s. Kap. 8.2). Durch vertikales *linking* konnten auch über einen längeren
Beobachtungszeitraum optimale Differenzierungsleistungen des Messinstru-
mentes gewährleistet werden.

Aufbau und Auswertung des Tests

Die konkrete Gestaltung des Tests lehnte sich eng an den WLST (Schlagmüller
& Schneider, 2007) und andere schriftliche metakognitive Wissenstests an: Den
Versuchspersonen wurden Anforderungsszenarien vorgelegt, in denen spezifische Aspekte und Probleme der mathematischen Informationsverarbeitung beschrieben wurden. Die Szenarien wurden in typische Lehr- und Lernsituationen
eingekleidet, um einen hohen Alltagsbezug zu gewährleisten. Zusätzlich zu den
Anforderungsszenarien wurden mehrere konkrete strategische Handlungsvorschläge vorgegeben, die die Versuchspersonen hinsichtlich ihrer Funktionalität
und Effektivität im beschriebenen Szenario beurteilen sollten. Die Beurteilung
erfolgte auf einer sechsstufigen Notenskala (1 = sehr gut, 2 = gut, 3 = befriedi-
gend, 4 = ausreichend, 5 = mangelhaft, 6 = unbefriedigend).

Zur Auswertung der Strategieurteile wurde, wie auch bei Schlagmüller und
Schneider (2007), auf die Auswertungslogik der Strategiedemonstrationsverfahren zurückgegriffen (vgl. Kap. 4): Die Versuchspersonenurteile für die Strategiealternativen wurden jeweils paarweise zueinander in Beziehung gesetzt. Dabei
gingen nicht die absoluten Urteile, sondern relative Aussagen zur Über- bzw.
Unterlegenheit einer Strategiealternative gegenüber einer anderen Strategiealternative ein. Dabei wurden die Strategiealternativen bewusst so gewählt, dass innerhalb eines Anforderungsszenarios – aus Sicht der Testkonstrukteure – sowohl
funktionale und effektive Handlungen als auch dysfunktionale bzw. ineffektive
Vorgehensweisen zu beurteilen waren.

Da die Effektivitätsbeurteilung der Strategievorschläge durch die Versuchspersonen in dieser Messstrategie den Indikator für das metakognitive Wissen darstellte, ist die Gültigkeit der Annahmen, welche Strategien funktionale Handlungen darstellen und welche dysfunktional sind, das zentrale Kriterium für die Validität des erfassten Konstrukts. Daher waren die Annahmen der Testkonstruktion
zur relativen Funktionalität der Strategievorschläge Gegenstand der inhaltlichen
Validierung durch eine Expertenbefragung. Die Experteneinschätzungen zur relativen Funktionalität und Effektivität der Strategien dienten dann als Referenz-
muster für die Bewertung der Versuchspersonenurteile: Bei Übereinstimmung

mit dem vorab erhobenen Expertenurteil wurde ein relatives Strategieurteil als richtig (1), bei Nichtübereinstimmung als falsch (0) kodiert.

In den zu den vier Messzeitpunkten eingesetzten Testlets wurden jeweils fünf Anforderungsszenarien vorgegeben. Zu den Messzeitpunkten T1, T2 und T3 waren in den Szenarien jeweils 27 Strategiealternativen, zu Messzeitpunkt T4 29 Strategiealternativen zu beurteilen. Die Vorgabe der Szenarien und die Beurteilung der Strategiealternativen erfolgte schriftlich und im Gruppensetting. Die Bearbeitungszeit, in der die Beurteilungen zu treffen waren, betrug acht Minuten.

Inhalt

Wie oben dargestellt, orientierten sich die Anforderungsszenarien und Strategievorschläge des metakognitiven Wissenstests am kognitiv-metakognitiven Rahmenmodell von Garofalo und Lester (1985). Alle darin dargestellten Bearbeitungsepisoden und metakognitiven Prozesse wurden berücksichtigt. Die vorgeschlagenen Strategiealternativen beschrieben zum einen funktionale und effektive kognitive und metakognitive Strategien, zum anderen wurden auch dysfunktionale Strategien vorgeschlagen. Die funktionalen Strategien wurden aus den theoretischen Modellen und empirischen Beschreibungen der in Kapitel 3 vorgestellten Studien abgeleitet. Hinweise zu dysfunktionalen Strategien wurden Beschreibungen typischer Verhaltensweisen rechenschwacher Schüler entnommen (Bryant, Bryant & Hamill, 2000). Szenarienbeschreibungen und Strategievorschläge waren zum Teil an das Verfahren von Artelt (2006) angelehnt, wurden jedoch inhaltlich weiterentwickelt und an den Altersbereich angepasst.

Im Szenario *Zoo* wurde eine für den untersuchten Altersbereich typische Aufgabe zum Thema Proportionalität vorgestellt. Die zu bewertenden kognitiven Strategien sind Aktivitäten der Bearbeitungsepisoden Orientierung und Organisation zuzuordnen. Die dysfunktionalen Strategien beschrieben zum einen eine Vorgehensweise ohne vorangehende Orientierungsaktivität (möglichst schnell mit dem ersten Rechenschritt beginnen), zum anderen eine lediglich oberflächliche bzw. unsystematische Organisation der Lösungsschritte (das Herausschreiben der Zahlen und ihre numerisch plausible Verrechnung).

Das Szenario *Neue Aufgaben* (vgl. Aufgabe 1, Artelt, 2006) beinhaltete die Anforderung, neuartige Aufgabenstellungen zu verstehen und den Lösungsweg zu steuern. Dementsprechend sind die vorgeschlagenen Aktivitäten in den Bearbeitungsepisoden Orientierung, Organisation und Durchführung anzusiedeln. Die dysfunktionalen Vorschläge beschrieben Lösungsaktivitäten ohne vorangegangene Analyse der Aufgabenstellung (Konzentration auf die gegebenen Zahlen und schnellstmöglicher Beginn mit den Berechnungen) bzw. ohne Organisation und Überwachung der Lösungsprozedur (schnelles Festlegen auf einen Lösungsweg und Überwachung erst am Ende der Berechnungen).

Das Szenario *Schwierigkeiten* (vgl. Aufgabe 2, Artelt, 2006) stellte die Anforderung, einen Lösungsweg, der sich nicht weiterführen lässt, zu modifizieren. Die Handlungsvorschläge zur Regulation des eingeschlagenen Lösungsplanes lassen sich also der Kategorie Ausführung zuordnen. Der dysfunktionale Handlungsvorschlag (den problematischen Lösungsschritt zu überspringen) war durch das Fehlen von Regulationsprozessen bzw. metakognitiven Vandalismus (Goos, 2002; vgl. Kap. 3) charakterisiert.

Das Szenario *Beispielaufgabe*, das zu T3 anstelle des Szenarios *Schwierigkeiten* in den Test aufgenommen wurde, beinhaltete die Anforderung, einen bekannten Lösungsweg in einen neuen Kontext zu transferieren und auf Probleme in der Durchführung zu reagieren. Als dysfunktionale Möglichkeiten, den Lösungsweg zu steuern, wurden der Rekurs auf Methoden des oberflächlichen Transfers (Konzentration auf die gegebenen Zahlen und Versuch, zu ähnlichen Ergebnissen zu gelangen) bzw. der gänzliche Verzicht auf eine Regulation des Lösungsweges vorgeschlagen (ausrechnen, was leicht auszurechnen ist, und zur nächsten Aufgabe weitergehen).

Im Szenario *Lösungen* (vgl. Aufgabe 4, Artelt, 2006) waren Handlungen zu bewerten, die in die Kategorie der Verifikation fallen (globale Evaluation). Als dysfunktionale Handlungen wurden der Verzicht auf die Überprüfung der Lösung bzw. die Verwendung oberflächlicher Kriterien (wie die Prüfung auf vollständigen Einsatz aller angegebenen Zahlen) vorgeschlagen.

Das Szenario *Klassenarbeit* schließlich stellte die Anforderung, das Verständnis von Textaufgaben im Rahmen der Vorbereitung auf eine Klausur zu üben. Hier wurden sinnvoll ausgeführte kognitive Strategien (selektive Wiederholung und Elaboration) der mechanischen Ausführung von reinen Wiederholungsstrategien gegenübergestellt.

Inhaltliche Validierung

Zur Überprüfung der inhaltlichen Gültigkeit des metakognitiven Wissenstests wurde der Wissensindikator des Verfahrens, die relativen Urteile über die Funktionalität und Effektivität der Strategievorschläge, durch Expertenurteile validiert.

Es wurden zwei Expertenbefragungen durchgeführt. In die Befragungen wurden den $N_1 = 19$ und $N_2 = 24$ Professoren und wissenschaftliche Mitarbeiter deutscher mathematikdidaktischer Institute einbezogen. Tabelle 8.5 zeigt die prozentuale Übereinstimmung der Experten in den paarweisen Strategievergleichen.

Alle in der Konstruktion intendierten Paarvergleiche haben in einer der beiden Expertenbefragungen eine Expertenübereinstimmung von mindestens 80% erreicht.

Ausschluss von Items

Im Szenario *Schwierigkeiten* erreichten die Vergleiche mit der Strategie D (AD, BD, CD und ED) hinreichende Expertenübereinstimmung (> 90% in Expertenbefragung 1). Aufgrund geringer Schwierigkeit ($P > .90$) und damit einhergehend geringem Informationsgehalt wurden sie jedoch aus den weiteren Analysen ausgeschlossen.

Im Szenario *Lösungen* erzielte der Paarvergleich AF eine gute Expertenübereinstimmung (88%), jedoch musste das Item aufgrund geringer Trennschärfe ($r_{it} < .15$) und einem inakzeptablem infit (wMNSQ > 1,15) aus den Analysen ausgeschlossen werden.

Im Szenario *Beispielaufgabe* erzielten Vergleiche mit der Strategie B (AB, DB, EB) ebenfalls hohe Übereinstimmungsraten (> 80%), mussten jedoch ebenfalls aufgrund geringer Trennschärfen ($r_{it} < .17$) und einem auffälligem *infit* (wMNSQ > 1,12) aus den weiteren Analysen ausgeschlossen werden.

Tabelle 8.5: Ergebnisse der beiden Expertenbefragungen zur Validierung des metakognitiven Wissenstests

Szenario	Vergleich	Übereinstimmung (%) Expertenbefragung 1 (N=19)	Übereinstimmung (%) Expertenbefragung 2 (N=24)
Schwierigkeiten	AF	84	100
	BF	84	88
	CF	84	96
	EF	90	96
Lösungen	AB	100	a
	AE	100	a
	DB	100	a
	CE	100	a
	DE	100	a
	DF	100	96
Klassenarbeit	AC	79	88
	AD	100	96
	AF	100	a
	BC	74	96
	BD	95	100
	BF	95	a
	EC	90	100
	ED	100	100
	EF	100	a
Neue Aufgaben	AB	90	96
	AC	90	96
	DB	95	88
	DC	84	64
	EB	95	100
	EC	95	100
Zoo	AB	100	100
	AD	100	100
	CB	100	100
	CD	100	100
	EB	90	96
	ED	84	92
	FB	95	92
	FD	90	88
Beispielaufgaben	AC	a	92
	AF	a	96
	DC	a	96
	DF	a	96
	EC	a	88
	EF	a	92

Anmerkung: Die aufgrund psychometrischer Mängel von den Analysen ausgeschlossenen Paarvergleiche sind nicht dargestellt; N = Stichprobenumfang; [a]Paarvergleich wurde in der Expertenbefragung nicht vorgegeben.

Psychometrische Kennwerte

Tabelle 8.6 zeigt die Itemkennwerte der metakognitiven Wissensskala getrennt für die vier Messzeitpunkte. Mittelwerte und Standardabweichungen indizierten in keinem der vier Testlets Decken- oder Bodeneffekte. Die mittleren Itemschwierigkeiten lagen mit Werten zwischen $P_m = .57$ (T1) und $P_m = .67$ (T4) im Bereich optimaler Differenzierungsleistung. Die Schwierigkeitsinzides der einzelnen Items deckten mit einem Wertebereich von $P_{min} = .36$ bis $P_{max} = .90$ einen großen Bereich des Merkmalsspektrums ab. Die Bandbreite der Itemschwierigkeiten zu den einzelnen Messzeitpunkten lag zwischen $rg = .37$ (T1) und $rg = .49$ (T2). Cronbach-α als Indikator für die interne Konsistenz der Items wies mit Werten zwischen α = .83 (T1 und T2) und α = .85 (T3 und T4) eine mittelhohe Reliabilität der Skalen aus. Die Trennschärfen der Items lagen alle über $r_{it} > .23$.

Tabelle 8.6: Psychometrische Kennwerte der vier Testlets des metakognitiven Wissenstests

	N	Itemanzahl	Skalenkennwerte M	SD	α	Itemkennwerte P_{min}	P_{max}	r_{itmin}	r_{itmax}
Metakognitives Wissen T1	763	29	16,53	5,76	.83	.36	.79	.26	.46
Metakognitives Wissen T2	835	29	18,91	5,53	.83	.41	.89	.28	.40
Metakognitives Wissen T3	767	31	20,18	5,99	.85	.43	.90	.25	.48
Metakognitives Wissen T4	681	32	21,47	6,12	.85	.47	.85	.23	.44

Anmerkungen: N = Stichprobe mit gültigen Werten; M = Mittelwert; SD = Standardabweichung; α = Cronbach-α; P_{min} = Minimum des Schwierigkeitsindex; P_{max} = Maximum des Schwierigkeitsindex; r_{itmin} = Minimum der Trennschärfe; r_{itmax} = Maximum der Trennschärfe.

Skalierungsbefunde

Der Bericht der Skalierungsbefunde gliedert sich in vier Teile: (a) Prüfung der Voraussetzung für die Raschskalierbarkeit der einzelnen Testlets, (b) Prüfung der Voraussetzungen des vertikalen *linking* der Testlets über die vier Messzeitpunkte, (c) Beschreibung des *linking*-Prozesses, (d) Eigenschaften der vertikalen Gesamtskala.

Prüfung auf Raschskalierbarkeit: Um die Gültigkeit der Annahme der Eindimensionalität zu überprüfen, wurde die tetrachorische Item-Item-Korrelationsmatrix für die Testlets der einzelnen Messzeitpunkte berechnet. Die Dimensionalität der Items lässt sich heuristisch anhand der Eigenwerte der Korrelationsmatrix beurteilen (Hambleton & Rovinelli, 1986; Demars, 2010). Die Screeplots der geordneten Eigenwerte für die metakognitiven Wissenstests (Abb. 8.2) zeigten zu allen vier Messzeitpunkten einen starken Abfall zwischen dem ersten und dem zweiten Eigenwert. Das Verhältnis des ersten zum zweiten Eigenwert lag für die metakognitiven Wissenstests zwischen 1,9 (T1) und 3,0 (T4). Obwohl auch rechts dieser größten Differenz Eigenwerte auftauchten, die größer als 1,0 waren (Kaiser-Kriterium; s.

Backhaus, Erichson, Plinke & Weiber, 2003), zeigten sich jenseits der Einfaktorlö-
sung vergleichsweise geringfügige Veränderungen im Verlauf der Eigenwerte. Dies
spricht für die Existenz eines einzigen dominanten Faktors θ, der dem Antwortverhalten der Probanden zugrunde lag.

T1
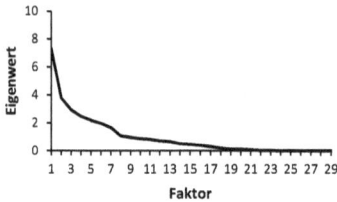

T3
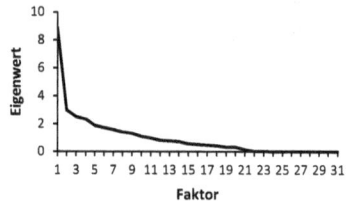

T2
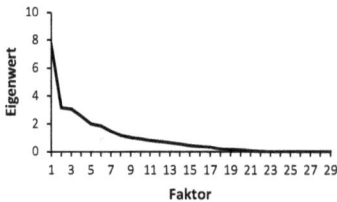

T4
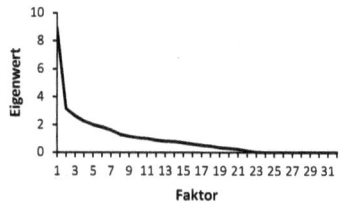

Abbildung 8.2: Screeplot des Eigenwertverlaufes in den vier Testlets

Yens Q_3-Statistik (Yen, 1984) ist ein Indikator für die lokalen stochastischen In-
ter-Itemabhängigkeiten, die nicht auf den gemeinsamen Faktor θ zurückgehen. Der
Anteil problematisch großer Residualkorrelationen ($r_e > .20$; Yen, 1993) lag in den
Testlets zwischen 9,9% (T3) und 13,4% (T4) und erwies sich damit als substanziell.
    Der Modellfit gibt an, wie gut das Messmodell die beobachteten Itemantworten
wiedergibt. Die Tabelle 8.7 zeigt die Kennwerte der zur Beurteilung des Fit berech-
neten standardisierten und quadrierten Residuen (*MNSQ*). Annähernd alle Mo-
dellresiduen lagen innerhalb der von Wilson (2005) vorgeschlagenen Grenzen für
raschkonforme Items. Die einzige Abweichung stellte das Item zoo_cd dar, das zu
T 3 einen *outfit* von *MNSQ* = 0,73 aufwies. Da dieses Item im *infit*, dem in Kontext
des Testeinsatzes relevanteren Kriterium (s. o.), einen akzeptablen Wert erreichte
(*wMNSQ* = 0,89), wurde es im Test belassen.

Tabelle 8.7: Kennwerte des Modellfits in den vier Testlets des metakognitiven Wissenstests

	wMNSQ (infit)				MNSQ (outfit)			
	min	max	M	SD	min	max	M	SD
Metakognitives Wissen T1	0,90	1,07	1,00	0,04	0,84	1,10	1,01	0,06
Metakognitives Wissen T2	0,91	1,08	1,00	0,04	0,78	1,13	0,99	0,07
Metakognitives Wissen T3	0,89	1,10	1,00	0,05	0,73	1,14	0,98	0,09
Metakognitives Wissen T4	0,89	1,12	1,00	0,06	0,76	1,20	0,98	0,10

Anmerkungen: wMNSQ = weighted Mean Square; MNSQ = Mean Square; *min* = Minimum; *max* = Maximum; *M* = Mittelwert; *SD* = Standardabweichung.

Vertikales linking

Das vertikale *linking* basiert auf den als Anker eingesetzten Items, die in mehreren Testlets vorgegeben wurden. Im metakognitiven Wissenstest kamen über die vier Messzeitpunkte insgesamt 39 Items zum Einsatz. 22 Items (56%) wurden zu jedem der Messzeitpunkte eingesetzt. Die Anteile der überlappenden Items zwischen benachbarten Messzeitpunkten lagen für T1 und T2 bei 100%, für T2 und T3 bei 81% und schließlich für T3 und T4 bei 91%. Tabelle 8.8 zeigt das Itemdesign für die vier Testlets des metakognitiven Wissenstests. Die Diagonale beinhaltet die Gesamtzahl der zu einem Messzeitpunkt eingesetzten Items, die Zahl der überlappenden Ankeritems zwischen den jeweiligen Testlets ist unterhalb der Diagonalen dargestellt.

Tabelle 8.8: Testletdesign des metakognitiven Wissenstests

	Metakognitives Wissen T1	Metakognitives Wissen T2	Metakognitives Wissen T3	Metakognitives Wissen T4
Metakognitives Wissen T1	29			
Metakognitives Wissen T2	29	29		
Metakognitives Wissen T3	25	25	31	
Metakognitives Wissen T4	22	22	28	32

Anmerkungen: Itemanzahl in den Testlets in der Tabellendiagonalen; Anzahl überlappender Items unterhalb der Tabellendiagonalen.

Die logit-Differenzen zwischen den Itemparametern der Ankeritems zu den einzelnen Messzeitpunkten erreichten in den vier Testlets Werte zwischen 0 und 0,54 (vgl. Tab. 8.9). Es traten also nach ETS-Klassifikation vernachlässigbare bis moderate IPD-Effekte auf Itemebene auf (Dorans & Holland, 1993). Die Mittelwerte der logit-Differenzen lagen im Bereich vernachlässigbarer Effekte und auch die Streuung der logit-Differenzen ließ nicht auf messzeitpunktspezifische, differenzielle Effekte bei der Beantwortung der Items schließen (Penfield & Algina, 2006).

Tabelle 8.9: IPD (logit-Differenzen) in den vier Testlets des metakognitiven Wissenstests

	logit – Differenzen			
	min	*max*	*M*	*SD*
Metakognitives Wissen T1	0,02	0,54[a]	0,09	0,18
Metakognitives Wissen T2	0,01	0,34	0,09	0,13
Metakognitives Wissen T3	0,00	0,30	0,05	0,11
Metakognitives Wissen T4	0,00	0,40	0,12	0,13

Anmerkungen: min = Minimum; *max* = Maximum; *M* = Mittelwert; *SD* = Standardabweichung; [a] Das Ergebnis unterscheidet sich mit *p* < .05 von 0.

Da die Voraussetzungen für ein vertikales *linking* somit erfüllt waren, konnten die vier Testlets entsprechend der in Kapitel 8.2 beschriebenen Verfahren auf eine gemeinsame Metrik transformiert werden. Die gemeinsame Skala der 39 Items in den vier Testlets wurde auf einen Mittelwert von *M* = 0 verankert. Die Skala besaß eine Standardabweichung von *SD* = 0,67. Die Streubreite der Itemparameter lag zwischen -1,58 und 1,08 (*rg* = 2,66).

Abbildung 8.3 zeigt getrennt für die Testlets die Verteilung der Itemparameter β über das Fähigkeitskontinuum θ. Aus der Abbildung wird ersichtlich, dass die Itemparameter nicht gleich über θ verteilt waren, sondern sich am Skalenmittelwert konzentrierten. Damit erreichte die Skala insbesondere für mittlere Fähigkeitsausprägungen eine hohe Präzision, extreme Merkmalsausprägungen wurden dagegen weniger differenziert erfasst.

Ebenfalls in der Abbildung dargestellt ist die Verteilung des Personenparameters θ in der untersuchten Stichprobe. Tabelle 8.10 fasst die Verteilungskennwerte dieses Parameters (WLE) für die vier Testlets zusammen. Die Mittelwerte der Testlets wiesen für die untersuchte Stichprobe zunehmende Merkmalsausprägungen über die Messzeitpunkte aus. Der Mittelwert von *M* = 0,20 bedeutet, dass ein durchschnittlicher Proband zu T1 für ein Item der Schwierigkeit β = 0,20 eine 50%ige Lösungswahrscheinlichkeit hatte. Zu T4 erreichte ein durchschnittlicher Proband eine 50%ige Lösungswahrscheinlichkeit bei einem Item der Schwierigkeit β = 1,05. Die Verteilungen der Personenparameter waren zu den vier Messzeitungen näherungsweise symmetrisch (vgl. die Schiefekennwerte *S*). Die Wölbungen der Verteilungen (*E*) deuteten auf eine im Vergleich zur Normalverteilung breitgipflige Verteilungsform hin.

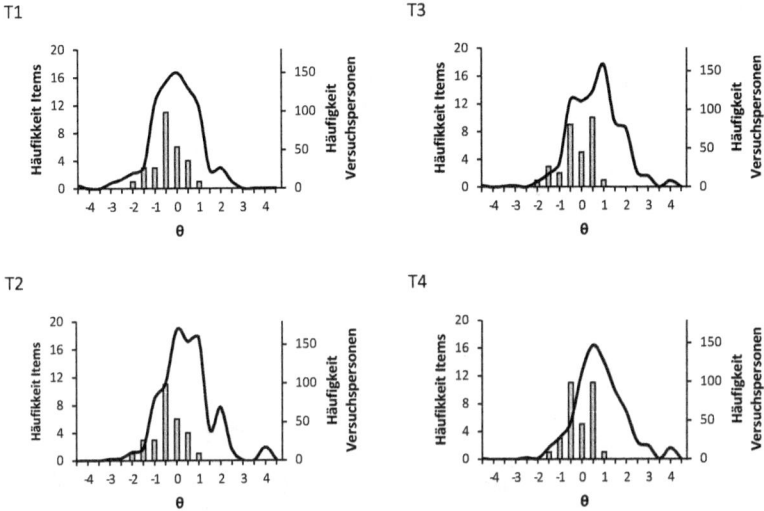

Abbildung 8.3: Item- und Personenparameter der Gesamtskala getrennt für die vier Testlets des metakognitiven Wissenstests

Anmerkung: Die Darstellung der Häufigkeitsverteilung der Versuchspersonen erfolgte der Übersichtlichkeit halber als Polygon.

Tabelle 8.10: Verteilungskennwerte der Personenparameter (WLE) in der Gesamtskala getrennt für die vier Testlets des metakognitiven Wissenstests

	N	M	SD	*min*	*max*	S	E
Metakognitives Wissen T1	763	0,20	1,05	-4,42	2,99	-0,44	1,88
Metakognitives Wissen T2	835	0,67	1,09	-2,71	4,14	0,50	1,09
Metakognitives Wissen T3	767	0,84	1,10	-4,37	4,40	-0,08	1,79
Metakognitives Wissen T4	681	1,05	1,12	-4,21	4,48	0,33	1,36

Anmerkungen: N = Stichprobe mit gültigen Werten; *M* = Mittelwert; *SD* = Standardabweichung; *min* = Minimum; *max* = Maximum; *S* = Schiefe; *E* = Exzess.

Im Gegensatz zur Klassischen Testtheorie variieren die Fehlerterme bei Raschskalen in Abhängigkeit von der Fähigkeitsausprägung θ, d. h. zwischen den Personen unterschiedlicher Fähigkeit. Die Standardfehler *(SE)* geben die Präzision der Messung an. Abbildung 8.4 gibt wieder, wie sich die Standardfehler der Personenmessungen der vier Testlets über θ verteilten. Die Messungen blieben über die vier Messzeitpunkte vergleichbar präzise. Zwischen 92% (T2) und 96% (T1) der Messungen lagen mit Werten *SE* < 0,6 im Bereich besonders hoher Messpräzision.

T1   T3

T2   T4

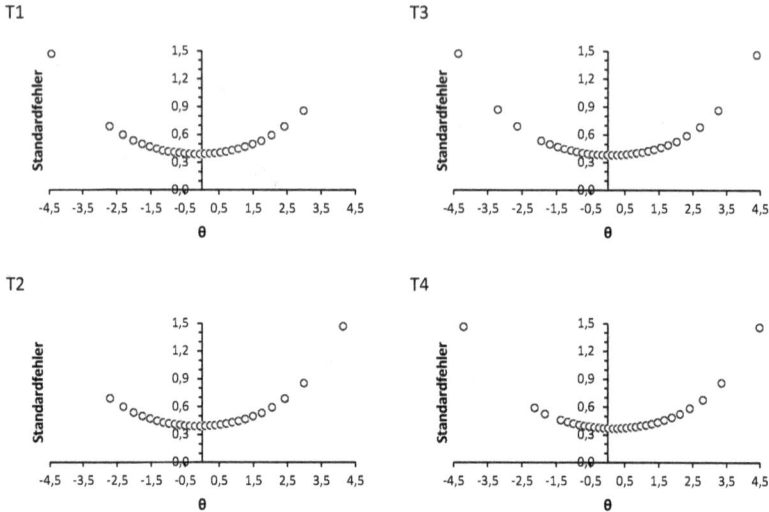

Abbildung 8.4: Standardfehler der Gesamtskala getrennt für die vier Testlets des metakognitiven Wissenstests

Ergebnis

Die Analyse der Rohwerte der vier zur Erfassung des metakognitiven Wissens konstruierten Testlets erbrachte zu keinem der Messzeitpunkte Boden- oder Deckeneffekte. Die Testlets erwiesen sich als hinreichend reliabel. Ihre inhaltliche Validität kann auf Grundlage zweier Expertenbefragungen als gesichert gelten.

Die beobachteten Antwortmuster in den Items der Testlets entsprachen den Annahmen des Raschmodells: Die Modellvoraussetzungen der Eindimensionalität und des Modellfits wurden erfüllt. Die Annahme der lokalen stochastischen Unabhängigkeit wurde nicht erfüllt. Die beobachteten Korrelationen der Itemresiduen wurden durch die Konstruktion des Tests bzw. seine Auswertung begünstigt, da die Items des Tests auf gemeinsamen Aufgabenstämmen (den Szenarien) und gemeinsamen Strategiealternativen (aus denen sich die Paarvergleiche ableiten) basierten. Lokale stochastische Abhängigkeiten führen zu Überschätzungen der Trennschärfen und zu Unterschätzungen der Standardmessfehler. Da weder Trennschärfen noch Standardfehler in das vertikale *equating* der Itemparameter oder die Schätzung der Personenparameter eingingen, sind aus der Verletzung dieser Annahmen keine Verzerrungen der für die Auswertung relevanten Parameter zu erwarten. Die Beibehaltung des Raschmodells ist also trotz der punktuellen Verletzung der Modellannahmen zu vertreten (Robitzsch, 2009). Gleichwohl sind die Parameter, die von Verzerrungen durch lokale stochastische Abhängigkeiten betroffen sind, wie z. B. der Itemfit und die Reliabilität, konservativ zu interpretieren.

Das Itemdesign erlaubte durch eine hinreichend große Anzahl überlappender Ankeritems eine zuverlässige Verknüpfung der Testlets. Der IPD der Ankeritems lag im vernachlässigbaren Bereich. Damit waren auch die zentralen Voraussetzungen für ein vertikales *linking* der Testlets über die vier Messzeitpunkte erfüllt.

Durch das vertikale *linking* wurden optimale Voraussetzungen für die Analyse längsschnittlicher Veränderungen im metakognitiven Wissen geschaffen: Die Leistungen der Stichprobe in den vier Testlets waren auf einer einzigen (d. h. über die Zeit konstanten), intervallskalierten Metrik abgebildet. Die gemeinsame Metrik erlaubte valide intra- und interindividuelle Vergleiche der Ausprägungen im metakognitiven Wissen. Da die Skalenkennwerte keine Decken- oder Bodeneffekte erkennen ließen, konnte für das gesamte Leistungsspektrum zu jedem der vier Messzeitpunkte von einer präzisen Abbildung der Veränderungen und Unterschiede innerhalb und zwischen den untersuchten Schülern ausgegangen werden.

8.4 Beschreibung der Erhebungsinstrumente

Mathematikleistung

Zur Erfassung der Mathematikleistung wurde ein Leistungstest entwickelt, der sowohl die inhaltliche Breite der Lehrpläne in den drei Schularten als auch die Entwicklung über mehrere Schuljahre innerhalb zentraler Vorstellungen abbildet. Nach Analysen der bayerischen Lehrpläne für Gymnasium (ISB, 2004a), Realschule (ISB, 2001) und Hauptschule (ISB, 2004b) wurden die Inhaltsbereiche Arithmetik und Algebra als Kerninhalte der Schulmathematik am Beginn der Sekundarstufe I identifiziert. Der ebenfalls in den Lehrplänen vorgesehene Inhaltsbereich Geometrie wurde nicht berücksichtigt.

In den Test aufgenommen wurden Aufgabenstellungen, die einen vertikalen curricularen Bezug aufweisen, also konzeptuelles Wissen abbilden, das in unterschiedlichen Kontexten über mehrere Jahre hinweg in der Schulmathematik der Sekundarstufe I vermittelt wird. Diese jahrgangsstufenübergreifenden Konzepte sind im Bereich der Arithmetik die Proportionalität sowie das Bruch- bzw. Prozentrechnen. Im Bereich der Algebra stellt der Funktionsbegriff ein über mehrere Jahrgangsstufen hinweg entwickeltes Schlüsselkonzept dar. Darüber hinaus wurden in den Test auch technische Aufgaben aufgenommen, die eine einfache Anwendung von Regeln erfordern. Curricular relevant ist in diesem Altersbereich insbesondere die Anwendung der Grundrechenarten und ihre Verbindung in Termen.

In Begriffen der von der Kultusministerkonferenz erarbeiteten Bildungsstandards Mathematik (Blum, Drüke-Noe, Hartung & Köller, 2006) bzw. der Rahmenkonzeption des PISA-Mathematiktests (OECD, 2003) deckten die im Leistungstest Mathematik geprüften inhaltlichen Leitideen die Bereiche *Zahl, Messen, funktionaler Zusammenhang* sowie *Daten* ab (die Leitideen *Raum und Form* sowie *Zufall* fanden keine Berücksichtigung). Die zur Lösung dieser Aufgaben erforderlichen mathematischen Prozesse werden in der Terminologie der Bildungsstandards bzw. des PISA-Konzeptes den Kompetenzen (a) Probleme mathematisch lösen, (b) mathematisch modellieren, (c) mathematische Darstellungen verwenden sowie (d) mit Mathematik symbolisch, formal und technisch umgehen zugeordnet. Die in diesen Kompetenzmodellen ebenfalls genannten Kompetenzbereiche, mathematisch argumentieren sowie mathematisch kommunizieren, konnten aufgrund testökonomischer Überlegungen nicht berücksichtigt werden. Neben inhaltlichen Leitideen und mathematischen Kompetenzbereichen wird in den Kompetenzmodellen bzw. der Rahmenkonzeption von PISA als dritte Ordnungsdimension der kognitive Anspruch mathematischer Tätigkeiten („Anforderungsbereiche") angenommen. Hinsichtlich dieser Dimension beinhaltete der Test Aufgaben, deren Lösung das Reproduzieren einfacher Routinealgorithmen erfordert. Zudem wurden auch Aufgabenstellungen vorgegeben, die das Herstellen von Zusammenhängen in Form des moderaten Transfers bekannter Lösungsalgorithmen bzw. der Entwicklung neuer Lösungswege durch einfaches mathematisches Modellieren verlangen. Aufgaben des höchsten kognitiven Anspruchsniveaus (Verallgemeinern und Reflektieren), die Lösung komplexer authentischer Problemstellungen, wurden aus testökonomischen Gründen nicht eingesetzt.

Auf eine Bildung von inhaltlich definierten Subskalen innerhalb des Leistungstests wurde zugunsten der Etablierung einer eindimensionalen Raschskala verzichtet. Als Aufgabenformate wurden geschlossene und Einfachwahlantwortformate vorgegeben. Die Bearbeitungszeit betrug zwischen 40 Sekunden (T1) und 45 Sekunden (T4) pro Item.

Um die curriculare Breite einerseits und eine optimale Messpräzision des Instruments im beobachteten Zeitraum andererseits zu gewährleisten, wurde analog zum metakognitiven Wissenstest ein Testletdesign mit anschließendem vertikalem *linking* implementiert.

Die psychometrischen Kennwerte der vier Testlets sind in Tabelle 8.11 dargestellt. Die mittleren Lösungswahrscheinlichkeiten der Testlets lagen zwischen $P_m = .39$ (T3) und $P_m = .50$ (T1, T2). Die Schwierigkeitsindizes der einzelnen Items deckten mit Werten zwischen $P_{min} = .09$ und $P_{max} = .88$ ein weites Schwierigkeitsspektrum ab. In den Testlets lag der Wertebereich der Schwierigkeitsindizes zwischen $rg = .59$ (T3) und $rg = .80$ (T1, T2). Interne Konsistenzen zwischen $\alpha = .84$ (T2) und $\alpha = .86$ (T3, T4) wiesen auf eine relativ hohe Reliabilität hin. Die Trennschärfen der Testlets lagen über $r_{it} > .15$ (T2) bzw. über $r_{it} > .21$.

Tabelle 8.11: Psychometrische Kennwerte der vier Testlets des Mathematikleistungstests

	N	Itemanzahl	Skalenkennwerte M	SD	α	Itemkennwerte P_{min}	P_{max}	r_{itmin}	r_{itmax}
Mathematik Leistung T1	763	31	15,54	6,16	.85	.09	.88	.21	.52
Mathematik Leistung T2	835	31	15,39	5,77	.84	.09	.88	.15	.48
Mathematik Leistung T3	767	30	11,87	6,26	.86	.14	.72	.26	.50
Mathematik Leistung T4	681	33	14,79	6,73	.86	.20	.82	.26	.51

Anmerkungen: N = Stichprobe mit gültigen Werten; M = Mittelwert; SD = Standardabweichung; α = Cronbach-α; P_{min} = Minimum des Schwierigkeitsindex; P_{max} = Maximum des Schwierigkeitsindex; r_{itmin} = Minimum der Trennschärfe; r_{itmax} = Maximum der Trennschärfe.

Tabelle 8.12 gibt einen Überblick über das Design, mit dem die insgesamt 63 Items auf die vier Testlets verteilt wurden: Die Diagonale beinhaltet die Gesamtzahl der zu einem Messzeitpunkt eingesetzten Items, unterhalb der Diagonalen ist die Zahl der überlappenden Ankeritems angegeben. Diese lag zwischen 13% (T1 zu T4) und 83% (T3 zu T4). Für zu benachbarten Messzeitpunkten eingesetzte Items lag der Anteil der Ankeritems zwischen 58% (T2 zu T3) und 83% (T3 zu T4). Die wiederholt eingesetzten Items wurden bezüglich der Position im Test, der Formulierung und der Formatierung konstant gehalten.

Die Prüfung der Voraussetzungen für Raschskalierung (Eindimensionalität, lokale stochastische Unabhängigkeit, Modellfit) und vertikales *linking* (IPD) verlief analog zum Vorgehen im metakognitiven Wissenstest und erbrachte positive Resultate. Die Ergebnisse des *linking*, die Verteilung der Personenparameter θ in den vier Testlets, sind in Tabelle 8.13 zusammengefasst. Die Mittelwerte der Personenparameter zeigten ansteigende Leistungen über die Messzeitpunkte. Die Verteilung der Parameter wies weder bezüglich der Schiefe noch der Wölbung bedeutsame Abweichungen von der Normalverteilung auf.

Tabelle 8.12: Testletdesign des Mathematikleistungstests

	Mathematik Leistung T1	Mathematik Leistung T2	Mathematik Leistung T3	Mathematik Leistung T4
Mathematik Leistung T1	31			
Mathematik Leistung T2	19	31		
Mathematik Leistung T3	6	18	30	
Mathematik Leistung T4	4	4	25	33

Anmerkungen: Itemanzahl in den Testlets in der Tabellendiagonalen; Anzahl überlappender Items unterhalb der Tabellendiagonalen.

Tabelle 8.13: Verteilungskennwerte der Personenparameter (*WLE*) in der Gesamtskala getrennt für die vier Testlets des Mathematikleistungstests

	N	*M*	*SD*	*min*	*max*	*S*	*E*
Mathematik Leistung T1	763	-0,84	1,17	-5,51	3,99	0,18	0,97
Mathematik Leistung T2	835	-0,10	1,08	-3,10	3,55	-0,01	0,31
Mathematik Leistung T3	767	0,08	1,16	-3,81	3,32	-0,07	0,42
Mathematik Leistung T4	681	0,55	1,08	-3,71	5,24	0,32	0,99

Anmerkungen: N = Stichprobe mit gültigen Werten; *M* = Mittelwert; *SD* = Standardabweichung; *min* = Minimum; *max* = Maximum; *S* = Schiefe; *E* = Exzess.

Leseverstehen

Zur Erfassung der Leseverstehensleistung zu T1 wurde ein Lesekompetenztest aus einer Teilstudie des Projekts verwendet. Der Test war auf kontinuierliche Textformate beschränkt und umfasste zwei Erzähltexte und einen Sachtext. Zu jedem Text wurden zwischen 11 und 14 Fragen im Mehrfachwahlaufgabenformat vorgegeben. Insgesamt gingen 37 Items in den Gesamtscore ein. Die Bearbeitungszeit betrug 20 Minuten. Tabelle 8.14 zeigt die Kennwerte der Rohwertsumme des Lesekompetenztests.

Die mittlere Lösungswahrscheinlichkeit der Items lag bei P_m = .58. Der Test wies also weder Decken- noch Bodeneffekte auf. Die interne Konsistenz lag mit α = .75 im Bereich ausreichender Reliabilität.

Der Kompetenztest ging als eindimensionale Raschskala in die Analysen ein. Eigene Skalenanalysen wurden nicht durchgeführt. Tabelle 8.15 zeigt die Kennwerte der Personenparameter (WLE).

Tabelle 8.14: Psychometrische Kennwerte des Tests zur Erfassung des Leseverstehens

			Skalenkennwerte			Itemkennwerte			
	N	Itemanzahl	*M*	*SD*	α	P_{min}	P_{max}	r_{itmin}	r_{itmax}
Leseverstehen T1	763	37	21,27	5,53	.76	.31	.84	.00	.43

Anmerkungen: N = Stichprobe mit gültigen Werten; *M* = Mittelwert; *SD* = Standardabweichung; α = Cronbach-α; P_{min} = Minimum des Schwierigkeitsindex; P_{max} = Maximum des Schwierigkeitsindex; $r_{it min}$ = Minimum der Trennschärfe; r_{itmax} = Maximum der Trennschärfe.

Tabelle 8.15: Verteilungskennwerte der Personenparameter (*WLE*) im Test zur Erfassung des Leseverstehens

	N	*M*	*SD*	*min*	*max*	*S*	*E*
Leseverstehen T1	763	0,36	0,76	-4,62	2,89	-0,64	3,11

Anmerkungen: N = Stichprobe mit gültigen Werten; *M* = Mittelwert; *SD* = Standardabweichung; *min* = Minimum; *max* = Maximum; *S* = Schiefe; *E* = Exzess.

Intelligenz

Zur Erfassung der kognitiven Fähigkeiten wurde zum ersten Messzeitpunkt (T1) die Subskala V3 (Wortanalogien) des standardisierten Kognitiven Fähigkeitstests KFT 4-12+R (Heller & Perleth, 2000) in zwei echten Parallelversionen eingesetzt (n_A = 382, n_B = 381). Der Test misst die Fähigkeit zum induktiven Schlussfolgern auf Grundlage verbaler Inhalte und damit eine fluide Intelligenzfacette (Cattell, 1963; s. auch Kap. 6.1). Den Schülern wurde ein Begriffspaar vorgegeben, das in einem bestimmten Verhältnis zueinander stand. Für einen weiteren vorgegebenen Begriff war aus fünf Alternativen der passende Begriff so zu wählen, dass das dadurch entstehende Begriffspaar in der gleichen Relation wie das vorgegebene stand. In sieben Minuten Bearbeitungszeit waren so 20 Items zu lösen. Tabelle 8.16 gibt einen Überblick über die Kennwerte der Subskala getrennt für die Parallelformen.

Tabelle 8.16: Psychometrische Kennwerte des Tests zur Erfassung der verbalen Intelligenz in den beiden Paralleltestformen

	N	Itemanzahl	Skalenkennwerte			Itemkennwerte			
			M	SD	α	P_{min}	P_{max}	r_{itmin}	r_{itmax}
KFT Form A T1	382	20	8,43	4,12	.79	.13	.73	.01	.59
KFT Form B T1	380	20	9,26	4,40	.80	.21	.76	.11	.61

Anmerkungen: N = Stichprobe mit gültigen Werten; M = Mittelwert; SD = Standardabweichung; α = Cronbach-α; P_{min} = Minimum des Schwierigkeitsindex; P_{max} = Maximum des Schwierigkeitsindex; r_{itmin} = Minimum der Trennschärfe; r_{itmax} = Maximum der Trennschärfe.

Für die weiteren Analysen wurden die Summenscores der Parallelversionen zusammengefasst. In Tabelle 8.17 sind die Skalenkennwerte der Gesamtskala zusammengefasst.

Tabelle 8.17: Psychometrische Kennwerte des Tests zur Erfassung der verbalen Intelligenz in der Gesamtskala

	N	M	SD	min	max	S	E
KFT Wortanalogien T1	762	8,85	4,28	0	20	0,09	-0,74

Anmerkungen: N = Stichprobe mit gültigen Werten; M = Mittelwert; SD = Standardabweichung; min = Minimum; max = Maximum; S = Schiefe; E = Exzess.

Arbeitsgedächtnis

Zur Erfassung der Gedächtniskapazität wurde zum ersten Messzeitpunkt (T1) eine Zahlenspannenaufgaben vorwärts und eine Zahlenspannenaufgabe rückwärts vorgegeben. Zahlenmaterial und Vorgehen wurde an den HAWIK-III (Tewes, Schallberger & Rossmann, 1999) angelehnt. Bei der Zahlenspanne vorwärts wurden den Versuchspersonen im Gruppensetting im Sekundentakt Zahlen in Reihen zunehmender Länge vorgetragen. Die Versuchspersonen sollten die Zahlen in der vorgegebenen Reihenfolge in ihr Testheft aufschreiben. Die längste korrekt wiedergegebene Zahlenspanne wird in modernen Arbeitsgedächtnisbatterien, wie dem AGTB 5-12, als Indikator für die Kapazität der phonologischen Schleife interpretiert (Schumann-Hengsteler et al., 2010; s. auch Kap. 6.2).

Die Zahlen der Zahlenspanne rückwärts wurden ebenfalls im Sekundentakt in Reihen ansteigender Länge vorgegeben. Die Versuchspersonen sollten die Zahlen in der umgekehrten Reihenfolge in das Testheft schreiben. Im AGTB 5-12 dient die Zahlenspanne rückwärts neben anderen Aufgaben der Diagnose der zentral-exekutiven Prozesse (Schumann-Hengsteler et al., 2010; s. auch Kap. 6.2).

Aus testökonomischen Gründen konnte die Aufgabe nicht gemäß dem Standardverfahren im Einzeltest und mündlich vorgegeben werden, sondern wurde im Gruppensetting und mit einer schriftlichen Wiedergabe der Zahlenspannen durchgeführt. Fälle, in denen Spuren im Testheft auf nicht instruktionsgemäße Bearbeitung der Aufgabe hinwiesen, wurden als fehlend gewertet. In der Zahlenspannenaufgabe vorwärts wurden Zahlenspannen von vier bis neun Ziffern vorgegeben, in der Zahlenspannenaufgabe rückwärts Spannen von drei bis acht Ziffern. Tabelle 8.18 gibt eine Übersicht über die Kennwerte der beiden Arbeitsgedächtnisindikatoren.

Tabelle 8.18: Psychometrische Kennwerte der Arbeitsgedächtnismaße

	N	M	SD	MD	min	max	S	E
Zahlenspanne vorwärts T1	529	5,38	1,46	6	<4	9	-1,11	3,31
Zahlenspanne rückwärts T1	441	4,20	1,88	5	<3	8	-0,81	0,54

Anmerkungen: N = Stichprobe mit gültigen Werten; M = Mittelwert; SD = Standardabweichung; MD = Median; min = Minimum; max = Maximum; S = Schiefe; E = Exzess.

Interesse Mathematik

Zur Erfassung des Fachinteresses in Mathematik wurden zum ersten Messzeitpunkt (T1) vier Items auf einer vierstufigen Skala (stimmt völlig – stimmt eher – stimmt eher nicht – stimmt gar nicht) vorgegeben:

Ich würde im Fach Mathematik gerne noch mehr Stunden haben als bisher. (inm1)

Mir liegt viel daran, den Stoff des Faches Mathematik zu behalten. (inm2)

Mir liegt viel daran, im Fach Mathematik viel zu wissen. (inm3)

Ich freue mich sehr auf eine Stunde in Mathematik. (inm4)

Die Items wurden aus der BIJU-Studie übernommen und leicht umformuliert (vgl. Köller, 1998). Fehlende Werte auf Itemebene wurden per *Expectation-Maxi-*

mation-Algorithmus (EM) – einem ML-Verfahren zur Schätzung fehlender Werte (s. Enders, 2010) – mithilfe der Software Norm 2.03 (Schafer, 1999) imputiert. Tabelle 8.19 gibt eine Übersicht über die Kennwerte der Interessenskala.

Tabelle 8.19: Psychometrische Kennwerte des Summenscores zur Erfassung des Interesses in Mathematik

			Skalenkennwerte			Itemkennwerte			
	N	Itemanzahl	M	SD	α	P_{min}	P_{max}	r_{itmin}	r_{itmax}
Interesse Mathematik T1	759	4	11,41	3,27	.85	2,32	3,21	.64	.76

Anmerkungen: N = Stichprobe mit gültigen Werten; *M* = Mittelwert; *SD* = Standardabweichung; α = Cronbach-α; P_{min} = Minimum des Schwierigkeitsindex; P_{max} = Maximum des Schwierigkeitsindex; r_{itmin} = Minimum der Trennschärfe; r_{itmax} = Maximum der Trennschärfe.

Selbstkonzept Mathematik

Das Selbstkonzept Mathematik wurde ebenfalls zum ersten Messzeitpunkt (T1) erfasst. Dazu wurden fünf Items auf einer vierstufigen Skala (stimmt völlig – stimmt eher – stimmt eher nicht – stimmt gar nicht) vorgegeben:
Kein Mensch kann alles. - Für Mathematik habe ich einfach keine Begabung. (skm1)
Mathematik liegt mir nicht besonders. (skm2)
In Mathematik bin ich gut. (skm3)
Obwohl ich mir bestimmt Mühe gebe, fällt mir Mathematik schwerer als vielen meiner Mitschüler. (skm4)
Mathematik würde ich viel lieber machen, wenn das Fach nicht so schwer wäre. (skm5)
Die Items skm1, skm2, skm3, skm4 wurden aus der BIJU-Studie übernommen (vgl. Köller, 1998). Die Items skm1, skm2, skm4 und skm5 wurden umgepolt (ursprünglich entsprachen kleinere Werte hohen Ausprägungen im Selbstkonzept), sodass hohe Summenwerte hohen Ausprägungen im Selbstkonzept entsprechen.

Fehlende Werte auf Itemebene wurden per EM-Algorithmus mithilfe der Software Norm 2.03 (Schafer, 1999) imputiert. Tabelle 8.19 gibt eine Übersicht über die Kennwerte der Selbstkonzeptskala.

Tabelle 8.20: Psychometrische Kennwerte des Summenscores zur Erfassung des Selbstkonzeptes in Mathematik

			Skalenkennwerte			Itemkennwerte			
	N	Itemanzahl	M	SD	α	P_{min}	P_{max}	r_{itmin}	r_{itmax}
Selbstkonzept Mathematik T1	727	5	14,37	4,05	.85	2,70	2,98	.53	.71

Anmerkungen: N = Stichprobe mit gültigen Werten; *M* = Mittelwert; *SD* = Standardabweichung; α = Cronbach-α; P_{min} = Minimum des Schwierigkeitsindex; P_{max} = Maximum des Schwierigkeitsindex; r_{itmin} = Minimum der Trennschärfe; r_{itmax} = Maximum der Trennschärfe.

Soziale Herkunft

Die Erfassung der sozialen Herkunft der Schüler basiert auf den zum ersten Messzeitpunkt (T1) erhobenen Angaben der Eltern zu ihrer beruflichen Tätigkeit (s. Kap. 6.4). Die Berufsangaben wurden nach der *International Standard Classification of Occupations* (ISCO-88; International Labor Office, 1990) klassifiziert.

Daraus wurde der *International Socio-Economic Index of Occupational Status* (ISEI; Ganzebom, De Graaf & Treiman, 1992) ermittelt. Dieser gruppiert die Berufsangabe hinsichtlich Ausbildungsdauer, Einkommen und sozialem Berufsprestige und weist jeder ISCO-88-Klasse einen Wert zwischen 12 und 90 zu. Die Angaben von Vätern und Müttern wurden zum HISEI (*Highest International Socio-Economic Index of Occupational Status*) zusammengefasst. Dabei handelt es sich entweder um den jeweils höheren der beiden kodierten ISEI-Angaben eines Elternteils, oder – im Falle einer fehlenden Angabe für ein Elternteil – den einzigen vorliegenden Wert.

Das Vorgehen bei der Ermittlung der sozialen Herkunft entsprach dem Vorgehen in nationalen und internationalen Bildungsstudien (z. B. PISA 2009).

Tabelle 8.21: Beispielhafte Beschreibung der EGP-Klassifikation aus Baumert und Schümer (2001a, S. 339)

	EGP-Klasse	Beispiel
I	Obere Dienstklasse	freie akademische Berufe, führende Angestellte, höhere Beamte, selbstständige Unternehmer mit mehr als zehn Mitarbeitern, Hochschul- und Gymnasiallehrer
II	Untere Dienstklasse	Angehörige von Semiprofessionen, mittleres Management, Beamte im mittleren und gehobenen Dienst, technische Angestellte mit nicht manueller Tätigkeit
III	Routinedienstleistungen	Büro- und Verwaltungsberufe mit Routinetätigkeiten, Berufe mit niedrig qualifizierten, nicht manuellen Tätigkeiten, die oftmals auch keine Berufsausbildung erfordern
IV	Selbstständige	Selbstständige aus manuellen Berufen mit wenigen Mitarbeitern und ohne Mitarbeiter, Freiberufler, sofern sie keinen hoch qualifizierten Beruf ausüben
V + VI	Facharbeiter, leitende Arbeiter	untere technische Berufe wie Vorarbeiter, Meister, Techniker, die in manuelle Arbeitsprozesse eingebunden sind; Aufsichtskräfte im manuellen Bereich
VII	Un- und angelernte Arbeiter	alle un- und angelernten Berufe aus dem manuellen Bereich, Dienstleistungstätigkeiten mit manuellem Charakter und geringem Anforderungsniveau, Arbeiter in der Land-, Forst- und Fischwirtschaft

Der Mittelwert des HISEI lag in der untersuchten Stichprobe (n = 550) bei
M = 48,17 (SD = 14,94), der Wertebereich zwischen 16 und 88. Die Befunde einer
für Deutschland im Jahr 2009 repräsentativen Stichprobe befand sich mit M = 48,9
(SD = 15,6) in einem vergleichbaren Bereich (Ehmke & Jude, 2010). Um Aussagen
zur Repräsentativität der untersuchten Stichprobe zu treffen, wurde auf Grundlage
des ISCO-88 auch eine Unterteilung in soziale Klassen gemäß dem international
validen EGP-Modell (Erikson, Goldthorpe & Portocarero, 1979) vorgenommen.
Tabelle 8.21 gibt eine beispielhafte Übersicht über diese typologische Einordnung.
Für die Verteilung der untersuchten Stichprobe auf die EGP-Klassen siehe Tabelle
8.2.

8.5 Beschreibung der Auswertungsmethoden

Zur Beantwortung der Fragestellungen ist die Entwicklung des metakognitiven
Wissens sowohl hinsichtlich der Veränderung innerhalb von Personen (intraindividuelle Veränderungen) als auch den Unterschieden zwischen Personen (interindividuelle Unterschiede) sowie interindividuellen Unterschieden in der intraindividuellen Veränderung zu untersuchen. Eine Modellierung des beobachteten
Entwicklungsprozesses im Rahmen latenter Wachstumskurvenmodelle erlaubt die
Untersuchung derartiger Fragestellungen.

Parametrisierung
Latente Wachstumskurvenmodelle (*Latent Growth Curve Models*, LGCM) gelten
als optimale Methode zur Zusammenfassung individueller Entwicklungsverläufe
(Singer & Willet, 2003; Bollen & Curran, 2006; Preacher, Wichman, McCallum &
Briggs, 2008; McArdle, 2009). Der Entwicklungsprozess wird durch zwei latente
Variablen parametrisiert: das *intercept*, in dem die Ausgangswerte in der unter-
suchten Variablen ausgedrückt werden, und der *slope*, der die intraindividuellen
Veränderungsraten in der Merkmalsausprägung quantifiziert. Durch diese beiden
Variablen kann der Entwicklungsprozess als lineare Funktion dargestellt werden (s.
Gleichung 5).

$$y_{it} = \alpha_i + \lambda_t \cdot \beta_i + \varepsilon_{it} \tag{5}$$

Dabei ist y_{it} die Merkmalsausprägung, die eine Person i zum Messzeitpunkt t besitzt,
α_i ist die individuelle Ausprägung der Person i im *intercept*, β_i ist die individuelle
Ausprägung der Person i im *slope*, λ_t ist ein Gewichtungsfaktor für den Zeitpunkt t,
ε_{it} der Residualterm der Person i zum Zeitpunkt t. Die individuellen Ausprägungen
α_i und β_i können mit den Gleichungen 6 und 7 ausgedrückt werden:

$$\alpha_i = \mu_\alpha + \zeta_{\alpha i} \qquad\qquad\qquad (6)$$

$$\beta_i = \mu_\beta + \zeta_{\beta i} \qquad\qquad\qquad (7)$$

Die individuelle Ausprägung des *intercepts* α_i ist also eine Funktion des Mittelwertes über alle individuellen Ausprägungen des *intercepts* μ_α und einer individuellen Abweichung $\zeta_{\alpha i}$ von diesem Mittelwert. Gleiches gilt für den *slope* mit β_i, μ_β und $\zeta_{\beta i}$. Die individuellen Abweichungen $\zeta_{\alpha i}$ und $\zeta_{\beta i}$ haben einen Mittelwert von 0 und Varianzen $\psi_{\alpha\alpha}$, $\psi_{\beta\beta}$ sowie eine Kovarianz $\psi_{\alpha\beta}$. Für die latenten Faktoren *intercept* und *slope* können also sowohl die Stichprobenmittelwerte (*fixed effects*) als auch die Streuung der individuellen Ausprägungen um diese Mittelwerte (*random effects*) geschätzt werden.

Die Einflüsse der latenten Variablen auf die beobachteten Indikatoren (Ladungen) werden in latenten Wachstumskurvenmodellen anders als in klassischen Strukturgleichungsmodellen nicht frei geschätzt, sondern a priori auf Konstanten fixiert. Die Ladungen der manifesten Variablen auf den latenten *intercept*-Faktor werden auf 1 fixiert. Damit beeinflusst dieses latente Konstrukt alle manifesten Variablen im gleichen Ausmaß. Die Gewichtungsfaktoren der manifesten Variablen auf den latenten *slope*-Faktor (λ_t) modellieren die Form der Entwicklung über die beobachteten Zeitintervalle. Unter der Annahme eines linearen Entwicklungsverlaufes und gleichabständiger Beobachtungsintervalle werden die Ladungen auf gleichabständige Zahlenwerte fixiert. Neben konfirmatorischen Analysen lässt sich die Form der Entwicklungsveränderung aber auch exploratorisch aus den beobachteten Daten ermitteln (*estimated factor loadings*; z. B. Bollen & Curran, 2006).

In die Parametrisierung des Entwicklungsprozesses gehen auch Residualterme ε_{it} mit einem Mittelwert von 0 und einer Varianz von $\theta_{\varepsilon t}$ ein. Die Residualvarianz enthält nicht nur unsystematische Fehlervarianz, sondern auch messzeitpunktspezifische Varianzanteile, die nicht durch den allgemeinen Entwicklungsverlauf erklärt werden können. Im Gegensatz zu traditionellen längsschnittlichen Auswertungsmethoden lassen sich bei LGCM unterschiedliche Residualstrukturen modellieren bzw. testen (für eine Übersicht s. Singer & Willett, 2003). Als Standardmodell wird bei LGCM Homoskedastizität und Unabhängigkeit der Residualvarianzen über die Messzeitpunkte angenommen (Bollen & Curran, 2006).

Abbildung 8.5 zeigt eine graphische Darstellung des oben beschriebenen latenten Wachstumskurvenmodells gemäß den Konventionen der Strukturgleichungsmodelle (vgl. Bollen & Curran, 2006; Preacher et al., 2008; McArdle, 2009).

Annahmen und Schätzverfahren

LGCM basieren auf den allgemeinen Prinzipien der Strukturgleichungsmodellierung (Structural Equation Modeling, SEM; für eine mathematische Herleitung des LGCM aus dem allgemeinen Strukturgleichungsmodell s. Singer & Willet, 2003). Daher gelten die im Folgenden kurz vorgestellten Annahmen und Bedingungen des SEM auch für LGCM.

Grundsätzliche Voraussetzung zur Schätzung eines latenten Wachstumskurvenmodells ist die Identifizierbarkeit, also die eindeutige Bestimmbarkeit der nicht beobachteten Parameter aus den beobachteten Variablen. Die algebraische Lösbarkeit des zur Bestimmung der Unbekannten aufgestellten Gleichungssystems ist vor der Schätzung eines Modelles nachzuweisen (Bollen & Curran, 2006). Modelle, in denen die unbekannten Parameter nicht eindeutig aus den bekannten Parametern bestimmbar sind, können nicht interpretiert werden. In saturierten Modellen sind genau so viele Parameter bekannt, wie zur Bestimmung der unbekannten Parametern notwendig sind. Durch die Restriktion von Parametern (Fixierung auf einen konstanten Wert oder Gleichsetzen von Parametern) reduziert sich die Zahl der unbekannten Parameter, das Modell ist überidentifiziert. In überidentifizierten Modellen lassen sich durch die theoriegeleitete Restriktion von Modellparametern Hypothesen ausdrücken und bzgl. ihrer Vereinbarkeit mit den beobachteten Daten empirisch testen (vgl. Eid et al., 2010).

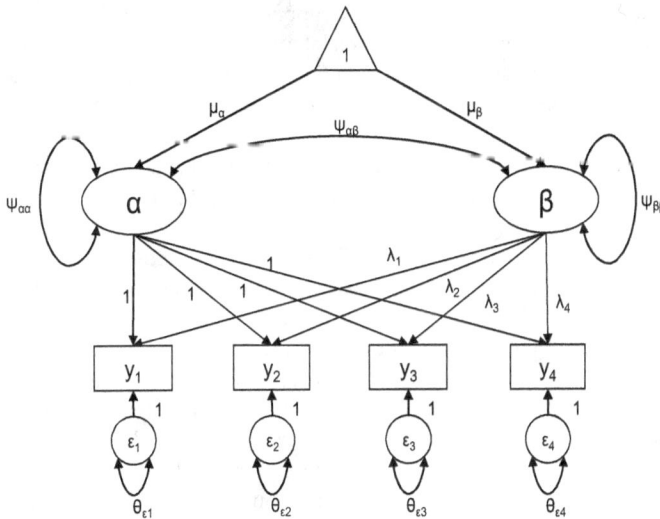

Abbildung 8.5: Darstellung eines vollständigen latenten Wachstumskurvenmodells

Anmerkungen: Entsprechend den Konventionen der Strukturgleichungsmodelle repräsentieren Kreise latente Variaben, Rechtecke manifeste Variablen, Dreiecke repräsentieren Konstanten. Doppelpfeile repräsentieren Varianzen und Kovarianzen, gerichtete Pfeile Regressionskoeffizienten. Die Ziffern stehen für fixierte, Symbole für zu schätzende Parameter.

Zur Schätzung der Modellparameter wird ein ML-Verfahren eingesetzt (s. o.). Ziel
dieses Verfahrens ist es, die Parameter so zu schätzen, dass die Wahrscheinlichkeit
der beobachteten Variablenausprägungen maximiert wird (Raykov & Marcoulides, 2006). Da in latenten Wachstumskurvenmodellen nicht nur die Stabilität einer Rangreihe von Individuen in einem Merkmal untersucht wird, sondern auch
die Veränderung der Individuen in diesem Merkmal, geht – anders als in traditionellen Strukturgleichungsmodellen – zusätzlich zur Kovarianzmatrix auch die
Mittelwertstruktur der wiederholt gemessenen manifesten Variablen in die Schätzung ein (Singer & Willet, 2003).

Die ML-Schätzung setzt die Erfüllung von Annahmen bzgl. der Stichprobengröße und der Verteilung der beobachteten Daten voraus. Die angestrebten positiven Eigenschaften der Schätzung (asymptotisch erwartungstreue, asymptotisch
effiziente und konsistente Schätzungen) gelten nur, wenn die Schätzungen auf großen Stichproben basieren, d. h. je größer die Stichprobe, desto verlässlicher die
Parameterschätzung (Eid et al., 2010). Von der Stichprobengröße hängt – neben
anderen Faktoren – auch die statistische Power ab. Simulationsstudien im Kontext
von latenten Wachstumskurvenmodellen belegen, dass der Nachweis von kleinen
Effekten für Mittelwertunterschiede zwischen Gruppen in latenten Veränderungsfaktoren (Fan, 2003) und Kovarianzen zwischen latenten Veränderungsfaktoren in
bivariaten latenten Wachstumskurvenmodellen (Hertzog, Lindenberger, Ghisletta
& Oertzen, 2006) auch bei sehr reliablen Messinstrumenten Stichprobengrößen
von $N \geq 500$ erfordert.

Eine weitere Annahme der ML-Schätzung ist, dass die beobachteten Variablenausprägungen aus einer multivariaten Normalverteilung stammen. Verletzungen dieser Annahme resultieren in überschätzten χ^2-Werten und unterschätzten
Standardfehlern in der Parameterschätzung (Raykov & Marcoulides, 2006). Eine
Simulationsstudie von Curran, West und Finch (1996) belegt jedoch eine relativ
große Robustheit des Verfahrens gegen univariate Abweichungen von der Normalverteilung: Abweichungen von der Normalitätsannahme wirken sich erst mit
einer Schiefe $S > 2,0$ und einem Exzess $E > 7,0$ problematisch aus. Darüber hinaus
zeigt die Studie, dass sich die aus der Verletzung der multivariaten Normalverteilungsannahme resultierenden Verzerrungen durch die Verwendung eines ro-
busten Schätzverfahrens, wie des von Satorra und Bentler (1994) vorgeschlagenen
Verfahrens, effektiv korrigieren lassen. Ein solches robustes Schätzverfahren steht
im Auswertungsprogramm MPlus 6.1 (Muthén & Muthén, 1998-2011) zur Verfügung und wird in der vorliegenden Arbeit für alle Analysen eingesetzt.

Der Modelltest, also der Nachweis, dass die in der Modellierung implizierten
Hypothesen nicht im Widerspruch zu den beobachteten Daten stehen, erfolgt
über die Beurteilung des Modellfits. Für diese Beurteilung der Modellgültigkeit
können im Wesentlichen zwei Strategien herangezogen werden: die Prüfung der

Gesamtmodellanpassung eines Modells sowie der Vergleich mit der Anpassungsgüte alternativer Modelle.

Um die Gesamtmodellanpassung eines latenten Wachstumskurvenmodells zu
überprüfen, werden die aus dem SEM bekannten Fitindizes verwendet. Da diese
entwickelt wurden, um Fehlspezifikationen in der Kovarianzstruktur des Modells
aufzudecken, ist ihre Bedeutung bei der Evaluation von LGCM, die neben der
Kovarianz- auch Mittelwertstrukturen abbilden, nicht unumstritten (Wu, West &
Taylor, 2009).

Als globales Maß für die Anpassung der beobachteten und modellimplizierten
Mittelwertvektoren und Kovarianzmatrizen dient eine auf die Logik eines *likelihood-ratio*-Tests zurückgehende Teststatistik, die approximativ einer χ^2-Vertei-
lung folgt (Raykov & Marcoulides, 2006). Als Nullhypothese wird dabei angenommen, dass Kovarianz- und Mittelwertstruktur im zu prüfenden Modell und
einem nicht restringierten, saturierten Modell (welches die beobachteten Daten
exakt wiedergibt) gleich sind. Eine signifikante Teststatistik führt der Testlogik folgend zur Zurückweisung der Nullhypothese. Die Aussagekraft der χ^2-Teststatistik
ist allerdings eingeschränkt, da ihr Wert nicht nur durch Modellfehlspezifikation,
sondern auch durch Merkmalsverteilung und Stichprobengröße beeinflusst wird.
Neben den oben beschriebenen Verzerrungen der χ^2-Statistik bei Verletzung der
multivariaten Normalverteilungsannahme führt eine hohe statistische Power der
Teststatistik zu einer hohen Wahrscheinlichkeit, die Nullhypothese schon bei sehr
geringen Abweichungen zwischen der vom Modell implizierten und der beobachteten Kovarianz- und Mittelwertstruktur abzulehnen. Daher ist die χ^2-Statistik bei
größeren Stichprobenumfängen wenig verlässlich und es sollten weitere Indikatoren zur Evaluation des Modellfits herangezogen werden (Raykov & Marcoulides,
2006).

Die sogenannten *baseline*-Fitindizes vergleichen den Fit des spezifizierten Modells mit dem Fit eines *baseline*-Modells, das restriktiver ist. In der Regel wird
das *baseline*-Modell gebildet, indem die Varianzen und Mittelwerte der manifesten
Variablen frei geschätzt, ihre Kovarianzen jedoch auf 0 fixiert werden (Bollen &
Curran, 2006). Zu den Fitindizes dieser Familie werden der *Tucker Lewis Index*
(TLI) und der *Comparative Fit Index* (CFI) gezählt. Der Wertebereich dieser Indikatoren liegt zwischen 0 und ∞ (TLI) bzw. zwischen 0 und 1 (CFI). Werte > 0,90
zeigen einen akzeptablen Modellfit an, Werte > 0,95 einen guten und Werte > 0,97
einen sehr guten Modellfit (Bollen & Curran, 2006).

Im Gegensatz zu diesen relativen Fitindizes beruht der *Root Mean Square Error
of Approximation* (RMSEA) allein auf einer Quantifizierung der Missspezifikati-
on des Modells, ohne einen Vergleich mit einem *baseline*-Modell (daher wird der
RMSEA auch als *stand-alone index* bezeichnet, vgl. Bollen & Curran, 2006). Der
Wertebereich des RMSEA liegt zwischen 0 und ∞. Werte < 0,05 kennzeichnen

einen sehr guten Fit, Werte > 0,10 einen schlechten Fit, Werte zwischen 0,05 und 0,10 einen moderaten Fit. Wu et al. (2009) empfehlen für die Fit-Evaluation eines latenten Wachstumskurvenmodells neben einer ggf. adjustierten χ^2-Statistik die Indizes TLI, CFI und RMSEA.

Eine weitere Strategie zur Beurteilung des Modellfits ist der Vergleich alternativer Modelle. Sind die konkurrierenden Modelle ineinander verschachtelt, lassen sie sich also durch Parameterrestriktionen ineinander überführen, kann der Vergleich mit einem *likelihood-ratio*-Test erfolgen (Raykov & Marcoulides, 2006). Unter der Nullhypothese, dass sich beide Modelle nicht unterscheiden, wird die Differenz aus den χ^2-Statistiken beider Modelle gebildet. Diese Differenz selbst ist wiederum χ^2-verteilt. Die Zahl der Freiheitsgrade der so gebildeten Teststatistik wird aus der Differenz der Freiheitsgrade der konkurrierenden Modelle gebildet. Damit ist die Gleichheitshypothese statistisch testbar. Wird im Falle einer Verletzung der multivariaten Normalverteilungsannahme ein robustes ML-Verfahren eingesetzt (Satorra & Bentler, 1994), ist zumindest eine approximative Adjustierung der χ^2-Statistik mithilfe eines Skalierungsfaktors vorzunehmen (Satorra & Bentler, 2001). Im Folgenden wird der *likelihood-ratio*-Test einer gängigen Konvention folgend als χ^2-Test bezeichnet (vgl. z. B. Geisser, 2010). Zur Beschreibung der relativen Anpassungsgüte nicht verschachtelter Modelle können die sogenannten Informationskriterien AIC und BIC (*Akaike* bzw. *Bayesian Information Criterion*) herangezogen werden. Beide Kriterien beruhen ebenfalls auf der χ^2-Teststatistik, adjustieren diese jedoch bzgl. der Anzahl der frei geschätzten Parameter. Neben dem Modellfit geht also auch die Sparsamkeit des jeweiligen Modells in das Kriterium ein. Der BIC enthält zusätzlich einen Korrekturfaktor für die Stichprobengröße. Da Differenzen zwischen den Informationskriterien konkurrierender Modelle nicht statistisch getestet werden können, sind Modellvergleiche mit diesen Maßen rein deskriptiv. Singer und Willet (2003) empfehlen ihren Einsatz nur dann, wenn ein χ^2-Test nicht möglich ist. Neben der Überprüfung der Gültigkeit des Gesamtmodells bzw. einzelner Restriktionen lassen sich auch Hypothesen in Bezug auf einzelne Parameter prüfen. Dazu werden die Parameterschätzungen ins Verhältnis zu ihren ebenfalls durch ML-Schätzung ermittelten Standardfehlern gesetzt. Diese Prüfgröße ist z-verteilt. Entsprechend wird ein mit einem α-Niveau von 5% von 0 unterschiedlicher Parameter im zweiseitigen Test durch einen Quotienten indiziert, der ein kritisches Verhältnis von $z = 1{,}96$ übersteigt (siehe z. B. Eid et al., 2010).

Auswertungsoptionen
Entsprechend dem klassischen SEM eröffnen LGCM durch die Parametrisierung von Entwicklungsveränderungen in zwei latente, messfehlerbereinigte Faktoren ein breites Spektrum der Modellierung komplexer Zusammenhänge (für eine Übersicht s. Eid et al., 2010).

Um zu untersuchen, wie individuelle Merkmale als Kovariaten bzw. Prädiktoren interindividuelle Unterschiede in den Entwicklungsveränderungen erklären, werden im Rahmen von Strukturgleichungsmodellen diese Merkmale als exogene (unabhängige) Variablen und die beiden latenten Entwicklungsfaktoren als endogene (abhängige) Variablen modelliert (konditionales LGCM). Richtung und Ausmaß des Effektes einer Kovariate bzw. eines Prädiktors auf den Entwicklungsverlauf drückt sich – entsprechend den Prinzipien der Regressionsanalyse – durch Vorzeichen und Signifikanz des Regressionskoeffizienten aus. Die unstandardisierten Regressionskoeffizienten (g) können als erwartete Veränderung in der abhängigen Variable bei Veränderung der unabhängigen Variable um eine Einheit interpretiert werden. Die Varianzen und Kovarianzen aus dem unkonditionalen LGCM ($\psi_{\alpha\alpha}$, $\psi_{\beta\beta}$, $\psi_{\alpha\beta}$) werden im konditionalen LGCM zu Residualvarianzen bzw. -kovarianzen (σ_{α}, σ_{β}, $\sigma\alpha_{\beta}$). Die (unstandardisierten) Mittelwerte von *intercept* (α) und *slope* (β) werden zu Regressionskonstanten (μ_{α}, μ_{β}). Sie können also als die Ausprägung interpretiert werden, die die abhängige Variable erreicht, wenn die unabhängige Variable den Wert 0 annimmt. Bezieht man mehrere exogene Variablen in eine Regression ein, so indizieren die einzelnen Regressionsgewichte sogenannte bedingte Effekte; d. h. Effekte einer unabhängigen Variablen, die um den Einfluss der anderen unabhängigen Variablen bereinigt sind. Die Regressionskonstanten μα und μβ stellen dann entsprechend den Mittelwert und den *slope* dar, wenn alle Kovariaten den Wert 0 erreichen. Eine Standardisierung der Regressionskoeffizienten an der Streuung der abhängigen und unabhängigen Variablen in der Stichprobe etabliert eine gemeinsame Metrik, die einen Vergleich zwischen den Effekten unterschiedlicher standardisierter Kovariaten (γ) erlaubt. Standardisierte Regressionskoeffizienten lassen sich als erwartete Veränderung gemessen in Standardabweichungen der abhängigen Variablen interpretieren, die eintreten, wenn sich die unabhängige Variable um eine Standardabweichung ändert (Eid et al., 2010).

Um Unterschiedshypothesen, wie z. B. Mittelwertunterschiede zwischen Gruppen, in einzelnen Modellparametern zu testen, stehen im LGCM zwei Strategien zur Verfügung (Bollen & Curran, 2006): Unterschiede zwischen Gruppen können durch die Aufnahme von *dummy*-Variablen als Kovariaten regressionsanalytisch getestet werden (vgl. Eid et al., 2010 für eine ausführliche Herleitung). Ein kategoriales Merkmal geht als dichotome Variable in eine Regression ein. Der an der Standardabweichung der abhängigen Variable standardisierte Regressionskoeffizient gibt dann den Mittelwertunterschied zwischen den Gruppen an. Allerdings lassen sich mit diesem Ansatz lediglich Unterschiede in den Faktormittelwerten bzw. bedingte Effekte weiterer Kovariaten testen. Für die restlichen Parameter des LGCM (λ_{t}, $\psi_{\alpha\alpha}$, $\psi_{\beta\beta}$, $\psi_{\alpha\beta}$, θ_{et}) wird Gleichheit zwischen den Gruppen angenommen. Eine zweite Strategie ist die Multigruppenanalyse. In dieser Analyse wird für jede der vorgegebenen Gruppen ein separates LGCM geschätzt. Durch das Setzen und

Aufheben von Gleichheitsrestriktionen können damit alle Parameter des Modells auf Gleichheit geschätzt werden. Die Multigruppenanalyse erweitert damit zum einen die inhaltlichen Optionen für Hypothesentests. Zum anderen lassen sich Verzerrungen in den Befunden durch zu restriktive Annahmen hinsichtlich der zu vergleichenden Gruppen vermeiden (Bollen & Curran, 2006).

Growth Mixture Modell (GMM)

Klassische LGCM lassen interindividuelle Unterschiede im Entwicklungsverlauf auf individueller Ebene zu und quantifizieren diese in der Varianz von *intercept* und *slope*. In Multigruppenanalysen lassen sich zusätzlich zur interindividuellen Variabilität die Unterschiede zwischen den Versuchspersonen unterschiedlicher bekannter Gruppen modellieren. Im *Growth Mixture Modelling* (GMM) können durch die Einführung einer latenten kategorialen Variable latente Gruppen von Individuen gebildet werden, für die gleiche Entwicklungsprozesse (d. h. Individuen, deren Entwicklungsverlauf um gleiche Mittelwerte in *intercept* und *slope* variiert) angenommen werden (Muthén, 2004). Für jede latente Gruppe wird damit ein separates latentes Wachstumskurvenmodell geschätzt. Zusätzlich kann die Zugehörigkeit der Versuchspersonen zu bekannten Gruppen durch eine Kombination aus GMM und Multigruppenanalyse berücksichtigt werden. Die Zugehörigkeit zur latenten Gruppe wird dabei getrennt für die unterschiedlichen beobachteten Gruppen bestimmt. GMM wurden zunächst in Form sogenannter *Latent-Class*-Modelle entwickelt, für die latenten Gruppen wird daher – wie auch im Folgenden – die Bezeichnung *latente Klassen* verwendet (Vermunt, 2010).

Da sich das GMM ebenfalls in den Rahmen des SEM integrieren lässt (zur Herleitung s. Muthén, 2004), stehen auch hier die umfangreichen Auswertungsoptionen dieses Ansatzes zur Verfügung.

Die Schätzung des GMM erfolgt durch ML-Schätzung (s. o.) im Programm MPlus 6.1 (Muthén & Muthén, 1998-2011). Um lokale *likelihood*-Optima in der Schätzung zu vermeiden, und damit fehlerhafte Fitstatistiken und Parameterschätzungen, wird der Schätzprozess modifiziert (vgl. die Empfehlungen von Geisser, 2010): Für die Schätzung werden in einem ersten Schritt 1000 Parameterstartwerte zufallsgeneriert und daraus die besten 100 Startwertesets für den zweiten Optimierungsschritt gezogen. Die Zahl der Iterationen in jedem Startwerteset wird auf mindestens zehn Iterationen gesetzt.

Zusätzlich zu den bereits aus der Darstellung des LGCM bekannten Parametern (s. o.) wird für jede Versuchsperson die Wahrscheinlichkeit der Zugehörigkeit zu einer latenten Klasse geschätzt.

Da die Zahl der unterschiedlichen Klassen, aus der die Stichprobe sich zusammensetzt, a priori unbekannt ist, muss die Zahl der zu schätzenden Klassen, vergleichbar einer konfirmatorischen Faktorenanalyse, vom Auswerter vorgegeben werden.

Der Festlegung der Anzahl der Klassen kommt damit eine zentrale Bedeutung im GMM zu und sollte sowohl von inhaltlichen wie auch statistischen Gesichtspunkten geleitet sein (Marsh, Lüdtke, Trautwein & Morin, 2009). Als inhaltliche Aspekte zur Beurteilung der Klassenlösung werden u.a. Theoriekonformität, Sparsamkeit und Interpretierbarkeit der gefundenen Klassenlösung genannt (z. B. Bauer & Curran, 2003). Als statistische Kriterien zur Überprüfung der Anpassung des Modells an die Daten werden auf Grundlage von Simulationsstudien (Nylund, Asparouhov & Muthén, 2007; Tofighi & Enders, 2008) der BIC (*Bayesian Information Criteria*; s. o.), der stichprobenadjustierte BIC (aBIC) sowie der *Bootstrap Likelihood-Ratio-Test* (BLRT) empfohlen (für eine Beschreibung der Verfahren s. auch Nylund et al., 2007). Bei den Informationskriterien zeigen geringere Werte einen besseren Datenfit an. Der BLRT steht in der gewählten Kombination aus Multigruppenanalyse und GMM nicht zur Verfügung. Ein weiteres, häufig eingesetztes Kriterium zur Beurteilung der Klassenlösung ist die Entropie, die angibt, mit welcher Präzision eine Zuweisung der Versuchspersonen zu den latenten Klassen ist. Der Wertebereich der Entropie liegt zwischen 0 und 1, dabei stehen höhere Werte für eine präzisere Klassenzuweisung.

Unterschiedliche Modellparametrisierungen, die auf Modellen gleicher Klassenanzahl beruhen, können mittels herkömmlichem χ^2-Test (unter Verwendung der Satorra-Bentler-adjustierten χ^2-Teststatistiken; s. o.) gegeneinander getestet werden (Morin et al., 2011).

Neben der Bestimmung der Anzahl der Klassen ist vom Auswerter auch die Sequenz der Modellbildung festzulegen. Muthén (2006; s. auch Li, Duncan, Duncan & Acock, 2001) schlägt folgende Schritte vor: Zunächst ist die Anzahl der latenten Klassen zu ermitteln. Um artifiziellen Klassenbildungen vorzubeugen, ist dazu ein restriktives Modell ohne Einbeziehung von Kovariaten heranzuziehen. Da die Modellierung der Faktorvarianzen innerhalb der Klassen die Klassenbildung beeinflusst, sind im zweiten Schritt alternative Varianzmodellierungen gegeneinander zu testen. Morin et al. (2011) schlagen zum einen ein Modell vor, das keine Varianz innerhalb der Klassen zulässt, also die beobachtete Heterogenität der Stichprobe allein auf die Unterschiede zwischen den Klassen zurückführt (ein klassisches *Latent-Class*-Modell; s. o.); zum zweiten ein Modell, das Varianzen innerhalb der Klassen zulässt, diese jedoch als gleich restringiert (also Heterogenität innerhalb der Klassen zulässt), und schließlich ein Modell, das die Varianzen innerhalb der Klassen frei schätzt (in unterschiedlichen Klassen also unterschiedliche Varianzen zulässt). Im dritten Schritt werden Kovariaten zur Prädiktion der Klassenzuweisung in die aufgefundene Klassenlösung einbezogen. Bei der Einbeziehung der Kovariaten ist zu beachten, dass sich die Klassenbildung noch einmal verändern kann. In einer validen Klassenlösung sollten sich jedoch keine qualitativen Änderungen mehr ergeben (Marsh et al., 2009).

Da das Vorgehen des GMM in seiner Natur explorativ und damit stark datenge-
leitet ist, wird der Modellvalidierung des *growth mixture* Modells große Bedeutung beigemessen (Muthén, 2004). Als Kriterium für die Konstruktvalidität der
gefundenen Klassenlösung wird der Nachweis von Unterschieden zwischen den
Klassen in theoretisch relevanten, zeitlich vorgelagert, konkurrent oder zeitlich
nachgelagert erhobenen Kovariaten angesehen (Muthén, 2004; Marsh et al., 2009).

Modellierung der Fragestellungen

Die vorgestellten Auswertungsverfahren werden wie folgt zur Untersuchungen der
Fragestellungen (vgl. Kap. 7) eingesetzt:

Fragestellung 1: Intraindividuelle Veränderungen im metakognitiven Wissen
können dann als nachgewiesen gelten, wenn in einem LGCM der *slope*-Faktor
einen statistisch von 0 unterscheidbaren Mittelwert (β) aufweist. Durch unterschiedliche Fixierung von λ_2 und λ_3 können unterschiedliche Formen des Entwicklungsverlaufes modelliert und gegeneinander getestet werden.

Fragestellung 2: Interindividuelle Unterschiede in der Entwicklung drücken
sich in statistisch bedeutsamen Varianzen von *intercept* ($\psi_{\alpha\alpha}$) und *slope* ($\psi_{\beta\beta}$) aus.
Der Einfluss von Schülermerkmalen auf die interindividuellen Unterschiede in
Ausgangswert und Veränderungswert drückt sich in einem konditionalen LGCM
durch statistisch signifikante Regressionskoeffizienten dieser Kovariaten auf *intercept* (g_α) und *slope* (g_β) aus.

Fragestellung 3: Geschlechtsunterschiede lassen sich regressionsanalytisch
durch die Aufnahme des Geschlechts als dichotome Kovariate in einem konditionalen LGCM untersuchen. Effekte des Geschlechts drücken sich dann in signifikanten Regressionskoeffizienten auf *intercept* (g_α) und *slope* (g_β) aus. Durch die
Aufnahme weiterer individueller Schülermerkmale in die Regression lassen sich
die bedingten Geschlechtseffekte bestimmen, d. h. diejenigen Effekte, die – bei
ansonsten gleichen Ausprägungen in den Kovariaten – allein auf Unterschiede im
Geschlecht zurückzuführen sind.

Fragestellung 4: Um die Hypothesen bezüglich der Unterschiede im Entwicklungsverlauf zwischen den Schülern der drei Schularten zu überprüfen, werden
Multigruppenanalysen modelliert. Die Invarianz des Messmodells sowie Mittelwertunterschiede in *intercept* und *slope* zwischen den Schularten können durch die
Testung von Gleichheitsrestriktionen nachgewiesen werden. Durch die Aufnahme
der Kovariaten in das Multigruppenmodell können die individuellen Unterschiede zwischen den Schülern in den drei Schularten kontrolliert werden. Die adjustierten *intercepts* und *slopes* in den Schularten können ebenfalls durch die Testung
von Gleichheitsrestriktionen auf Mittelwertunterschiede untersucht werden.

Fragestellung 5: Die Untersuchung der Stichprobe auf nicht beobachtete, latente
Gruppen, die sich im Verlauf der Entwicklung des metakognitiven Wissens unter-

scheiden, erfolgt mittels GMM. Die Zahl der latenten Klassen sowie die Varianzstruktur innerhalb der latenten Klassen werden explorativ ermittelt. Kovariaten
werden zur Vorhersage der Klassenzuweisung wie auch zur Aufklärung interindividueller Unterschiede im Entwicklungsverlauf innerhalb der latenten Klassen
eingesetzt. Die gefundenen latenten Klassen werden auf Unterschiede in der Entwicklungsveränderung exploriert und durch das Ausprägungsprofil der einbezogenen Schülermerkmale charakterisiert.

Fragestellung 6: Die Zusammenhänge der Entwicklung im metakognitiven
Wissen und der Entwicklung in der Mathematikleistung lassen sich durch ein
bivariates LGCM untersuchen. Dabei werden für beide Entwicklungsprozesse
mithilfe von zwei LGCM separate Entwicklungsverläufe simultan geschätzt. Die
Zusammenhänge zwischen den beiden Prozessen werden durch die Kovarianz
zwischen den Entwicklungsfaktoren (d. h. den *intercepts* und den *slopes*) ausgedrückt. Um den Einfluss moderierender Effekte auszuschließen, werden Kovariaten in das Modell einbezogen: Die Residualkovarianz der Entwicklungsfaktoren
ist damit um den Einfluss der Kovariaten bereinigt und entspricht damit einer
Partialkorrelation (Eid et al., 2010). In Multigruppenanalysen wird die Kovarianz
der *intercepts* und *slopes* auf Unterschiede zwischen Jungen und Mädchen sowie
auf Unterschiede zwischen den Schularten hin untersucht.

9 Ergebnisse

9.1 Deskriptive Statistiken

Vor der statistischen Überprüfung der in Kapitel 7 formulierten Hypothesen wurden zunächst die mithilfe der FIML-Option geschätzten deskriptiven Statistiken der erhobenen Merkmale untersucht (s. Tab. 9.1).

Um eine ersten Einordnung des Entwicklungsgeschehens zu ermöglichen, wurden Leistungen im metakognitiven Wissen durch χ^2-Differenzentests[3] – analog zum Vorgehen bei t-Tests – zunächst auf Gleichheit der Varianzen, im Anschluss auf Gleichheit der Kovarianzen und schließlich auf Gleichheit der Mittelwerte getestet. Die Varianzen über die vier Messzeitpunkte waren gleich ($\Delta\chi^2 = 3{,}675$; $\Delta df = 3$; $p = .30$), ebenso die Kovarianzen zwischen benachbarten Messzeitpunkten ($\Delta\chi^2 = 6{,}546$; $\Delta df = 4$; $p = .16$). Die vier Mittelwerte erwiesen sich als unterschiedlich ($\Delta\chi^2 = 312{,}231$; $\Delta df = 1$; $p < .001$). In allen Messintervallen stiegen die Mittelwerte der Stichprobe statistisch bedeutsam an: zwischen T1 und T2 ($\Delta\chi^2 = 148{,}123$; $\Delta df = 1$; $p < .001$; $d = 0{,}41$), T2 und T3 ($\Delta\chi^2 = 23{,}208$; $\Delta df = 1$; $p < .001$; $d = 0{,}17$) und T3 und T4 ($\Delta\chi^2 = 15{,}651$; $\Delta df = 1$; $p < .001$; $d = 0{,}13$). D. h. für die folgenden Analysen kann für das metakognitive Wissen über die vier Messzeitpunkte von homogenen Varianzen, konstanten Kovarianzen und zunehmenden Mittelwerten ausgegangen werden.

Die Test-Retest-Korrelation lag zwischen T1 und T2 bei $r_{tt} = .52$, zwischen T2 und T3 bei $r_{tt} = .58$ und zwischen T3 und T4 bei $r_{tt} = .60$. Über den gesamten Entwicklungszeitraum von zwei Jahren wurde eine Stabilität von $r_{tt} = .40$ beobachtet. Dies spricht für ausgeprägte interindividuelle Unterschiede in der Entwicklungsveränderung.

Um zu überprüfen, ob die durch die Stichprobenziehung bedingte hierarchische Struktur der Daten (die untersuchten Schüler sind in Klassen und in Schulen „geschachtelt") in der Parameterschätzung berücksichtigt werden muss (Eid et al., 2010), wurde die Intraklassenkorrelation der metakognitiven Wissenstests auf Schulebene berechnet (eine feste Klassenzuweisung der Stichprobe bestand

---

[3] Um Verzerrungen der Parameterschätzungen durch Verletzung der multivariaten Normalverteilungsannahme zu vermeiden, wurde der robuste MLR-Schätzer anstelle der Maximum-Likelihood Schätzung eingesetzt (Satorra & Bentler, 1994; s. Kap. 8). Die Differenzen der χ^2-Werte, die aus MLR-Schätzungen resultieren, sind anders als in der konventionellen ML-Schätzung nicht χ^2-verteilt. Satorra und Bentler (2001) schlagen eine einfache Korrektur vor, die mithilfe eines von MPlus ausgegebenen Skalierungsfaktors c zu einer approximativ korrekten Teststatistik führt: $\Delta\chi^2 = \frac{\chi_0^2 \cdot c_0 - \chi_1^2 \cdot c_1}{cd}$. Der Index 0 bezeichnet das restriktivere, genestete Modell, der Index 1 das Vergleichsmodell. Der Korrekturfaktor cd wird gemäß folgender Formel berechnet: $cd = \frac{df_0 \cdot c_0 - df_1 \cdot c_1}{df_0 - df_1}$.

Tabelle 9.1: Deskriptive Statistiken der in die Analysen einbezogenen Variablen

	(1)	(2)	(3)	(4)	(5)	(6)	(7)	(8)	(9)	(10)	(11)	(12)	(13)	(14)	(15)	M	SD
(1) Metakognitives Wissen T1	1,07	0,59	0,51	0,47	0,44	0,43	0,40	0,36	0,37	1,31	0,13	0,33	0,33	0,25	3,16	0,18	1,03
(2) Metakognitives Wissen T2	.52***	1,20	0,70	0,60	0,39	0,44	0,41	0,35	0,31	1,53	0,17	0,31	-0,10	0,24	3,11	0,62	1,10
(3) Metakognitives Wissen T3	.45***	.58***	1,21	0,74	0,42	0,45	0,48	0,45	0,29	1,58	0,18	0,45	0,07	0,45	2,43	0,81	1,10
(4) Metakognitives Wissen T4	.40***	.48***	.60***	1,28	0,37	0,42	0,47	0,45	0,23	1,46	0,19	0,46	0,05	0,27	2,21	0,96	1,13
(5) Mathematik Leistung T1	.37***	.31***	.33***	.29***	1,33	0,90	0,90	0,83	0,41	1,73	0,38	0,51	0,88	1,63	3,02	-0,88	1,15
(6) Mathematik Leistung T2	.38***	.37***	.37***	.34***	.72***	1,19	0,93	0,88	0,39	1,90	0,37	0,51	0,78	1,49	4,07	-0,15	1,09
(7) Mathematik Leistung T3	.34***	.33***	.38***	.37***	.68***	.75***	1,31	1,03	0,39	2,08	0,33	0,56	0,74	1,55	3,88	0,05	1,14
(8) Mathematik Leistung T4	.32***	.29***	.37***	.37***	.66***	.74***	.82***	1,21	0,34	1,99	0,30	0,45	0,88	1,43	3,12	0,43	1,10
(9) Leseverstehen T1	.48***	.38***	.35***	.28***	.48***	.48***	.46***	.42***	0,56	1,12	0,18	0,20	0,09	0,32	2,29	0,34	0,75
(10) Fluide Intelligenz T1	.30***	.33***	.34***	.30***	.35***	.41***	.43***	.43***	.35***	18,12	1,16	1,63	0,85	1,75	11,68	8,90	4,26
(11) Zahlenspanne vorwärts T1	.09*	.11*	.11*	.12*	.23***	.23***	.20***	.19***	.17***	.19***	2,12	0,83	-0,01	0,10	1,76	5,39	1,46
(12) Zahlenspanne rückwärts T1	.17***	.15**	.22***	.22***	.24***	.25***	.26***	.22***	.15**	.20***	.30***	3,50	0,40	0,83	2,79	4,18	1,87
(13) Mathematik Interesse T1	-.01	-.03	.02	.01	.24***	.22***	.20***	.25***	.04	.06(')	.00	.07	10,60	7,68	-0,72	11,33	3,26
(14) Mathematik Selbstkonzept T1	.06(')	.06	.10*	.06	.35***	.34***	.34***	.33***	.11**	.10*	.02	.11*	.59***	16,13	1,61	14,22	4,02
(15) Sozioökonomischer Status T1	.21***	.19***	.15***	.13**	.18***	.25***	.23***	.19***	.21***	.18***	.08(')	.10*	-.02	.03	222,20	47,85	14,91

Anmerkungen: Die dargestellten Werte basieren auf einer FIML-Schätzung ($N = 928$); Varianzen (in der Tabellendiagonale), Kovarianzen (oberhalb der Tabellendiagonalen), Korrelationen (unterhalb der Tabellendiagonalen); M = Mittelwert; SD = Standardabweichung; *** $p < .001$; ** $p < .01$; * $p < .05$; (*) $p < .10$.

nur während der ersten beiden Messzeitpunkte). Nach der Berücksichtigung der Schulart, deren Einfluss in den folgenden Analysen modelliert wird, lagen die Intraklassenkorrelationen mit Werten zwischen $r_{ICC} = .02$ (T2) und $r_{ICC} = .06$ (T4) im vernachlässigbaren Bereich. Auf eine Kontrolle der hierarchischen Datenstruktur wird im Folgenden verzichtet, da das Risiko statistischer Fehlentscheidungen aufgrund unterschätzter Standardfehler gering ist (s. Eid et al., 2010).

9.2 Intraindividuelle Veränderungen

Ausgehend von dem Befund, dass es auf manifester Ebene zu einer Zunahme der Stichprobenmittelwerte kommt, wurde dieser Veränderungsprozess des metakognitiven Wissens mithilfe eines LGCM genauer analysiert.

In den Fragestellungen des Kapitels 7 wurden intraindividuelle Veränderungen im metakognitiven Wissen angenommen. Um diese Annahmen zu überprüfen, wurden unterschiedliche Formen der intraindividuellen Veränderung gegeneinander getestet. Die unterschiedlichen Entwicklungsverläufe wurden durch die Vorgabe dreier alternativer Ladungsmuster auf den *slope*-Faktor modelliert. Zur Definition der Metrik der Veränderung blieben lediglich λ_1 und λ_4 auf Konstanten fixiert ($\lambda_1 = 0$; $\lambda_4 = 1$). In den Analysen zur Bestimmung der Verlaufsform wurden zunächst interindividuelle Unterschiede in Ausgangswert (*random intercept*) und Veränderungsrate (*random slope*) zugelassen und die Residualvarianzstruktur saturiert modelliert. Folgende alternative Entwicklungsmodelle wurden hinsichtlich ihrer Übereinstimmung mit den beobachteten Daten untersucht:

(1) Zunächst wurde ein lineares LGCM spezifiziert, das von einer konstanten positiven Veränderungsrate des metakognitiven Wissens in den Beobachtungsintervallen ausgeht. Da die Beobachtungsintervalle etwa gleich lang waren (acht Monate), wurde durch die Fixierung der *slope*-Ladungen auf gleichabständige Werte ($\lambda_1 = 0$; $\lambda_2 = 0{,}333$; $\lambda_3 = 0{,}667$; $\lambda_4 = 1$) ein kontinuierlicher, linear verlaufender Entwicklungsprozess modelliert.

(2) Bezugsgröße für die zweite Modellierung der Veränderung waren nicht die Zeitintervalle zwischen den Messungen, sondern die Unterrichtszeit, die zwischen den Messzeitpunkten lag. Die Sommerferien als unterrichtsfreie Zeit wurde nicht berücksichtigt. Mit dieser Modellierung wurde der unterschiedlichen Position der Messzeitpunkte im Schuljahresverlauf (T1 und T4 am Beginn des Schuljahres, T3 in der Mitte des Schuljahres und T2 am Ende des Schuljahres) Rechnung getragen. Die korrigierten Messintervalle betrugen acht (T1 zu T2) bzw. sechs Monate (T2 zu T3, T3 zu T4), die Ladungen auf den *slope* wurden entsprechend modelliert ($\lambda_1 = 0$; $\lambda_2 = 0{,}400$; $\lambda_3 = 0{,}700$; $\lambda_4 = 1$).

(3) Im exploratorischen *Estimated-Factor-Loadings*-Modell (EFL-Modell) wurde
     a priori kein Entwicklungsverlauf festgelegt. Durch die freie Schätzung der
     Ladungen λ_2 und λ_3 entsprach der vom Modell ermittelte Verlauf exakt der
     empirisch beobachteten Entwicklung. Lediglich die Ladungen λ_1 = 0 und
     λ_4 = 1 blieben aus Gründen der Modellidentifizierbarkeit fixiert. Aus den ge-
     schätzten Faktorladungen lässt sich anders als in den Modellen (1) und (2)
     der proportionale Anteil des Beobachtungsintervalls an der Gesamtentwick-
     lung empirisch ermitteln.

In Tabelle 9.2 sind die Fitindizes der drei beschriebenen Modelle aufgeführt.
χ^2-Differenzentests ergaben für Modell 3 einen bedeutsam besseren Fit als für
Modell 1 ($\Delta\chi^2$ = 40,555; Δdf = 2; $p < .001$) und Modell 2 ($\Delta\chi^2$ = 21,948; Δdf = 2;
$p < .001$). Auch die Fitindizes RMSEA, TLI und CFI zeigten für Modell 3 Werte,
die auf einen sehr guten Datenfit hinweisen.

Das EFL-Modell gab also die in der Stichprobe beobachtete Form der Veränderung am besten wieder. Die Modelle, in denen die Veränderungsraten
proportional zur Zeit bzw. Beschulungszeit modelliert wurden, zeigten eine
schlechtere Anpassung an die beobachteten intraindividuellen Veränderungen
im metakognitiven Wissen. Auf Grundlage des EFL-Modells wurden weitere Parameter des Messmodells bestimmt. Dazu wurde im zweiten Schritt untersucht,
ob im Entwicklungsmodell interindividuelle Unterschiede in der Entwicklung zu
berücksichtigen sind. Zur Überprüfung der Varianzstruktur der latenten Faktoren *intercept* und *slope* wurden folgende alternative Modellierungen mit Modell
3 (*random intercept, random slope*) auf ihre Anpassungsgüte an die beobachteten
Daten verglichen:

(4) Es wurde angenommen, dass die Entwicklungstrajektorie über alle Versuchs-
     personen konstant war: Die Varianzen von *slope*- und *intercept*-Faktor wer-
     den auf 0 fixiert (*fixed intercept, fixed slope*).

(5) Es wurden interindividuelle Unterschiede in den Ausgangswerten zugelas-
     sen und personeninvariante (konstante) Veränderungsverläufe angenommen
     (*random intercept, fixed slope*).

Ein Vergleich der drei alternativen Modellierungen (s. Tab. 9.2) für die interindividuellen Entwicklungsunterschiede ergab für Modell 3 eine bedeutsam bessere
Übereinstimmung mit den beobachteten Daten als für Modell 4 ($\Delta\chi^2$ = 76,499; Δdf
= 2; $p < .001$) und Modell 5 ($\Delta\chi^2$ = 20,230; Δdf = 1; $p < .001$). Die interindividuellen
Unterschiede sowohl im Ausgangsniveau als auch in der Veränderung des meta-
kognitiven Wissens wiesen also eine signifikante Ausprägung auf und mussten für
die weitere Modellierung der Entwicklung berücksichtigt werden.

In einem dritten Schritt wurde die Residualvarianzstruktur des Messmodells
untersucht. Im Modell mit dem bislang besten Datenfit (Modell 3) waren messzeitpunktspezifische Residuen im Entwicklungsverlauf zugelassen. Die saturier-

te Residualvarianzstruktur wurde mit einer homoskedastischen Residualvarianzstruktur (d. h. gleiche Residuen für die vier Messzeitpunkte) verglichen (Modell 6).

Tabelle 9.2: Fitkennwerte der LGCM des metakognitiven Wissens

Modell	χ^2	df	p	c	RMSEA	CFI	TLI
1	44,876	5	<.001	1,072	.093	.952	.942
2	28,695	5	<.001	1,085	.071	.971	.966
3	8,291	3	< .05	1,153	.044	.994	.987
4	84,512	5	<.001	1,150	.131	.904	.885
5	28,612	4	<.001	1,155	.081	.970	.955
6	12,637	6	< .05	1,475	.035	.992	.992

Anmerkungen: $\chi^2 = \chi^2$-Wert des Tests auf exakten Modellfit; df = Freiheitsgrade des Modells; p = Wahrscheinlichkeit des Wertes in der χ^2-Verteilung; c = Skalierungsfaktor der MLR-Schätzung.

Ein Vergleich der alternativen Residualstrukturmodelle (Modell 3 vs. Modell 6) erbrachte keinen statistisch bedeutsamen Unterschied zwischen den Modellen ($\Delta\chi^2 = 5,053$; $\Delta df = 3$; $p = .168$). Somit war dem sparsameren Modell 6 der Vorzug zu geben. Das EFL-Modell konnte also den Veränderungsprozess über den beobachteten Zeitraum mit gleichbleibender Präzision abbilden.

Insgesamt wies das Modell 6 einen hervorragenden Fit auf ($\chi^2 = 12,637$; $df = 6$; $p = .049$; RMSEA = .035; CFI = .992; TLI = .992) und wurde als Ausgangsmodell für alle weiteren Analysen herangezogen. In Tabelle 9.3 sind die (unstandardisierten) Schätzungen der Entwicklungsparameter wiedergegeben. Abbildung 9.1 bildet den Entwicklungsverlauf über die vier Messzeitpunkte graphisch ab.

Der signifikante Mittelwert des *slope* μ_β belegte eine statistisch bedeutsame intraindividuelle Zunahme des metakognitiven Wissens im beobachteten Zeitraum ($\mu_\beta = 0,774$; $z = 16,743$; $p < .001$). Die Geschwindigkeit, mit der sich die Veränderung vollzog, unterschied sich zwischen den Messintervallen. Im ersten Messintervall zwischen T1 und T2 (d. h. zwischen Beginn und Ende der fünften Jahrgangsstufe) wurde etwa 55% des gesamten beobachteten Zuwachses realisiert, im zweiten Intervall zwischen T2 und T3 (der Zeitraum entspricht dem ersten Schulhalbjahr der sechsten Jahrgangsstufe) etwa 26% des Zuwachses und im letzten Messintervall zwischen T3 und T4 (das zweite Schulhalbjahr der sechsten Jahrgangsstufe) etwa 19% (s. Abb. 9.1).

Um zu überprüfen, ob die stärkere Zunahme des metakognitiven Wissens im ersten Messintervall auf einen Retesteffekt zurückgeht, wurde das metakognitive Wissen von Realschülerinnen, die aufgrund einer Nachrekrutierung zu T2 den Test das erste Mal bearbeiteten ($n = 94$), mit Realschülerinnen verglichen, die zu diesem Messzeitpunkt den Test bereits das zweite Mal bearbeitet hatten ($n = 91$; s. Kap. 8.1). Da lediglich weibliche Realschülerinnen in aussagekräftiger Stichprobengröße nachrekrutiert wurden, beschränkte sich die Überprüfung auf diese Substichprobe. Ein auf manifester Ebene durchgeführter t-Test für unabhängige Stichproben ergab keinen signifikanten Effekt der wiederholten Testdurchführung (t(183) = 1,377; p = .17).

Tabelle 9.3: Parameterschätzungen im LGCM des metakognitiven Wissens (Modell 6)

	est	se	z
α	0,186	0,038	4,936***
β	0,774	0,046	16,743***
λ_1	0		
λ_2	0,547	0,046	11,813***
λ_3	0,812	0,045	18,014***
λ_4	1		
$\psi_{\alpha\alpha}$	0,610	0,072	8,477***
$\psi_{\beta\beta}$	0,383	0,109	3,499***
$\psi_{\alpha\beta}$	-0,102	0,075	1,354
$\theta_{\varepsilon1}$	0,515	0,028	18,383***
$\theta_{\varepsilon2}$	0,515	0,028	18,383***
$\theta_{\varepsilon3}$	0,515	0,028	18,383***
$\theta_{\varepsilon4}$	0,515	0,028	18,383***

Anmerkungen: est = Parameterschätzung; se = Standardfehler; z = z – Statistik der Parameterschätzung (est/se); α = Mittelwert des *intercept*; β = Mittelwert des *slope*; λ = Ladung auf den *slope*-Faktor (λ_1 wurde auf 0, λ_4 auf 1 fixiert); $\psi_{\alpha\alpha}$ = Varianz des *intercepts*, $\psi_{\beta\beta}$ = Varianz des *slope*; $\psi_{\alpha\beta}$ = Kovarianz zwischen *intercept* und *slope*; θ_ε. = Residualvarianz (als gleich über die vier Messzeitpunkte restringiert); *** p < .001.

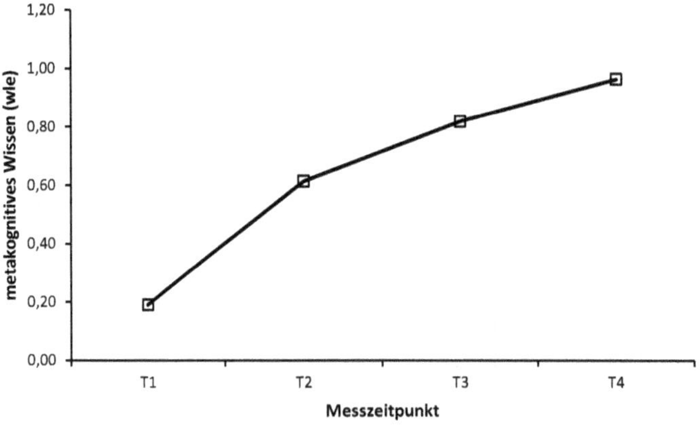

Abbildung 9.1: Entwicklungsverlauf des metakognitiven Wissens

Zusammenfassung: In Hypothese 1.1 wurde angenommen, dass es im beobachteten Zeitraum zu einem bedeutsamen intraindividuellen Zuwachs im metakognitiven Wissen kommt. Diese Annahme stand in Übereinstimmung mit den beobachteten Daten. Hypothese 1.2 vermutete einen konstanten Zuwachs in den Beobachtungsintervallen. Diese Vorhersage ließ sich in den beobachteten Entwicklungsverläufen nicht bestätigen. Die Entwicklung der Schüler in den ersten beiden Jahren der Sekundarstufe I war weder zum Beobachtungsintervall noch zur Unterrichtszeit zwischen den Beobachtungen proportional. Vielmehr ließ sich eine über den beobachteten Zeitraum abnehmende Entwicklungsbeschleunigung feststellen. Bezogen auf die beiden beobachteten Schuljahre erreichten die Veränderungen Effektstärken von $d = 0,41$ (Jahrgangsstufe 5, T1 zu T2) und $d = 0,30$ (Jahrgangsstufe 6, T2 zu T4).

9.3 Interindividuelle Unterschiede

Zur Überprüfung der in Fragestellung 2 formulierten Hypothesen mussten die Unterschiede zwischen den Versuchspersonen in der Entwicklung des metakognitiven Wissens untersucht werden. Der Vergleich der Modelle 3 und 4 bzw. 3 und 5 (siehe Kap. 9.2) zeigte, dass die Annahme interindividueller Unterschiede in den Ausgangswerten (Hypothese 2.1) und den Veränderungsraten (Hypothese 2.2) besser mit den beobachteten Daten vereinbar war als Entwicklungsmodelle, die interindividuell konstante Ausprägungen in diesen Entwicklungsparametern annahmen. In den weiteren Analysen waren zunächst Ausmaß und statistische Bedeutsamkeit der interindividuellen Unterschiede zu beurteilen. Im zweiten Schritt war zu überprüfen, ob sich die interindividuellen Unterschiede in der Entwicklung durch die Schülermerkmale erklären ließen, die in Kapitel 6 als potenzielle Determinanten des metakognitiven Wissens vorgestellt wurden (Hypothesen 2.3 und 2.4).

In Modell 6 waren sowohl die interindividuellen Unterschiede im *intercept* (ψ_{aa}; $z = 8,477$; $p < .001$) als auch im *slope* ($\psi_{\beta\beta}$; $z = 3,499$; $p < .001$) signifikant. Die Varianz der Ausgangswerte ist mit $\psi_{aa} = 0,61$ deutlich höher ausgeprägt als die Varianz der Veränderungswerte ($\psi_{\beta\beta} = 0,38$). Interindividuelle Unterschiede in den Ausgangswerten deuteten auf eine breite Streuung des metakognitiven Wissens am Beginn der Sekundarstufe I hin. Die signifikanten interindividuellen Unterschiede in den Veränderungsraten zeigten, dass die Unterschiede zwischen den Schülern am Beginn der Sekundarstufe keineswegs stabil waren, sondern durchaus noch Unterschiede in der intraindividuellen Veränderung des metakognitiven Wissens auftraten. Die messzeitpunktspezifischen Varianzanteile bzw. die Fehlervarianzanteile, die beide in die Residualvarianz (θ_{ε}) einfließen, unterschieden sich, wie der Vergleich der Modelle 3 und 6 erbrachte (siehe Tab. 9.2), zu den einzelnen Messzeitpunkten nicht signifikant. Die interindividuellen Unterschiede konnten also mit gleichbleibender Reliabilität abgebildet werden. Insgesamt konnten durch das LGCM zwischen 54% (T1 und T2) und 61% (T4) der beobachteten Varianz im metakognitiven Wissen aufgeklärt werden.

Um die beobachteten interindividuellen Unterschiede in *intercept* und *slope* zu erklären, wurden die Effekte der als relevant angenommenen Schülermerkmale auf die beiden Entwicklungsfaktoren in einem konditionalen LGCM untersucht. Da der regressionsanalytisch gebräuchliche Begriff Prädiktor eine zeitliche Ordnung von Regressor und Regressand impliziert, welche im vorliegenden Fall aufgrund der zeitgleichen Erhebung der Regressoren und des Ausgangswertes im metakognitiven Wissen nicht durchgängig gegeben war, werden die in die Regressionsanalysen einbezogenen Schülermerkmale als Kovariaten bezeichnet.

Entsprechend der Hypothesen enthielt das Strukturmodell aufseiten der Kovariaten ausschließlich exogene Variablen. Interpretiert wurden also ausschließlich direkte Effekte. *Intercept* und *slope* waren in diesen Modellen abhängige Variablen. Die Regressionskonstanten ließen sich als ihre Mittelwerte interpretieren, d. h. als Merkmalsausprägungen, wenn alle Kovariaten den Wert 0 annehmen. Um ihre Interpretation zu vereinfachen, wurden alle Kovariaten an ihren Stichprobenmittelwerten zentriert (*grand mean centering*). Die Residualvarianzen der multiplen Regression gaben den Varianzanteil der Entwicklung an, der durch die Kovariaten nicht aufgeklärt werden konnte. Die einzelnen Regressionseffekte der unabhängigen Variablen ließen sich entsprechend der klassischen multiplen Regressionsanalyse als Partialregressionen interpretieren, also als Effekt einer Kovariate auf die abhängige Variable, der über den Effekt der übrigen Kovariaten hinausgeht (Eid et al., 2010).

Der Fit des konditionalen LGCM war sehr gut ($\chi^2 = 22{,}176$; $df = 20$; $p = .331$; RMSEA = .011; CFI = .998; TLI = .997), die Ergebnisse können damit als valide gelten. Tabelle 9.4 zeigt die Parameterschätzungen des Modells. Der adjustierte *slope* blieb signifikant ($\mu_\beta = 0{,}775$; $z = 17{,}126$; $p < .001$). Für Versuchspersonen mit durchschnittlichen Ausprägungen in allen einbezogenen Kovariaten ließen sich also bedeutsame Entwicklungsveränderungen belegen. Auch die Residualvarianzen von *intercept* ($\sigma_\alpha = 0{,}315$; $z = 5{,}684$; $p < .001$) und *slope* ($\sigma_\beta = 0{,}324$; $z = 3{,}115$; $p < .01$) blieben signifikant.

Durch die Einbeziehung der Kovariaten konnten also die interindividuellen Unterschiede in der Entwicklung des metakognitiven Wissens nicht vollständig aufgeklärt werden. Allerdings gelang es, durch alle in die Regression einbezogenen Kovariaten 49,8% der Varianz in den Ausgangswerten und 19,8% der Varianz in den Veränderungen des metakognitiven Wissens zu erklären.

Tabelle 9.4: Parameterschätzungen im konditionalen LGCM des metakognitiven Wissens

	est	se	z
μ_α	0,186	0,033	5,585***
μ_β	0,775	0,045	17,126***
λ_1	0		
λ_2	0,550	0,045	12,189***
λ_3	0,809	0,044	18,382***
λ_4	1		
σ_α	0,315	0,055	5,684***
σ_β	0,324	0,104	3,115**
$\sigma_{\alpha\beta}$	-0,030	0,063	-0,481
θ_ε	0,515	0,028	18,376***

Anmerkungen: est = Parameterschätzung; se = Standardfehler; z = z – Statistik der Parameter-schätzung (est/se); μ_α = Mittelwert des intercept (Regressionskonstante); μ_β = Mittelwert des slope (Regressionskonstante); λ = Ladung auf den slope-Faktor (λ_1 wurde auf 0, λ_4 auf 1 fixiert); σ_α = Residualvarianz des intercepts, σ_β = Residualvarianz des slope; $\sigma_{\alpha\beta}$ = Residualkovarianz zwischen intercept und slope; θ_ε = Residualvarianz (als gleich über die vier Messzeitpunkte restringiert); *** p < .001; ** p < .01.

Die einzelnen Effekte der Kovariaten auf die Entwicklung sind in Tabelle 9.5 als standardisierte Regressionsgewichte auf intercept ($\gamma_{.\alpha}$) und slope ($\gamma_{.\beta}$) abgebildet. Leseverstehen ($\gamma_{lvt\alpha}$ = .550; z = 10,717; p < .001) und fluide Intelligenz ($\gamma_{fin\alpha}$ = .179; z = 3,616; p < .001) klärten – gegeben den Einfluss der übrigen Kovariaten – in statistisch bedeutsamer Weise Varianz in den initialen Ausprägungen des metakognitiven Wissens auf. Ein hohes Maß an Lesekompetenz und intellektueller Begabung ging also mit hohen Ausgangswerten im metakognitiven Wissen einher. Gleiches galt für den sozioökonomischen Status der Herkunftsfamilie ($\gamma_{sös\alpha}$ = .129; z = 2,563; p < .05) und – marginal signifikant – auch für die Zahlenspanne rückwärts ($\gamma_{zsr\alpha}$ = .092; z = 1,704; p = .088). Einen marginal bedeutsamen, negativen Effekt auf den Ausgangswert hatte dagegen das mathematische Interesse ($\gamma_{inm\alpha}$ = -.086; z = 1,839; p = .066): Fünftklässler, die ein hohes Interesse an Mathematik berichteten, verfügten über geringere metakognitive Kenntnisse als Schüler, die der Mathematik einen geringeren Wert beimaßen. Die Zahlenspanne vorwärts als Indikator für die Kapazität des phonologischen Speichersystems sowie das Selbstkonzept der eigenen mathematischen Fähigkeiten wiesen keinen bedeutsamen Effekt auf die Ausprägung des metakognitiven Wissens am Beginn der fünften Jahrgangsstufe auf.

Unterschiede in der Veränderung des metakognitiven Wissens klärten lediglich die Kovariaten Leseverstehen und Intelligenz in bedeutsamer Weise auf. Ihre Richtung war allerdings entgegengesetzt. Während hohe Ausprägungen im Leseverstehen geringe Veränderungen im metakognitiven Wissen vorhersagten ($\gamma_{lvt\beta}$ = -.360;

$z = 3{,}933$; $p < .01$), zeigten Schüler mit hohen Werten in der fluiden Intelligenz auch hohe Zuwächse im metakognitiven Wissen ($\gamma_{fin\beta} = .184$; $z = 2{,}144$; $p < .05$). Die Effekte der übrigen Kovariaten erreichten nicht das Kriterium der statistischen Signifikanz.

Um Multikollinearität als Ursache für die negativen Regressionsgewichte auszuschließen, wurden bivariate Regressionsanalysen berechnet, in die Interesse als einziger Regressor des *intercept* bzw. das Leseverstehen als einziger Regressor des *slope* eingingen. Die Ergebnisse der multiplen Regressionsanalyse konnten dabei bestätigt werden.

Tabelle 9.5: Regressionsgewichte der Kovariaten im konditionalen LGCM des metakognitiven Wissens

	γ_α			γ_β		
	est	se	z	est	se	z
Leseverstehen	0,550	0,051	10,717***	-0,360	0,092	3,933**
Fluide Intelligenz	0,179	0,050	3,616***	0,184	0,086	2,144*
Zahlenspanne vorwärts	-0,048	0,051	0,954	0,067	0,087	0,765
Zahlenspanne rückwärts	0,092	0,054	1,704(*)	0,117	0,085	1,378
Interesse Mathematik	-0,086	0,047	1,839(*)	0,021	0,087	0,245
Selbstkonzept Mathematik	0,038	0,049	0,764	0,039	0,088	0,438
Sozioökonomischer Status	0,129	0,050	2,563*	-0,072	0,087	0,831

Anmerkungen: γ_α = standardisierte Regressionsgewichte auf *intercept* (α); γ_β = standardisierte Regressionsgewichte auf *slope* (β); est = Parameterschätzung; se = Standardfehler; z = z – Statistik der Parameterschätzung *(est/se)*; *** $p < .001$; ** $p < .01$; * $p < .05$; (*) $p < .10$.

Zusammenfassung: Die Analyse der individuellen Entwicklungsverläufe ergab neben einer ausgeprägten Heterogenität in den Ausgangswerten (Hypothese 2.1) auch substanzielle interindividuelle Unterschiede in der Veränderung des metakognitiven Wissens (Hypothese 2.2). Die in Hypothese 2.3 getroffene Annahme positiver Effekte von kognitiven, motivationalen und sozioökonomischen Schülermerkmalen auf die Unterschiede in den Ausgangswerten des metakognitiven Wissens konnten für die Zahlenspanne vorwärts, das mathematische Interesse und das mathematische Selbstkonzept nicht bestätigt werden. Insbesondere der negative Effekt des Interesses auf das metakognitive Wissen steht in Widerspruch zu den Annahmen in Hypothese 2.3. Bezüglich der Effekte der Kovariaten auf den *slope* der Entwicklungstrajektorie ließen sich die in Hypothese 2.4 getroffenen Annahmen lediglich für die Intelligenz nachweisen. Die Intelligenz konnte also sowohl die metakognitiven Wissensunterschiede am Beginn der fünften Jahrgangsstufe als auch die Unterschiede der weiteren Entwicklung des metakognitiven Wissens erklären. Die Zahlenspanne rückwärts als Indikator für die Kapazität der zentralen Exekutive und der sozioökonomische Status der Schüler wirkte sich lediglich auf die zum Beginn der Untersuchung bereits bestehenden Unterschiede im metakognitiven Wissen aus. Die beiden motivationalen Schülermerkmale dagegen zeigten keine hypothesenkonformen, positiven Effekte auf die Unterschiede und Veränderungen im metakognitiven Wissen.

Die Lesekompetenz, in die Regression einbezogen, um Effekte der Fähigkeit zum instruktionsgemäßen Bearbeiten des metakognitiven Wissenstests zu kontrollieren, wirkte sich erwartungskonform aus. Die positiven Effekte des Leseverstehens auf die Ausgangsleistung und die negativen Effekte auf die Veränderung im metakognitiven Wissen lassen sich als kompensatorischer Effekt interpretieren: Die hohen Ausgangsleistungen von Schülern mit hoher Lesekompetenz waren anfangs durch einen einmaligen relativen Vorteil in der Bearbeitung des schriftlichen Wissenstests bedingt, wirkten sich demgegenüber aber nicht langfristig auf die Veränderungsrate aus. Schüler, deren geringere Lesekompetenz anfangs zu Problemen im Aufgabenverständnis und damit zu schlechteren Leistungen im Wissenstest führte, konnten diesen Nachteil im weiteren Entwicklungsverlauf durch vergleichsweise schnellere Entwicklungsraten kompensieren.

9.4 Geschlechtsunterschiede

In Fragestellung 3 sollte untersucht werden, ob und wie sich die Entwicklung des metakognitiven Wissens zwischen Jungen und Mädchen unterscheidet. Dabei waren zwei gerichtete Hypothesen zu überprüfen: Es wurde angenommen, dass Mädchen im Vergleich zu Jungen sowohl höhere Ausgangsleistungen erbringen (Hypothese 3.1) als auch eine stärkere intraindividuelle Veränderung zeigen (Hypothese 3.2).

Deskriptive Statistiken
Tabelle 9.6 gibt die Mittelwerte des metakognitiven Wissens der vier Messzeitpunkte getrennt für Jungen und Mädchen wieder. Die Mädchen wiesen deskriptiv zu allen vier Messzeitpunkten höhere Werte auf als die Jungen.

Inferenzstatistische Prüfung
Die statistische Hypothesenprüfung erfolgte durch die Einbeziehung des Geschlechts als Kovariate in das LGCM des metakognitiven Wissens. Die kategoriale Geschlechtsvariable ging mit dem Wert 0 für die Mädchen in die Regression ein. Die Ausprägung der Mädchen in *intercept* und *slope* in der metakognitiven Wissensentwicklung fungierte damit als Referenzpunkt der Regressionsgewichte.

Tabelle 9.6: Deskriptive Statistiken des metakognitiven Wissens getrennt für Messzeitpunkt und Geschlecht

	Gesamt		Mädchen		Jungen	
	M	SD	M	SD	M	SD
Metakognitives Wissen T1	0,180	1,035	0,211	1,063	0,136	1,012
Metakognitives Wissen T2	0,622	1,096	0,741	1,057	0,504	1,121
Metakognitives Wissen T3	0,809	1,098	0,912	1,000	0,718	1,177
Metakognitives Wissen T4	0,959	1,131	1,176	1,139	0,757	1,084

Anmerkungen: M = Mittelwert; SD = Standardabweichung.

Der Fit des Modells war sehr gut ($\chi^2 = 19{,}338$; $df = 8$; $p < .05$; RMSEA = .039; CFI = .987; TLI = .983). Während sich kein bedeutsamer Effekt des Geschlechts auf die Unterschiede zu Beginn der längsschnittlichen Beobachtung nachweisen ließ ($g_{g\alpha} = -0{,}075; z = 1{,}014; p = .310$), zeigte sich ein bedeutsamer Effekt auf die Veränderung im Beobachtungszeitraum ($g_{g\beta} = -0{,}279$; $z = 3{,}131$; $p < .01$). Wie die Vorzeichen der Regressionsgewichte anzeigen, fielen die Entwicklungsveränderungen der Jungen bedeutsam niedriger aus als die der Mädchen. Die Effektstärke des Geschlechtsunterschieds in der Veränderung über die beiden beobachteten Schuljahre erreichte $d = -0{,}449$. Der in Abbildung 9.2 getrennt für Jungen und Mädchen wiedergegebene Entwicklungsverlauf des metakognitiven Wissens zeigt die divergierenden Entwicklungsprozesse.

Im nächsten Schritt war zu prüfen, ob die Geschlechtsunterschiede auch dann erhalten blieben, wenn die Kovariaten der metakognitiven Wissensentwicklung zur Kontrolle etwaiger kognitiver, motivationaler und sozioökonomischer Unterschiede zwischen den untersuchten Mädchen und Jungen berücksichtigt wurden. Analog zum Vorgehen in Fragestellung 2 gingen die Kovariaten zentriert am Stichprobenmittelwert in die Regression ein. Der Fit des konditionalen Modells war sehr gut: $\chi^2 = 28{,}525$; $df = 22$; $p = .159$; RMSEA = .018; CFI = .995; TLI = .991. Auch unter Kontrolle der Kovariaten, d. h. unter der Annahme einer durchschnittlichen Merkmalsausprägung in allen Kovariaten, blieb der Effekt des Geschlechts auf den adjustierten Veränderungswert erhalten ($g_{g\beta} = -0{,}253$; $z = 2{,}703$; $p < .01$). Die Effektstärke reduzierte sich kaum und betrug $d = -0{,}412$. Zusätzlich erreichte auch der bedingte Effekt des Geschlechts auf die adjustierten Ausgangswerte marginale Signifikanz ($g_{g\alpha} = -0{,}132$; $z = 1{,}924$; $p = .054$). Die Effektstärke blieb im Vergleich zum *slope* jedoch geringer ausgeprägt und betrug $d = -0{,}169$.

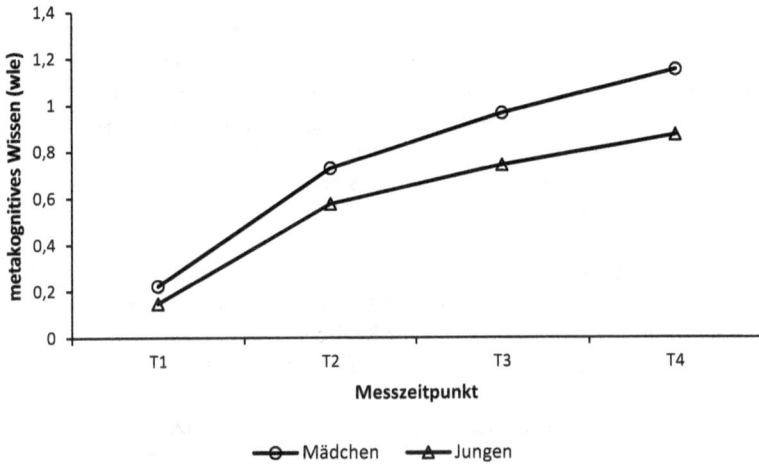

Abbildung 9.2: Entwicklungsverlauf des metakognitiven Wissens für Mädchen und Jungen

Zusammenfassung

Die Hypothesen 3.1 und 3.2 konnten angenommen werden. Geschlechtsunterschiede zugunsten der Mädchen zeigten sich – wenngleich nicht statistisch signifikant ausgeprägt – bereits am Beginn der längsschnittlichen Beobachtung. Tendenziell signifikant wurden Entwicklungsunterschiede erst nach der Kontrolle relevanter Schülermerkmale. Divergierende Entwicklungsveränderungen in der Sekundarstufe zeigten sich dagegen sowohl vor als auch nach der Kontrolle von Unterschieden in relevanten Schülermerkmalen. Die Befunde sprechen für einen mit dem Übertritt in die Sekundarstufe beginnenden Schereneffekt in der metakognitiven Wissensentwicklung.

9.5 Schulartunterschiede

In Fragestellung 4 wurden Unterschiede in der Entwicklung des metakognitiven Wissens in Abhängigkeit der besuchten Schulart vermutet. Zunächst wurde angenommen, dass sich die Leistungsstratifikation durch die Schulartzuweisung in der fünften Jahrgangsstufe auch in den Ausgangswerten des metakognitiven Wissens abbildet (Hypothese 4.1). Weiterhin wurden für die Schularten differenzielle Verläufe erwartet (Hypothese 4.2). Nach der Berücksichtigung von Unterschieden in leistungsrelevanten Merkmalen wurde eine Nivellierung der Schulartunterschiede in den Ausgangswerten angenommen (Hypothese 4.3). Unter der Annahme, dass sich im Verlauf der Beschulung in der Sekundarstufe I die drei Schularten als differenzielle Lernmilieus auch auf die Entwicklung des metakognitiven Wissens auswirken, wurde vermutet, dass die Schüler der drei Schularten auch über die Unterschiede in kognitiven, motivationalen und sozioökonomischen Merkmalen hinaus differenzielle Entwicklungsveränderungen zeigen (Hypothese 4.4). Ebenfalls im Kontext von Schulartunterschieden war zu überprüfen, ob die in Kapitel 9.4 festgestellten Geschlechtseffekte zugunsten der Mädchen auch innerhalb der drei Schularten gelten.

Deskriptive Statistiken

Zu allen Messzeitpunkten zeigte sich deskriptiv ein Leistungsgefälle mit höheren Ausprägungen für Gymnasiasten als für Realschüler und Hauptschüler sowie mit höheren Ausprägungen für Realschüler als für Hauptschüler (Tab. 9.7).

Tabelle 9.7: Deskriptive Statistiken des metakognitiven Wissens getrennt für Messzeitpunkt und Schulart

	Gesamt		Gymnasium		Realschule		Hauptschule	
	M	SD	M	SD	M	SD	M	SD
Metakognitives Wissen T1	0,180	1,035	0,627	0,964	0,318	1,002	-0,393	0,899
Metakognitives Wissen T2	0,622	1,096	1,136	1,084	0,672	1,007	0,058	0,951
Metakognitives Wissen T3	0,809	1,098	1,346	1,027	0,846	0,992	0,253	1,029
Metakognitives Wissen T4	0,959	1,131	1,487	1,180	0,960	1,002	0,504	0,951

Anmerkungen: M = Mittelwert; *SD* = Standardabweichung.

Struktur der inferenzstatistischen Prüfung

Die inferenzstatistische Beurteilung der Schulartunterschiede erfolgte mithilfe von Multigruppenanalysen. In diesen Analysen wurden für die drei Schularten separate LGCM geschätzt. Durch das Setzen bzw. Aufheben von Restriktionen in den Parameterschätzungen zwischen den Schularten konnten die Parameter der Entwicklungsmodelle auf Unterschiede getestet werden.

Die Sequenz, in welcher die möglichen Restriktionen des LGCM gegeneinander zu testen sind, ist arbiträr. Im Folgenden wurde die von Bollen und Curran (2006) vorgeschlagene Reihenfolge zum Vergleich dreier Gruppen (a), (b) und (c) in verallgemeinerter Form verwendet:

(1) Basismodell: alle Modellparameter frei geschätzt
(2) a) Messmodell: Gleichheit der Veränderungsraten: $\lambda_2^{(a)} = \lambda_2^{(b)} = \lambda_2^{(c)}, \lambda_3^{(a)} = \lambda_3^{(b)} = \lambda_3^{(c)}$.
  b) Strukturmodell: Gleichheit der Kovariaten: $\gamma_{.a}^{(a)} = \gamma_{.a}^{(b)} = \gamma_{.a}^{(c)}$.
(3) Gleichheit der Mittelwerte im *intercept*: $\mu_\alpha^{(a)} = \mu_\alpha^{(b)} = \mu_\alpha^{(c)}$.
(4) Gleichheit der Mittelwerte im *slope*: $\mu_\beta^{(a)} = \mu_\beta^{(b)} = \mu_\beta^{(c)}$.

Im Falle signifikanter Globaltests wurden die Parameter der drei Schularten paarweise gegeneinander getestet.

Die Schulartunterschiede im metakognitiven Wissen wurden in drei Schritten analysiert. Zunächst wurden die unkonditionalen Unterschiede zwischen den Schularten untersucht. Im zweiten Schritt wurden Interaktionen zwischen Schulart und Geschlecht getestet. Im dritten Schritt wurden die Effekte der Schülermerkmale auf die Schulartunterschiede in einem konditionalen Multigruppenmodell untersucht.

Da in den Multigruppenmodellen für die drei Substichproben separate Parameterschätzungen vorgenommen wurden, sind in der Interpretation der Schulartunterschiede die reduzierte Power bzw. die höheren Standardfehler in den Schätzungen zu beachten. Die Stichprobenumfänge betrugen n = 271 (Gymnasium), n = 377 (Realschule) und n = 280 (Hauptschule), waren also für die Detektion von Unterschieden in LGCM relativ gering (vgl. Fan, 2003; Hertzog et al., 2006).

Schulartunterschiede

Der Fit des saturierten Basismodells der Multigruppenanalyse, in dem alle Modellparameter frei für die drei Schularten geschätzt wurden, war gut (χ^2 = 19,368; df = 9; $p < .05$; RMSEA = .061; CFI = .987; TLI = .973). Tabelle 9.8 zeigt die resultierenden Parameterschätzungen dieses Modells.

Die Ergebnisse der Modellvergleiche, die zur statistischen Überprüfung der Unterschiede zwischen den Verläufen angestellt wurden, sind in Tabelle 9.9 in der Übersicht dargestellt: Der erste Schritt in der Modellsequenz belegte die Invarianz des Messmodells über die drei Schularten ($\Delta\chi^2$ = 2,050; Δdf = 4; p = .727). Im zweiten Schritt zeigte sich im *intercept* ein bedeutsamer Unterschied zwischen den Schularten ($\Delta\chi^2$ = 182,207; Δdf = 1; $p < .001$). Die nachgeschobenen paarweisen Tests wiesen statistische Bedeutsamkeit für alle Unterschiede zwischen den Schularten nach: Gymnasiasten übertrafen im metakognitiven Wissen zu Beginn der fünften Jahrgangsstufe Realschüler ($\Delta\chi^2$ = 14,723; Δdf = 1; $p < .001$; d = 0,409) und Hauptschüler ($\Delta\chi^2$ = 499,810; Δdf = 1; $p < .001$; d = 1,490), Realschüler verfügten über höhere Ausprägungen als Hauptschüler ($\Delta\chi^2$ = 38,847; Δdf = 1; $p < .001$; d = 0,907). In den Entwicklungsveränderungen zeigten sich im (zweiseitigen) Overalltest Schulartunterschiede im Grenzbereich zur marginalen Signifikanz ($\Delta\chi^2$ = 4,595; Δdf = 2; p = .101). Die nachgeschobenen paarweisen Tests zeigten für die Realschule im Vergleich zu Gymnasium und Hauptschule in der Tendenz schwächere Entwicklungsfortschritte ($\Delta\chi^2$ = 3,659; Δdf = 1; p = .056; d = 0,241 bzw. $\Delta\chi^2$ = 3,207; Δdf = 1; p = .073; d = 0,331). In Abbildung 9.3 sind die differenziellen Entwicklungsverläufe in den drei Schularten graphisch dargestellt.

Tabelle 9.8: Parameterschätzungen im Multigruppen-LGCM des metakognitiven Wissens in den Schularten

	Gymnasium			Realschule			Hauptschule		
	est	se	z	est	se	z	est	se	z
α	0,628	0,060	10,389***	0,307	0,065	4,701***	-0,391	0,057	6,811***
β	0,836	0,087	9,611***	0,643	0,087	7,428***	0,902	0,077	11,730***
λ_1	0			0			0		
λ_2	0,600	0,084	7,176***	0,601	0,084	7,122***	0,477	0,062	7,752***
λ_3	0,883	0,091	9,692***	0,824	0,075	10,967***	0,735	0,082	8,988***
λ_4	1			1			1		
$\psi_{\alpha\alpha}$	0,488	0,161	3,036**	0,758	0,215	3,524***	0,448	0,102	4,382***
$\psi_{\beta\beta}$	0,396	0,234	1,690(*)	0,915	0,352	2,598**	0,348	0,198	1,757(*)
$\psi_{\alpha\beta}$	-0,084	0,180	-0,465	-0,551	0,262	2,101*	-0,101	0,127	0,791
$\theta_{\varepsilon1}$	0,444	0,166	2,673*	0,262	0,232	1,128	0,351	0,094	3,730***
$\theta_{\varepsilon2}$	0,641	0,088	7,317***	0,556	0,063	8,873***	0,493	0,069	7,162***
$\theta_{\varepsilon3}$	0,379	0,067	5,656***	0,466	0,076	6,095***	0,621	0,159	3,898***
$\theta_{\varepsilon4}$	0,723	0,170	4,250***	0,513	0,094	5,486***	0,278	0,089	3,119**

Anmerkungen: est = Parameterschätzung; *se* = Standardfehler; *z* = z – Statistik der Parameterschätzung *(est/se)*; α = Mittelwert des *intercept*; β = Mittelwert des *slope*; λ = Ladung auf den *slope*-Faktor (λ_1 wurde auf 0, λ_4 auf 1 fixiert); $\psi_{\alpha\alpha}$ = Varianz des *intercept*; $\psi_{\beta\beta}$ = Varianz des *slope*; $\psi_{\alpha\beta}$ = Kovarianz zwischen *intercept* und *slope*; *** $p < .001$; ** $p < .01$; * $p < .05$; (*) $p < .10$.

Die interindividuellen Unterschiede zwischen den Schülern blieben im Falle der Ausgangswerte ($\Psi_{\alpha\alpha}$) auch innerhalb der Schularten statistisch bedeutsam erhalten (Gymnasium: $z = 3{,}036$; $p < .01$; Realschule: $z = 3{,}524$; $p < .001$; Hauptschule: $z = 4{,}382$; $p < .001$). Die interindividuellen Unterschiede in den Veränderungsraten ($\Psi_{\beta\beta}$) erreichten in Gymnasium ($z = 1{,}690$; $p = .091$) und Hauptschule ($z = 1{,}757$; $p < .079$) dagegen lediglich marginale Signifikanz. In der Realschule dagegen erwiesen sich die intraindividuellen Veränderungsraten als heterogener und erreichten statistische Signifikanz ($z = 2{,}598$; $p < .01$). Ein Teil der beobachteten interindividuellen Unterschiede in der Entwicklungsveränderung ließ sich also auf Unterschiede zwischen den Schularten zurückführen. Auch innerhalb der Schularten wurden in den Veränderungsraten zumindest marginal signifikante interindividuelle Unterschiede zwischen den Schülern beobachtet.

Tabelle 9.9: Signifikanztests im Multigruppen-LGCM für Schulartunterschiede im metakognitiven Wissen

Modell	Globaltest $\Delta\chi^2$	Δdf	p	Gymnasium vs. Realschule $\Delta\chi^2$	Δdf	p	Gymnasium vs. Hauptschule $\Delta\chi^2$	Δdf	p	Realschule vs. Hauptschule $\Delta\chi^2$	Δdf	p
1 vs. 2a	2,050	4	.727									
2a vs. 3	182,207	2	< .001	14,723	1	< .001	499,810	1	< .001	38,847	1	< .001
2a vs. 4	4,595	2	.101	3,659	1	.056	0,038	1	.846	3,207	1	.073

Anmerkungen: Für Erläuterungen zu den Modellen siehe Text; $\Delta\chi^2$ = χ^2-Differenz (korrigiert); Δdf = Differenz der Freiheitsgrade; p = Wahrscheinlichkeit der χ^2-Differenz; die Mittelwertvergleiche wurden mittels Multigruppenanalyse vorgenommen.

Zusammenfassung der Befunde zu den Hypothesen 4.1 und 4.2

Mit den Befunden der unkonditionalen Multigruppenanalysen für die drei Schularten ließ sich Hypothese 4.1 nicht widerlegen: Die Schüler der drei Schularten unterschieden sich bereits am Beginn der Sekundarstufe I im metakognitiven Wissen. Die Unterschiede in der Wissensausprägung verliefen, hypothesenkonform, parallel zur allgemeinen Leistungsstratifizierung durch die Schulartzuweisung. Die in Hypothese 4.2 postulierte Divergenz der Entwicklungsverläufe im metakognitiven Wissen fiel dagegen vergleichsweise gering aus. Lediglich für Gymnasium und Realschule konnten differenzielle Entwicklungsverläufe in der angenommenen Richtung auf dem Niveau marginaler Signifikanz bestätigt werden. Zwischen Gymnasiasten und Hauptschülern dagegen ließen sich keine Unterschiede in der Veränderung des metakognitiven Wissens erkennen. Dementsprechend fielen die Entwicklungsveränderungen der Hauptschüler auch in der Tendenz höher aus als die in der Realschule erzielten Entwicklungszuwächse. Die angenommenen Entwicklungsvorteile in den weiterführenden Schularten bestätigten sich also nicht global.

Neben den Mittelwerten erbrachten auch die Varianzen der Entwicklungsfaktoren interessante Informationen zu den Entwicklungsprozessen in den Schularten. Heterogene Ausprägungen des metakognitiven Wissens in den Ausgangswerten ließen sich auch innerhalb der Schularten beobachten. Auch die zumindest marginal signifikanten Varianzen der Veränderungswerte innerhalb der drei Schularten ließen auf divergierende Entwicklungsprozesse schließen. Die interindividuellen Unterschiede im Entwicklungsprozess des metakognitiven Wissens ließen sich also nicht allein durch die Schulartzuweisung erklären. Welche Merkmale in welchem Ausmaß verantwortlich für die Unterschiede in der metakognitiven Wissensentwicklung waren, wurde in den Analysen zu den Hypothesen 4.3 und 4.4 untersucht. Doch zunächst wurde überprüft, ob sich die Geschlechtsunterschiede, die in der Gesamtstichprobe ermittelt wurden (s. Kap. 9.4), auch in den einzelnen Schularten nachweisen ließen.

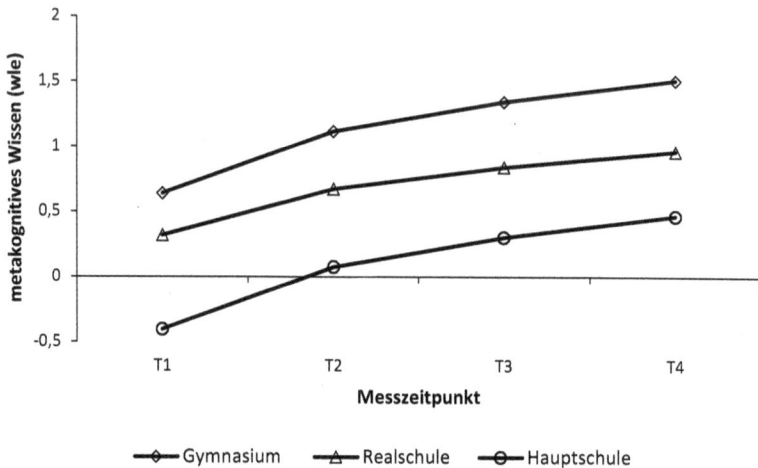

Abbildung 9.3: Entwicklungsverläufe des metakognitiven Wissens in den Schularten

Geschlechtsunterschiede innerhalb der Schularten

Um die Geschlechtsunterschiede innerhalb der Schularten zu analysieren, wurde das Geschlecht als kategoriale Kovariate in die Multigruppenanalyse des latenten Wachstumskurvenmodells aufgenommen. Referenzgruppe mit dem Wert 0 waren auch in diesen Analysen die Mädchen.

Der Fit des Basismodells war gut ($\chi^2 = 27,799$; $df = 15$; $p < .05$; RMSEA = .053; CFI = .983; TLI = .965). Tabelle 9.10 zeigt die unstandardisierten Regressionskoeffizienten auf *intercept* und *slope* der Entwicklungsprozesse in den drei Schularten (Parameterschätzungen eines saturierten Modells).

Während im Gymnasium das Geschlecht einen bedeutsamen Effekt sowohl auf *intercept* ($z = 2,331$; $p < .05$; $d = -0,399$) als auch *slope* ($z = 2,355$; $p < .05$; $d = -0,551$) ausübte, ließen sich in der Realschule keine reliablen Geschlechtseffekte nachweisen. Die Effektstärken lagen hier zwischen $d = 0,063$ ($z = 0,443$; $p = .658$) für die Ausgangsleistungen bzw. $d = -0,225$ ($z = 1,355$; $p = .175$) für die Veränderungswerte. Auch in der Hauptschule unterschieden sich Schülerinnen und Schüler nicht in ihren Ausgangsleistungen im metakognitiven Wissenstest ($z = 0,389$; $p = .697$; $d = 0,064$), jedoch wurden marginal signifikante Geschlechtseffekte in den Veränderungsraten gefunden ($z = 1,892$; $p = .059$; $d = -0,468$). In allen Fällen, in denen sich innerhalb der Schularten Geschlechtseffekte reliabel nachweisen ließen, also in Gymnasium und Hauptschule, fielen diese zugunsten der Mädchen aus.

Tabelle 9.10: Geschlechtsunterschiede in den Schularten

	Gymnasium			Realschule			Hauptschule		
	est	se	z	est	se	z	est	se	z
$\gamma_{g\alpha}$	-0,277	0,119	2,331*	0,055	0,125	0,443	0,043	0,111	0,389
$\gamma_{g\beta}$	-0,346	0,147	2,355*	-0,219	0,161	1,355	-0,277	0,146	1,892[*]

Anmerkungen: est = Parameterschätzung; *se* = Standardfehler; *z* = z – Statistik der Parameterschätzung *(est/se)*; $\gamma_{g\alpha}$ = Regressionskoeffizient des *intercept*; $\gamma_{g\beta}$ = Regressionskoeffizient des *slope*; * $p < .05$; [*] $p < .10$.

Um inferenzstatistisch zu überprüfen, ob sich das Geschlecht abhängig von der besuchten Schulart auswirkte, wurden Multigruppenanalysen auf Grundlage des oben dargestellten saturierten Modells angestellt. Getestet wurde die Invarianz des Messmodells (2a) und des Strukturmodells (2b) zwischen den Gruppen. Erbrachten die Globaltests signifikante Gruppenunterschiede, wurden paarweise Tests bzw. einzelne Tests für die Regressionsgewichte der Geschlechtsvariablen auf *intercept* (2bi) und *slope* (2bs) nachgeschoben. Tabelle 9.11 zeigt eine Übersicht über die Ergebnisse der Tests.

Tabelle 9.11: Signifikanztests im Multigruppen-LGCM des metakognitiven Wissens für die Geschlechtsunterschiede in den Schularten

	Globaltest			Gymnasium vs. Realschule			Gymnasium vs. Hauptschule			Realschule vs. Hauptschule		
Modell	$\Delta\chi^2$	Δdf	p	$\Delta\chi^2$	Δdf	p	$\Delta\chi^2$	Δdf	p	$\Delta\chi^2$	Δdf	p
1 vs. 2a	2,235	4	.693									
2a vs. 2b	12,393	4	< .05									
2a vs. 2bi	4,971	2	.083	3,659	1	.056	3,794	1	.051	0,041	1	.840
2a vs. 2bs	0,628	2	.730									

Anmerkungen: Für Erläuterungen zu den Modellen siehe Text; $\Delta\chi^2$ = χ^2-Differenz (korrigiert); Δdf = Differenz der Freiheitsgrade; p = Wahrscheinlichkeit der X^2-Differenz; die Mittelwertvergleiche wurden mittels Multigruppenanalyse vorgenommen.

Die Globaltests zeigten, dass sich bei einem invarianten Messmodell ($\Delta\chi^2$ = 2,235; Δdf = 4; p = .693) Schulartunterschiede in den Geschlechtseffekten ergaben ($\Delta\chi^2$ = 12,393; Δdf = 4; $p < .05$). Die Schulartunterschiede ließen sich in den Ausgangswerten verorten, wie ein marginal signifikanter Globaltest auf Invarianz der *intercepts* erbrachte ($\Delta\chi^2$ = 4,971; Δdf = 2; p = .083). Nachgeschobene paarweise Vergleiche zwischen den Schularten verwiesen auf differenzielle Effekte im Gymnasium: Die Geschlechtseffekte dort waren in der Tendenz stärker ausgeprägt als in Realschule ($\Delta\chi^2$ = 3,659; Δdf = 1; p = .056) und Hauptschule ($\Delta\chi^2$ = 3,794; Δdf = 1; p = .051). In den Veränderungsraten fanden sich zwischen den Schularten dagegen keine bedeutsamen Unterschiede in den Geschlechtseinflüssen.

Zusammenfassung: Innerhalb der drei Schularten konnten Geschlechtseffekte auf die Entwicklung des metakognitiven Wissens nicht konsistent nachgewiesen werden. In den Ausgangsleistungen zeigten sich lediglich Vorteile für die Gymnasiastinnen. Bezüglich der Entwicklungsveränderungen ergaben sich nicht nur im Gymnasium, sondern auch in der Hauptschule Unterschiede. Die in Kapitel 9.4 nachgewiesenen divergenten Entwicklungsverläufe (s. Abb. 9.2) gingen also im Wesentlichen auf die geschlechtsspezifischen Unterschiede in diesen beiden Schularten zurück. Inferenzstatistisch ließ sich ein differenzieller Effekt des Geschlechts nur für die in Gymnasien stärker als in den beiden anderen Schularten ausgeprägten Ausgangsunterschiede absichern.

Schulartunterschiede unter Kontrolle von Schülermerkmalen

Zur empirischen Klärung der Hypothesen 4.3 und 4.3 wurden die Einflüsse der Schülermerkmale auf die Schulartunterschiede untersucht. Die Schülermerkmale gingen dabei wie in Fragestellung 2 (s. Kap. 9.3) am Mittelwert zentriert (*grand mean centered*) als Kovariaten in die Multigruppenanalysen ein.

Zunächst wurden die Schulartunterschiede in den Kovariaten überprüft. Aufgrund der leistungsbezogenen Zuweisung der Schüler zu den Schularten wurden Schulartunterschiede in den schulleistungsrelevanten Merkmalen erwartet. Abbildung 9.4 zeigt eine Übersicht über die durchschnittlichen Ausprägungen der untersuchten Schülermerkmale in den drei Schularten. Die Schulartunterschiede in den Mittelwerten wurden durch Multigruppenanalysen auf Signifikanz geprüft (s. Tab. 9.12).

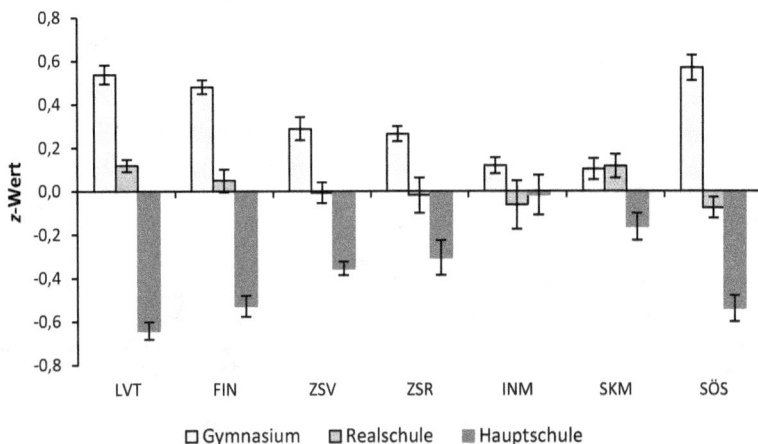

Abbildung 9.4: z-standardisierte Mittelwerte (und Standardfehler) der Schülermerkmale in den Schularten

Anmerkung: LVT = Leseverstehen; FIN = fluide Intelligenz; ZSV = Zahlenspanne vorwärts; ZSR = Zahlenspanne rückwärts; INM = Interesse Mathematik; SKM = Selbstkonzept Mathematik; SÖS = sozioökonomischer Status; Fehlerbalken stellen den Bereich ±2 Standardfehler dar.

Für das Leseverstehen, die allgemeinen kognitiven Schülermerkmale (Intelligenz, Zahlenspanne vorwärts und rückwärts) und den sozioökonomischen Status der Schüler ergaben sich bedeutsame Unterschiede zwischen den drei Schularten. Im Interesse für Mathematik erreichte lediglich der Unterschied zwischen Gymnasium und Realschule statistische Bedeutsamkeit. Im Selbstkonzept der mathematischen Fähigkeiten gaben Gymnasiasten und Realschüler bedeutsam höhere Ausprägungen an als Hauptschüler. Die deutlich ausgeprägten Unterschiede in den kognitiven Merkmalen bestätigten die Annahme einer leistungsbezogenen Zuweisung der Schüler zu den Schularten, wie sie den Hypothesen 4.1 bis 4.4 zugrunde lag.

Die Einbeziehung der Kovariaten in das Multigruppenmodell der metakognitiven Wissensentwicklung resultierte in einem sehr guten Fit ($\chi^2 = 66{,}911$; $df = 57$; $p = .173$; RMSEA = .024; CFI = .988; TLI = .977). Im Vergleich zum unkonditionalen Modell ließen sich keine qualitativen Veränderungen in den Modellparametern beobachten (vgl. Tab. 9.13).

Tabelle 9.12: Signifikanztests für die Schulartunterschiede in den Schülermerkmalen

	Gymnasium vs. Realschule			Gymnasium vs. Hauptschule			Realschule vs. Hauptschule		
	$\Delta\chi^2$	Δdf	p	$\Delta\chi^2$	Δdf	p	$\Delta\chi^2$	Δdf	p
Leseverstehen	29,464	1	< .001	184,297[a]	1	< .001	42,191	1	< .001
Fluide Intelligenz	23,289	1	< .001	673,778	1	< .001	63,166	1	< .001
Zahlenspanne vorwärts	10,682	1	< .01	79,14	1	< .001	8,41	1	< .05
Zahlenspanne rückwärts	8,394	1	< .01	145,535	1	< .001	3,794	1	.054
Interesse Mathematik	4,04	1	< .05	2,225	1	.136	0,224	1	.636
Selbstkonzept Mathematik	0,017	1	.896	7,975	1	< .01	12,184	1	< .001
Sozioökonomischer Status	940,513	1	< .001	93,366[a]	1	< .001	54,164	1	< .001

Anmerkungen: $\Delta\chi^2 = \chi^2$-Differenz (korrigiert); Δdf = Differenz der Freiheitsgrade; p = Wahrscheinlichkeit der χ^2-Differenz; die Mittelwertvergleiche wurden mittels Multigruppenanalyse vorgenommen; [a] = aufgrund negativer Skalierungsfaktoren im restringierten Modell wurde der ML-Algorithmus zur Ermittlung der χ^2-Differenz eingesetzt.

Tabelle 9.13: Parameterschätzungen des konditionalen Multigruppen-LGCM des metakognitiven Wissens in den Schularten

	Gymnasium			Realschule			Hauptschule		
	est	se	z	est	se	z	est	se	z
μ_α	0,528	0,103	5,140***	0,227	0,095	2,394*	-0,037	0,105	0,354
μ_β	1,141	0,146	7,790***	0,801	0,135	5,935***	1,059	0,159	6,667***
λ_1	0			0			0		
λ_2	0,578	0,079	7,272***	0,585	0,076	7,740***	0,474	0,064	7,370***
λ_3	0,845	0,083	10,210***	0,806	0,073	11,008***	0,734	0,083	8,887***
λ_4	1			1			1		
σ_α	0,313	0,132	2,381*	0,506	0,149	3,399**	0,297	0,089	3,328***
σ_β	0,296	0,209	1,414	0,639	0,281	2,272*	0,296	0,180	1,645(*)
$\sigma_{\alpha\beta}$	-0,063	0,160	0,393	-0,332	0,195	1,700(*)	-0,060	0,108	0,553
$\theta_{\varepsilon 1}$	0,478	0,150	3,179**	0,289	0,175	1,655(*)	0,358	0,084	4,264***
$\theta_{\varepsilon 2}$	0,642	0,085	7,554***	0,560	0,060	9,301***	0,495	0,067	7,391***
$\theta_{\varepsilon 3}$	0,411	0,065	6,328***	0,469	0,075	6,236***	0,645	0,160	4,044***
$\theta_{\varepsilon 4}$	0,674	0,154	4,364***	0,500	0,091	5,523***	0,265	0,089	2,988**

Anmerkungen: est = Parameterschätzung; se = Standardfehler; z = z – Statistik der Parameterschätzung (est/se); μ_α = Mittelwert des intercept (Regressionskonstante); μ_β = Mittelwert des slope (Regressionskonstante); λ = Ladung auf den slope-Faktor (λ_1 wurde auf 0, λ_4 auf 1 fixiert); σ_α = Residualvarianz des intercepts, σ_β = Residualvarianz des slope; $\sigma_{\alpha\beta}$ = Residualkovarianz zwischen intercept und slope; θ_ε = Residualvarianz; *** $p < .001$; ** $p < .01$;* $p < .05$; (*) $p < .10$.

In Tabelle 9.14 sind die unstandardisierten Regressionskoeffizienten der Kovariaten getrennt für die drei Schularten angegeben[4]. Bei der Interpretation der Effekte ist auch in diesen Analysen die reduzierte Power in den drei Teilstichproben zu beachten (vgl. Fan, 2003; Hertzog et al., 2006).

Unterschiede in den Ausgangswerten des metakognitiven Wissens in Abhängigkeit vom Geschlecht blieben innerhalb der drei Schularten allein im Gymnasium erhalten (g_{gesa} = -0,332; z = 2,492; $p < .05$). Unterschiede im Leseverstehen dagegen wirkten sich in allen drei Schularten bedeutsam aus (Gymnasium: g_{lvta} = 0,452; z = 3,843; $p < .001$; Realschule: g_{lvta} = 0,653; z = 5,837; $p < .001$; Hauptschule: g_{lvta} = 0,429; z = 5,571; $p < .001$). Die Intelligenz erreichte lediglich innerhalb des Gymnasiums einen marginal bedeutsamen Effekt (g_{fina} = 0,029; z = 1,840; $p = .066$). Die Zahlenspanne rückwärts dagegen zeichnete für Wissensunterschiede in der Hauptschule verantwortlich (g_{zsra} = 0,077; z = 2,340; $p < .05$). Der in Kapitel 9.3 beobachtete negative Effekt des Interesses zeigte sich als unabhängig gegenüber der besuchten Schulart. Zwar erreichte die Kovariate lediglich in der Realschule einen marginal bedeutsamen Effekt (g_{inma} = -0,031; z = 1,643; $p = .100$), jedoch wiesen auch die nicht signifikanten Regressionskoeffizienten in Gymnasium und Hauptschule negative Vorzeichen auf.

Bezüglich des Veränderungswertes der Entwicklung zeigten sich innerhalb des Gymnasiums und innerhalb der Hauptschule (marginal) signifikante Effekte zugunsten der Mädchen (Gymnasium: $g_{gesß}$ = -0,407; z = 2,268; $p < .05$; Hauptschule: $g_{gesß}$ = 0,250; z = 1,712; $p = .087$). Für das Leseverstehen war nur für Realschüler ein bedeutsamer negativer Effekt zu verzeichnen ($g_{lvtß}$ = -0,631; z = 5,169; $p < .001$), jedoch ließen sich auch in Gymnasium und Hauptschule negative Tendenzen erkennen. Die Zahlenspanne rückwärts schließlich wirkte sich innerhalb der Realschule bedeutsam auf die Entwicklungsveränderung aus ($g_{zsrß}$ = 0,151; z = 3,051; $p < .01$). Die bereits bekannten Effekte der Schülermerkmale (vgl. Kap. 9.2) blieben also im Wesentlichen auch innerhalb der Schularten erhalten.

Ein Vergleich der Varianzaufklärung in den drei Schularten zeigte, dass die einbezogenen Schülermerkmale in allen Schularten etwas mehr als 30% der Varianz in den Ausgangswerten aufklärten (R^2_{IGY} = .329; R^2_{IRS} = .313; R^2_{IHS} = .329). In deutlich geringerem Ausmaß dagegen konnten die Schülermerkmale für die interindividuellen Unterschiede in den intraindividuellen Veränderungen in den drei Schularten verantwortlich gemacht werden. Insbesondere in der Hauptschule blieben 88% der beobachteten Varianz in der Veränderung des metakognitiven Wissens unerklärt (R^2_{SGY} = .222; R^2_{SRS} = .287; R^2_{SHS} = .115).

---

[4] Da im Multigruppenmodell alle Modellparameter getrennt für die Gruppen geschätzt werden, erlauben lediglich die unstandardisierten Regressionsgewichte vergleichende Aussagen.

Um abschließend die Hypothesen 4.3 und 4.4 zu überprüfen, wurde untersucht, ob sich divergente Entwicklungsprozesse in den drei Schularten auch dann belegen ließen, wenn die Unterschiede in kognitiven, motivationalen und sozioökonomischen Merkmalen der Schüler kontrolliert wurden. Dazu wurde eine Multigruppenanalyse des konditionalen LGCM durchgeführt. Die Parameter wurden entsprechend der oben beschriebenen Sequenz auf Gleichheit zwischen den Gruppen getestet.

Tabelle 9.14: Regressionsgewichte der Korivaten im konditioralen Multigruppen LGCM des metakognitiven Wissens in den Schularten

	Gymnasium						Realschule						Hauptschule					
	g.α			g.β			g.α			g.β			g.α			g.β		
	est	se	z	est	se	z	est	se	z	est	se	z	est	se	z	est	se	z
Geschlecht[a]	-0,332	0,133	2,492*	-0,407	0,179	2,268	0,011	0,121	0,095	-0,199	0,155	1,283	-0,056	0,105	0,532	-0,250	0,146	1,712(*)
Leseverstehen	0,452	0,118	3,843***	-0,128	0,166	0,772	0,653	0,112	5,837***	-0,631	0,122	5,169***	0,429	0,077	5,571***	-0,094	0,105	0,890
Fluide Intelligenz	0,029	0,016	1,840(*)	0,013	0,019	0,715	0,021	0,017	1,250	0,016	0,022	0,749	0,016	0,017	0,926	0,006	0,024	0,267
Zahlenspanne vorwärts	0,014	0,065	0,215	-0,055	0,083	0,659	-0,052	0,052	1,005	0,039	0,064	0,612	-0,038	0,038	0,996	0,083	0,055	1,508
Zahlenspanne rückwärts	0,016	0,042	0,385	0,035	0,053	0,662	-0,044	0,042	1,043	0,151	0,050	3,051**	0,077	0,033	2,340*	-0,040	0,046	0,863
Interesse Mathematik	-0,022	0,024	0,890	0,018	0,034	0,515	-0,031	0,019	1,643(*)	0,004	0,026	0,150	-0,000	0,018	0,010	0,009	0,030	0,306
Selbstkonzept Mathematik	0,010	0,021	0,473	0,023	0,029	0,806	0,007	0,018	0,381	0,017	0,025	0,674	0,014	0,015	0,942	-0,002	0,022	0,076
Sozioökonomischer Status	0,003	0,004	0,900	-0,007	0,005	1,283	0,007	0,005	1,303	-0,002	0,007	0,221	0,006	0,005	1,077	0,003	0,007	0,422

Anmerkungen: γ.α = unstandardisierte Regressionsgewichte auf *intercept* (α); γ.β = unstandardisierte Regressionsgewichte auf *slope* (β); *est* = Parameterschätzung; *se* = Standardfehler; *z* = z – Statistik der Parameterschätzung *(est/se)*; [a]kategoriale Variable 0 = Mädchen, 1 = Junge; *** p < .001; ** p < .01; * p < .05; (*) p < .10.

Tabelle 9.15: Signifikanztests im konditionalen Multigruppen-LGCM für Schulartunterschiede im metakognitiven Wissen

Modell	Globaltest			Gymnasium vs. Realschule			Gymnasium vs. Hauptschule			Realschule vs. Hauptschule		
	$\Delta\chi^2$	Δdf	p	$\Delta\chi^2$	Δdf	p	$\Delta\chi^2$	Δdf	p	$\Delta\chi^2$	Δdf	p
1 vs. 2a	1,153	4	.886									
2a vs. 2b	31,417	28	.299									
2b vs. 3	17,181	2	< .001	5,192	1	< .05	16,608	1	< .001	4,316	1	< .05
2b vs. 4	4,219	2	.121	4,611	1	< .05	1,409	1	.235	0,514	1	.473

Anmerkungen: Für Erläuterungen zu den Modellen siehe Text; $\Delta\chi^2 = \chi^2$-Differenz (korrigiert); Δdf = Differenz der Freiheitsgrade; p = Wahrscheinlichkeit der χ^2-Differenz; die Mittelwertvergleiche wurden mittels Multigruppenanalyse vorgenommen.

Die Ergebnisse der konditionalen Multigruppenanalyse sind in Tabelle 9.15 dargestellt. Die Globaltests ergaben Invarianz gegenüber der besuchten Schulart sowohl im Mess- ($\Delta\chi^2 = 1{,}153$; $\Delta df = 4$; $p = .886$) als auch im Strukturmodell ($\Delta\chi^2 = 31{,}417$; $\Delta df = 28$; $p = .299$). Analog zu den Resultaten aus dem unkonditionalen LGCM ergaben sich auch unter Kontrolle der Kovariaten bedeutsame Schulartunterschiede im Ausgangswert ($\Delta\chi^2 = 17{,}181$; $\Delta df = 2$; $p < .001$). Auch die nachgeschobenen paarweisen Schulartvergleiche replizierten die Befunde des unkonditionalen Modells: Gymnasiasten verfügten am Beginn der fünften Jahrgangsstufe über mehr metakognitives Wissen als Realschüler ($\Delta\chi^2 = 5{,}192$; $\Delta df = 1$; $p < .05$) und Hauptschüler ($\Delta\chi^2 = 16{,}608$; $\Delta df = 1$; $p < .001$), Realschüler wiesen eine höhere Wissensausprägung auf als Hauptschüler ($\Delta\chi^2 = 4{,}316$; $\Delta df = 1$; $p < .05$).

Der (zweiseitige) Globaltest über die Veränderungen des metakognitiven Wissens in den Schularten ergab ebenfalls einen Trend für Schulartunterschiede ($\Delta\chi^2 = 4{,}219$; $\Delta df = 2$; $p = .121$). Die nachgeschobenen paarweisen Tests zeigten auch nach Kontrolle der Schülermerkmale für die Gymnasiasten eine stärkere Entwicklung als für die Realschüler ($\Delta\chi^2 = 4{,}611$; $\Delta df = 1$; $p < .05$). Der Unterschied zwischen Realschülern und Hauptschülern erreichte allerdings nicht mehr das Kriterium der statistischen Bedeutsamkeit ($\Delta\chi^2 = 0{,}514$; $\Delta df = 1$; $p = .473$).

Zusammenfassung: In Hypothese 4.3 wurde angenommen, dass die beobachteten Unterschiede zwischen den Schülern der drei Schularten in den ersten Wochen der Sekundarstufe I noch auf Unterschiede in leistungsrelevanten Merkmalen, die mit der Schulartzuweisung in Beziehung standen, erklärt werden konnten. Diese Annahme musste zurückgewiesen werden: Schulartunterschiede in den Ausgangswerten des metakognitiven Wissens zeigten sich auch nach der regressionsanalytischen Kontrolle der Kovariaten. Die erhobenen Schülermerkmale waren also auch zu diesem Zeitpunkt nicht allein für die metakognitiven Wissensunterschiede zwischen den Schularten verantwortlich. Hypothese 4.4 ging davon aus, dass die differenziellen Entwicklungsmilieus in den drei Schularten auch dann zu divergierenden Entwicklungsprozessen führen würden, wenn die leistungsrelevanten individuellen Unterschiede, mit denen die Schüler in die Sekundarstufe I eintraten, kontrolliert wurden. Diese Annahme konnte teilweise bestätigt werden: In den Gymnasien wurden auch nach Kontrolle der Schülermerkmale höhere Entwicklungsveränderungen gezeigt als in den Realschulen. Im Vergleich zwischen Real- und Hauptschule, in dem im unkonditionalen Modell noch Vorteile für die Hauptschule ermittelt wurden, blieben die Unterschiede in der Richtung erhalten, erreichten jedoch nicht mehr das Kriterium der statistischen Signifikanz.

9.6 Latente Entwicklungsklassen

Fragestellung 5 beschäftigte sich mit der Frage, ob sich innerhalb der untersuchten Stichprobe über die bekannte Gruppierung der Schüler nach Geschlecht und Schulart weitere, unbekannte Klassen mit unterschiedlichen Entwicklungstrajektorien finden lassen. Besondere Bedeutung wurde dabei der Identifikation von Merkmalen zugemessen, die eine Vorhersage ungünstiger Entwicklungsverläufe ermöglichen.

Um qualitativ unterschiedliche Entwicklungstypologien zu identifizieren, wurden auf Grundlage des LGCM Mischverteilungsanalysen (*Growth Mixture Modelling*, GMM) angestellt. Eine Konfundierung zwischen Schularten und Entwicklungstypologie wurde, in Analogie zu den Multigruppenanalysen, durch eine für die drei Schularten separat vorgenommene Zuweisung der Schüler zu den latenten Klassen vermieden.

Anzahl der latenten Klassen und Varianzstruktur

Da a priori keine Annahmen bezüglich der Klassenzahl und der interindividuellen Unterschiede der Entwicklungstrajektorien innerhalb der Klassen bestanden, wurden im ersten Analyseschritt Modelle mit unterschiedlicher Klassenzahl und unterschiedlicher Modellierung der Varianzen innerhalb der Klassen berechnet. Die Modellierungen erfolgten auf Grundlage des unkonditionalen latenten Wachstumskurvenmodells (s. Kap. 9.1, Modell 6). Es wurden Lösungen zwischen einer und fünf Klassen exploriert (Tab. 9.16). Zusätzlich wurden für jede Klassenanzahl drei Varianzmodelle geschätzt: als restriktivstes Modell ein klassisches *Latent-Class*-Modell, in dem innerhalb der Klassen keine Varianzen zugelassen werden (GMM#1), ein Modell mit gleich restringierten Varianzen innerhalb der Klassen (GMM#2) und ein Modell mit frei geschätzten Varianzen (GMM#3).

Im ersten Schritt wurde durch die Inspektion der Informationskriterien die Zahl der zu extrahierenden Klassen ermittelt. Wie die Abbildung 9.5 zeigt, waren für mehr als drei latente Klassen keine substanziellen Abfälle in den Informationskriterien mehr zu beobachten. In allen drei explorierten Varianzmodellierungen wies die Dreiklassenlösung akzeptable Entropiewerte und interpretierbare Klassengrößen auf.

Tabelle 9.16: Fitkennwerte der Exploration von Klassenanzahl und Varianzstruktur in den GMM des metakognitiven Wissens

Modell	k	-LL	fp	BIC	aBIC	Entropie	%
GMM#1							
	1	-5255,567	8	10565,799	10540,391		
	2	-5091,615	16	10292,558	10241,744	.833	46,0/54,0
	3	-4982,602	24	10129,198	10052,976	.804	15,9/50,4/30,2
	4	-4947,191	32	10113,039	10011,410	.800	48,7/21,4/25,5/4,4
	5	-4925,877	40	10125,075	9998,039	.770	32,3/42,3/12,8/3,8/8,7
GMM#2							
	1	-5162,290	10	10392,910	10361,151		
	2	-5045,375	18	10213,745	10156,579	.825	33,3/66,7
	3	-4962,688	26	10103,035	10020,461	.795	58,1/25,4/16,5
	4	-4932,799	34	10097,921	9989,941	.793	21,2/22,3/3,4/53,0
	5	-4914,485	42	10115,957	9982,569	.768	1,5/42,5/22,0/21,1/12,9
GMM#3							
	1	-5162,290	10	10392,910	10361,151		
	2	-5041,250	20	10219,162	10155,644	.812	27,7/62,3
	3	-4960,203	30	10125,398	10030,121	.794	56,4/27,8/15,8
	4	-4925,441	40	10124,203	9997,167	.780	26,0/23,7/2,4/48,0
	5[†]						

Anmerkungen: k = Zahl der Klassen; -LL = Log-Likelihood; fp = freie Parameter; BIC = Bayesian Information Criterium; aBIC = adjusted Bayesian Information Criterium; % = Anteil der Gesamtstichprobe in den Klassen; [†] = Modell nicht konvergiert.

χ^2-Differenzentests zeigten für die Annahme von interindividuellen Unterschieden innerhalb der Klassen (GMM#2) einen besseren Datenfit als die Annahme homogener Entwicklungsprozesse innerhalb der Klassen (GMM#1): $\Delta\chi^2 = 74{,}742$; $\Delta df = 2$; $p < .001$.

Ein Vergleich des Modells, das gleiche Varianzen zwischen den Klassen annimmt (GMM#2), mit einem Modell, das unterschiedliche Varianzen in den Klassen zulässt (GMM#3), erbrachte keinen bedeutsamen Zuwachs im Modellfit: $\Delta\chi^2 = 2{,}742$; $\Delta df = 4$; $p = .646$. Die Schüler zeigten also auch innerhalb der latenten Klassen interindividuelle Unterschiede im Entwicklungsverlauf. Das Ausmaß dieser interindividuellen Unterschiede unterschied sich zwischen den latenten Klassen jedoch nicht.

Zusammenfassend ließen sich innerhalb der untersuchten Stichprobe also drei latente Entwicklungsklassen identifizieren, die sich in der Entwicklung des metakognitiven Wissens unterschieden. Auch innerhalb der Entwicklungsklassen verlief die Entwicklung des metakognitiven Wissens nicht homogen, vielmehr konnten Unterschiede im Entwicklungsprozess zwischen den Schülern belegt werden.

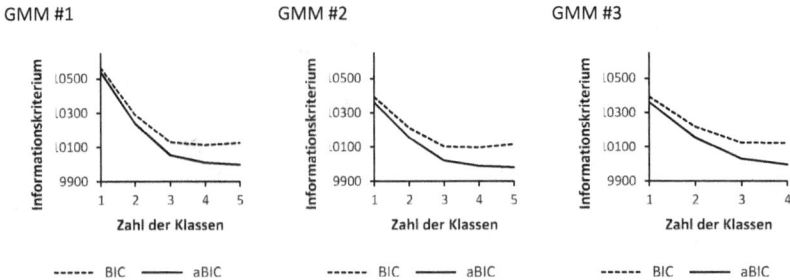

Abbildung 9.5: Screeplots der Informationskriterien der GMM getrennt für die unterschiedlichen Varianzstrukturen

Konditionales latentes Klassenmodell

Um die Klassenlösung zu validieren und den Einfluss der Schülermerkmale auf die latenten Klassen zu bestimmen, wurden die als Kovariaten untersuchten Schülermerkmale in das Mischverteilungsmodell einbezogen. Dabei wurden folgende Modellierungen geprüft:

(1) Die Schülermerkmale beeinflussen die Zuweisung zu den latenten Klassen, haben jedoch innerhalb der latenten Klassen keine Auswirkung auf *intercept* und *slope*.

(2) Die Schülermerkmale beeinflussen sowohl die Zuweisung der Schüler zu den latenten Klassen als auch ihre Ausprägung in *intercept* und *slope*.

Tabelle 9.17: Fitkennwerte der konditionalen GMM des metakognitiven Wissens

Modell	k	-LL	fp	BIC	aBIC	Entropie	%
1	3	-15774,733	91	32171,272	31882,265	.816	10,2/19,9/69,8
2	3	-15764,504	93	32164,480	31869,121	.812	9,6/19,8/70,6

Anmerkungen: k = Zahl der Klassen; -LL = Log-Likelihood; fp = freie Parameter; BIC = Bayesian Information Criterium; aBIC = adjusted Bayesian Information Criterium; % = Anteil der Gesamtstichprobe in den Klassen.

Die beiden Modelle wurden über χ2-Differenzentests verglichen. In Tabelle 9.17 sind ihre Fitindizes dargestellt. Modell 2 wies im Vergleich zu Modell 1 einen besseren Datenfit auf ($\Delta\chi2 = 14,027$; $\Delta df = 2$; $p < .001$). Unterschiede im Geschlecht sowie in kognitiven, motivationalen und sozioökonomischen Merkmalen wirkten sich also sowohl auf die Zuweisung der Schüler zu unterschiedlichen latenten Klas-

sen der metakognitiven Entwicklung als auch auf interindividuelle Unterschiede
in den Entwicklungsprozessen innerhalb dieser Klassen aus.

Parameter des latenten Klassenmodells

Die Parameterschätzungen des aus dem oben beschriebenen Explorationsprozess
resultierenden Modells 2 sind in Tabelle 9.18 tabellarisch und in Abbildung 9.6
graphisch dargestellt.

Wie Abbildung 9.6 zeigt, ließen sich die drei ermittelten latenten Klassen hinsichtlich ihrer Entwicklungsverläufe als unterdurchschnittlich (Klasse 3), durchschnittlich (Klasse 2) und überdurchschnittlich (Klasse 1) charakterisieren. Die
drei Klassen unterschieden sich bereits zum ersten Messzeitpunkt. Die Unterschiede nahmen über den beobachteten Zeitraum zu. Klasse 2 bildete mit 70,6% der
untersuchten Stichprobe die Durchschnitts- oder Modusklasse. Die überdurchschnittliche Klasse 1 mit etwa 19,8% der Stichprobe war durch hohe Ausgangswerte und eine starke Zunahme im metakognitiven Wissen gekennzeichnet. Die
Schüler in Klasse 3 (9,8% der Stichprobe) bildeten eine Entwicklungsgruppe mit
schwachen Ausgangswerten und im Vergleich zur Modusgruppe geringeren Entwicklungsveränderungen. Auch die Proportionen, mit der sich die Entwicklung in
den Beobachtungsintervallen vollzog, unterschieden sich. Während die Entwick-
lungsgeschwindigkeit der Modusklasse erst nach dem dritten Messzeitpunkt ab-
nahm, flachte die Entwicklungskurve der überdurchschnittlichen Klasse 1 bereits
nach Messzeitpunkt 2 ab. Die in ihrer Entwicklung unterdurchschnittliche Klasse
3 war durch eine rasche Zunahme des metakognitiven Wissens im ersten Messintervall, eine Abnahme im zweiten Messintervall und durch eine erneute moderat
ausgeprägte Zunahme im letzten Messintervall zu beschreiben.

Tabelle 9.18: Parameterschätzungen des konditionalen GMM des metakognitiven Wissens

	Klasse 1 (19,8%)			Klasse 2 (70,6%)			Klasse 3 (9,6%)		
	est	se	z	est	se	z	est	se	z
μ_α	0,744	0,189	3,932***	0,248	0,061	4,036***	-0,561	0,201	2,789**
μ_β	1,362	0,257	5,300***	0,810	0,081	10,008***	0,688	0,282	2,442*
λ_1	0			0			0		
λ_2	0,708	0,115	6,138***	0,387	0,052	7,382***	0,799	0,177	4,514***
λ_3	0,814	0,096	8,515***	0,796	0,051	15,588***	0,633	0,187	3,385**
λ_4	1			1			1		
σ_α	0,228	0,060	3,812***	0,228	0,060	3,812***	0,228	0,060	3,812***
σ_β	0,264	0,074	3,577***	0,264	0,074	3,577***	0,264	0,074	3,577***
$\sigma_{\alpha\beta}$	-0,119	0,051	2,311*	-0,119	0,051	2,311*	-0,119	0,051	2,311*
θ_ε	0,859	0,146	5,895***	0,260	0,025	10,440***	1,048	0,229	4,583***

Anmerkungen: est = Parameterschätzung; se = Standardfehler; z = z – Statistik der Parameterschätzung (est/se); μ_α = Mittelwert des intercept (Regressionskonstante); μ_β = Mittelwert des slope (Regressionskonstante); λ = Ladung auf den slope-Faktor (λ_1 wurde auf 0, λ_4 auf 1 fixiert); σ_α = Residualvarianz des intercepts, σ_β = Residualvarianz des slope; $\sigma_{\alpha\beta}$ = Residualkovarianz zwischen intercept und slope; θ_ε = Residualvarianz; *** p < .001; ** p < .01; * p < .05.

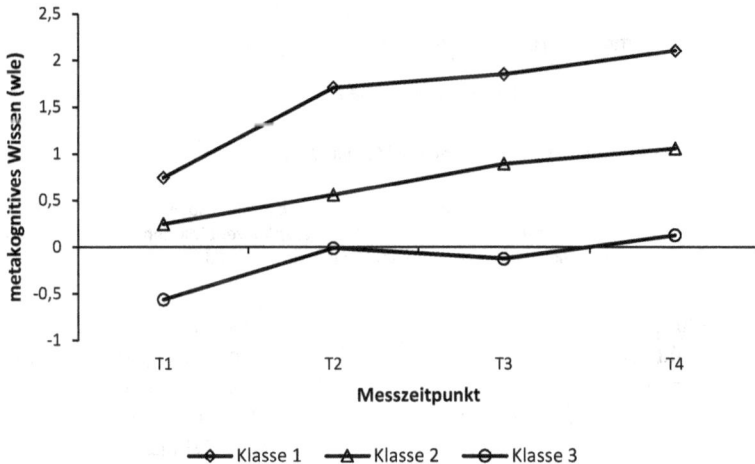

Abbildung 9.6: Entwicklungsverläufe in den latenten Klassen

Effekte der Kovariaten auf die Entwicklungsverläufe der latenten Klassen

Die Effekte der Schülermerkmale auf die Entwicklungsfaktoren innerhalb der latenten Klassen wurden konstant gehalten, um das Modell nicht zu überparametrisieren. Im ersten Schritt wurde untersucht, ob sich die Mittelwerte der Kovariaten zwischen den latenten Klassen unterscheiden. Im zweiten Schritt wurden die Effekte der Kovariaten auf *intercept* und *slope* innerhalb der latenten Klassen analysiert.

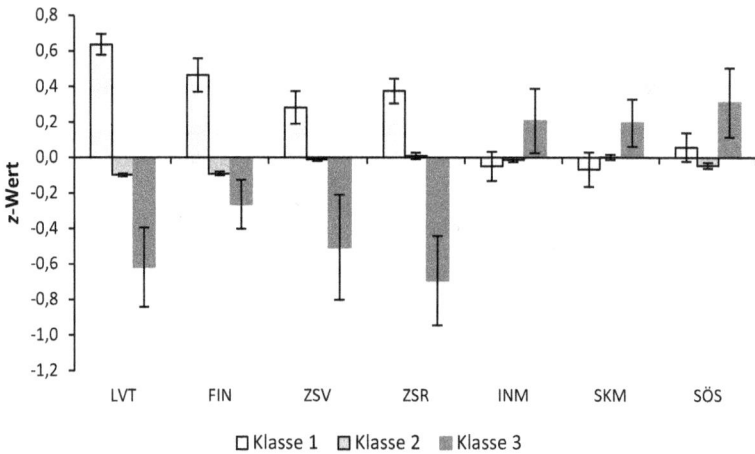

Abbildung 9.7: *z*-standardisierte Mittelwerte (und Standardfehler) der Schülermerkmale in den latenten Klassen

Anmerkung: LVT = Leseverstehen; FIN = fluide Intelligenz; ZSV = Zahlenspanne vorwärts; ZSR = Zahlenspanne rückwärts; INM = Interesse Mathematik; SKM = Selbstkonzept Mathematik; SÖS = sozioökonomischer Status; Fehlerbalken stellen den Bereich ±2 Standardfehler dar.

In Abbildung 9.7 sind die Mittelwerte der Kovariaten in den drei Klassen abgebildet, in Tabelle 9.19 die Befunde der zur Unterschiedsprüfung durchgeführten Multigruppenanalysen. Die Signifikanztests belegten, dass die in der metakognitiven Wissensentwicklung überdurchschnittliche latente Klasse 1 der Modusklasse und der latenten Klasse 3 in den kognitiven Kovariaten (Intelligenz, Zahlenspanne vorwärts, Zahlenspanne rückwärts) überlegen war. Auch die Ausprägungen der Modusklasse in diesen Kovariaten übertrafen die der latenten Klasse 3 mit Ausnahme der Intelligenz bedeutsam. Für die beiden motivationalen Indikatoren Interesse und Selbstkonzept ebenso wie für den sozioökonomischen Status zeigte sich ein anderes Ergebnismuster: In allen drei Merkmalen konnten keine bedeutsamen

Unterschiede zwischen der latenten Klasse 1 und der Modusklasse nachgewiesen werden. Allerdings wiesen die Schüler der latenten Klasse 3 in diesen Merkmalen höhere Ausprägungen auf als die Schüler in den beiden Klassen mit günstigerer metakognitiver Wissensentwicklung. Im Fall des Interesses erreichten die Unterschiede nicht das Kriterium statistischer Signifikanz. Für das Selbstkonzept und den sozioökonomischen Status dagegen wurden teilweise signifikante, teilweise marginal signifikante Unterschiede zugunsten von Klasse 3 beobachtet.

Die drei latenten Entwicklungsklassen waren also nicht nur durch Unterschiede in der metakognitiven Entwicklung charakterisiert, sie unterschieden sich auch in den erhobenen Schülermerkmalen. Die Befunde wiesen auf ein kognitives Defizit in der entwicklungsschwächsten Gruppe hin. Die gleichzeitig positiven Ausprägungen in den selbst berichteten motivationalen Merkmalen und dem sozioökonomischem Status dagegen ließen sich nicht mit der Annahme einer generell benachteiligten Schülergruppe vereinbaren.

Tabelle 9.19: Signifikanztests für die Klassenunterschiede in den Schülermerkmalen

	Klasse 1 vs. Klasse 2			Klasse 1 vs. Klasse 3			Klasse 2 vs. Klasse 3		
	$\Delta\chi^2$	Δdf	p	$\Delta\chi^2$	Δdf	p	$\Delta\chi^2$	Δdf	p
Leseverstehen	90,185	1	$< .001$	21,195	1	$< .001$	12,879	1	$< .001$
Fluide Intelligenz	30,945	1	$< .001$	21,004	1	$< .001$	1,948	1	.163
Zahlenspanne vorwärts	4,848	1	$< .05$	20,472	1	$< .001$	10,222	1	$< .01$
Zahlenspanne rückwärts	9,349	1	$< .01$	27,374	1	$< .001$	14,350	1	$< .001$
Interesse Mathematik	0,175	1	.676	2,530	1	.112	2,187	1	.139
Selbstkonzept Mathematik	0,533	1	.465	4,054	1	$< .05$	3,093	1	.081
Sozioökonomischer Status	1,187	1	.276	3,066	1	.080	8,844	1	$< .01$

Anmerkungen: $\Delta\chi^2 = \chi^2$-Differenz (korrigiert); Δdf = Differenz der Freiheitsgrade; p = Wahrscheinlichkeit der χ^2-Differenz; die Mittelwertvergleiche wurden mittels Multigruppenanalyse vorgenommen.

Im nächsten Schritt wurde untersucht, ob sich die Schülermerkmale auch innerhalb der latenten Klassen auf die Entwicklungsfaktoren auswirkten (s. Tab. 9.20). Leseverstehen ($g_{lvta} = 0,386$; $z = 6,481$; $p < .001$), Intelligenz ($g_{fina} = 0,030$; $z = 2,293$; $p < .05$) und sozioökonomischer Status ($g_{sösa} = 0,010$; $z = 3,405$; $p < .001$) zeigten einen Effekt auf die Ausgangswerte im metakognitiven Wissen. Im Vergleich zum einfachen konditionalen LGCM (Kap. 9.3) erreichten das Interesse und die Zahlenspanne rückwärts nach der Berücksichtigung der latenten Klassen keine statistische Bedeutsamkeit mehr.

Tabelle 9.20: Regressionsgewichte der Kovariaten im Strukturmodell des GMM des metakognitiven Wissens

	Effekte der Kovariaten auf die Klassenzuweisung								Effekte der Kovariaten auf die Entwicklungsfaktoren					
	c1 vs. c2				c3 vs. c2				g_α			g_β		
	g_c			OR	g_c			OR						
	est	se	z		est	se	z		est	se	z	est	se	z
Geschlecht[a]	0,085	0,563	0,150	1,088	-0,357	0,574	0,621	0,700	-0,147	0,101	1,452	-0,245	0,090	2,728**
Leseverstehen	0,696	0,316	2,199*	2,005	-0,518	0,447	1,159	0,596	0,386	0,059	6,481***	-0,321	0,101	3,186**
Fluide Intelligenz	0,008	0,061	0,135	1,008	0,016	0,068	0,237	1,016	0,030	0,013	2,293*	0,011	0,012	0,952
Zahlenspanne vorwärts	0,047	0,268	0,174	1,048	-0,024	0,34	0,070	0,977	-0,030	0,051	0,588	0,003	0,041	0,079
Zahlenspanne rückwärts	0,164	0,153	1,069	1,178	-0,303	0,152	1,994*	0,739	-0,010	0,025	0,424	0,020	0,034	0,586
Interesse Mathematik	-0,006	0,105	0,056	0,994	0,046	0,104	0,443	1,047	-0,008	0,017	0,484	-0,001	0,018	0,062
Selbstkonzept Mathematik	-0,056	0,07	0,806	0,945	0,098	0,07	1,399	1,103	0,016	0,013	1,249	0,023	0,015	1,542
Sozioökonomischer Status	-0,022	0,013	1,768(*)	0,978	0,065	0,036	1,795(*)	1,067	0,010	0,003	3,405***	-0,002	0,003	0,548

Anmerkungen: g_c = Regressionsgewicht der multinomialen Regression; OR = *odds ratio*; $g.\alpha$ = unstandardisierte Regressionsgewichte auf *intercept* (α); $g.\beta$ = unstandardisierte Regressionsgewichte auf *slope* (β); *est* = Parameterschätzung; *se* = Standardfehler; z = z – Statistik der Parameterschätzung *(est/se)*; [a]kategoriale Variable 0 = Mädchen, 1 = Junge; *** $p < .001$; ** $p < .01$; * $p < .05$; (*) $p < .10$.

Auf die Veränderungsrate des metakognitiven Wissens wirkten sich lediglich das Geschlecht zugunsten der Mädchen ($g_{ges\beta}$ = -0,245; z = 2,728; $p < .01$) und das Leseverstehen ($g_{lv\beta}$ = -0,321; z = 3,186; $p < .01$) bedeutsam aus. Ein Einfluss der Intelligenz auf die interindividuellen Unterschiede in der intraindividuellen Veränderung konnte innerhalb der latenten Klassen dagegen nicht mehr nachgewiesen werden. Trotz punktueller Unterschiede blieb in den drei latenten Entwicklungsklassen also im Wesentlichen das charakteristische Einflussmuster der Schülermerkmale auf den Entwicklungsprozess des metakognitiven Wissens erhalten.

Effekte der Kovariaten auf die Klassenzuweisung

Um Risikofaktoren für ungünstige Entwicklungsverläufe zu ermitteln, wurden auch die Effekte der Kovariaten auf die Zuweisung zu einem der drei Entwicklungsmuster ermittelt.

Zunächst wurde der Einfluss der Schulart auf die Zugehörigkeit zu einer der drei latenten Klassen untersucht. In Tabelle 9.21 ist die Klassenzuweisung in Abhängigkeit der Schulart angegeben. Um die aus der Tabelle ersichtlichen Häufigkeitsunterschiede innerhalb der Klassen statistisch zu prüfen, wurde eine multinomiale logistische Regression zur Vorhersage der Klassenzuweisung durch die Schulart durchgeführt. Als Referenzgruppe wurde die Realschule gewählt, als Referenzklasse die Modusklasse 2. Schüler des Gymnasiums hatten – im Vergleich zu Realschülern – eine bedeutsam höhere Wahrscheinlichkeit für Klasse 1 (anstelle der Klasse 2; g = 1,078; z = 2,920; $p < .01$), Hauptschüler dagegen hatten für diese latente Klasse eine bedeutsam geringere Wahrscheinlichkeit als Realschüler (g = -1,655; z = 2,609; $p < .01$). Das Risiko, der Klasse 3 statt der Klasse 2 zugewiesen zu werden, unterschied sich für Gymnasiasten und Realschüler nicht (g = -0,578; z = 0,637; $p = .524$), lag jedoch für Hauptschüler über dem Risiko für Realschüler (g = 1,631; z = 2,183; $p < .05$).

Interpretiert man die Klassenzusammensetzung inhaltlich, so wurde die Klasse der positiven Entwicklungsverläufe (Klasse 1) insbesondere von Schülern des Gymnasiums gebildet, während die Klasse der problematischen Entwicklungsverläufe (Klasse 3) insbesondere aus Schülern der Hauptschule bestand. Die Zuweisung zu den latenten Klassen 1 und 3 war also von der besuchten Schulart abhängig. Zu beachten ist allerdings, dass sowohl die Gymnasiasten als auch die Hauptschüler in der überwiegenden Mehrheit der Modusgruppe angehörten.

Tabelle 9.21: Zuweisung zu den latenten Klassen des GMM und besuchte Schulart

	c1	c2	c3	Σ
Gymnasium	113	150	8	271
Realschule	65	292	20	377
Hauptschule	6	213	61	280
Σ	184	655	89	928

Anmerkungen: c1 = latente Klasse 1; *c2* = latente Klasse 2; *c3* = latente Klasse 3; Σ = Zeilen- bzw. Spaltensummen.

Die Koeffizienten der multinomialen logistischen Regression zur Vorhersage der Klassenzuweisung durch die Kovariaten wurden ebenfalls in Bezug zur Modusklasse als Referenzklasse ermittelt (s. Tab. 9.20). Sie sind analog zu den oben berichteten multiplen Regressionsanalysen als bedingte Effekte zu interpretieren. Die Zuweisung zu Klasse 1 statt zu Klasse 2 stand, bei durchschnittlicher Ausprägung in den anderen Prädiktoren, in einem positiven Zusammenhang zum Leseverstehen ($g_{lvtc} = 0,696$; $z = 2,199$; $p < .05$). Der sozioökonomische Status wirkte sich negativ auf die Zugehörigkeit zur Klasse überdurchschnittlicher Entwicklung aus ($g_{sösc} = -0,022$; $z = 1,768$; $p < .10$). *Odds ratios* erlauben eine inhaltliche Interpretation dieser Zusammenhänge. Eine Erhöhung des Leseverstehens um eine Einheit bei ansonsten durchschnittlichen Ausprägungen in den übrigen Kovariaten verdoppelte das Chancenverhältnis zugunsten einer Zuweisung zur latenten Klasse 1 ($OR = 2,005$). Die Erhöhung des sozioökonomischen Status um eine Einheit reduziert dagegen die Wahrscheinlichkeit der Zuweisung um 0,032 ($OR = 0,978$).

Die Zuweisung zu Klasse 3 statt zur Modusklasse 2 stand in einem negativen Zusammenhang zur Zahlenspanne rückwärts ($g_{zvrc} = 0,303$; $z = 1,994$; $p < .05$; $OR = 0,739$) und einem marginal bedeutsamen, positiven Zusammenhang mit dem sozioökonomischen Status ($g_{sösc} = 0,065$; $z = 1,795$; $p < .10$; $OR = 1,067$).

Risikofaktoren für eine ungünstige Entwicklung im metakognitiven Wissen waren also der Besuch der Hauptschule, geringe zentral-exekutive Arbeitsgedächtniskapazität und hoher sozioökonomischer Status. Merkmale, die die Zugehörigkeit zu einer Gruppe mit überdurchschnittlicher metakognitiver Wissensentwicklung begünstigten, waren der Besuch des Gymnasiums, hohe Ausprägungen im Leseverstehen und ein niedriger sozioökonomischer Status. Schulart, Leseverstehen und Schulart übten durchaus substanzielle und plausible Einflüsse auf das Chancenverhältnis für eine unter- bzw. –überdurchschnittliche Entwicklung aus. Die Befunde zum sozioökonomischen Status widersprachen dagegen nicht den Erwartungen aus den vorangegangenen Analysen, erwiesen sich jedoch – trotz statistischer Signifikanz – unter praktischen Gesichtspunkten als wenig einflussreich.

Zusammenfassung:
Die Mischverteilungsanalysen in der untersuchten Stichprobe resultierten in drei latenten Klassen der metakognitiven Wissensentwicklung. Die Entwicklungsprozesse in den latenten Klassen ließen sich sowohl in Bezug auf die Ausgangsleistungen als auch auf die beobachteten Veränderungsraten als überdurchschnittlich (Klasse 1), durchschnittlich (Klasse 2) und unterdurchschnittlich (Klasse 3) charakterisieren. Die Zuweisung zu den Klassen wurde – bezogen auf die Referenzklasse 2 – durch die Schulart (Klasse 1 und Klasse 3), das Leseverstehen (Klasse 1), die Zahlenspanne rückwärts (Klasse 3) und den sozioökonomischen Status (Klasse 1 und Klasse 3) beeinflusst. Innerhalb der latenten Klassen wirkten sich die Merkmale Geschlecht, Leseverstehen, Intelligenz und sozioökonomischer Status positiv auf den Entwicklungsprozess aus.

9.7 Metakognitives Wissen und Mathematikleistung

In den Hypothesen der Fragestellung 6 wurden Annahmen zum Zusammenhang zwischen der Entwicklung im metakognitiven Wissen und der Mathematikleistung getroffen. Zunächst wurden synchrone bivariate Zusammenhänge zwischen metakognitivem Wissen und Mathematikleistung vermutet (Hypothese 6.1). Darüber hinaus wurde angenommen, dass auch die beiden Entwicklungsprozesse in einem dynamischen Zusammenhang stehen (Hypothese 6.2). Dieser Zusammenhang zwischen den Entwicklungsprozessen wurde als unabhängig von potenziellen Einflüssen kognitiver, motivationaler und sozioökonomischer Schülermerkale (Hypothese 6.3) postuliert. Moderierende Einflüsse auf die Enge des Zusammenhanges wurden für die Schulart, nicht aber für das Geschlecht angenommen (Hypothese 6.4).

Deskriptive Statistiken
In Tabelle 9.22 sind die bivariaten Zusammenhänge zwischen den beiden Kompetenzen auf manifester Ebene dargestellt. Die synchronen Zusammenhänge zwischen dem metakognitiven Wissen und der Mathematikleistung blieben über den beobachteten Zeitraum mit Werten zwischen $r = .366$ und $r = .381$ konstant ($\Delta\chi^2 = 0{,}778$; $\Delta df = 3$; $p = .855$). Die Messfehlerkorrektur nach Lienert und Raatz (1998) erbrachte korrigierte Zusammenhänge, die zwischen $r_{(korr)} = .427$ (T4) und $r_{(korr)} = .446$ (T3) lagen. Die Korrelationen unterschieden sich nicht bedeutsam von dem von Schneider (1989) metaanalytisch ermittelten durchschnittlichen Zusammenhang zwischen einem Indikator für metakognitives Wissen und der entsprechenden Leistung in Höhe von $r = .41$ ($\Delta\chi^2 = 2{,}287$; $\Delta df = 4$; $p = .683$).
   Die beobachteten Korrelationen zwischen dem metakognitivem Wissen und der Leistung in Mathematik entsprachen also in ihrer Größenordnung den Zusam-

menhängen, die in den klassischen Untersuchungen im Kontext der Metagedächtnisforschung ermittelt wurden.

Tabelle 9.22: Korrelationen zwischen metakognitivem Wissen und Mathematikleistung getrennt für
die Messzeitpunkte

	Mathematikleistung T1	Mathematikleistung T2	Mathematikleistung T3	Mathematikleistung T4
Metakognitives Wissen T1	**.369***	.381***	.337***	.320***
Metakognitives Wissen T2	.311***	**.366***	.326***	.289***
Metakognitives Wissen T3	.334***	.373***	**.381***	.372***
Metakognitives Wissen T4	.287***	.343***	.365***	**.365***

Anmerkungen: Pearson-Korrelationen; fettgedruckt: synchrone Korrelationen; *** $p < .001$.

Parametrisierung des Wachstumsmodells der Mathematikleistung

Um zu untersuchen, welche Zusammenhänge zwischen den Entwicklungsprozessen im metakognitiven Wissen und der Mathematikleistung bestehen, wurde
ein bivariates LGCM spezifiziert. In einem ersten Schritt wurde die Entwicklung
der mathematischen Leistung in einem univariaten LGCM parametrisiert. Analog
zum Vorgehen in Kapitel 9.2 wurden mehrere alternative Modellierungen des Entwicklungsprozesses miteinander verglichen (s. Tab. 9.23).

Ebenso wie im metakognitiven Wissen zeigten die Modelle 1 (Annahme konstanter Entwicklungsveränderungen über die Beobachtungsintervalle) und 2 (Annahme konstanter Entwicklungsveränderungen über die Beschulungsintervalle)
eine schlechtere Datenanpassung als die freie Schätzung der Entwicklungspropor-
tionen in Modell 3 (Modell 1 vs. Modell 3: $\Delta\chi^2 = 106{,}100$; $\Delta df = 2$; $p < .001$; Modell
2 vs. Modell 3: $\Delta\chi^2 = 57{,}623$; $\Delta df = 2$; $p < .001$).

In Modell 3 wurden die interindividuellen Unterschiede in *intercept* und *slope*
frei geschätzt. Die Annahme homogener Ausgangs- und Veränderungswerte (Mo-
dell 4: $\Delta\chi^2 = 403{,}769$; $\Delta df = 2$; $p < .001$) bzw. homogener Veränderungswerte (Modell
5: $\Delta\chi^2 = 33{,}308$; $\Delta df = 2$; $p < .001$) resultierte in einem bedeutsam geringeren Fit.
Der Vergleich zwischen Modell 3 und Modell 6 erbrachte eine bessere Anpassung
an die beobachteten Daten durch die heteroskedastische Residualvarianzstruktur
des Modells 3 ($\Delta\chi^2 = 18{,}597$; $\Delta df = 3$; $p < .001$).

Die Entwicklung in der Mathematikleistung ließ sich also in ähnlicher Weise
parametrisieren wie die Entwicklung im metakognitiven Wissen: Die Veränderung verlief nicht proportional zu den Beobachtungszeit- (Modell 1) bzw. Un-
terrichtszeitintervallen (Modell 2). Interindividuelle Unterschiede ließen sich
sowohl in den Ausgangs- (Modell 4) als auch den Veränderungswerten (Modell
5) nachweisen. Anders als im metakognitiven Wissen unterschieden sich die Residualvarianzen zwischen den Messzeitpunkten. Modell 3 gab also die beobachtete

Datenstruktur am besten wieder und wurde als Ausgangsmodell für die weiteren Analysen verwendet.

Tabelle 9.23: Fitkennwerte der LGCM der Mathematikleistung

Modell	χ^2	df	p	c	RMSEA	CFI	TLI
1	120,029	5	< .001	1,072	.157	.944	.933
2	70,538	5	< .001	1,069	.119	.968	.962
3	12,656	3	.054	1,112	.059	.995	.991
4	341,324	5	< .001	0,987	.269	.836	.804
5	44,427	5	< .001	1,068	.104	.980	.971
6	31,389	6	< .001	1,138	.068	.988	.988

Anmerkungen: $\chi^2 = \chi^2$-Wert des Tests auf exakten Modellfit; df = Freiheitsgrade des Modells; p = Wahrscheinlichkeit des Wertes in der χ^2-Verteilung; c = Skalierungsfaktor der MLR-Schätzung.

Die Parameterschätzungen in Modell 3 (Tab. 9.24) belegten eine statistisch bedeutsame Zunahme der Mathematikleistung über den beobachteten Zeitraum ($\mu_\beta = 1,300$; $z = 36,464$; $p < .001$). Die Mathematikleistungen nahmen kontinuierlich zu, jedoch waren in den Beobachtungsintervallen Unterschiede in der Leistungsveränderung festzustellen: Etwa 55% der Entwicklung fand im ersten Beobachtungsintervall (T1 zu T2) statt, etwa 17% im zweiten Beobachtungsintervall (T2 zu T3) und etwa 28% im dritten Beobachtungsintervall (T3 zu T4).

Die Varianzen waren sowohl im *intercept* ($\Psi_{\alpha\alpha} = 1,042$; $z = 13,636$; $p < .001$) als auch im *slope* ($\Psi_{\beta\beta} = 0,451$; $z = 5,322$; $p < .001$) statistisch bedeutsam. Jedoch waren die interindividuellen Unterschiede in den Ausgangswerten wesentlich deutlicher ausgeprägt als in den Entwicklungsraten der Mathematikleistung. Durch das LGCM konnte zwischen 74% (T2) und 86% (T4) der Varianz in den beobachteten Mathematiktestleistungen erklärt werden.

Tabelle 9.24: Parameterschätzungen des LGCM der Mathematikleistung (Modell 3)

	est	se	z
α	-0,873	0,039	22,246***
β	1,300	0,036	36,464***
λ_1	0		
λ_2	0,548	0,019	29,316***
λ_3	0,718	0,018	39,854***
λ_4	1		
$\psi_{\alpha\alpha}$	1,042	0,076	13,636***
$\psi_{\beta\beta}$	0,451	0,085	5,322***
$\psi_{\alpha\beta}$	-0,225	0,070	3,228**
$\theta_{\epsilon1}$	0,276	0,049	5,659***
$\theta_{\epsilon2}$	0,329	0,024	13,551***
$\theta_{\epsilon3}$	0,292	0,026	11,718***
$\theta_{\epsilon4}$	0,165	0,029	5,748***

Anmerkungen: est = Parameterschätzung; se = Standardfehler; z = z – Statistik der Parameterschätzung (est/se); α = Mittelwert des *intercept* (Regressionskonstante); β = Mittelwert des *slope* (Regressionskonstanten); λ = Ladung auf den *slope*-Faktor (λ_1 wurde auf 0, λ_4 auf 1 fixiert); $\psi_{\alpha\alpha}$ = Varianz des *intercept*; $\psi_{\beta\beta}$ = Varianz des *slope*; $\psi_{\alpha\beta}$ = Kovarianz zwischen *intercept* und *slope*; *** p < .001; ** p < .01.

Bivariate Wachstumsmodelle des metakognitiven Wissens und der Mathematikleistung

Im nächsten Schritt wurden die Entwicklungsprozesse des metakognitiven Wissens (Modell 6, Kap. 9.2) und der Mathematikleistung (Modell 3, s. o.) in einem gemeinsamen, bivariaten LGCM parametrisiert. Zunächst wurde ein unkonditionales Modell geschätzt, dann wurden die Schülermerkmale als Kovariaten beider Entwicklungsprozesse in das Modell aufgenommen. Entscheidend für die Überprüfung der Hypothesen waren die Kovarianzen zwischen den *intercepts* und den *slopes* der beiden Entwicklungen.

Der Fit des bivariaten Modells (Tab. 9.25) war sehr gut (χ^2 = 44,743; df = 21; p < .01; RMSEA = .035; CFI = .994; TLI = .992). Die Zusammenhänge zwischen den Entwicklungsfaktoren erwiesen sich als signifikant und substanziell. Sie betrugen zwischen den Ausgangswerten $r_{\alpha\alpha}$ = .575 (z = 11,038, p < .001) und zwischen den Veränderungsraten $r_{\beta\beta}$ = .394 (z = 3,460, p < .01). Beide Entwicklungen wiesen darüber hinaus auch eine große strukturelle Ähnlichkeit auf (vgl. Abb. 9.8): Die Ladungen λ_2 und λ_3 auf den *slope* waren in beiden Veränderungsprozessen gleich ($\Delta\chi^2$ = 4,310; Δdf = 2; p = .116).

Durch die anschließende Einbeziehung der Schülermerkmale als Kovariaten der beiden *intercepts* und *slopes* konnten zum einen die differenziellen Effekte dieser Merkmale auf die beiden Entwicklungsprozesse analysiert werden, zum anderen wurde dadurch der Einfluss dieser Merkmale auf die korrelativen Zusammenhänge zwischen den Entwicklungsfaktoren kontrolliert: Da für die einbezogenen Schülermerkmale sowohl Effekte auf die Entwicklung im metakognitiven Wissen (s. o.) als auch auf die Mathematikleistung (s. Kap. 6) zu erwarten waren, erlaubte die regressionsanalytische Berücksichtigung dieser Merkmale die Aufdeckung potenzieller Scheinkorrelationen.

Tabelle 9.25: Parameterschätzungen des bivariaten LGCM

	Metakognitives Wissen			Mathematikleistung			Metakognitives Wissen <--> Mathematikleistung		
	est	se	z	est	se	z	est	se	z
α	0,188	0,038	4,962***	-0,872	0,039	22,243***			
β	0,776	0,046	16,804***	1,299	0,036	36,443***			
λ_1	0			0					
λ_2	0,540	0,045	11,863***	0,546	0,019	28,997***			
λ_3	0,806	0,044	18,367***	0,719	0,018	40,136***			
λ_4	1			1					
$\psi_{\alpha\alpha}$	0,612	0,072	8,517***	1,023	0,076	13,471***			
$\psi_{\beta\beta}$	0,382	0,109	3,498***	0,419	0,083	5,032***			
$\psi_{\alpha\beta}$	-0,101	0,075	1,348	-0,200	0,068	2,934***			
$r_{\alpha\alpha}$							0,575	0,052	11,038***
$r_{\beta\beta}$							0,394	0,114	3,460**
$\theta_{\varepsilon 1}$	0,515	0,028	18,394***	0,302	0,049	6,195***			
$\theta_{\varepsilon 2}$	0,515	0,028	18,394***	0,319	0,023	13,672***			
$\theta_{\varepsilon 3}$	0,515	0,028	18,394***	0,289	0,026	11,283***			
$\theta_{\varepsilon 4}$	0,515	0,028	18,394***	0,176	0,028	6,304***			

Anmerkungen: est = Parameterschätzung; se = Standardfehler; z = z − Statistik der Parameterschätzung (est/se); α = Mittelwert des intercept (Regressionskonstante); β = Mittelwert des slope (Regressionskonstanten); λ = Ladung auf den slope-Faktor (λ_1 wurde auf 0, λ_4 auf 1 fixiert); $\psi_{\alpha\alpha}$ = Varianz des intercept; $\psi_{\beta\beta}$ = Varianz des slope; $\psi_{\alpha\beta}$ = Kovarianz zwischen intercept und slope; $r_{\alpha\alpha}$ = Korrelation zwischen den intercepts; $r_{\beta\beta}$ = Korrelation zwischen den slopes; θ_ε = Residualvarianz; *** p < .001; ** p < .01.

Der Fit des konditionalen bivariaten LGCM war sehr gut (χ^2 = 75,779; df = 53; p < .05; $RMSEA$ = .022; CFI = .994; TLI = .990). Tabelle 9.26. zeigt die standardisierten Regressionsgewichte in der Übersicht. Die Effekte des Geschlechts auf die beiden Entwicklungsprozesse waren teilweise entgegengesetzt. Mädchen zeigten einen marginal signifikant höheren Ausgangswert im metakognitiven Wissen ($\gamma_{g\alpha}$ = -.084; z = 1,938; p < .10). In der Mathematikleistung dagegen erzielten die Jungen bessere Resultate ($\gamma_{g\alpha}$ = -.073; z = 2,234; p < .05). Leseverstehen und Intelligenz beeinflussten die Ausgangswerte des metakognitiven Wissens ($\gamma_{lvt\alpha}$ = .558;

$z = 10,931$; $p < .001$; $\gamma_{\text{fina}} = .163$; $z = 3,271$; $p < .01$) und der Mathematikleistung ($\gamma_{\text{lvta}} = .406$; $z = 12,001$; $p < .001$; $\gamma_{\text{fina}} = .187$; $z = 5,106$; $p < .001$) in analoger Weise. Während weder die Zahlenspanne vorwärts noch die Zahlenspanne rückwärts einen Effekt auf das *intercept* des metakognitiven Wissens ausübten, ließen sich bedeutsame Einflüsse beider Arbeitsgedächtnisindikatoren auf den Ausgangswert der Mathematikleistung nachweisen ($\gamma_{\text{zsva}} = .125$; $z = 2,752$; $p < .01$; $\gamma_{\text{zsra}} = .109$; $z = 2,376$; $p < .05$). Das Interesse am Fach Mathematik hatte einen bedeutsam negativen Einfluss auf das Ausgangsniveau im metakognitiven Wissen ($\gamma_{\text{inma}} = -.082$; $z = 1,761$; $p = .078$), wies jedoch keinen bedeutsamen Effekt auf die mathematische Leistung auf. Für das Selbstkonzept mathematischer Fähigkeiten konnte kein bedeutsamer Effekt auf die Entwicklung des metakognitiven Wissens belegt werden, jedoch wirkte sich das Selbstkonzept positiv auf das intercept der Mathematikleistung aus ($\gamma_{\text{skma}} = .280$; $z = 6,712$; $p < .001$). Der sozioökonomische Status der Schüler wirkte sich sowohl im metakognitiven Wissen ($\gamma_{\text{sösa}} = .133$; $z = 2,677$; $p < .01$) als auch in der Mathematikleistung ($\gamma_{\text{sösa}} = .076$; $z = 2,167$; $p < .05$) auf die intercepts aus.

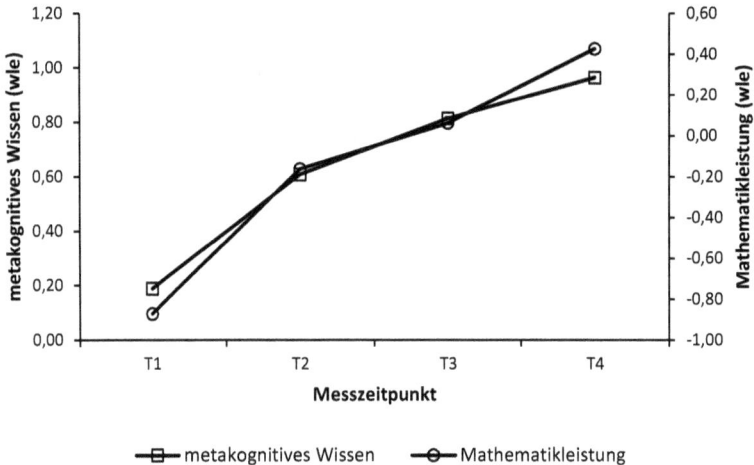

Abbildung 9.8: Entwicklungsverlauf im metakognitiven Wissen und in der Mathematikleistung

Hinsichtlich der Effekte auf die Veränderungswerte in den beiden Entwicklungsprozessen wirkte sich das Geschlecht zugunsten der Mädchen auf die metakognitive Wissensentwicklung aus ($\gamma_{\text{lvtß}} = -.209$; $z = 2,754$; $p < .01$), während die Entwicklungsveränderung der Mathematikleistung für Mädchen und Jungen gleich ausfiel. Die Kovariate Leseverstehen zeigte negative Effekte sowohl auf das metakognitive Wissen ($\gamma_{lvt\beta}$ = -.346; z = 3,754; p < .001) als auch auf die Mathematikleistung ($\gamma_{lvt\beta}$ = -.179; z = 2,664; p < .01). Die Intelligenz dagegen sagte in marginal signifikanter, positiver Weise die Veränderungen in beiden Konstrukten vorher (metakognitives Wissen: $\gamma_{fin\beta}$ = .152; z = 1,750; p = .08; Mathematikleistung $\gamma_{fin\beta}$ = .190; z = 2,805; p < .01).

Ein zentraler Unterschied in der Prädiktion der beiden Entwicklungsprozesse lag in den entgegengesetzten Geschlechtseffekten: Während Mädchen höhere Ausgangswerte und Entwicklungsgewinne im metakognitiven Wissen zeigten, waren die Jungen im Ausgangswert der Mathematikleistung überlegen. Eine weitere nennenswerte Diskrepanz lag für das Interesse vor. Der negative Effekt dieses Merkmals auf das metakognitive Wissen ließ sich für die Mathematikleistung nicht nachweisen. Darüber hinaus konnten keine wesentlichen Abweichungen im Prädiktorenprofil der beiden Entwicklungen festgestellt werden.

Die um den Einfluss der Kovariaten bereinigten Korrelationen zwischen den *intercepts* und *slopes* der beiden Entwicklungsprozessen betrugen r_{aa} = .327 (z = 4,157, p < .001) und $r_{\beta\beta}$ = .397 (z = 3,102, p < .01). Der Zusammenhang der Entwicklungsprozesse wurde also nur teilweise von den als Kovariaten in das Modell einbezogenen Schülermerkmalen beeinflusst. Eine Scheinkorrelation zwischen der Entwicklung des metakognitiven Wissens und der Mathematikleistung erscheint damit wenig wahrscheinlich.

Tabelle 9.26: Regressionsgewichte der Kovariaten im konditionalen bivariaten LGCM

| | Metakognitives Wissen | | | | | | Mathematikleistung | | | | | |
| | Y_α | | | Y_β | | | Y_α | | | Y_β | | |
	est	se	z	est	se	z	est	se	z	est	se	z
Geschlecht[a]	-.084	0,043	1,938(*)	-.209	0,076	2,754**	.073	0,033	2,234	-.014	0,058	0,235
Leseverstehen	.558	0,051	10,931***	-.346	0,092	3,754**	.406	0,034	12,001***	-.179	0,067	2,664**
Fluide Intelligenz	.163	0,050	3,271**	.152	0,087	1,750(*)	.187	0,037	5,106***	.190	0,068	2,805**
Zahlenspanne vorwärts	-.044	0,050	0,874	.073	0,085	0,857	.125	0,045	2,752**	-.082	0,074	1,109
Zahlenspanne rückwärts	.086	0,054	1,589	.106	0,086	1,233	.109	0,046	2,376*	-.028	0,082	0,334
Interesse Mathematik	-.082	0,047	1,761(*)	.036	0,087	0,412	.050	0,042	1,194	.027	0,078	0,349
Selbstkonzept Mathematik	.061	0,052	1,175	.084	0,093	0,911	.280	0,042	6,712***	-.079	0,080	0,994
Sozioökonomischer Status	.133	0,050	2,677**	-.054	0,087	0,623	.076	0,035	2,167*	.036	0,066	0,541

Anmerkungen: Y_α = standardisierte Regressionsgewichte auf *intercept* (α); Y_β = standardisierte Regressionsgewichte auf *slope* (β); *est* = Parameterschätzung; *se* = Standardfehler; *z* = *z* – Statistik der Parameterschätzung *(est/se)*; [a]kategoriale Variable 0 = Mädchen, 1 = Junge; *** *p* < .001; ** *p* < .01; * *p* < .05; (*) *p* < .10.

Entwicklungszusammenhänge in Abhängigkeit von Geschlecht und Schulart

Um zu untersuchen, ob Geschlecht und Schulart die korrelativen Zusammenhänge der Veränderungsprozesse moderierten, wurden die Kovarianzen zwischen den *intercepts* und den *slopes* mithilfe von Multigruppenanalysen getrennt für Mädchen und Jungen sowie für die drei Schularten Gymnasium, Realschule und Hauptschule ermittelt. Bei der Beurteilung der Signifikanz der Kovarianzen, insbesondere der Kovarianzen der *slopes*, ist die aufgrund der kleineren Substichproben v. a. im Schulartvergleich die reduzierte Power zu berücksichtigen (Hertzog et al., 2006).

Der Fit des Zweigruppenmodells für Mädchen und Jungen war sehr gut (χ^2 = 60,944; df = 36; p < .01; RMSEA = .039; CFI = .995; TLI = .992). Auch der Fit für das Dreigruppenmodell der Schularten erwies sich als gut (χ^2 = 93,009; df = 54; p < .001; RMSEA = .048; CFI = .987; TLI = .979). Die Korrelationen in den Teilstichproben sind in Tabelle 9.27 in der Übersicht dargestellt.

Tabelle 9.27: Korrelationen der Entwicklungsfaktoren des bivariaten LGCM getrennt für Geschlecht und Schulart

	Jungen	Mädchen	Gymnasium	Realschule	Hauptschule
$r_{\alpha\alpha}$	.526***	.565***	.154	.435***	.512***
$r_{\beta\beta}$	.277**	.391(*)	.123	.418**	.246

Anmerkungen: Pearson-Korrelationen; $r_{\alpha\alpha}$ = Korrelation zwischen den *intercepts*; $r_{\beta\beta}$ = Korrelation zwischen den *slopes*; *** p < .001; ** p < .01; (*) < .10.

Sowohl in der Substichprobe der Jungen als auch in der Substichprobe der Mädchen korrelierten die *intercepts* der beiden Entwicklungstrajektorien substanziell und signifikant (Jungen: $r_{\alpha\alpha}$ = .526; z = 8,298; p < .001; Mädchen: $r_{\alpha\alpha}$ = .565; z = 6,159; p < .001). Auch die *slopes* korrelierten in beiden Geschlechtsgruppen, allerdings wurde in der Substichprobe der Mädchen trotz eines numerisch höheren Wertes aufgrund hoher Standardfehler lediglich marginale Signifikanz erreicht (Jungen: $r_{\beta\beta}$ = .277; z = 2,750; p < .01; Mädchen: $r_{\beta\beta}$ = .391; z = 1,654; p = .098). Deskriptiv betrachtet lagen die Korrelationen in der Substichprobe der Mädchen höher als in der Stichprobe der Jungen. In beiden Substichproben erreichten die Korrelationen nicht den Wert der Gesamtstichprobe.

Innerhalb der drei Schularten ergaben sich lediglich für die Realschule ($r_{\alpha\alpha}$ = .435; z = 4,660; p < .001) und die Hauptschule ($r_{\alpha\alpha}$ = .512; z = 4,918; p < .001) bedeutsame Korrelationen zwischen den Ausgangswerten. Im Gymnasium lagen die Korrelationen der Ausgangswerte numerisch deutlich unter den Zusammenhängen in den beiden anderen Schularten und erreichten nicht das Kriterium statistischer Signifikanz ($r_{\alpha\alpha}$ = .154; z = 1,542; p = .123). Die Korrelation der slopes ließ sich nur in der Stichprobe der Realschüler statistisch absichern ($r_{\beta\beta}$ = .418; z = 3,093; p < .01). In der Hauptschulstichprobe lag die Korrelation deutlich niedriger und erreichte nicht das Kriterium der statistischen Signifikanz ($r_{\beta\beta}$ = .246; z = 0,989; p = 322). Im Gymnasium fiel auch die Korrelation der slopes im Vergleich zu Realschule und Hauptschule deutlich niedriger aus und verfehlte ebenfalls deutlich die statistische Bedeutsamkeit ($r_{\beta\beta}$ = .123; z = 0,630; p = .528).

Zusammenfassung

Hypothese 6.1, wonach die synchronen Korrelationen zwischen dem metakognitiven Wissen und der Mathematikleistung im Wertebereich der auch in anderen Inhaltsgebieten beobachteten Zusammenhänge liegen, konnte angenommen werden. Zudem erwiesen sich die beobachteten Korrelationen im beobachteten Zweijahreszeitraum als stabil. In Hypothese 6.2 wurde über synchrone, querschnittliche Zusammenhänge hinaus auch eine gemeinsame Dynamik in den beiden Entwicklungsprozessen angenommen. Auch diese Hypothese konnte angenommen werden: Die Veränderungsraten in beiden Entwicklungsprozessen standen in einem signifikanten und substanziellen Zusammenhang. Dieser Zusammenhang blieb auch nach der Berücksichtigung kognitiver, motivationaler und sozioökonomischer Schülermerkmale erhalten. Hypothese 6.3 konnte also ebenfalls angenommen werden.

Hypothese 6.4, der zufolge die Korrelationen zwischen den Entwicklungsfaktoren von der Schulart, nicht aber vom Geschlecht moderiert werden, musste zum Teil zurückgewiesen werden. Die Unterschiede in den Zusammenhängen zwischen Mädchen und Jungen waren zwar gering, deuteten jedoch insbesondere für die beiden Veränderungswerte tendenziell engere Zusammenhänge für die Mädchen an. Die Unterschiede zwischen den Schularten dagegen waren deutlich. Während in der Realschule sowohl zwischen den Ausgangs- als auch zwischen den Veränderungswerten relativ enge Zusammenhänge bestanden, waren diese im Gymnasium geringer und nicht reliabel zu belegen. In der Hauptschule zeigten sich vergleichsweise enge Zusammenhänge zwischen den Ausgangswerten der beiden Entwicklungsprozesse, während die Korrelationen zwischen den Veränderungswerten geringer ausgeprägt waren.

10 Diskussion

Das Ziel der vorliegenden Arbeit bestand in der Beschreibung und Erklärung der metakognitiven Wissensentwicklung in der Domäne Mathematik und des Zusammenhanges dieser Entwicklung mit dem Erwerb mathematischer Kompetenzen in der Sekundarstufe I.

Die metakognitive Wissensentwicklung wurde anhand von vier übergeordneten Aspekten untersucht. Zunächst wurde überprüft, ob sich Entwicklungsveränderungen des mathematischen metakognitiven Wissens in der Sekundarstufe nachweisen lassen und welcher Verlaufsform der Veränderungsprozess folgt. Zum zweiten wurde untersucht, welche Unterschiede sich in dieser Entwicklung beobachten lassen. Die Unterschiede wurden sowohl auf der individuellen Ebene der einzelnen Schüler als auch auf der aggregierten Ebene der Geschlechts- und Schulartunterschiede untersucht. Zum dritten wurden die beobachteten Entwicklungsprozesse hinsichtlich latenter Klassen exploriert. Die Auswertungslogik wurde also umgedreht: Es wurde nicht überprüft, ob sich vorgefundene Gruppen im metakognitiven Wissen unterscheiden, sondern, ob sich Gruppen mit unterschiedlichen intraindividuellen Veränderungsmustern bilden lassen. Während sich die drei genannten Aspekte mit der Beschreibung von Unterschieden befassten, wurde in einer vierten übergeordneten Fragestellung nach den individuellen Ursachen dieser Unterschiede gesucht. Dazu wurden Merkmale der untersuchten Schüler auf kognitiver, motivationaler und sozioökonomischer Ebene herangezogen.

Zusätzlich zur Beschreibung und Erklärung wurde die metakognitive Wissensentwicklung auch mit der Entwicklung der mathematischen Kompetenz im selben Zeitraum verglichen und in Zusammenhang gesetzt. Im Folgenden werden die zentralen Befunde hinsichtlich dieser Fragestellungen diskutiert.

10.1 Entwicklungsveränderungen

Es wurde angenommen, dass das mathematische metakognitive Wissen am Beginn der Sekundarstufe I kontinuierlich und linear zunimmt. Die Annahme einer kontinuierlichen Entwicklung im Verlauf der beobachteten zwei Schuljahre konnte bestätigt werden.

Insgesamt wurde in den beiden Schuljahren eine Effektstärke der Veränderung von $d = 0,71$ beobachtet. Bezogen auf die beiden Schuljahre erreichte die Veränderung in der fünften Jahrgangsstufe eine Effektstärke von $d = 0,41$ und in der sechsten Jahrgangsstufe eine Effektstärke von $d = 0,30$. Damit erreicht der Entwicklungszuwachs eine Größenordnung der in der Sekundarstufe I für akademische Leistungen zu erwartenden Veränderungen, die zwischen $d = 0,33$ und $d = 0,50$

liegen (Köller & Baumert, 2012). Im Vergleich zu den aus Vorbefunden bekannten
Entwicklungsveränderungen fiel die jährliche Veränderungsrate im mathematischen metakognitiven Wissen deutlich niedriger aus als die in längsschnittlichen
Untersuchungen am Ende der Kindergartenjahre und am Beginn der Grundschule
ermittelten Veränderungen des metakognitiven Gedächtniswissens bzw. des domänenübergreifenden metakognitiven Wissens (Annevirta & Vauras, 2001; Lockl &
Schneider, 2006; Krajewski et al., 2004). Im Vergleich zu den Kohortenunterschieden im Lesestrategiewissen in den Jahrgangsstufen 7 bis 11 lagen die jährlichen
Veränderungen im mathematischen metakognitiven Wissen gut doppelt so hoch
(Schlagmüller & Schneider, 2007). Längsschnittliche Befunde, die eine vergleichende Beurteilung der intraindividuellen Veränderung in der Sekundarstufe I erlauben, liegen bislang nicht vor.

Die beobachtete Entwicklungsveränderung wies entgegen der Erwartung keinen linearen Zusammenhang mit den Untersuchungsintervallen auf. Nach einer
starken Veränderung des metakognitiven Wissens zwischen T1 und T2 waren zwischen T2 und T4 vergleichsweise geringere Entwicklungszuwächse zu beobachten.
Die ungleiche Position der Messzeitpunkte relativ zum Schuljahr und die daraus
resultierenden Unterschiede in der Unterrichtszeit zwischen den Messintervallen
schienen nicht allein dafür verantwortlich zu sein. Das Entwicklungsmuster zeigte
sich zudem in allen drei untersuchten Schularten in ähnlicher Weise. Schulartspezi-
fische Phänomene, die sich auf die Proportionen der Veränderungen auf der Ebene
der Gesamtstichprobe auswirkten, ließen sich also ausschließen. Gravierende Veränderungen in der Lernumwelt zwischen der fünften und der sechsten Jahrgangsstufe, die alle Schularten gleichermaßen betrafen, sind eher unwahrscheinlich,
wenngleich aufgrund der fehlenden Informationen zu den unterrichtlichen Prozessen nicht völlig auszuschließen. Zusammenfassend lässt sich also die überpropor-
tional starke Zunahme im ersten Messintervall mit den verfügbaren Informationen
inhaltlich kaum begründen.

Es bleiben methodische Erklärungsansätze für die Abweichung. Die in Wiederholungsmessungen allgemein weitverbreiteten (Hausknecht et al., 2007) und auch
für das metakognitive Wissen belegten Retesteffekte (Schlagmüller et al., 2001)
konnten als Ursache für die überproportionalen Entwicklungsveränderungen zwischen den ersten beiden Messungen nicht belegt werden. Lerneffekte aufgrund
wiederholter Testbearbeitung scheinen also zumindest nicht alleine für die erwar-
tungswidrige Verlaufsform verantwortlich zu sein.

Ein Hinweis auf mögliche Ursachen lässt sich dagegen aus den Befunden der
latenten Klassenanalyse ableiten. Diese lokalisierte die ungleichmäßig verlaufenden
Entwicklungsveränderungen in den Gruppen mit überdurchschnittlicher und un-
terdurchschnittlicher Entwicklung. Die Modusgruppe und damit der Großteil der
untersuchten Stichprobe erzielte demgegenüber, wie angenommen, gleichbleiben-

de Entwicklungsgewinne in den ersten beiden Beobachtungsintervallen. Wie mit dem vertikalen *linking* beabsichtigt, zeigten die psychometrischen Testkennwerte der eingesetzten metakognitiven Wissenstests zu keinem der vier Messzeitpunkte Decken- oder Bodeneffekte für die Gesamtstichprobe. Trotz der sukzessiven Anpassung des Messinstruments an den Entwicklungsfortschritt der Gesamtstichprobe kann jedoch nicht ausgeschlossen werden, dass eine eingeschränkte Differenzierungsleistung des Instruments in den beiden betroffenen Extremgruppen den messbaren Entwicklungsveränderungen Grenzen setzte. Träfe dies zu, wären für die überdurchschnittliche Entwicklungsklasse bei valider Messung der Entwicklung auch in den nachfolgenden Messintervallen ähnlich hohe Veränderungen zu beobachten gewesen wie im ersten Messintervall. In der unterdurchschnittlichen Entwicklungsklasse müssten dementsprechend die initialen Entwicklungsgewinne im ersten Testintervall als reine Retesteffekte gewertet werden, die sich in dieser kognitiv schwachen Schülergruppe in besonderem Maße ausgewirkt haben. Bei valider Messung wären im gesamten Untersuchungszeitraum stagnierende bzw. mit dem Wissenstest nicht messbare Entwicklungsprozesse zu beobachten gewesen.

Auch in der Modusgruppe wurde eine Abweichung von der Linearitätsannahme beobachtet. Nach gleichmäßigen Entwicklungsveränderungen in den ersten beiden Messintervallen flachte die Entwicklungskurve im dritten Messintervall, d. h. im zweiten Halbjahr der sechsten Jahrgangsstufe, ab. Möglicherweise setzte zu diesem Zeitpunkt bereits eine Verlangsamung im Erwerb des metakognitiven Wissens ein, wie sie auch in der Entwicklung der Schulleistung in der zweiten Hälfte der Sekundarstufe I festgestellt wurde (Köller & Baumert, 2012). Um messzeitpunktspezifische Ursachen für die reduzierte Entwicklungsrate ausschließen zu können, ist allerdings eine weitere Beobachtung der Entwicklungsveränderungen über die sechste Jahrgangsstufe hinaus notwendig.

Zusammenfassend lässt sich also feststellen: Die beobachteten Entwicklungsveränderungen im metakognitiven Wissen Mathematik am Beginn der Sekundarstufe I waren wie erwartet substanziell. Ihre Größenordnung lag unter den Entwicklungsveränderungen, die am Beginn der Primarstufe gemessen wurden und höher als entsprechende Kohortenunterschiede im metakognitiven Lesestrategiewissen am Ende der Sekundarstufe I. Die Entwicklungsveränderung folgte in der Gesamtstichprobe nicht dem angenommenen linearen Verlauf. Allerdings konnten methodische Artefakte in besonders entwicklungsstarken und besonders entwicklungsschwachen Substichproben als Ursachen für die Abweichungen von der Linearität nicht ausgeschlossen werden. Die modale Entwicklung im Großteil der Stichprobe verlief zunächst linear, verlor aber in der zweiten Hälfte der sechsten Jahrgangsstufe an Dynamik.

10.2 Unterschiede in Entwicklungsveränderungen

Interindividuelle Unterschiede
Zwischen den Schülern wurden sowohl für die anfänglich beobachteten Ausprägungen als auch für die Entwicklungsveränderungen des metakognitiven Wissens
Unterschiede angenommen. Diese Annahmen konnten bestätigt werden. Für die
Beurteilung des Entwicklungsprozesses von besonderem Interesse waren die interindividuellen Unterschiede in der Veränderung des metakognitiven Wissens. In
den Studien zum metakognitiven Gedächtnis- oder Lesestrategiewissen wurden
diese interindividuellen Unterschiede in der intraindividuellen Veränderung über
die Stabilitätskoeffizienten abgebildet (z. B. Lockl & Schneider, 2006; Schlagmüller
et al., 2001; Roeschl-Heils et al., 2003). Die in diesen Studien moderat ausgeprägten
Stabilitäten konnten auch in der hier untersuchten Entwicklung des mathematischen metakognitiven Wissens am Beginn der Sekundarstufe I beobachtet werden.
Die am Beginn der fünften Jahrgangsstufe bestehenden Unterschiede zwischen den
Versuchspersonen veränderten sich also im beobachteten Zweijahreszeitraum noch
deutlich. Die in der Sekundarstufe I bestehende Heterogenität in der Entwicklungsveränderung ist ein Beleg für einen in diesem Altersbereich nach wie vor aktiven
Erwerbsprozess, dessen Effektivität von Unterschieden in den individuellen und
ökologischen Entwicklungsbedingungen der Schüler potenziell beeinflusst wird.

Schulartunterschiede
Der in der Metakognitionsforschung bisher selten untersuchte Einfluss von Unterschieden in den ökologischen Entwicklungsbedingungen, wie sie in der Sekundarstufe I die Lernumwelten in den Schularten darstellen, war Gegenstand einer
weiteren Fragestellung. Diese Fragestellung wurde in der vorliegenden Studie in
zwei Schritten untersucht. Zunächst wurde überprüft, ob sich die für akademische
Leistungen bereits mehr oder weniger konsistent belegte Zunahme der Schulartunterschiede auch im metakognitiven Wissen zeigte. Dann wurde untersucht, welche Bedeutung die Lernumwelten in den drei Schularten für die Entstehung dieser
Schereneffekte besitzen.
   Die Annahme von Schulartunterschieden bereits unmittelbar nach dem Übertritt in die Sekundarstufe I konnte bestätigt werden. Analog zu den kognitiven Leistungen, die das Hauptauswahlkriterium für die weiterführende Schulart darstellen,
unterschieden sich die Schüler entsprechend dem angestrebten Bildungsgang in
den Ausprägungen des metakognitiven Wissens. Die Analyse der Entwicklungsverläufe in den Schularten erbrachte nur teilweise einen Beleg für die erwarteten
Schereneffekte. In den untersuchten Gymnasien und Hauptschulen wurden vergleichbare Entwicklungsveränderungen erzielt. Die bereits am Beginn der fünften
Jahrgangsstufe beobachteten Unterschiede im metakognitiven Wissen blieben also

erhalten. In der Realschule dagegen wurden nicht nur – wie erwartet – im Vergleich zum Gymnasium, sondern auch im Vergleich zur Hauptschule geringere Entwicklungsveränderungen beobachtet. Aus Perspektive der Realschule öffnete sich die Leistungsschere gegenüber dem Gymnasium und schloss sich gegenüber der Hauptschule.

Die Frage, ob Lernumwelten in den Schularten unterschiedlich effektive Kontextbedingungen für die Entwicklung metakognitiven Wissens schaffen, wurde mehr oder weniger explorativ untersucht, indem eine alternative Quelle von Unterschieden in Entwicklungsveränderungen, die individuellen Entwicklungsvoraussetzungen, regressionsanalytisch kontrolliert wurde. Das Ziel, die Entwicklungsdeterminanten auf der individuellen Ebene vollständig zu kontrollieren, wurde allerdings in den vorliegenden Analysen verfehlt: Auch nach der Kontrolle der individuellen kognitiven, motivationalen und sozioökonomischen Schülermerkmale blieben die Schulartunterschiede in den Ausgangsausprägungen des metakognitiven Wissens erhalten. Vorbehaltlich der Einschränkung, dass nicht beobachtete individuelle Schülermerkmale nach wie vor die Entwicklungsprozesse innerhalb der Schularten beeinflussten, reduzierten sich die adjustierten Schulartunterschiede in den Entwicklungsveränderungen. Lediglich der im Vergleich zu Real- und Hauptschule stärkere Entwicklungszuwachs im Gymnasium blieb erhalten. Die Befunde deuten also zumindest in den Gymnasien auf eine in stärkerem Maße entwicklungsförderliche Umgebung hin. Welche Merkmale ursächlich für die Unterschiede zwischen den Schularten sind, ob nicht beobachtete individuelle Schülermerkmale, Unterschiede im unterrichtlichen Anforderungs- und Anregungsgehalt oder Unterschiede in der Zusammensetzung der jeweiligen Schülerschaft verantwortlich zu machen sind, ist auf der Grundlage der erhobenen Daten nicht zu beantworten.

Wenngleich eine empirische Prüfung nicht möglich ist, erlaubt die differenzierte Betrachtung der Varianzen und Residualvarianzen innerhalb und zwischen den Schularten einige erste, noch spekulative Aussagen zu den Ursachen für die Schulartunterschiede. Die Varianz zwischen den Schulen einer Schulart erwies sich als ziemlich gering, wie die niedrigen Intraklassenkorrelationen belegten. Auch die Entwicklungsveränderungen innerhalb der Schularten verliefen relativ homogen. In der Realschule konnte allerdings eine vergleichsweise höhere Variabilität zwischen den Schülern festgestellt werden, die auch nach der Berücksichtigung der individuellen Merkmale deutlich höher ausgeprägt war als in Gymnasium und Hauptschule. Die interindividuellen Unterschiede in der Hauptschule wurden in geringerem Ausmaß als in den beiden anderen Schularten durch Schülermerkmale verursacht. Aus diesen Befunden lässt sich folgern: (a) Die Unterschiede zwischen den Schulen einer Schulart waren gering. Geht man davon aus, dass sich die untersuchten Schulen einer Schulart hinsichtlich der Zusammensetzung der Schülerschaft und der Unterrichtspraxis unterschieden, so schienen diese Faktoren insgesamt relativ wenig Einfluss auf Unterschiede im metakognitiven Wissen zu haben. (b) Die hohe Heterogenität der Schüler in der Realschule war möglicherweise eine Ursache für die geringeren Entwicklungsveränderungen in dieser Schulart. Wie in der Lehr-Lernforschung verschiedentlich belegt, stehen Schülervoraussetzungen und Lehrmethoden in einer wechselseitigen Beziehung. Unterschiedliche Schüler profitieren von unterschiedlichen Lehrmethoden in unterschiedlichem Ausmaß (*Aptitude Treatment Interaction*, ATI, s. für einen Überblick Klauer & Leutner, 2007). In heterogeneren Schülergruppen ist im Mittel eine weniger gute Passung zwischen Schülervoraussetzungen und Lehrmethoden zu erwarten und daher von geringeren Lernfortschritten auszugehen als in homogeneren Schülergruppen. Ob das ATI-Konzept allerdings auch auf den Erwerb metakognitiven Wissens zu übertragen ist und die geringeren Leistungsgewinne der Realschüler erklären kann, ist allerdings aus empirischer Sicht noch völlig offen. (c) Die innerhalb der Schularten beobachteten interindividuellen Unterschiede zwischen den Schülern wurden im Gymnasium und in der Realschule durch individuelle Schülermerkmale besser erklärt als in der Hauptschule. In dieser Schulart scheinen neben den beobachteten individuellen Entwicklungsbedingungen andere, nicht beobachtete Faktoren eine gewichtigere Rolle für die Entstehung von Unterschieden zu spielen.

Die gefundenen Schulartunterschiede sind aufgrund regionaler Besonderheiten des Sekundarschulsystems in ihrer Interpretierbarkeit eingeschränkt. Die vorliegende Stichprobe wurde in bayerischen Schulen gezogen. Für eine Generalisierung der Befunde auf die nationale Ebene ist zu beachten, dass sich die Verteilung der Schüler auf die Schularten in Bayern kaum mit anderen Bundesländern vergleichen lässt. Deutlich wird dies insbesondere am Anteil der Hauptschüler innerhalb eines Jahrganges. Während in Bayern nach wie vor rund ein Drittel der Fünftklässler die Hauptschule besucht, existiert diese Schulart in anderen Bundesländern nicht mehr bzw. wird von weitaus weniger und weitaus leistungsschwächeren Schülern besucht (Autorengruppe Bildungsberichterstattung, 2010).

Geschlechtsunterschiede

Vorbefunde aus anderen Domänen bzw. Altersgruppen fanden übereinstimmend höhere Ausprägungen und stärkere Entwicklungsveränderungen des metakognitiven Wissens für Mädchen. Daher wurden analoge Geschlechtsunterschiede für die Entwicklung des metakognitiven Wissens in Mathematik angenommen. Die Analyse der Geschlechtsunterschiede erfolgte in drei Schritten: Zunächst wurden die Geschlechtsunterschiede für die gesamte Stichprobe untersucht. Um Effekte der Schulart auszuschließen, wurden die Geschlechtsunterschiede zusätzlich auf der Ebene der drei Schularten untersucht und schließlich, um weitere, nicht geschlechtsbezogene Einflüsse auszuschließen, auch unter Kontrolle kognitiver, motivationaler und sozioökonomischer Schülermerkmale. Die Analysen bestätigten

die Erwartungen im Wesentlichen (s. auch Tab. 10.1). Am Beginn der fünften Jahrgangsstufe waren die Geschlechtsunterschiede noch gering ausgeprägt. Lediglich
im Gymnasium zeigten sich zu diesem Zeitpunkt bereits bedeutsame Geschlechtsunterschiede. Im Verlauf der beiden beobachteten Schuljahre wurden dann stärkere Entwicklungsveränderungen für die Mädchen beobachtet. Dieser Effekt war in
allen drei Schularten zu beobachten, war am deutlichsten im Gymnasium ausgeprägt und verfehlte lediglich in der Realschule die statistische Signifikanz. Dieses
Ergebnismuster blieb auch erhalten, nachdem Geschlechtsunterschiede in leistungsrelevanten kognitiven, motivationalen und sozioökonomischen Merkmalen
kontrolliert wurden.

Mit diesem Befund wurden die Resultate zu den Geschlechtsunterscheiden
im metakognitiven Gedächtniswissen bzw. dem metakognitiven Wissen im Lesen
repliziert. Allerdings konnte in der vorliegenden Studie auch eine höhere mathematische Kompetenz der Jungen belegt werden. Mädchen verfügten im Vergleich
zu den Jungen in Mathematik also über mehr metakognitives Wissen und gleichzeitig weniger inhaltliche Kompetenz. Dieses Ergebnismuster entspricht exakt den
deskriptiven Befunden von Carr und Jessup (1997) zur Entwicklung des metakognitiven Wissens über elementararithmetische Strategien im Grundschulalter (s.
Kap. 6.5).

Durch die zweifache Bestätigung des Effektes in unterschiedlichen mathematischen Inhaltsbereichen und Altersstufen kann eine in dieser Domäne kompetenz-
unabhängige Beeinflussung der metakognitiven Wissensentwicklung durch das
Geschlecht nun mit relativ großer Sicherheit angenommen werden. Da der Effekt
auch nach Kontrolle der Kovariaten erhalten blieb, kommen Unterschiede in kognitiven, motivationalen und sozioökonomischen Merkmalen als Erklärungen für
die divergente Entwicklung zwischen metakognitivem Wissen und Leistung in der
Domäne Mathematik nicht in Betracht. Während in Bezug auf die Richtung des Ef-
fekts (Vorteile für die Mädchen) die vorliegenden Ergebnisse in Übereinstimmung
mit der bekannten Befundlage aus anderen Domänen stehen, erweist sich die in
diesen Domänen häufig angeführte Erklärung (z. B. Artelt et al., 2010; Krajewski
et al., 2004), die Unterschiede auf der Leistungsebene stünden verursachend hinter
den Geschlechtsunterschieden, als nicht haltbar. Zumindest im Inhaltsbereich Mathematik sind die Ursachen für den Geschlechtseffekt an anderer Stelle zu suchen.

Ein möglicher Erklärungsansatz liegt in der Neigung der Mädchen zur Anwendung von bekannten Standardalgorithmen und der Tendenz von Jungen, in unbekannten Aufgaben neue Lösungsansätze zu entwickeln (Fennema et al., 1998;
Gallagher & DeLisi, 1994; Gallagher et al., 2000; vgl. Kap. 6.5). Die Szenarien des
metakognitiven Wissenstests beschrieben, um die inhaltliche Repräsentativität zu
gewährleisten, relativ typische Anforderungssituationen für die Anwendung kognitiver und metakognitiver Strategien. Auch die vorgeschlagenen Strategiealternati-

ven enthielten relativ konventionelle Vorgehensweisen zur Orientierung, Organisation, Durchführung und Verfikation der Aufgabenlösung. Möglicherweise wenden Mädchen nicht nur kognitive Standardalgorithmen häufiger an, sondern setzen auch die im Test beschriebenen Standardstrategien häufiger ein und verfügen daher über mehr Strategieerfahrungen und daraus resultierend ein differenzierteres Wissen über ihre Einsatzbedingungen und ihre Effektivität.

Nicht nur für die Forschung zur metakognitiven Wissensentwicklung in der Domäne Mathematik sollte dieser Befund Anlass für weitere Bemühungen zur Suche nach den Ursachen für Geschlechtseffekte geben, auch in den übrigen metakognitiven Domänen sollten die postulierten Erklärungen für Geschlechtsunterschiede kritisch hinterfragt und auf Alternativen hin überprüft werden.

10.3 Latente Entwicklungsklassen

Aufgrund der wenigen verfügbaren längsschnittlichen Daten zur metakognitiven Wissensentwicklung lagen – über die Gruppierungsvariablen Schulart und Geschlecht hinaus – bislang keine Erkenntnisse zu unterschiedlichen Entwicklungsmustern vor. Um den beobachteten durchschnittlichen Entwicklungsverlauf auf Normvarianten zu untersuchen, d. h. hinsichtlich noch unbekannter Gruppierungen mit qualitativ unterschiedlichen Entwicklungsprozessen zu explorieren, wurde daher eine latente Klassenanalyse durchgeführt.

Innerhalb der untersuchten Stichprobe konnten drei qualitativ unterschiedliche Entwicklungstypologien unterschieden werden. Neben einer Modusklasse, die mit mehr als zwei Dritteln der Versuchspersonen die große Mehrheit der Stichprobe umfasste, wurden eine Klasse mit überdurchschnittlichen und eine Klasse mit unterdurchschnittlichen Entwicklungsverläufen identifiziert. In allen drei Entwicklungsklassen zeigte sich im beobachteten Zeitraum ein Zuwachs im metakognitiven Wissen, die Unterschiede zwischen den Gruppen nahmen zu. Es muss also von relativ stabilen Entwicklungsmustern ausgegangen werden, deren Wirkungen auf den metakognitiven Wissenserwerb akkumulierten. Die unterdurchschnittlichen Schüler wurden in Relation zum Altersdurchschnitt immer schlechter, die überdurchschnittlichen Schüler immer besser. Bei der Interpretation der Entwicklungsveränderungen in den beiden Extremgruppen ist allerdings, wie oben diskutiert, die Möglichkeit eines methodischen Artefaktes nicht ganz auszuschließen. Folgeuntersuchungen mit Instrumenten, die ein noch größeres Spektrum von Unterschieden im metakognitiven Wissen abbilden können, sind zur Validierung der Entwicklungsveränderungen in den drei angenommenen Entwicklungsklassen unerlässlich. Unabhängig von methodischen Artefakten, die die beobachteten Entwicklungseffekte möglicherweise verzerrt haben, lassen sich Merkmale interpretieren, die charakteristisch für die drei Entwicklungsklassen waren bzw. die Zugehörigkeit zu einer der Klassen beeinflussten. Besonders interessant sind die Merkmale, die in einem Zusammenhang mit einer unterdurchschnittlichen Entwicklung standen. Die Schüler der Risikoklasse unterschieden sich am Beginn der fünften Jahrgangsstufe zusätzlich zum metakognitiven Wissen auch in einer Reihe von kognitiven Fähigkeiten. Hinsichtlich motivationaler Merkmale waren in dieser Gruppe jedoch durchschnittliche bzw. sogar überdurchschnittliche Ausprägungen nachzuweisen. Dementsprechend ließen sich auch keine motivationalen Defizite als Risikofaktoren ausmachen. Weniger als das fachliche Engagement schienen in dieser Entwicklungsklasse die kognitiven Möglichkeiten zum Erwerb metakognitiven Wissens im schulischen Setting, namentlich die Kapazität des Arbeitsgedächtnisses, ursächlich für die schwache Entwicklung zu sein.

Die Risikoschüler besuchten mit einer höheren Wahrscheinlichkeit die Hauptschule. Die Schlussfolgerung, das schulische Umfeld der Hauptschule als Risiko für eine schwache Entwicklung des metakognitiven Wissens zu postulieren, würde allerdings zu kurz greifen. Vielmehr wurden in den Hauptschulen Entwicklungsveränderungen erzielt, die ebenso hoch ausfielen wie in den Gymnasien und höher lagen als in den Realschulen. Zudem zeigte die überwiegende Zahl der Hauptschüler mindestens durchschnittliche Entwicklungsverläufe.

Ein systematisches Entwicklungsdefizit in dieser Schulart kann also ausgeschlossen werden. Vielmehr ist anzunehmen, dass die Häufung der Schüler mit problematischer Entwicklung in dieser Schulart auf die allgemein schwächeren kognitiven Voraussetzungen dieser Kinder zurückzuführen ist. Während eine Verursachung defizitärer metakognitiver Entwicklung durch das Lernmilieu Hauptschule also wenig wahrscheinlich ist, macht der Befund deutlich, dass in dieser Schulart stärker als in Gymnasium und Realschule die Notwendigkeit individueller Förderung einzelner, als Risikoschüler identifizierter Schüler besteht.

10.4 Einfluss individueller Merkmale auf die Entwicklung

Basierend auf einem allgemeinem Modell der Schulleistungsdeterminanten (Helmke & Weinert, 1997) wurde ein umfassendes Spektrum von Schülermerkmalen nicht nur zur regressionsanalytischen Adjustierung von Unterschieden zwischen Schülern (s. o.), sondern auch zur Erklärung der interindividuellen Unterschiede in der Entwicklung des metakognitiven Wissens herangezogen (s. Tab. 10.1). Vorbefunde ließen für die einzelnen Merkmale bedeutsame Beiträge zur Erklärung von Entwicklungsunterschieden erwarten. Ihr prädiktiver Einfluss auf Entwicklungsveränderungen wurde hingegen bisher nicht untersucht.

Tabelle 10.1: Zusammenfassung der Effekte der Kovariaten auf die Entwicklung des metakognitiven Wissens

| | Metakognitives Wissen | | | | | | | | | | Mathematik | |
| | Gesamt | | Gymnasium | | Realschule | | Hauptschule | | Lat. Klassen | | | |
	i	s	i	s	i	s	i	s	1 vs. 2	3 vs. 2	i	s
Geschlecht[a]	–	–	–					(–)			+	
Leseverstehen	+	–	+		+	–	+		+		+	–
Fluide Intelligenz	+	+	(+)								+	+
Zahlenspanne vorwärts											+	
Zahlenspanne rückwärts	(+)					+	+			–	+	
Interesse Mathematik	(–)				(–)							
Selbstkonzept Mathematik											+	
Sozioökonomischer Status	+								(–)	(+)	+	

Anmerkungen: Die Darstellung ist getrennt für die Gesamtstichprobe (Gesamt), die drei Schularten, die *odds ratios* für die Zuweisung zu den latenten Entwicklungsklassen. Zudem dargestellt sind die Effekte der Kovariaten auf die Entwicklung der Mathematikleistung. i = intercept; s = slope; + = signifikanter positiver Effekt; – = signifikanter negativer Effekt; (+) = marginal signifikanter positiver Effekt ($.05 < p \leq .10$); (–) = marginal signifikanter negativer Effekt ($.05 < p \leq .10$); [a]kategoriale Variable 0 = Mädchen, 1 = Junge.

Leseverstehen

Das Leseverstehen wurde als Methodenfaktor zur Kontrolle von Unterschieden im Verständnis der Aufgabenstellungen des metakognitiven Wissenstests, d. h. zur Kontrolle nicht inhaltsbezogener Leistungsunterschiede, in die Analysen zur Erklärung der metakognitiven Wissensentwicklung einbezogen. Die Lesekompetenz wirkte sich im Wesentlichen erwartungsgemäß auf die Testleistungen aus. Schüler, die aufgrund der anfänglichen Vorteile in der Fähigkeit, den Test instruktionsgemäß zu bearbeiten, hohe Ausgangswerte erreicht hatten, zeigten in der Folge zwar ebenfalls positive Entwicklungsraten, veränderten ihre Testleistungen jedoch in geringerem Maße als Schüler, deren Lesekompetenz geringer ausgeprägt war. Der Ausgangsvorteil durch besseres Instruktionsverständnis konnte also nicht aufrechterhalten werden. Leseschwächere Schüler konnten ihre anfänglichen Nachteile – möglicherweise aufgrund von zunehmender Lesekompetenz oder eines besseren Instruktionsverständnisses im Zuge der wiederholten Testbearbeitung – kompensieren. Dieser Effekt war in der Gesamtstichprobe sowie, nicht immer signifikant, doch im Trend erkennbar, in allen Schularten zu beobachten. Über diese Effekte auf der Gesamtstichprobenebene hinaus erwies sich das Leseverstehen in der latenten Klassenanalyse auch als stärkster Prädiktor für die Zugehörigkeit zur Gruppe überdurchschnittlicher Entwicklungen, stand jedoch nicht in Zusammenhang mit einem Risiko für eine unterdurchschnittliche Entwicklung.

Die überdurchschnittliche Entwicklungsgruppe erzielte ihre hohen Testleistungen also auch aufgrund eines hohen Instruktionsverständnisses.

Das Einflussmuster des Leseverstehens wirkte sich auf die Entwicklung des metakognitiven Wissens und auf die Entwicklung der Mathematikleistung in gleicher Weise aus. Da auch die Aufgaben des Mathematikleistungstests zum Teil aus Texten bestanden, ist von einem analogen Wirkmechanismus auszugehen.

Anders als im Gros der bisher publizierten Befunde konnte in der vorliegenden Untersuchung durch die Kontrolle des Leseverstehens eine Konfundierung von Instruktionsverständnis und tatsächlichem metakognitivem Wissenserwerb ausgeschlossen werden. Dadurch wurde nicht nur die Validität der beobachteten metakognitiven Wissensentwicklung erhöht, sondern – durch den Ausschluss eines potenziellen *common method bias* – auch die Interpretierbarkeit ihres Zusammenhanges mit der mathematischen Kompetenzentwicklung.

Fluide Intelligenz

Für die fluide Intelligenz konnten die angenommenen positiven Effekte sowohl auf die Ausprägungsunterschiede als auch auf die Entwicklungsveränderungen im metakognitiven Wissen belegt werden. Die Befunde sprechen also für die Gültigkeit der *acceleration development* Hypothese (vgl. Alexander et al., 1995). Die von Alexander et al. (1995) favorisierte *monotonic development* Hypothese konnte dagegen ausgeschlossen werden. Auch der von Helmke und Weinert (1997) formulierte Mechanismus zum Einfluss der Intelligenz auf die Entwicklung akademischer Leistungen bestätigte sich in der beobachteten Entwicklungsphase des metakognitiven Wissens damit nicht: Die fluide Intelligenz wirkte sich nicht nur auf die am Beginn der längsschnittlichen Erhebung beobachteten Entwicklungsunterschiede aus, sondern trug auch unabhängig vom metakognitiven Vorwissen zum weiteren Erwerb des metakognitiven Wissens bei.

Zusätzlich zum Einfluss der Intelligenz auf die Entwicklung im metakognitiven Wissen konnten – wenngleich nicht im Fokus der untersuchten Fragestellungen – auch Aussagen zur relativen Bedeutung beider Komponenten in der Vorhersage der Mathematikleistung getroffen werden. Bezogen auf die von Veenman und Spaans (2005) formulierten Hypothesen zur inkrementellen Validität des metakognitiven Wissens in der Vorhersage der Mathematikleistung deuteten die Befunde auf die Gültigkeit der Mischungshypothese hin: Die fluide Intelligenz und die anderen einbezogenen Schülermerkmale reduzierten zwar den beobachteten korrelativen Zusammenhang zwischen den Entwicklungsprozessen in metakognitivem Wissen und Mathematikleistung, hoben ihn jedoch nicht auf. Die weiterhin bedeutsame Partialkorrelation ist nicht mit einer Intelligenzhypothese sensu Veenman und Spaans (2005) in Übereinstimmung zu bringen. Gegen die Unabhängigkeitshypothese spricht der bedeutsame Einfluss, den die Intelligenz auf die Entwicklung des metakognitiven Wissens nimmt. Im Wesentlichen konnten also die Befunde, die die Arbeitsgruppe Veenman für metakognitive Regulationsaktivitäten ermittelt haben, auch für das metakognitive Wissen bestätigt werden: Metakognitives Wissen und Intelligenz wiesen sowohl überlappende als auch eigenständige Effekte auf die Entwicklung der Mathematikleistung auf.

Arbeitsgedächtnis

Die Annahmen bezüglich der Rolle der Arbeitsgedächtniskapazität in der metakognitiven Wissensentwicklung konnten nur zum Teil bestätigt werden. Die Zahlenspanne vorwärts, ein Indikator für die Speicherkapazität für verbale Information (phonologische Schleife) wirkte sich nicht auf die Entwicklung des metakognitiven Wissens aus. Für die Zahlenspanne rückwärts jedoch, ein zentral-exekutives Maß, konnte die Annahme eines positiven Effektes auf das metakognitive Wissen am Beginn der fünften Jahrgangsstufe bestätigt werden. Von besonderer Relevanz war diese zentral-exekutive Kapazität für die Entstehung bzw. Stabilisierung besonders schwach verlaufender metakognitiver Entwicklungsprozesse.

Der Zusammenhang zwischen der Verarbeitungskapazität und dem metakognitiven Wissen wurde in den wenigen bisher verfügbaren Studien nicht differenziert für unterschiedliche Arbeitsgedächtnissysteme untersucht (vgl. DeMarie et al., 2004; DeMarie & Ferron, 2003; Schneider et al., 1998). Der vorliegende Befund lässt die Schlussfolgerung zu, dass der Erwerb von metakognitivem Wissen nicht nur eine temporäre Aufrechterhaltung von Information, sondern auch eine zeitgleiche aktive Manipulation dieser Information erfordert. Da sowohl das metakognitive Wissen als auch die zentral-exekutive Kapazität relativ global erhoben wurden, sind prozessbezogene Schlussfolgerungen zum Erwerbsmechanismus auf der gegebenen Datengrundlage zu spezifisch. Jedoch scheint eine weitere Beleuchtung der Rolle zentral-exekutiver Prozesse nicht nur für die aktive Regulation von kognitiven Prozessen (vgl. Roebers et al., 2012), sondern auch für den Erwerb metakognitiven Wissens lohnenswert.

Motivation

Die mathematikspezifische Motivation der Schüler wurde durch die beiden Komponenten der Erwartungs-Wert-Theorie, Interesse und Selbstkonzept, abgebildet. Die Annahmen, wonach sich die Überzeugung, mathematische Fähigkeiten zu besitzen (Selbstkonzept), und die subjektive Wertschätzung von Mathematik (Interesse) positiv auf den Erwerb mathematischen metakognitiven Wissens auswirken, bestätigten sich nicht. Während für das Selbstkonzept keinerlei Effekte messbar waren, wirkte sich das mathematische Interesse sogar, wenn auch nur marginal signifikant, negativ auf die Ausprägung des metakognitiven Wissens aus. Allerdings schien der verwendete Interessensindikator grundsätzlich eine geringe Validität zu besitzen, wie der theoretisch zu erwartende, empirisch jedoch nicht nachweisbare Effekt auf die Mathematikleistung zeigte.

Die Befunde der im Inhaltsbereich Lesen durchgeführten Studien, in denen sowohl in der Primar- als auch in der Sekundarstufe bedeutsame Zusammenhänge von Interesse und Selbstkonzept mit dem metakognitiven Wissen nachgewiesen wurden, konnten damit nicht repliziert werden (z. B. Artelt et al., 2010; van Kraayenoord et al., 2012). Die Annahme eines grundlegend anderen Einflusses der Motivation auf den metakognitiven Wissenserwerb in der mathematischen Informationsverarbeitung ist als Erklärung für den erwartungswidrigen Befund wenig plausibel. Vielmehr scheinen Unterschiede in der Erfassung der motivationalen Konstrukte eine Rolle für die unterschiedlichen Zusammenhänge zu spielen. Während in der vorliegenden Untersuchung Selbstkonzept und Interesse zwar domänenspezifisch, jedoch sehr allgemein erfasst wurden, setzten van Kraayenoord et al. (2012) und Artelt et al. (2010) wesentlich spezifischer auf Verarbeitungsprozesse des Lesens bezogene Instrumente ein.

Eine Folgeuntersuchung mit prozessspezifischeren Indikatoren für Interesse und Selbstkonzept ist also vor einer abschließenden Beurteilung des Einflusses motivationaler Merkmale auf den Erwerb metakognitiven Wissens in Mathematik abzuwarten.

Sozioökonomischer Status

Der sozioökonomische Status der Schüler wurde als ein distaler Indikator für Unterschiede in leistungsrelevanten innerfamiliären Prozessen erfasst. Die Annahme positiver Effekte der sozioökonomischen Stellung der Herkunftsfamilie auf die Entwicklung des metakognitiven Wissens konnte bestätigt werden. Korrelative Befunde aus anderen Inhaltsdomänen bzw. anderen Altersbereichen konnten damit repliziert werden (z. B. Pappas et al., 2003; Wang, 1993). Allerdings schien sich der sozioökonomische Status in der Sekundarstufe I nicht mehr aktiv auf die Entwicklung des metakognitiven Wissens auszuwirken, die Effekte der sozialen Herkunft blieben im beobachteten Zeitraum stabil. Ein interessanter, weil völlig erwartungswidriger Befund wurde in der latenten Klassenanalyse ermittelt. Ein hoher sozioökonomischer Status erhöhte das Risiko, der entwicklungsschwachen Risikogruppe anzugehören und senkte die Chancen einer überdurchschnittlichen metakognitiven Wissensentwicklung. Zwar waren die Effekte sehr gering ausgeprägt, erreichten jedoch Signifikanz.

Ein statistisches Artefakt als Ursache für den kontraintuitiven Befund lässt sich aufgrund des hohen Missinganteils in dieser Variablen allerdings nicht ausschließen. Der sozioökonomische Status wurde über Elternfragebögen ermittelt, dessen Rücklaufquote bei lediglich 60% lag. Zusätzlich zum global hohen Missinganteil unterschieden sich die Ausschöpfungsquoten zwischen den drei latenten Klassen selektiv (χ^2 = 12,588; df = 2; p < .01). D. h. trotz FIML-Schätzung sind Verzer-rungen bzw. statistische Artefakte in den Befunden durch systematische, selekti-ve Missingmuster nicht auszuschließen. Die Befunde der latenten Klassenanalyse sind in dieser Hinsicht also sehr vorsichtig zu interpretieren und erfordern Fol-geuntersuchungen zu ihrer Validierung.

10.5 Metakognitives Wissen und Mathematikleistung

Abschließend wurde der Zusammenhang zwischen den Entwicklungsprozessen des metakognitiven Wissens und der Mathematikleistung untersucht. Dazu wur-de ein Mathematiktest konstruiert, der die curricularen Anforderungen und ihre Entwicklung im untersuchten Altersbereich abbildete. Zur Klärung der Fragestel-lung wurden Gemeinsamkeiten und Unterschiede der beiden Entwicklungen un-tersucht und die korrelativen Zusammenhänge zwischen den Veränderungspro-zessen analysiert.

Der Vergleich der beiden Entwicklungsverläufe zeigte, dass die Veränderung der Schüler in beiden Kompetenzen nahezu deckungsgleich verlief. Relativ starken Kompetenzzuwächsen im ersten Messintervall standen geringere Veränderungen im zweiten und dritten Intervall gegenüber. Wie erwartet, erwies sich auch das Prä-diktorenprofil der beiden Entwicklungsprozesse als weitgehend übereinstimmend. Eine Ausnahme bildete, wie oben bereits diskutiert, lediglich das Geschlecht. Die Überschneidungen im Entwicklungsverlauf und Prädiktorprofil deuteten auf ge-meinsame Erwerbsprozesse und -voraussetzungen hin, die den Veränderungen in beiden Kompetenzen zugrunde lagen.

Dafür sprechen auch die substanziellen Korrelationen der beiden Entwick-lungsprozesse. Zusätzlich zu den bereits aus Untersuchungen in anderen Domänen nachgewiesenen querschnittlichen Korrelationen zwischen den Kompetenzaus-prägungen konnte auch die theoretisch angenommene, dynamische und reziproke Natur des Zusammenhanges beider Kompetenzen nachgewiesen werden. Schüler, die einen starken Entwicklungszuwachs im metakognitiven Wissen durchliefen, erzielten auch starke Zuwächse in der Mathematikleistung und umgekehrt. Die hohen, messfehlerkorrigierten korrelativen Zusammenhänge der *slopes* blieben auch erhalten, nachdem die Einflüsse kognitiver, motivationaler und soziöoko-nomischer Merkmale berücksichtigt wurden. Unterschätzungen aufgrund von Messfehlern und Überschätzungen der Zusammenhänge, wie sie aufgrund von *common method bias* in der Domäne Lesen diskutiert wurden, konnten also aus-geschlossen werden.

Bezüglich der Moderation des Zusammenhanges zwischen metakognitivem Wissen und Leistung durch Geschlecht und Schulart bestätigte sich die Hypothese geschlechtsunabhängiger Zusammenhänge nicht, die angenommenen Unterschiede zwischen den Schularten konnten dagegen nachgewiesen werden. Bei den Mädchen stand das metakognitive Wissen in einem etwas engeren Zusammenhang mit der Mathematikleistung als bei den Jungen. Während die Unterschiede für die Ausgangswerte der Entwicklung relativ gering waren, zeigte sich der Geschlechtseffekt für die Veränderungswerte deutlicher. Mädchen nutzten ihr metakognitives Wissen also effektiver zur Steuerung mathematischer Problemlöseprozesse bzw. integrierten ihre metakognitiven Erfahrungen mit mathematischen Anforderungen besser in ihr metakognitives Wissenssystem. Neben der oben diskutierten Vermutung eines häufigeren Einsatzes kognitiver und metakognitiver Strategien und eines damit einhergehend reichhaltigeren metakognitiven Erfahrungsrepertoires kann die effektivere Nutzung dieser Erfahrungen eine der möglichen Ursachen für die stärker verlaufende Entwicklung des metakognitiven Wissens der Mädchen darstellen.

Auch die Schulart moderierte die Zusammenhänge zwischen metakognitivem Wissen und Mathematikleistung. Für Real- und Hauptschüler waren engere Zusammenhänge zu beobachten als für Gymnasiasten. Legt man die in der vorliegenden Arbeit empirisch nicht überprüfte Annahme zugrunde, dass sich die Schüler der drei Schularten in ihrer mathematischen Kompetenz unterschieden, variierten die Zusammenhänge zwischen den beiden Kompetenzen damit in Abhängigkeit des mathematischen Leistungsniveaus der drei Substichproben. Die Vorhersage Weinerts (1987), der engere Zusammenhänge zwischen metakognitivem Wissen und Gedächtnisleistung für Personen mittlerer Fähigkeit erwartete, stimmt also mit dem beobachteten Zusammenhangsmuster im Großen und Ganzen überein.

Während sich das Gesamtbild der Zusammenhänge zwischen den beiden beobachteten Entwicklungsprozessen als hypothesenkonform erwies, fielen die extrem niedrigen Korrelationen in der Gymnasialstichprobe auf. Diese lagen mit Werten von $r = .15$ bzw. $r = .12$ in der Größenordnung des Zusammenhanges, den auch Artelt et al. (2009) zwischen dem Lesestrategiewissen und der Leseverstehensleistung in Gymnasien ($r = .14$) ermittelt hatten. Damit konnte zwar ein Vorbefund repliziert werden, inhaltlich ist dieses Resultat allerdings kaum mit der theoretischen Annahme eines Entwicklungszusammenhanges zwischen metakognitivem Wissen und Leistung in Einklang zu bringen. Möglicherweise überlagerten sich allerdings in diesen erwartungswidrig geringen Zusammenhängen die aus inhaltlichen Gründen angenommenen reduzierten Korrelationen mit eingeschränkten Merkmalsstreuungen aufgrund der homogenen Substichprobe. Um in weiteren Untersuchungen inhaltliche Erklärungen und methodische Artefakte klar voneinander abgrenzen zu können, ist für den Einsatz in den Gymnasien daher ein stärker differenzierendes Messinstrument zur Erfassung des metakognitiven Wissens notwendig. Sollten auch in Folgeuntersuchungen mit einem modifizierten metakognitiven Wissenstest derart geringe Korrelationen ermittelt werden, kann die Annahme eines sich wechselseitig beeinflussenden Entwicklungsprozesses im Gymnasium nur schwer aufrechterhalten werden.

10.6 Abschließende Wertung

In der vorliegenden Studie wurden wesentliche Beiträge zur Erschließung der Mathematik als weiterer Domäne in der Erforschung des metakognitiven Wissens erbracht. Dazu wurde ein Messverfahren konstruiert, das die psychometrischen Anforderungen an Schulleistungstests erfüllt, an die empirische Tradition der metakognitiven Wissensforschung anschließt und die spezifischen Aspekte der mathematischen Informationsverarbeitung berücksichtigt. Mit diesem Verfahren wurde über die vorliegende Studie hinaus die Grundlage für weitere, differenzierte Untersuchungen zur Entwicklung des mathematischen metakognitiven Wissens in der Sekundarstufe I gelegt. Im Folgenden werden einige nach wie vor offene Fragen, die Gegenstand von Folgeuntersuchungen sein könnten, vor dem Hintergrund der in der Studie erarbeiteten Befunde kurz diskutiert.

Die vorliegende Studie belegte substanzielle Entwicklungsveränderungen der Schüler während der beiden beobachteten Schuljahre. In einem aus theoretischer Hinsicht zentralen Punkt, nämlich dem konkreten Mechanismus, der dem Erwerb des metakognitiven Wissens zugrunde liegt, lieferte die Studie jedoch keine Erkenntnisse. Empirisch bestätigt wurde nur die globale Annahme, wonach das metakognitive Wissen durch die Integration neuer metakognitiver Erfahrungen in die bestehende Wissensstruktur mit zunehmendem Alter bzw. zunehmender Auseinandersetzung mit den entsprechenden kognitiven Anforderungen akkumuliert. Die für das vollständige Verständnis des Entwicklungsprozesses essenzielle Frage, *wie* metakognitive Erfahrung in die metakognitive Wissensbasis integriert wird, konnte nicht beantwortet werden. Als maßgeblich verantwortlicher Prozess für diesen elementaren Erwerbsprozess wurde im GIP-Modell das *monitoring* benannt (Pressley et al., 1989). Zusätzlich wurden Defizite im *monitoring* mit einem Subtyp der Rechenschwäche in Zusammenhang gebracht, der durch Probleme in der effektiven Entwicklung von Lösungsalgorithmen charakterisiert ist (Desoete, 2006). Aufgrund dieser Vorbefunde verspricht die Untersuchung des *monitoring* im Kontext der mathematischen Informationsverarbeitung einen bedeutsamen Beitrag zur theoretisch differenzierten Erklärung des metakognitiven Wissenserwerbs zu leisten. Die vorliegenden Befunde erlauben auch Aussagen zu relevanten Einflussfaktoren auf die Entwicklungsprozesse. Es ist allerdings festzustellen, dass nur ein Teil der beobachteten interindividuellen Unterschiede durch die einbezogenen Merkmale erklärt werden konnte. Während potenziell relevante Unterschiede zwischen den Schülern auf der Ebene der individuellen Merkmale relativ umfangreich in das eingesetzte Kovariatenset einbezogen wurden, fanden Unterschiede in der Lernumwelt der Schüler lediglich auf der strukturellen Ebene Berücksichtigung. Wie die Diskussion der Schulartunterschiede zeigte, sind für institutionelle und unterrichtspraktische Merkmale keine großen Effekte auf die Entwicklung des metakognitiven Wissens zu erwarten. Die familiären Prozessmerkmale (kulturelle Güter, kulturelle Praxis, elterliche Unterstützung in der Familie u. a., s. Kap. 6.4), die in der vorliegenden Untersuchung lediglich aus der sozioökonomischen Stellung der Herkunftsfamilie erschlossen werden konnten, versprechen für nachfolgende Untersuchungen interessante Ansatzpunkte. Eine Auswirkung dieser Merkmale auf die Veränderung der Unterschiede zwischen Schülern ist zwar in der Sekundarstufe I nicht mehr zu erwarten, für die grundsätzliche Entstehung dieser Unterschiede in früheren Jahren hingegen schon. Betrachtet man die Lernumwelt der Grundschule zwischen unterschiedlichen Schulen und Lehrern als vergleichbar und berücksichtigt, dass die Schüler der drei Schularten am Ende der Grundschulzeit schon deutliche Unterschiede im metakognitiven Wissen aufweisen, die durch individuelle Merkmale nicht zu erklären sind, kommt als Einflussfaktor nur noch die familiäre Umwelt in Frage. Für die Prozessmerkmale der Familie sind deutlich höhere Erklärungsleistungen und differenziertere Erkenntnisse hinsichtlich relevanter Aspekte der Eltern-Kind-Interaktion zu erwarten als für den hier verwendeten distalen Prädiktor (s. auch Carr et al., 1989; Wertsch, 1978).

Neben der Beschreibung und Erklärung der Entwicklung des metakognitiven Wissens wurden auch die Zusammenhänge mit der Entwicklung der Mathematikleistung analysiert. Die vorgestellten Befunde replizierten die korrelativen Zusammenhänge, die zwischen den synchron erfassten Ausprägungen in beiden Merkmalen in anderen Domänen gefunden wurden. Der darüber hinaus erbrachte Nachweis einer Korrelation zwischen den Entwicklungsveränderungen dagegen kann als einer der wenigen Belege für den postulierten bidirektionalen Entwicklungszusammenhang zwischen metakognitivem Wissen und kognitiver Leistung gelten. Allerdings wurde der Zusammenhang zwischen den beiden Entwicklungsprozessen sehr global modelliert. Aussagen zur Veränderung des Zusammenhanges im beobachteten Zeitraum und zur Kausalrichtung sind aus der ermittelten Korrelation nicht abzuleiten. Insbesondere die kausalen Beziehungen zwischen den Entwicklungsprozessen sind von großem Interesse, da sie eine Beurteilung der Wirkmechanismen, die dem Zusammenhang zugrunde liegen, erlauben. Dabei ist v. a. die Frage, ob und in welchem Umfang Entwicklungsveränderungen im metakognitiven Wissen zu Veränderungen in der Mathematikleistung führen, von großer theoretischer und praktischer Bedeutung. Während in anderen Anforderungsdomänen, insbesondere in der Gedächtnisforschung, dieser Wirkzusammenhang kausal belegt wurde, fehlen solche Belege in der Domäne Mathematik nach wie

vor. Die in Kapitel 5.4 berichteten kognitiv-metakognitiv orientierten Trainingsstudien erlaubten aufgrund ihrer experimentellen Anlage zwar kausale Interpretationen, jedoch legten auch diese Studien in der Regel keine direkten Nachweise
dafür vor, dass die Effekte auf die Mathematikleistung – wie in den Programmen
intendiert – durch Veränderungen im metakognitiven Wissen verursacht wurden.
Ein längsschnittlicher Beleg, der Zusammenhänge zwischen der Entwicklung des
metakognitiven Wissens und der Entwicklung der Mathematikleistung nicht nur
korrelativ abbildet, sondern auch direkt beweist, dass Veränderungen im metakognitiven Wissen zu Veränderungen in der Mathematikleistung führen, würde
die praktische Relevanz des metakognitiven Wissens für die Entwicklung mathematischer Kompetenzen unterstreichen. Doch nicht nur die kausale Wirkung
des metakognitiven Wissens auf die Veränderung der Mathematikleistung wurde
häufig postuliert, aber nur selten nachgewiesen. Auch der umgekehrte Wirkzusammenhang, also die Veränderung im metakognitiven Wissen als Konsequenz
von Veränderungen in der Mathematikleistung, stellt ein zentrales Postulat der
(sozio-) konstruktivistischen Entwicklungstheorien dar (vgl. Kap. 2 und Kap. 4),
welches empirisch auf schwachen Fundamenten steht. In weiteren Analysen der
vorliegenden Entwicklungsdaten sollten also die längsschnittlichen Analysemög-
lichkeiten weiter genutzt werden, um das dynamische Wechselspiel zwischen den
beiden Entwicklungsprozessen differenziert abzubilden.

11 Literaturverzeichnis

Alexander, J. M. & Schwanenflugel P. (1996). Development of metacognitive concepts about thinking in gifted and nongifted children: recent research. *Learning and Individual Differences, 8,* 305-325.

Alexander, J. M., Carr, M. & Schwanenflugel, P. (1995). Development of metacognition in gifted children: Directions for future research. *Developmental Review, 15,* 1-37.

Annevirta, T., Laakkonen, E., Kinnunen, R. & Vauras, M. (2007). Developmental dynamics of metacognitive knowledge and text comprehension skill in the first primary school years. *Metacognition and Learning, 2,* 21-39.

Annevirta, T. & Vauras, M. (2001). Metacognitive knowledge in primary grades: a longitudinal study. *European Journal of Psychology of Education, 16,* 257-282.

Arnold, K.-H., Bos, W., Richert, P. & Stubbe, T. C. (2010). Der Übergang von der Grundschule in die Sekundarstufe: Schullaufbahnpräferenzen von Lehrkräften und Eltern im Ländervergleich. In W. Bos, S. Hornberg, K.-H. Arnold, G. Faust, L. Fried, E.-M. Lankes, K. Schwippert, I. Tarelli & R. Valtin (Hrsg.), *IGLU 2006 - die Grundschule auf dem Prüfstand. Vertiefende Analysen zu Rahmenbedingungen schulischen Lernens* (S. 13-32). Münster: Waxmann.

Artelt, C. (2000). *Strategisches Lernen.* Münster: Waxmann.

Artelt, C,. (2006). *Metagedächtnis-Mathematik.* Unveröffentlichter Test, Otto-Friedrich-Universität Bamberg.

Artelt, C., Beinicke, A., Schlagmüller, M. & Schneider, W. (2009). Diagnose von Strategiewissen beim Textverstehen. *Zeitschrift für Entwicklungspsychologie und Pädagogische Psychologie, 41,* 96-103.

Artelt, C., Naumann, J. & Schneider, W. (2010). Lesemotivation und Lernstrategien. In E. Klieme et al. (Hrsg.), *PISA 2009. Bilanz nach einem Jahrzehnt* (S. 73-112). Münster: Waxmann.

Artelt, C. & Neuenhaus, N. (2010). Metakognition und Leistung. In W. Bos, O. Köller & E. Klieme (Hrsg.), *Schulische Lerngelegenheiten und Kompetenzentwicklung* (S. 127-146). Münster: Waxmann.

Artelt, C., Schiefele, U., Schneider, W. & Stanat, P. (2002). Leseleistungen deutscher Schülerinnen und Schüler im internationalen Vergleich (PISA) - Ergebnisse und Erklärungsansätze. Zeitschrift für Erziehungswissenschaft, 5, 6-27.

Artzt, A. F., & Armour-Thomas, E. (1992). Development of a cognitive–metacognitive framework for protocol analysis of mathematical problem solving in small groups. Cognition and Instruction, 9, 137-175.

Asparouhov, T. & Muthén, B.O. (2008). Auxiliary variables predicting missing data. Zugriff am 30.01.2012, http://www.statmodel.com/download/AuxM2.pdf

Atkinson, J. W. (1957). Motivational determinants of risk taking behavior. Psychological Review, 64, 359-372.

Aunola, K., Leskinen, E., Lerkkanen, M.-K. & Nurmi, J.-E. (2004). Developmental dynamics of math performance from preschool to grade 2. Journal of Educational Psychology, 96, 699-713.

Autorengruppe Bildungsberichterstattung (2010). Bildung in Deutschland 2010. Ein indikatorengestützter Bericht mit einer Analyse zu Perspektiven des Bildungswesens im demografischen Wandel. Bielefeld: Bertelsmann.

Backhaus, K., Erichson, B., Plinke, W. & Weiber, R. (2003). Multivariate Analysemethoden. Berlin: Springer.

Baddeley, A. D., & Hitch, G. J. (1974). Working memory. In G. Bower (Ed.), The psychology of learning and motivation (Vol. 8, pp. 47-90). New York: Academic Press.

Baddeley, A. D. & Logie, R. H. (1999). Working memory: The multiple-component model. In A. Miyake & P. Shah (Eds.), Models of working memory: Mechanisms of active maintenance and executive control (pp. 28-61). Cambridge: Cambridge University Press.

Baker, L. (1994). Fostering metacognitive development. In H. W. Reese (Ed.), Advances in Child Development and Behavior (Vol. 25, pp. 201-239). San Diego, CA: Academic Press.

Baker, L. (2008). Metacognition in comprehension instruction: What we've learned since NRP. In C. C. Block & S. R. Parris (Eds.), Comprehension instruction: Research-based best practices (pp. 65-79). New York: Guilford.

Baker, L. & Brown, A. L. (1984). Cognitive monitoring in reading. In J. Flood (Ed.), *Understanding Reading Comprehension: Cognition, Language and the Structure of Prose* (pp. 21-44). Newark, DE: International Reading Association.

Baltes, P. B. & Nesselroade, J. R. (1979). History and rationale of longitudinal research. In J. R. Nesselroade & P. B. Baltes (Eds.), *Longitudinal research in the study of behavior and development* (pp. 1-39). New York: Academic Press.

Baltes, P. B., Staudinger, U. M. & Lindenberger, U. (1999). Lifespan psychology: Theory and application to intellectual functioning. *Annual Review of Psychology, 50,* 471-507.

Bandura, A. (1977). Self-efficacy: Toward a unifying theory of behavioral change. *Psychological Review, 84,* 191-215.

Bauer, D. J. & Curran, P. J. (2003). Distributional assumptions of growth mixture models over-extraction of latent trajectory classes. *Psychological Methods, 8,* 338-363.

Baumert, J., Heyn, S. & Köller, O. (1992). *Das Kieler Lernstrategien-Inventar (KSI).* Kiel: Institut für die Pädagogik der Naturwissenschaften an der Universität Kiel.

Baumert, J., Kunter, M., Blum, W., Brunner, M., Voss, T., Jordan, A., Klusmann, U., Krauss, S. Neubrand, M. & Tsai, Y. M. (2010). Teachers' mathematical knowledge, cognitive activation in the classroom, and student progress. *American Educational Research Journal, 47,* 133-180.

Baumert, J. & Schümer, G. (2001a). Familiäre Lebensverhältnisse, Bildungsbeteiligung und Kompetenzerwerb. In J. Baumert et al. (Hrsg.), *PISA 2000. Basiskompetenzen von Schülerinnen und Schülern im internationalen Vergleich* (S. 323-410). Opladen: Leske + Budrich.

Baumert, J. & Schümer, G. (2001b). Schulformen als selektionsbedingte Lernmilieus. In J. Baumert et al. (Hrsg.), *PISA 2000. Basiskompetenzen von Schülerinnen und Schülern im internationalen Vergleich* (S. 454–467). Opladen: Leske + Budrich.

Baumert, J., Stanat, P. & Watermann, R. (2006). Schulstruktur und die Entstehung differenzieller Lern- und Entwicklungsmilieus. In J. Baumert, P. Stanat & R. Watermann (Hrsg.), *Herkunftsbedingte Disparitäten im Bildungssystem* (S. 95–188). Wiesbaden: VS Verlag für Sozialwissenschaften.

Becker, M., Lüdtke, O., Trautwein, U. & Baumert, J. (2006). Leistungszuwachs in Mathematik. Evidenz für einen Schereneffekt im mehrgliedrigen Schulsystem? *Zeitschrift für Pädagogische Psychologie, 20,* 233-242.

Belmont, J. M. & Borkowski, J. G. (1988). A group-administered test of children's metamemory. *Bulletin of Psychonomic Society, 26,* 206-208.

Bjorklund, D. F., Miller, P. H., Coyle, T. R. & Slawinski, J. L. (1997). Instructing children to use memory strategies: Evidence for utilization deficiencies in memory training studies. *Developmental Review, 17,* 411-441.

Blum, W., Drüke-Noe, C., Hartung, R. & Köller, O. (Hrsg.). (2006). *Bildungsstandards Mathematik konkret.* Berlin. Cornelsen Scriptor.

Blum, W. , Neubrand, M., Ehmke, T. Senkbeil, M. Jordan, A. Ulfig, F. & Cartsensen, C. (2004). Mathematische Kompetenz. In M. Prenzel et al. (Hrsg.), *PISA 2003: Der Bildungsstand der Jugendlichen in Deutschland – Ergebnisse des zweiten internationalen Vergleichs* (S. 47-92). Münster: Waxmann.

Boekaerts, M. (1999). Self-regulated learning: Where we are today. *International Journal of Educational Research, 31,* 445-457.

Boekaerts, M. (2011). Emotions, emotion regulation, and self-regulation of learning. In B. J. Zimmerman & D. H. Schunk (Eds.), *Handbook of self-regulation of learning and performance* (pp. 408-425). New York: Routledge.

Böhme, K. & Roppelt, A. (2012). Geschlechtsbezogene Disparitäten. In P. Stanat, H. A. Pant, K. Böhme & D. Richter (Hrsg.), *Kompetenzen von Schülerinnen und Schülern am Ende der vierten Jahrgangsstufe in den Fächern Deutsch und Mathematik - Ergebnisse des IQB-Ländervergleichs 2011* (S. 173-190). Münster: Waxmann.

Bollen, K. A. (2002). Latent variables in psychology and the social sciences. *Annual Review of Psychology, 53,* 605-634.

Bollen, K. A. & Curran, P. J. (2006). *Latent curve models – a structural equation perspective.* Hoboken, NJ: Wiley.

Bonsen, M., Frey, A. K. & Bos, W. (2008). Soziale Herkunft. In W. Bos , M. Bonsen, J. Baumert, M. Prenzel, C. Selter & G. Walther, G. (Hrsg.), *TIMSS 2007. Mathematische und naturwissenschaftliche Kompetenzen von Grundschulkindern in Deutschland im internationalen Vergleich* (S. 141-156). Münster: Waxmann.

Bonsen, M., Lintorf, K. & Bos, W. (2008). Kompetenzen von Jungen und Mädchen. In W. Bos , M. Bonsen, J. Baumert, M. Prenzel, C. Selter & G. Walther, G. (Hrsg.), *TIMSS 2007. Mathematische und naturwissenschaftliche Kompetenzen von Grundschulkindern in Deutschland im internationalen Vergleich* (S. 125-140). Münster: Waxmann.

Borkowski, J. G., Carr, M., Rellinger, E. & Pressley, M. (1990). Self-regulated cognition: Interdependence of metacognition, attributions, and self-esteem. In B. F. Jones & L. Idol (Eds.), *Dimensions of thinking and cognitive instruction* (pp. 53-92). Hillsdale, NJ: Erlbaum.

Borkowski, J. G., Carr, M. & Pressley, M. (1987). ‚Spontaneous' strategy use: Perspectives from metacognitive theory. *Intelligence, 11,* 61-75.

Borkowski, J. G., Chan, L. K. S. & Muthukrishna, N. (2000). A process-oriented model of metacognition: Links between motivation and executive functioning. In G. Schraw & J. C. Impara (Eds.), *Issues in the measurement of metacognition* (pp. 1-43). Lincoln, NE: Buros Institute of Mental Measurements.

Borkowski, J. G., Milstead, M. & Hale, C. (1988). Components of children's metamemory: Implications for strategy generalization. In F. E. Weinert & M. Perlmutter (Eds.), *Memory development: Universal changes and individual differences* (pp. 73-100). Hillsdale, NJ: Erlbaum.

Borkowski, J. G., & Peck, V. A. (1986). Causes and consequences of metamemory in gifted children. In R. J. Sternberg & J. E. Davidson (Eds.), *Conceptions of giftedness* (pp. 182-200). Cambridge: Cambridge University Press.

Borkowski, J. G., Ryan, E. B., Kurtz, B. E. & Reid, M. K. (1983). Metamemory and metalinguistic development: Correlates of children's intelligence and achievement. *Bulletin of the Psychonomic Society, 21,* 393-396.

Borkowski, J. G. & Turner, L. A. (1989). Transsituational characteristics of metacognition. In W. Schneider & F. E. Weinert (Eds.), *Interactions among aptitude, strategies and knowledge in cognitive performance* (pp. 159-176). New York: Springer.

Brown, A. L. (1975). The development of memory: Knowing, knowing about knowing, and knowing how to know. In H. W. Reese (Ed.), *Advances in child development and behavior* (Vol. 10, pp. 104-152). New York: Academic Press.

Brown, A. L. (1978). Knowing when, where and how to remember: A problem of metacognition. In R. Glaser (Ed.), *Advances in Instructional Psychology* (pp. 77-165). New York: Halsted Press.

Brown, A. L. (1980). Metacognitive development and reading. In R. J. Spiro, B. Bruce, & W. Brewer (Eds.), *Theoretical issues in reading comprehension: Perspectives from cognitive psychology, linguistics, artificial intelligence, and education* (pp. 453-481). Hillsdale, NJ: Erlbaum.

Brown, A. L. (1987). Metacognition, executive control, self-regulation, and other more mysterious mechanisms. In F. E. Weinert & R. H. Kluwe (Eds.), *Metacognition, motivation and understanding* (pp. 65-116). Hillsdale, NJ: Erlbaum.

Brown, A. L., Bransford, J. D., Ferrara, R. A. & Campione, J. C. (1983). Learning, remembering, and understanding. In J. H. Flavell & M. E. Markman (Eds.), *Handbook of child psychology: Vol. 3. Cognitive development* (pp. 77-166). New York: Wiley.

Brown, A. L., Campione, J. C. & Barclay, C. R. (1979). Training self-checking routines for estimating test readiness: Generalization from list learning to prose recall. *Child Development, 50*, 501-512.

Brown, A. L. & DeLoache, J. S. (1978). Skills, plans, and self-regulation. In R. S. Siegler (Ed.), *Children's Thinking: What Develops?* (pp. 3-35). Hillsdale, NJ: Erlbaum.

Bruder, R. & Collet, C. (2011). *Problemlösen lernen im Mathematikunterricht.* Berlin: Cornelsen Verlag Scriptor.

Brunner, M. (2008). No g in education? *Learning and Individual Differences, 18,* 152-165.

Brunner, M., Krauss, S. & Martignon, M. (2011). Eine alternative Modellierung von Geschlechtsunterschieden in Mathematik. *Journal für Mathematik-Didaktik, 32,* 179-204.

Bryant, D. P., Bryant, B. R. & Hammill, D. D. (2000). Characteristic behaviors of students with LD who have teacher-identified math weaknesses. *Journal of Learning Disabilities, 33,* 168-199.

Cardelle-Elawar, M. (1995). Effects of metacognitive instruction on low achievers in mathematics problems. *Teaching and Teacher Education, 11,* 81-95.

Carlson, M., & Bloom, I. (2005). The cyclic nature of problem solving: An emergent multi-dimensional problem-solving framework. *Educational Studies in Mathematics, 58,* 45-75.

Carr, M., Alexander, J. & Folds-Bennett, T. (1994). Metacognition and mathematics strategy use. *Applied Cognitive Psychology, 8,* 583-595.

Carr, M. & Biddlecomp, B. (1998). Metacognition in mathematics from a constructivist perspective. In In D. J. Hacker, J. Dunlosky & A. C. Graesser (Eds.), *Metacognition in educational theory and practice* (pp. 69-91). Mahwah, NJ: Erlbaum.

Carr, M., & Jessup, D. L. (1995). Cognitive and metacognitive predictors of mathematics strategy use. *Learning and Individual Differences, 7,* 235-247.

Carr, M. & Jessup, D. L. (1997). Gender differences in first-grade mathematics strategy use: Social and metacognitive influences. *Journal of Educational Psychology, 89,* 318-328.

Carr, M., Kurtz, B. E., Schneider, W., Turner, L. A. & Borkowski, J. G. (1989). Strategy acquisition and transfer among American and German children: Environmental influences on metacognitive development. *Developmental Psychology, 25,* 765-771.

Carr, M. & Taasoobshirazi, G. (2008). Metacognition and the gifted: Connections to expertise. In M. F. Shaughnessy, M. V. J. Veenman & C. Kleyn-Kennedy (Eds.), *Meta-cognition: A recent review of research, theory, and perspectives* (pp. 109-125). New York: Nova Science.

Carroll, J. B. (1993). *Human cognitive abilities: A survey of factor-analytic studies.* New York: Cambridge University Press.

Cattell, R. B. (1963). Theory of fluid and crystallized intelligence: A critical experiment. *Journal of Educational Psychology, 54,* 1–22.

Cavanaugh, J. C. & Borkowski, J. G. (1980). Searching for metamemory-memory connections: a developmental study. *Developmental Psychology, 16,* 441-453.

Cavanaugh, J. C. & Perlmutter, M. (1982). Metamemory: A critical examination. *Child Development, 53,* 11-28.

Chi, M. (1987). Representing knowledge and metaknowledge: Implications for interpreting metamemory research. In F. E. Weinert & R. H. Kluwe (Eds.), *Metacognition, motivation, and understanding* (pp. 239-266). Hillsdale, NJ: Erlbaum.

Collins, L. M., Schafer, J. L. & Kam, C.-M. (2001). A comparison of inclusive and restrictive strategies in modern missing data procedures. *Psychological Methods, 6,* 330-351.

Coltman, P. (2006). Talk of a number: Self-regulated use of mathematical metalanguage by children in the Foundation Stage. *Early Years, 26,* 31-48.

Corno, L. (2001). Volitional aspects of self-regulated learning. In B. J. Zimmerman & D. H. Schunk (Eds.), *Self-regulated learning and academic achievement - theoretical perspectives* (pp. 191-226). Mahwah, NJ: Erlbaum.

Cowan, R. (2003). Does it add all up? Changes in children's knowledge of addition combinations, strategies, and principles. In A. J. Baroody & A. Dowker (Eds.), *The development of arithmetic concepts and skills: constructing adaptive expertise* (pp. 35-74). Mahwah, NJ: Erlbaum.

Crowley, K., Shrager, J. & Siegler, R. S. (1997). Strategy discovery as a competitive negotiation between metacognitive and associative mechanisms. *Developmental Review, 17,* 462-489.

Curran, P. J., West, S. G. & Finch, J. F. (1996). The robustness of test statistics to nonnormality and specification error in confirmatory factor analysis. *Psychological Methods, 1,* 16-29.

Deary, I. J., Strand S., Smith, P. & Fernandes, C. (2007). Intelligence and educational achievement. *Intelligence, 35,* 13-21.

DeMarie, D. & Ferron, J. (2003). Capacity, strategies, and metamemory: Tests of a three-factor model of memory development. *Journal of Experimental Child Psychology, 84,* 167-193.

DeMarie, D., Miller, P. H., Ferron, J. & Cunningham, W. R. (2004). Path analysis tests of theoretical models of children's memory performance. *Journal of Cognition and Development, 5,* 461-492.

Demars, C. (2010). *Item response theory.* Oxford: University Press.

Dempster, F. N. (1981). Memory span: Sources of individual and developmental differences. *Psychological Bulletin, 89,* 63-100.

Denissen, J. J. A., Zarrett, N. R. & Eccles, J. S. (2007). I like to do it, I'm able, and I know I am: Longitudinal couplings between domain-specific achievement, self-concept, and interest. *Child Development, 78,* 430-447.

Desoete, A. & Roeyers, H. (2002). Off-line metacognition: A domain-specific retardation in young children with learning disabilities? *Learning Disability Quarterly, 25,* 123-139.

Desoete, A. (2006). Are mathematical learning disabilities a special kind of metacognitive disabilities? In A. Desoete & M. V. R. Veenman (Eds.), *Metacognition in mathematics education* (pp. 135-156). Haupauge, NY: Nova Science.

Desoete, A., Roeyers, H. & Buysse, A. (2001) Metacognition and mathematical problem solving in grade 3. *Journal of Learning Disabilities, 34,* 435-449.

Dignath, C. & Büttner, G. (2009). Components of fostering self-regulated learning among students. A meta-analysis on intervention studies at primary and secondary school level. *Metacognition and Learning, 3,* 231-264.

Dimmit, C & McCormick, C. B. (2012). Metacognition in education. In K. R. Harris, S. Graham & T. Urdan (Eds.), *APA educational psychology handbook: Vol. 1. Theories, constructs, and critical issues* (pp. 157-187). Washington, DC: American Psychological Association.

Dinsmore, D. L., Alexander, P. A. & Loughlin, S. M. (2008). Focusing the conceptual lens on metacognition, self-regulation, and self-regulated learning. *Educational Psychology Review, 20,* 391-409.

Dorans, N. J. & Holland, P. W. (1993). DIF detection and description: Mantel-Haenszel and standardization. In P. W. Holland & H. Wainer (Eds.), *Differential item functioning* (pp. 35-66). Mahwah, NJ: Erlbaum.

Dunlosky, J. & Metcalfe, J. (2009). *Metacognition*. Los Angeles, CA: Sage.

Durik, A. M., Vida, M. & Eccles, J. S. (2006). Task values and ability beliefs as predictors of high school literacy choices: A developmental analysis. *Journal of Educational Psychology, 98*, 382-393.

Ehmke, T., Hohensee, F., Heidemeier, H. & Prenzel, M. (2004). Familiäre Lebensverhältnisse, Bildungsbeteiligung und Kompetenzerwerb. In M. Prenzel et al. (Hrsg.), *PISA 2003. Der Bildungsstand der Jugendlichen in Deutschland – Ergebnisse des zweiten internationalen Vergleichs* (S. 225–254). Münster: Waxmann.

Ehmke, T., Hohensee, F., Siegle, T. & Prenzel, M. (2006). Soziale Herkunft, elterliche Unterstützungsprozesse und Kompetenzentwicklung. In M. Prenzel et al. (Hrsg.), *PISA 2003: Untersuchungen zur Kompetenzentwicklung im Verlauf eines Schuljahres* (S. 225-248). Münster: Waxmann.

Ehmke, T., & Jude, N. (2010). Soziale Herkunft und Kompetenzerwerb. In E. Klieme et al. (Hrsg.), *PISA 2009: Bilanz nach einem Jahrzehnt* (S. 231-254). Münster: Waxmann.

Eid, M., Gollwitzer, M. & Schmitt, M. (2010). *Statistik und Forschungsmethoden*. Weinheim: Beltz.

Else-Quest, N. M., Hyde, J. S. & Linn, M. C. (2010). Cross-national patterns of gender differences in mathematics: A meta-analysis. *Psychological Bulletin, 136*, 103-127.

Embretson, S. E. & Reise, S. P. (2000). *Item response theory for psychologists*. New York: Psychology Press.

Enders, C.K. (2010). *Applied Missing Data Analysis*. New York: Guilford Press.

Erikson, R., Goldthorpe, J. H. & Portocarero, L. (1979). Intergenerational class mobility in three Western European societies: England, France and Sweden. *British Journal of Sociology, 30*, 341-415.

Fan, X. (2003). Power of latent growth modeling for detecting group differences in linear growth trajectory parameters. *Structural Equation Modeling, 10*, 380-400.

Fennema, E., Carpenter, T. P., Jacobs, V. R., Franke M. L. & Levi, L. W. (1998). A longitudinal study of gender differences in young children's mathematical thinking. *Educational Researcher, 27,* 6-11.

Flavell, J. H. (1976). Metacognitive aspects of problem solving. In L. B. Resnick (Ed.), *The nature of intelligence* (pp. 231-235). Hillsdale, NJ: Erlbaum.

Flavell, J. H. (1979). Metacognition and cognitive monitoring - A new area of cognitive-developmental inquiry. *American Psychologist, 34,* 906-911.

Flavell, J. H. (1981a). Cognitive monitoring. In W. P. Dickson (Ed.), *Children's oral communication skills* (pp. 35-60). New York: Academic.

Flavell, J. H. (1981b). Monitoring social cognitive enterprises: Something else that may develop in the area of social cognition. In J. H. Flavell & L. Ross (Eds.), *Social cognitive development: Frontiers and possible futures* (pp. 272-287). Cambridge: Cambridge University Press.

Flavell, J. H. (1987). Speculations about the nature and development of metacognition. In F. E. Weinert & R. H. Kluwe (Eds.), *Metacognition, motivation, and understanding* (pp. 21-29). Hillsdale, NJ: Erlbaum.

Flavell, J. H., Miller, P. H. & Miller, S. A. (2002). *Cognitive Development* (4th ed.). Upper Saddle River, NJ: Prentice-Hall.

Flavell, J. H. & Wellman, H. M. (1977). Metamemory. In R. V. Kail & W. Hagen (Eds.), *Perspectives on the Development of Memory and Cognition.* Hillsdale, NJ: Erlbaum.

Frey, A., Heinze, A. Mildner, D., Hochweber, J. & Asseburg, R. (2010). Mathematische Kompetenz von PISA 2003 bis PISA 2009. In E. Klieme et al. (Hrsg.), *PISA 2009: Bilanz nach einem Jahrzehnt* (S. 153-176). Münster: Waxmann.

Fritz, K., Howie, P. & Kleitman, S. (2010). "How do I remember when I got my dog?" The structure and development of children's metamemory. *Metacognition and Learning, 5,* 207-228.

Fuchs, L. S. & Fuchs, D. (2002). Mathematical problem-solving profiles of students with mathematics disabilities with and without comorbid reading disabilities. *Journal of Learning Disabilities, 35,* 563-573.

272

Fuchs, L. S., Fuchs, D., Compton, D. L., Powell, S. R., Seethaler, P. M., Capizzi, A. M., Schatschneider, C. & Fletcher, J. M. (2006). The cognitive correlates of third-grade skill in arithmetic, algorithmic computation, and arithmetic word problems. *Journal of Educational Psychology, 98*, 29-43.

Gallagher, A. M. & De Lisi, R. (1994). Gender differences in scholastic aptitude test - mathematics problem solving among high-ability students. *Journal of Educational Psychology, 86*, 204-211.

Gallagher, A. M., De Lisi, R., Holst, P. C., McGillicuddy-De Lisi, A. V., Morely, M. & Cahalan, C. (2000). Gender differences in advanced mathematical problem solving. *Journal of Experimental Child Psychology, 75*, 165-190.

Gallagher, A. M. & Kaufman, J. C. (Eds.) (2005). *Gender differences in mathematics - An integrative psychological approach.* Cambridge: Cambridge University Press.

Ganzeboom, H. B. G., de Graaf, P. M., Treiman, D. J. & de Leeuw, J. (1992). A standard international socio-economic index of occupational status. *Social Science Research, 21*, 1-56.

Geisser, C. (2010). *Datenanalyse mit MPlus. Eine anwendungsorientierte Einführung.* Wiesbaden: VS-Verlag

Garofalo, J. & Lester, F. K. (1985). Metacognition, cognitive monitoring, and mathematical performance. *Journal for Research in Mathematics Education, 16*, 163-176.

Garrett, A. J., Mazzocco, M. M. M. & Baker, L. (2006). Development of the metacognitive skills of prediction and evaluation in children with and without math disability. *Learning Disability Research and Practice, 21*, 77-88.

Gathercole, S.E., Pickering, S.J., Knight, C. & Stegman (2004). Working memory skills and educational attainment: Evidence from national curriculum assements at 7 and 14 years of age. *Applied Cognitive Psychology, 18*, 1-16.

Geary, D. C. (2004). Mathematics and learning disabilities. *Journal of Learning Disabilities, 37*, 4-15.

Geary, D. C. (2011). Cognitive predictors of achievement growth in mathematics: A 5-year longitudinal study. *Developmental Psychology, 47*, 1539-1552.

Geary, D. C., Klosterman, I. H. & Adrales, K. (1990). Metamemory and academic achievement: testing the validity of a group-administered metamemory battery. *The Journal of Genetic Psychology, 151,* 439-450.

Geiger, V. & Galbraith, P. (1998). Developing a diagnostic framework for evaluating student approaches to applied mathematics. *International Journal of Mathematics, Education, Science, and Technology, 29,* 533-559.

Goos, M. (2002). Understanding metacognitive failure. *Journal of Mathematical Behavior, 21,* 283-302.

Goos, M. & Galbraith, P. (1996). Do it this way! Metacognitive strategies in collaborative mathematical problem solving. *Educational Studies in Mathematics, 30,* 229-260.

Graham, J. W. (2003). Adding missing-data relevant variables to FIML-based structural equation models. *Structural Equation Modeling, 10,* 80-100.

Graham, S. & Weiner, B. (2012). Motivation: past, present, and future. In K. R. Harris, S. Graham & T. Urdan (Eds.), *APA educational psychology handbook: Vol. 1. Theories, constructs, and critical issues* (pp. 367-397). Washington, DC: American Psychological Association.

Grammer, J. K., Purtell, K. M., Coffman, J. L. & Ornstein, P. A. (2010). Relations between children's metamemory and strategic performance: Time-varying covariates in early elementary school. *Journal of Experimental Child Psychology, 108,* 139-155.

Grube, D. (2005). Entwicklung des Rechnens im Grundschulalter. In M. Hasselhorn, H. Marx & W. Schneider (Hrsg.), *Diagnostik von Mathematikleistungen. Tests und Trends, N. F. Band 4* (S. 105-124). Göttingen: Hogrefe.

Gruber, H. (2008). Lernen und Wissenserwerb. In W. Schneider & M. Hasselhorn (Hrsg.), *Handbuch der Pädagogischen Psychologie* (S. 95-104). Göttingen: Hogrefe.

Guill, K., Gröhlich, C., Scharenberg, K., Wendt, H. & Bos, W. (2010). Die mathematischen Kompetenzen der Schülerinnen und Schüler. In W. Bos & C. Gröhlich (Hrsg.), *KESS 8 - Kompetenzen und Einstellungen von Schülerinnen und Schülern am Ende der Jahrgangsstufe 8* (S. 37-48). Münster: Waxmann.

Gürtler, T., Perels, F., Schmitz, B. & Bruder, R. (2002). Training zur Förderung selbstregulativer Fähigkeiten in Kombination mit Problemlösen in Mathematik. In M. Prenzel & J. Doll (Hrsg.), Bildungsqualität von Schule: Schulische und außerschulische Bedingungen mathematischer, naturwissenschaftlicher und überfachlicher Kompetenzen. *Zeitschrift für Pädagogik, 45. Beiheft*, 222-239.

Haberman, S. J. (2009). *Linking parameter estimates derived from an item response model through separate calibrations.* Princeton, NJ: Educational Testing Service.

Halpern, D. F., Benbow, C. P., Geary, D. C., Gur, R., Hyde, J. S. & Gernsbacher, M. A. (2007). The science of sex differences in science and mathematics. *Psychological Science in the Public Interest, 8,* 1-51.

Hansford, B. C. & Hattie, J. A. (1982). The relationship between self and achievement/performance measures. *Review of Educational Research, 52,* 123-142.

Hambleton, R. K. & Rovinelli, R. J. (1986). Assessing the dimensionality of a set of test items. *Applied Psychological Measurement, 10,* 287-302.

Hambleton, R. K., Swaminathan, H. & Rogers, H. J. (1991). *Fundamentals in item response theory.* Newsbury Park, CA: Sage.

Harris, K. R., Graham, S., Brindle, M., & Sandmel, K. (2009). Metacognition and children's writing. In D. J. Hacker, J. Dunlosky & A. C. Graesser (Eds.), *Handbook of metacognition in education* (pp. 131-153). New York: Routledge.

Hasselhorn, M. (1994). Zur Erfassung von Metagedächtnisaspekten bei Grundschulkindern. *Zeitschrift für Entwicklungspsychologie und Pädagogische Psychologie, 26,* 71-78.

Hasselhorn, M. (1995). Beyond production deficiency and utilization inefficiency: Mechanisms of the emergence of strategic categorization in episodic memory tasks. In F. E. Weinert & W. Schneider (Eds.), *Memory development and competencies: Issues in growth and development* (pp. 141-159). Mahwah, NJ: Erlbaum.

Hasselhorn, M. (2010). Metakognition. In D. Rost (Hrsg.), *Handwörterbuch Pädagogische Psychologie* (S. 541-547). Weinheim: Beltz.

Hasselhorn, M. & Schumann-Hengsteler, R. (2001). Arbeitsgedächtnis. In D. H. Rost (Hrsg.), *Handwörterbuch Pädagogische Psychologie* (S. 17-22). Weinheim: Beltz.

Hausknecht, J. P., Halpert, J. A., Di Paolo, N. T. & Moriarty Gerrard, M. O. (2007). Retesting in selection: A meta-analysis of coaching and practice effects for tests of cognitive ability. *Journal of Applied Psychology*, 92, 373-385.

Hecht, S. A., Torgesen, J. K., Wagner, R. & Rashotte, C. (2001). The relationship between phonological processing abilities and emerging individual differences in mathematical computation skills: A longitudinal study of second to fifth grades. *Journal of Experimental Child Psychology*, 79, 192-227.

Heller, K. & Perleth, C. (2000). *Kognitiver Fähigkeitstest für 4. bis 12. Klassen, Revision (KFT 4-12+R)*. Göttingen: Beltz.

Helmke, A. & Schrader F.-W. (2010). Determinanten der Schulleistung. In D. Rost (Hrsg.), *Handwörterbuch Pädagogische Psychologie* (S. 90 - 102). Weinheim: Beltz.

Helmke, A. & Van Aken, M. A. G. (1995). The causal ordering of academic achievement and self-concept of ability during elementary school: A longitudinal study. *Journal of Educational Psychology*, 87, 624-637.

Helmke, A. & Weinert, F. E. (1997). Bedingungsfaktoren schulischer Leistungen. In F. E. Weinert (Hrsg.), *Psychologie des Unterrichts und der Schule (Enzyklopädie der Psychologie, Serie Pädagogische Psychologie, Band 3*, S. 71-176). Göttingen: Hogrefe.

Henry, L. A. & Norman, T. (1996). The relationships between memory performance, use of simple memory strategies and metamemory in young children. *International Journal of Behavioral Development*, 19, 177-199.

Hertzog, C., Lindenberger, U., Ghisletta, P. & Oertzen, T. V. (2006). On the power of multivariate latent growth curve models to detect correlated change. *Psychological Methods*, 11, 244-252.

Hofer, B. K. & Pintrich, P. R. (1997). The development of epistemological theories: Beliefs about knowledge and knowing and their relation to learning. *Review of Educational Research*, 67, 88-140.

Hornberg, S., Valtin, R., Potthoff, B., Schwippert, K. & Schulz-Zander, R. (2007). Lesekompetenzen von Jungen und Mädchen im internationalen Vergleich. In W. Bos et al. (Hrsg.), *IGLU 2006 – Lesekompetenzen von Grundschulkindern in Deutschland im internationalen Vergleich* (S. 195–223). Münster: Waxmann.

Hünnerkopf, M., Kron-Sperl, V. & Schneider, W. (2009). Die Entwicklung des strategischen Gedächtnisses im Laufe der Grundschulzeit Zusammenfassende Ergebnisse der Würzburger Längsschnittstudie. *Zeitschrift für Entwicklungspsychologie und Pädagogische Psychologie, 41*, 1-11.

International Labor Office (1990). *ISCO-88: International Standard Classifications of Occupations.* Genf: ILO.

ISB (2001). Lehrplan Realschule. Zugriff am 02.09.2007 unter http://www.isb.bayern.de/isb/index.asp?MNav=0&QNav=4&TNav=0&INav=0& Fach=&LpSta=6&S-Typ=5.

ISB (2004a). Lehrplan Gymnasium (G8). Zugriff am 02.09.2007 unter http://www.isb.bayern.de/isb/index.asp?MNav=0&QNav=4&TNav=0&INav=0&Fach=&Lp-Sta=6&STyp=14

ISB (2004b). Lehrplan Hauptschule. Zugriff am 02.09.2007 unter http://www.isb.bayern.de/isb/index.asp?MNav=0&QNav=4&TNav=0&INav=0&Fach=&Lp-Sta=6&STyp=27

ISB (2009). Bildungsbericht Bayern. Zugriff am 30.01.2012 unter http://www.isb.bayern.de/isb/download.aspx?DownloadFileID=65e948bc60b12ee6d6afc71c18c-5b16a

Jacobs, J. E., Lanza, S., Osgood, W., Eccles, J. S. & Wigfield, A. (2002). Changes in children's self-competence and values: Gender and domain differences across grades one through twelve. *Child Development, 73*, 509-527.

Jacobs, J. E. & Paris, S. G. (1987). Children's metacognition about reading: Issues in definition, measurement, and instruction. *Educational Psychologist, 22*, 255-278.

Joyner, M. & Kurtz-Costes, B. E. (1997). Metamemory development. In N. Cowan (Ed.), *The development of memory in childhood* (pp. 275-300). Hove, UK: Psychology Press.

Justice, E. M. (1985). Preschoolers' knowledge and use of behaviors varying in strategic effectiveness. *Merrill-Palmer Quarterly, 35*, 363-377.

Justice, E. M. (1986). Developmental changes in judgments of relative strategy effectiveness. *British Journal of Developmental Psychology, 4*, 75-81.

Justice, E. M. (1989). Preschoolers' knowledge and use of behaviors varying in effectiveness. *Merrill Palmer Quarterly, 35*, 363-377.

Klauer, K. J. & Leutner, D. (2007). *Lehren und Lernen*. Weinheim: Beltz.

Klauer, K. J. & Leutner, D. (2010). Intelligenz und Begabung. In D. Rost (Hrsg.), *Handwörterbuch Pädagogische Psychologie* (S. 304-311). Weinheim: Beltz.

Klieme, E. (2006). *Zusammenfassung zentraler Ergebnisse der DESI-Studie*. Frankfurt: Deutsches Institut für Internationale Pädagogische Forschung.

Knopf, M., Körkel, J., Schneider, W. & Weinert, F. E. (1988). Human memory as a faculty vs. a set of specific abilities: evidence from a life-span approach. In F. E. Weinert & M. Perlmutter (Eds.), *Memory development: Universal changes and individual differences* (pp. 331-352). Hillsdale, NJ: Erlbaum.

Kolen, M. J. & Brennan, R. J. (2004). *Test equating: methods and practices*. New York: Springer.

Köller, O. (1998). *Zielorientierungen und schulisches Lernen*. Münster: Waxmann.

Köller, O. & Baumert, J. (2001). Leistungsgruppierungen in der Sekundarstufe 1. Ihre Konsequenzen für die Mathematikleistung und das mathematische Selbstkonzept der Begabung. *Zeitschrift für Pädagogische Psychologie, 15*, 99-110.

Köller, O. & Baumert, J. (2012). Schulische Leistungen und ihre Messung. In W. Schneider & U. Lindenberger (Hrsg.), *Entwicklungspsychologie* (S. 645-661). Weinheim: Beltz.

Köller, O., Baumert, J. & Schnabel, K. (2000). Zum Zusammenspiel von schulischem Interesse und Lernen im Fach Mathematik: Längsschnittanalysen in den Sekundarstufen I und II. In U. Schiefele & K. Wild (Hrsg.), *Interesse und Lernmotivation – Untersuchungen zu Entwicklung, Förderung und Wirkung* (S. 163-182). Münster: Waxmann.

Körkel, J. (1987). *Die Entwicklung von Gedächtnis- und Metagedächtnisleistungen in Abhängigkeit von bereichsspezifischen Vorkenntnissen.* Frankfurt: Peter Lang.

Körkel, J. & Schneider, W. (1992). Domain-specific versus metacognitive knowledge effects on text recall and comprehension. In M. Carretero, M. Pope, R.-J. Simons & J.I. Pozo (Eds.), *Learning and instruction - European Research in an international context* (Vol. 3, pp. 311-323). New York: Pergamon Press.

Krajewski, K., Kron, V. & Schneider, W. (2004). Entwicklungsveränderungen des strategischen Gedächtnisses beim Übergang vom Kindergarten in die Grundschule. *Zeitschrift für Entwicklungspsychologie und Pädagogische Psychologie, 36,* 47-58.

Krajewski, K. & Schneider, W. (2009). Exploring the impacts of phonological awareness, visual-spatial working memory, and preschool quantity-number competencies on mathematics achievement in elementary school: Findings from a 4-year longitudinal study. *Journal of Experimental Child Psychology, 103,* 516-531.

Kramarski, B. & Mevarech, Z. R. (2003). Enhancing mathematical reasoning in the classroom: Effects of cooperative learning and metacognitive training. *American Educational Research Journal, 40,* 281-310.

Kramarski, B., Weisse, I. & Koloshi-Minsker, I. (2010), How can self-regulated learning support the problem solving of third-grade students with mathematics anxiety? *ZDM Mathematics Education, 42,* 179-193.

Krapp, A. (2010). Interesse. In D. H. Rost (Hrsg.), *Handwörterbuch Pädagogische Psychologie* (S. 311-323). Weinheim: Beltz.

Kreutzer, M. A., Leonard, C. & Flavell, J. H. (1975). An interview study of children's knowledge about memory. *Monographs of the Society for Research in Child Development, 40.*

Kroesbergen, E. H. & van Luit, J. E. H. (2002). Teaching multiplication to low math performers: Guided versus structured instruction. *Instructional Science, 30,* 361-378.

Kron-Sperl, V. (2005). *Entwicklung und Effektivität einer Organisationsstrategie im Kindergarten- und frühen Grundschulalter Ergebnisse einer Längsschnittstudie.* Unveröffentlichte Dissertation, Julius-Maximilians-Universität Würzburg.

Kron-Sperl, V., Schneider, W. & Hasselhorn, M. (2008). The development and effectiveness of memory strategies in kindergarten and elementary school: Findings from the Würzburg and Göttingen longitudinal memory studies. *Cognitive Development, 23,* 79-104.

Kuhn, D. (1999a). A developmental model of critical thinking. *Educational Researcher, 28,* 16-26.

Kuhn, D. (1999b). Metacognitive developrnent. In L. Balter & C. S. Tarnis-LeMonda (Eds.), *Child Psychology: A Handbook of Contemporary Issues* (pp. 259-286). Philadelphia, PA: Psychology Press.

Kuhn, D. (2000). The theory of mind, metacognition and reasoning: A life-span perspective. In P. Mitchell & K. J. Riggs (Eds.), *Children's reasoning and the mind* (pp. 301-326). Hove, UK: Psychology Press.

Kuhn, D. (2001). How do people know? *Psychological Science, 12,* 1-8.

Kuhn, D., Garcia-Mila, M., Zohar, A. & Andersen, C. (1995). Strategies of knowledge acquisition. *Monographs of the Society for Research in Child Development, 60.*

Kuhn, D. & Pearsall, S. (1998). Relations between metastrategic knowledge and strategic performance. *Cognitive Development, 13,* 227-247.

Kurtz, B. E., Reid, M. K., Borkowski, J. G. & Cavanaugh, J. C. (1982). On the reliability and validity of children's metamemory. *Bulletin of the Psychonomic Society, 19,* 137-140.

Kurtz, B. E. & Weinert, F. E. (1989). Metamemory, memory performance, and causal attributions in gifted and average children. *Journal of Experimental Child Psychology, 48,* 45-61.

Kvist, A. V. & Gustafsson, J.-E. (2008). The relation between fluid intelligence and the general factor as a function of cultural background: A test of Cattell's Investment theory. *Intelligence, 36,* 422-436.

Landerl, K. & Kaufmann, L. (2008). *Dyskalkulie – Modelle, Diagnostik, Intervention.* München: Ernst Reinhardt.

Lange, G., Guttentag, R. E. & Nida, R. E. (1990). Relationships between study organization, retrieval organization, and general and strategy-specific memory knowledge in young children. *Journal of Experimental Child Psychology, 49*, 126-146.

Lee, K., Ng, E. L. & Ng, S. F. (2009). The contributions of working memory and executive functioning to problem representation and solution generation in algebraic word problems. *Journal of Educational Psychology, 101*, 373-387.

Lehmann, R. H., Peek, R., Gänsfuß, R. & Hußfeldt, V. (2001). *LAU 9. Aspekte der Lernausgangslage und der Lernentwicklung - Klassenstufe 9: Ergebnisse einer längsschnittlichen Untersuchung in Hamburg.* Hamburg: Behörde für Bildung und Sport.

Lenhard, W., Hasselhorn, M. & Schneider, W. (2011). *KLASSE 4 - Kombiniertes Leistungsinventar zur allgemeinen Schulleistung und für Schullaufbahnempfehlungen in der vierten Klasse.* Göttingen: Hogrefe.

Lester, F. K. (1982). Building bridges between psychological and mathematics education research on problem solving. In F. K. Lester & J. Garofalo (Eds.), *Mathematical problem solving* (pp. 55-85). Philadelphia, PA: The Franklin Institute Press.

Lester, F. K., Garofalo, J. & Kroll, D. L. (1989). *The role of metacognition in mathematical problem solving: A study of two grade seven classes.* Bloomington, IN: Mathematics Education Development Center.

Li, F., Duncan, T. E., Duncan, S. C. & Acock, A. (2001). Latent growth modeling of longitudinal data: A finite growth mixture modeling approach. *Structural Equation Modeling, 8*, 493–530.

Little, R.J.A. & Rubin, D.B. (2002). *Statistical analysis with missing data.* Hoboken, NJ: Wiley.

Lienert, G. A. & Raatz, U. (1998). *Testaufbau und Testanalyse.* Weinheim: Beltz.

Lockl, K. & Schneider, W. (2006). Precursors of metamemory in young children: the role of theory of mind and metacognitive vocabulary. *Metacognition and Learning, 1*, 15-31.

Lockl, K. & Schneider, W. (2007a). Entwicklung von Metakognition. In M. Hasselhorn & W. Schneider (Hrsg.), *Handbuch der Entwicklungspsychologie* (S. 255-265). Göttingen: Hogrefe.

Lockl, K. & Schneider, W. (2007b). Knowledge about the mind: Links between theory of mind and later metamemory. *Child Development, 78,* 148-167.

Lodico, M. G., Ghatala, E., Levin, J. R., Pressley, M. & Bell, J. A. (1983). Effects of meta-memory training on children's use of effective memory strategies. *Journal of Experimental Child Psychology, 35,* 263-277.

Lucangeli, D., & Cornoldi, C. (1997). Mathematics and metacognition: What is the nature of the relationship. *Mathematical Cognition, 3,* 121-139.

Lüdtke, O., Robitzsch, A., Trautwein, U. & Köller, O. (2007). Umgang mit fehlenden Werten in der psychologischen Forschung: Probleme und Lösungen. *Psychologische Rundschau, 58,* 103-117.

Maaz, K., Baumert J. & Trautwein, U. (2009). Genese sozialer Ungleichheit im institutionellen Kontext der Schule: Wo entsteht und vergrößert sich soziale Ungleichheit? *Zeitschrift für Erziehungswissenschaft, Sonderheft 12,* 11-46.

Marsh, H. W., Lüdtke, O., Trautwein, U., & Morin, A. J. S. (2009). Latent profile analysis of academic self-concept dimensions: Synergy of person- and variable-centered approaches to the internal/external frame of reference model. *Structural Equation Modeling, 16,* 1-35.

Marsh, H. W., Trautwein, U., Lüdtke, O., Köller, O. & Baumert, J. (2005). Academic self-concept, interest, grades, and standardized test scores: Reciprocal effects models of causal ordering. *Child Development, 76,* 397-416.

Mayer, R. E. (2012). Information processing. In K. R. Harris, S. Graham & T. Urdan (Eds.), *APA educational psychology handbook: Vol. 1. Theories, constructs, and critical issues* (pp. 85-99). Washington, DC: American Psychological Association.

McArdle, J. J. (2009). Latent variable modeling of differences and changes with longitudinal data. *Annual Review of Psychology, 60,* 577-605.

McLain, K., Gridley, B. & McIntosh, D. (1991). Value of a scale used to measure metacognitive reading awareness. *Journal of Educational Research, 85,* 81-87.

Mevarech, Z. (1995). Metacognition, general ability, and mathematical understanding. *Early Education and Development, 6,* 155-168.

Mevarech, Z. & Fridkin, S. (2006). The effects of IMPROVE on mathematical knowledge, mathematical reasoning and meta-cognition. *Metacognition and Learning, 1,* 85-97.

Mevarech, Z. R. & Kramarski, B. (1997). IMPROVE: A multidimensional method for teaching mathematics in heterogeneous classrooms. *American Educational Research Journal, 34,* 365-394.

Mevarech, Z. R., Terkieltaub, S., Vinberger, T. & Nevet, V. (2010). The effects of meta-cognitive instruction on third and sixth graders solving word problems. *ZDM Mathematics Education, 42,* 195-203.

Michaelides, M. P. (2010). A review of the effects on IRT item parameter estimates with a focus on misbehaving common items in test equating. *Frontiers in Psychology, 1,* 1-7.

Miyake, A., Friedman, N. P., Emerson, M. J., Witzki, A. H., Howerter, A. & Wager, T. D. (2000). The unity and diversity of executive functions and their contributions to complex "frontal lobe" tasks: a latent variable analysis. *Cognitive Psychology, 41,* 49-100.

Möller, J. & Köller, O. (2004). Die Genese akademischer Selbstkonzepte: Effekte dimensionaler und sozialer Vergleiche. *Psychologische Rundschau, 55,* 19-27.

Monahan, P. O., McHorney, C. A., Stump, T. E., Perkins, A. J. (2007). Odds ratio, delta, ETS classification, and standardization measures of DIF magnitude for binary logistic regression. *Journal of Educational and Behavioral Statistics, 32,* 92-109.

Montada, L., Lindenberger, U. & Schneider, W. (2012). Fragen, Konzepte, Perspektiven. In W. Schneider & U. Lindenberger (Hrsg.), *Entwicklungspsychologie* (S. 27-60). Weinheim: Beltz.

Montague, M. (1992). The effects of cognitive and metacognitive strategy instruction on mathematical problem solving of middle school students with learning disabilities. *Journal of Learning Disabilities, 25,* 230-248.

Montague, M. & Applegate, B. (1993). Middle school students' mathematical problem solving: An analysis of think-aloud protocols. *Learning Disability Quarterly, 16,* 19-32.

Montague, M. & Applegate, B. (2000). Middle school students' perceptions, persistence, and performance in mathematical problem solving. *Learning Disability Quarterly, 23,* 215-227.

Montague, M. & Bos, C. S. (1990). Cognitive and metacognitive characterisitics of eighth grade students mathematical problem solving. *Learning and Individual Differences, 2,* 371-388.

Montague, M., Enders, C. & Dietz, S. (2011). Effects of cognitive strategy instruction on math problem solving of middle school students with learning disabilities. *Learning Disability Quarterly, 34,* 262-272.

Moosbrugger, H. (2008). Item-Response-Theorie (IRT). In H. Moosbrugger & A. Kelava (Hrsg.), *Testtheorie und Fragebogenkonstruktion* (S. 215-259). Berlin: Springer.

Morin, A. J. S., Maiano, C., Nagengast, B., Marsh, H. W., Morizot, J. & Janosz, M. (2011). General growth mixture analysis of adolescents' developmental trajectories: The impact of untested assumptions on substantive interpretations. *Structural Equation Modelling, 18,* 613-648.

Moschner, B. & Dickhäuser, O. (2010). Selbstkonzept. In D. H. Rost (Hrsg.), *Handwörterbuch Pädagogische Psychologie* (S. 760-767). Weinheim: Beltz.

Moshman, D. (1982). Exogenous, endogenous, and dialectical constructivism. *Developmental Review, 2,* 371-384.

Mücke, S. (2009). Schulleistungen von Jungen und Mädchen in der Grundschule - eine metaanalytische Bilanz. *Empirische Pädagogik, 23,* 290-337.

Muthén, B. O. (2004). Latent variable analysis: Growth mixture modeling and related techniques for longitudinal data. In D. Kaplan (Ed.), *Handbook of quantitative methodology for the social sciences* (pp. 345-368). Newbury Park, CA: Sage.

Muthén, B. O. (2006). The potential of growth mixture modeling. *Infant and Child Development, 15,* 623-625.

Muthén, L.K. & Muthén, B. O. (1998-2011). *MPlus user's guide (6th ed.).* Los Angeles, CA: Muthén & Muthén.

Myers, M. & Paris, S. G. (1978). Children's metacognitive knowledge about reading. *Journal of Educational Psychology, 70,* 680-690.

Naumann, J., Artelt, C., Schneider, W. & Stanat, P. (2010). Lesekompetenz von PISA 2000 bis PISA 2009. In E. Klieme et al. (Hrsg.), *PISA 2009: Bilanz nach einem Jahrzehnt* (S. 23-72). Münster: Waxmann.

Neisser, U. (1967). *Cognitive Psychology.* New York: Appleton-Century-Crofts.

Neisser, U. et al. (1996). Intelligence: Knowns and unknowns. *American Psychologist, 51,* 77-101.

Nelson, T. 0. (1996). Consciousness and metacognition. *American Psychologist, 51,* 102-116.

Nelson, T. 0., & Narens, L. (1990). Metamemory: A theoretical framework and new findings. In G. H. Bower (Ed.), *The psychology of learning and motivation* (Vol. 26, pp. 125-173). New York: Academic Press.

Nelson, T. 0. & Narens, L. (1994). Why investigate metacognition? In J. Metcalfe & A. P. Shimamura (Eds.), *Metacognition: Knowing about knowing* (pp. 1-26). Cambridge, MA: The MIT Press.

Nylund, K. L., Asparouhov, T. & Muthén, B. O. (2007). Deciding on the number of classes in latent class analysis and growth mixture modeling. A Monte Carlo simulation study. *Structural Equation Modeling, 14,* 535-569.

OECD (2003). *The PISA 2003 framework – mathematics, reading, science and problem solving knowledge and skills.* Paris: OECD.

O´Donnell, A. M. (2012). Constructivism. In K. R. Harris, S. Graham & T. Urdan (Eds.), *APA educational psychology handbook: Vol. 1. Theories, constructs, and critical issues* (pp. 61-84). Washington, DC: American Psychological Association.

Ostad, S.A. (1997). Developmental differences in addition strategies: A comparison of mathematically disabled and mathematically normal children. *British Journal of Educational Psychology, 67,* 345-357.

Ostad, S.A. (1998). Developmental differences in solving simple arithmetic word problems and simple number-fact problems: A comparison of mathematically normal and mathematically disabled children. *Mathematical Cognition, 5,* 1-9.

O'Sullivan, J. & Pressley, M. (1984). The completeness of instruction and strategy transfer. *Journal of Experimental Child Psychology, 38,* 275-288.

Pappas, S., Ginsburg, H. P. & Jiang, M. (2003). SES differences in young children's metacognition in the context of mathematical problem solving. *Cognitive Development, 18,* 431-450.

Paris, S. G., Lipson, M. & Wixson, K. (1983). Becoming a strategic reader. *Contemporary Educational Psychology, 8,* 293-316.

Penfield, R. D. & Algina, J. (2006). A generalized DIF effect variance estimator for measuring unsigned differential test functioning in mixed format tests. *Journal of Educational Measurement, 43,* 295-312.

Pfost, M., Karing, C., Lorenz, C. & Artelt, C. (2010). Schereneffekte im ein- und mehrgliedrigen Schulsystem: Differenzielle Entwicklung sprachlicher Kompetenzen am Übergang von der Grund- in die weiterführende Schule? *Zeitschrift für Pädagogische Psychologie, 24,* 259-272.

Pierce, S. H. & Lange, G. (2000). Relationships among metamemory, motivation and memory performance in young school-age children. *British Journal of Developmental Psychology, 18,* 121-135.

Pintrich, P. R. (2004). A conceptual framework for assessing motivation and self-regulated learning in college students. *Educational Psychology Review, 16,* 385-407.

Pintrich, P. R. & De Groot, E. V. (1990). Motivational and self-regulated learning components of classroom academic performance. *Journal of Educational Psychology, 82,* 33-40.

Pintrich, P. R., Wolters, C. A. & Baxter, G. (2000). Assessing metacognition and self-regulated learning. In G. Schraw & J. Impara (Eds.), *Issues in the measurement of metacognition* (pp. 43-97). Lincoln, NE: Buros Institute of Mental Measurements.

Podsakoff, P. M., McKenzie, S. B., Lee, J.-Y. & Podsakoff, N. P. (2003). Common method biases in behavioral research: A critical review of the literature and recommended remedies. *Journal of Applied Psychology, 88,* 879-903.

Polya, G. (1949). *Schule des Denkens – Vom Lösen mathematischer Probleme.* Tübingen: Francke Verlag.

Preacher, K. C., Wichman, A. L., MacCallum, R. C. & Briggs, N. E. (2008). *Latent Growth Curve Modeling.* Thousand Oaks, CA: Sage.

Pressley, M. (1986). The relevance of the Good Strategy User model to the teaching of mathematics. *Educational Psychologist, 21,* 139-161.

Pressley, M., Borkowski, J. G. & O'Sullivan, J. (1985). Children's metamemory and the teaching of memory strategies. In D. L. Forrest-Pressley, G. E. MacKinnon & T. Gary Waller (Eds.), *Metacognition, Cognition, and Human Performance: Theoretical Perspectives* (Vol. 1, pp. 111-149). London: Academic Press.

Pressley, M., Borkowski, J. G. & Schneider, W. (1987). Cognitive strategies: Good strategy users coordinate metacognition and knowledge. In R. Vasta (Ed.), *Annals of child development* (Vol. 4, pp. 89-129). Greenwich, CT: JAI Press.

Pressley, M., Borkowski, J. G. & Schneider, W. (1989). Good information processing: What it is and how education can promote it. *International Journal of Educational Research, 13,* 857-867.

Pressley, M. & McCormick, C. B. (1995). *Advanced educational psychology for educators, researchers, and policymakers.* New York: Harper Collins.

Pressley, M. & Harris, K. R. (2006). Cognitive Strategies Instruction: From Basic Research to Classroom Instruction. In P. A. Alexander & P. H. Winne (Eds.), *Handbook of educational psychology* (pp. 265-286). Mahwah, NJ: Erlbaum.

Primi, R., Ferrao, M. E. & Almeida, L. S. (2010). Fluid intelligence as a predictor of learning: A longitudinal multilevel approach applied to math. *Learning and Individual Differences, 20,* 446-451.

Pugalee, D. K. (2004). A comparison of verbal and written descriptions of students' problem solving processes. *Educational Studies in Mathematics, 55,* 27-47.

Ramm, G. et al. (Hrsg.). (2006). *PISA 2003. Dokumentation der Erhebungsinstrumente.* Münster: Waxmann.

Raykov, T. & Marcoulides, G. A. (2006). *A first course in structural equation modeling.* Mahwah, NJ: Erlbaum.

Renkl, A. (1996). Vorwissen und Schulleistung. In J. Möller & O. Köller (Hrsg.), *Emotionen, Kognitionen und Schulleistung* (S. 175–190). Weinheim: Psychologie Verlags Union.

Retelsdorf, J. & Möller, J. (2008). Entwicklungen von Lesekompetenz und Lesemotivation. Schereneffekte in der Sekundarstufe? *Zeitschrift für Entwicklungspsychologie und Pädagogische Psychologie, 40,* 179-188.

Richter, D., Kuhl, P. & Pant, H. A. (2012). Soziale Disparitäten. In P. Stanat, H. A. Pant, K. Böhme & D. Richter (Hrsg.), *Kompetenzen von Schülerinnen und Schülern am Ende der vierten Jahrgangsstufe in den Fächern Deutsch und Mathematik - Ergebnisse des IQB-Ländervergleichs 2011* (S. 191-208). Münster: Waxmann.

Robitzsch, A. (2009). Methodische Herausforderungen bei der Kalibrierung von Leistungstests. In A. Bremerich-Vos, D. Granzer & O. Köller (Hrsg.), *Bildungsstandards Deutsch und Mathematik* (S. 42-106). Weinheim: Beltz.

Robitzsch, A., Dörfler, T., Pfost, M. & Artelt, C. (2011). Die Bedeutung der Itemauswahl und der Modellwahl für die längsschnittliche Erfassung von Kompetenzen: Lesekompetenz-entwicklung in der Primarstufe. *Zeitschrift für Entwicklungspsychologie und Pädagogische Psychologie, 43,* 213-227..

Roebers, C. M., Cimeli, P., Röthlisberger, M. & Neuenschwander, R. (2012). Executive functioning, metacognition, and self-perceived competence in elementary school children: An explorative study on their interrelations and their role for school achievement. *Metacognition and Learning, 7,* 151-173.

Roeschl-Heils, A., Schneider, W. & van Kraayenoord, C. (2003). Reading, metacognition, and motivation: A follow-up study of German students in Grades 7 and 8. *European Journal of Psychology of Education, 18,* 75-86.

Rosenzweig, C., Krawec, J. & Montague, M (2011). Metacognitive strategy use of eighth-grade students with and without learning disabilities during mathematical problem solving: A think-aloud analysis. *Journal of Learning Disabilities, 44*, 508-520.

Rost, D. H. (2009). *Intelligenz – Fakten und Mythen.* Weinheim: Beltz.

Rost, J. (2004). *Lehrbuch Testtheorie - Testkonstruktion.* Bern: Huber.

Rubin, D. B. (1987). *Multiple imputation for nonresponse in surveys.* Hoboken, NJ: Wiley.

Rupp, A. A. & Zumbo, B. D. (2006). Understanding parameter invariance in unidimensional IRT Models. *Educational and Psychological Measurement, 66*, 63-84.

Satorra, A. & Bentler, P. M. (1994). Corrections to test statistics and standard errors in covariance structure analysis. In A. von Eye and C. C. Clogg (Eds.), *Latent variables analysis: Applications for developmental research* (pp. 399-419). Thousand Oaks, CA: Sage.

Satorra, A. & Bentler, P. M. (2001). A scaled difference chi-square test statistic for moment structure analysis. *Psychometrika, 66*, 507-514.

Schafer, J. L. (1999). Multiple imputation under a normal model. Zugriff am 25.11.2011 http://sites.stat.psu.edu/~jls/misoftwa.html#win.

Schiefele, U. (2008). Lernmotivation und Interesse. In W. Schneider & M. Hasselhorn (Hrsg.), *Handbuch der Pädagogischen Psychologie* (S. 38-49). Göttingen: Hogrefe.

Schiefele, U., Krapp, A. & Schreyer, I. (1993). Metaanalyse des Zusammenhangs von Interesse und schulischer Leistung. *Zeitschrift für Entwicklungspsychologie und Pädagogische Psychologie, 25*, 120-148.

Schlagmüller, M. & Schneider, W. (2002). The development of organizational strategies in children: Evidence from a microgenetic longitudinal study. *Journal of Experimental Child Psychology, 81*, 298-319.

Schlagmüller, M. & Schneider, W. (2007). *WLST-7-12. Würzburger Lesestrategie-Wissenstest für die Klassen 7 bis 12.* Göttingen: Hogrefe.

Schlagmüller, M., Visé, M. & Schneider, W. (2001). Zur Erfassung des Gedächtniswissens bei Grundschulkindern: Konstruktionsprinzipien und empirische Bewährung der Würzburger Testbatterie zum deklarativen Metagedächtnis. *Zeitschrift für Entwicklungspsychologie und Pädagogische Psychologie, 33*, 91-102.

Schmiedek, F. & Lindenberger, U. (2012). Methodologische Grundlagen. In W. Schneider & U. Lindenberger (Hrsg.), *Entwicklungspsychologie* (S. 97-115). Weinheim: Beltz.

Schneider, W. (1985). Developmental trends in the metamemory - memory behavior relationship. An integrative review. In D. L. Forrest-Pressley, G. E. MacKinnon & T. G. Waller (Eds), *Cognition, metacognition, and human performance* (Vol. 1, pp. 57-109). New York: Academic Press.

Schneider, W. (1986). The role of conceptual knowledge and metamemory in the development of organizational processes in memory. *Journal of Experimental Child Psychology, 42*, 218-236.

Schneider, W. (1989). *Zur Entwicklung des Meta-Gedächtnisses bei Kindern.* Bern: Huber.

Schneider, W. (1999). Introspektion und Metakognition in der Sicht der „Würzburger Schule" und zeitgenössischer Forschung. In W. Jahnke & W. Schneider (Hrsg.), *Hundert Jahre Institut für Psychologie und Würzburger Schule der Denkpsychologie* (S. 387-397). Göttingen: Hogrefe.

Schneider, W. (2010). Metacognition and memory development in childhood and adolescence. In H. S. Waters & W. Schneider (Eds.), *Metacognition, strategy use, and instruction* (pp. 54-81). New York: Guilford Press.

Schneider, W & Artelt, C. (2010). Metacognition and mathematics education. *ZDM Mathematics Education, 42*, 149-161.

Schneider, W. & Bjorklund, D. F. (1992). Expertise, aptitude, and strategic remembering. *Child Development, 63*, 461-473.

Schneider, W., Borkowski, J. G., Kurtz, B. E. & Kerwin, K. (1986). Metamemory and motivation: A comparison of strategy use and performance in German and American children. *Journal of Cross-Cultural Psychology, 17*, 315-336.

Schneider, W., Knopf, M. & Stefanek, J. (2002). The development of verbal memory in childhood and adolescence: Findings from the Munich Longitudinal Study. *Journal of Educational Psychology, 94,* 751-761.

Schneider, W., Körkel, J. & Weinert, F. E. (1987). The effects of intelligence, self-concept, and attributional style on metamemory and memory behavior. *International Journal of Behavioral Development, 10,* 281-299.

Schneider, W. & Lockl, K. (2006). Entwicklung metakognitiver Kompetenzen im Kindes- und Jugendalter. In W. Schneider & B. Sodian (Hrsg.), *Kognitive Entwicklung* (Enzyklopädie für Psychologie, Serie Entwicklungspsychologie, Band 2, S. 721–767). Göttingen: Hogrefe.

Schneider, W. & Lockl, K. (2008). Procedural metacognition in children: Evidence for developmental trends. In J. Dunlosky & R. A. Bjork (Eds.), *Handbook of metamemory and memory* (pp. 391-409). New York: Psychology Press.

Schneider, W. & Pressley, M. (1997). *Memory development between two and twenty.* Mahwah, NJ: Erlbaum.

Schneider, W. & Sodian, B. (1991). A longitudinal study of young children's memory behavior and performance in a sort-recall task. *Journal of Experimental Child Psychology, 51,* 14-29.

Schneider, W., Schlagmüller, M. & Visé, M. (1998). The impact of metamemory and domain-specific knowledge on memory performance. *European Journal of Psychology of Education, 13,* 91-103.

Schneider, W. & Stefanek, J. (2004). Entwicklungsveränderungen allgemeiner kognitiver Fähigkeiten und schulbezogener Fertigkeiten im Kindes- und Jugendalter. Evidenz für einen Schereneffekt? *Zeitschrift für Entwicklungspsychologie und Pädagogische Psychologie, 36,* 147-159.

Schoenfeld, A. H. (1985). *Mathematical problem solving.* New York: Academic Press.

Schraw, G. (2006). Knowledge: Structures and processes. In P. Alexander & P. Winne (Eds.), *Handbook of educational psychology* (pp. 245-264). San Diego, CA: Academic Press.

Schraw, G. & Moshman, D. (1995). Metacognitive theories. *Educational Psychology Review, 7,* 351-371.

Schumann-Hengsteler. R., Grube, D., Zoelch, C. Mähler, C. Seitz-Stein, K., Schmid, I., Gronauer, J. & Hasselhorn, M. (2010). Differentialdiagnostik der Funktionstüchtigkeit des Arbeitsgedächtnisses bei Kindern mit der AGTB 5-12. In H.-P. Trolldenier, W. Lenhard & P. Marx (Hrsg.), *Brennpunkte der Gedächtnisforschung – entwicklungs- und pädagogisch-psychologische Perspektiven* (S. 305-319). Göttingen: Hogrefe.

Schunk, D. H. & Zimmerman, B. J. (2008). *Motivation and self-regulated learning: Theory, research and applications.* New York: Erlbaum.

Schunk, D. H. (2001). Social cognitive theory and self-regulated learning. In B. J. Zimmerman & D. H. Schunk (Eds.), *Self-regulated learning and academic achievement - theoretical perspectives* (pp. 125-151). Mahwah, NJ: Erlbaum.

Schunk, D. H. (2008). Metacognition, self-regulation, and self-regulated learning: research recommendations. *Educational Psychology Review, 20,* 463-467.

Shavelson, R. J., Hubner, J. J. & Stanton, G. C. (1976). Self-concept: Validation of construct interpretations. *Review of Educational Research, 46,* 407-441.

Short, E. (1992). Cognitive, metacognitive, motivational, and affective differences among normally achieving, learning disabled, and developmentally handicapped students: How much do they affect school achievement? *Journal of Clinical Child Psychology, 21,* 229–239.

Short, E. J., Schatschneider, C. W. & Friebert, S. E. (1993). Relationship between memory and metamemory performance: A comparison of specific and general strategy knowledge. *Journal of Educational Psychology, 85,* 412-423.

Siegler, R. S. (1996). *Emerging minds: The process of change in children's thinking.* New York: Oxford University Press.

Siegler, R. S. (2005). Children's learning. *American Psychologist, 60,* 769-778.

Sigler, E. A. & Tallent-Runnels, M. K. (2006). Examining the validity of scores from an instrument designed to measure metacognition of problem solving. *The Journal of General Psychology, 133,* 257-276.

Singer, J. D. & Willet, J. B. (2003). *Applied longitudinal data analysis - Modeling change and event occurrence.* Oxford: Oxford University Press.

Sirin, S. R. (2005). Socioeconomic status and academic achievement: A meta-analytic review of research. *Review of Educational Research, 75,* 417-453.

Slife, B., Weiss, J. & Bell, T. (1985). Separability of metacognition and cognition: Problem solving in learning disabled and regular students. *Journal of Educational Psychology, 77,* 437-445.

Sodian, B., Schneider, W. & Perlmutter, M. (1986). Recall, clustering, and metamemory in young children. *Journal of Experimental Child Psychology, 41,* 395-410.

Spinath, B., Spinath, F. M., Harlaar, N. & Plomin, R. (2006). Predicting school achievement from general cognitive ability, self-perceived ability, and intrinsic value. *Intelligence, 34,* 363-374.

Spörer, N. & Brunstein, J. C. (2006). Erfassung selbstregulierten Lernens mit Selbstberichtsverfahren. *Zeitschrift für Pädagogische Psychologie, 20,* 147-160.

Stern, E. (2009). The development of mathematical competencies: Sources of individual differences and their developmental trajectories. In W. Schneider & M. Bullock (Eds.), *Human development from early childhood to early adulthood: Evidence from the Munich Longitudinal Study on the Genesis of Individual Competencies (LOGIC)* (S. 221-236). Mahwah, NJ: Erlbaum.

Sternberg, R. J. (1999). The theory of successful intelligence. *Review of General Psychology, 3,* 292-316.

Steyer, R. (1992). *Theorie kausaler Regressionsmodelle.* Stuttgart: Gustav Fischer.

Stillman, G. A. & Galbraith, P. L. (1998). Applying mathematics with real-world connections: Metacognitive characteristics of secondary students. *Educational Studies in Mathematics, 36,* 157-195.

Swanson, H. L. (1990). Influence of metacognitive knowledge and aptitude on problem solving. *Journal of Educational Psychology, 82,* 306-314.

Swanson, H. L. (1992). The relationship between metacognition and problem solving in gifted children. *Roper Review, 15,* 43–47.

Swanson, H. L. (1993). An information processing analysis of learning disabled children's problem solving. *American Educational Research Journal, 30,* 861–893.

Swanson H. L. & Alloway, T. P. (2012). Working memory. In K. R. Harris, S. Graham & T. Urdan (Eds.), *APA educational psychology handbook: Vol. 1. Theories, constructs, and critical issues* (pp. 327-366). Washington, DC: American Psychological Association.

Swanson, H. L., Christie, L. & Rubadeau, R. J. (1993). The relationship between metacognition and analogical reasoning in mentally retarded, learning disabled, average and gifted children. *Learning Disabilities Research, 8,* 70–81.

Swanson, H. L. & Jerman, 0. (2006). Math disabilities: A selective meta-analysis of the literature. *Review of Educational Research, 76,* 249-274.

Swanson, H. L., Jerman, 0. & Zheng, X. (2008). Growth in working memory and mathematical problem solving in children at risk and not at risk for serious math difficulties. *Journal of Educational Psychology, 100,* 343-379.

Sweller, J., van Merrienboer, J. J. G. & Paas, F. G. W. C. (1998). Cognitive architecture and instructional design. *Educational Psychology Review, 10,* 251-296.

Tarricone, P. (2011). *The taxonomy of metacognition.* Hove, UK: Psychology Press.

Tewes, U., Schallberger, P. & Rossmann, U. (1999). *Hamburg-Wechsler-Intelligenztest für Kinder III (HAWIK-III).* Bern: Huber.

Throndsen, I. (2011). Self-regulated learning of basic arithmetic skills: A longitudinal study. *British Journal of Educational Psychology, 81,* 558-578.

Trautwein, U., Marsh, H. W., Nagengast, B., Lüdtke, O., Nagy, G. & Jonkmann, K. (2012). Probing for the multiplicative term in modern expectancy-value theory: A latent interaction modeling study. *Journal of Educational Psychology, 104,* 763-777.

Tofighi, D., & Enders, C. (2008). Identifying the correct number of classes in growth mixture models. In G. R. Hancock & K. M. Samuelsen (Eds.), *Advances in latent variable mixture models* (pp. 317-341). Charlotte, NC: Information Age.

Valentine, J. C., DuBois, D. L. & Cooper, H. (2004). The relation between self-beliefs and academic achievement: A meta-analytic review. *Educational Psychologist, 39,* 111-133.

Van der Stel, M., Veenman, M. V. J., Deelen, K. & Haenen, J. (2010). The increasing role of metacognitive skills in math: a cross-sectional study from a developmental perspective. *ZDM Mathematics Education, 42,* 219-229.

Van Kraayenoord, C. E. (2010). The role of metacognition in reading comprehension. In H.-P. Trolldenier, W. Lenhard & P. Marx (Hrsg.), *Brennpunkte der Gedächtnisforschung* (S. 277-302). Göttingen: Hogrefe.

Van Kraayenoord, C. E., Beinicke, A., Schlagmüller, M. & Schneider, W. (2012). Metacognitive knowledge, motivation, decoding, and reading achievement: A German-Australian Comparison. *Australian Journal of Language and Literacy, 35,* 51-68.

Van Kraayenoord, C. E. & Schneider, W. (1999). Reading achievement, metacognition, reading self-concept and interest: A study of German students in grades 3 and 4. *European Journal of Psychology of Education, 14,* 305-324.

Van Luit, J. E. H. & Kroesbergen, E. H. (2006). Teaching metacognitive skills to students with mathematical disabilities. In A. Desoete & M. V. R. Veenman (Eds.), *Metacognition in mathematics education* (pp. 177-190). Haupauge, NY: Nova Science.

Van Ophuysen, S. & Wendt, H. (2009). Zur Veränderung der Mathematikleistung von Klasse 4 bis 6. Welchen Einfluss haben Kompositions- und Unterrichtsmerkmale? *Zeitschrift für Erziehungswissenschaft, Sonderheft 12,* 302-327.

Veenman, M. V. J. (2005). The assessment of metacognitive skills: What can be learned from multi-method designs? In C. Artelt & B. Moschner (Hrsg.), *Lernstrategien und Metakognition: Implikationen für Forschung und Praxis* (S. 77-99). Münster: Waxmann.

Veenman, M. V. J., Kok, R. & Blöte, A. W. (2005). The relation between intellectual and metacognitive skills at the onset of metacognitive skill development. *Instructional Science, 33,* 193-211.

Veenman, M. V. J., & Spaans, M. A. (2005). Relation between intellectual and meta-cognitive skills: Age and task differences. *Learning and Individual Differences, 15*, 159-176.

Veenman, M. V. J., van Hout-Wolters, B. H. A. M. & Afflerbach, P. (2006). Metacognition and Learning: Conceptual and Methodological Considerations. *Metacognition and Learning, 1*, 3-14.

Vermunt, J. K. (2010). Longitudinal Research Using Mixture Models. In K. van Montford, Satorra, A. & Oud, J. H. L. (Eds.), *Longitudinal research with latent variables* (pp. 119-152). Berlin: Springer.

Verschaffel, L., De Corte, E., Lasure, S., van Vaerenbergh, G., Bogaerts, H. & Ratinckx, E. (1999). Learning to solve mathematical application problems: A design experiment with fifth graders. *Mathematical Thinking and Learning, 1*, 195-229.

Walther, G., Swippert, K., Lankes, E.-M. & Stubbe, C. T. (2008). Können Mädchen doch rechnen? Vertiefende Analysen zu Geschlechtsdifferenzen im Bereich Mathematik auf Basis der Internationalen Grundschul-Lese-Untersuchung IGLU. *Zeitschrift für Erziehungswissenschaft, 11*, 30-46.

Wang, A. Y. (1993) Cultural-familial predictors of children's metacognitive and academic performance. *Journal of Research in Childhood Education, 7*, 83-90.

Warm, T. A. (1989). Weighted likelihood estimation of ability in item response theory. *Psychometrika, 54*, 427-450.

Watson, J. B. (1913). Psychology as the behaviorist views it. *Psychological Review, 20*, 158-177.

Watermann, R. & Baumert, J. (2006). Entwicklung eines Strukturmodells zum Zusammenhang zwischen sozialer Herkunft und fachlichen und überfachlichen Kompetenzen: Befunde national und international vergleichender Analysen. In J. Baumert, P. Stanat & R. Watermann (Hrsg.), *Herkunftsbedingte Disparitäten im Bildungswesen: Differenzielle Bildungsprozesse und Probleme der Verteilungsgerechtigkeit - Vertiefende Analysen im Rahmen von PISA 2000* (S. 61-94). Wiesbaden: VS-Verlag.

Weinert, F. E. (1987). Introduction and overview: Metacognition and motivation as determinants of effective learning and understanding. In F. E. Weinert & R. H. Kluwe (Eds.), *Metacognition, motivation, and understanding* (pp. 1-16). Mahwah, NJ: Erlbaum.

Weinert, F. E. & Helmke, A. (1995). Learning from wise mother nature or big brother instructor: The wrong choice as seen from an educational perspective. *Educational Psychologist, 30*, 135-142.

Wellman, H. M. (1977). Preschoolers' understanding of memory-relevant variables. *Child Development, 48*, 1720-1723.

Wellman, H. M. (1978). Knowledge of the interaction of memory variables: A developmental study of metamemory. *Developmental Psychology, 14*, 24-29.

Wellman, H. M. (1983). Metamemory revisited. In M. T. H. Chi (Ed.), *Trends in memory development research* (pp. 31-51). Basel: Karger.

Wertsch, J. V. (1978). Adult-child interaction and the roots of metacognition. *The Quarterly Newsletter of the Institute for Comparative Human Development, 2*, 15-18.

White, B. Y., Frederiksen, J. & Collins, A. (2009). The interplay of scientific inquiry and metacognition: More than a marriage of convenience. In D. J. Hacker, J. Dunlosky & A. C. Graesser (Eds.), *Handbook of metacognition in education* (pp. 175-205). New York: Routledge.

Whitebread, D. & Coltman, P. (2010). Aspects of pedagogy supporting metacognition and self-regulation in mathematical learning of young children: evidence from an observational study. *ZDM Mathematics Education, 42*, 163-178.

Whitebread, D., Coltman, P., Pino Pasternak, D., Sangster, C., Grau, V., Bingham, S., Almeqdad, Q. & Demetriou, D. (2009). The development of two observational tools for assessing metacognition and self-regulated learning in young children. *Metacognition and Learning, 4*, 63-85.

Wigfield, A. & Eccles, J. S. (2002). Development of competence beliefs, expectancies for success, and achievement values from childhood through adolescence. In A. Wigfield & J. S. Eccles (Eds.), *Development of achievement motivation* (pp. 91-120). San Diego, CA: Academic Press.

Williams, D. M. (2010). Outcome expectancy and self-efficacy: Theoretical implications of an unresolved contradiction. *Personality and Social Psychology Review, 14,* 417-425.

Wilson, M. R. (2005). *Constructing Measures. An item response modelling approach.* Mahwah, NJ: Erlbaum.

Winkelmann, H., van den Heuvel-Panhuizen, E. M. & Robitzsch, A. (2008). Gender differences in the mathematics achievements of German primary school students: results from a German large-scale study. *ZDM Mathematics Education, 40,* 601–616.

Winne, P. H. (2001). Self-regulated learning viewed from models of information processing. In B. J. Zimmerman & D. H. Schunk (Eds.), *Self-regulated learning and academic achievement - theoretical perspectives* (pp. 153-189). Mahwah, NJ: Erlbaum.

Winne, P. H. (2011). A cognitive and metacognitive analysis of self-regulated learning. In B. J. Zimmerman & D. H. Schunk (Eds.), *Handbook of self-regulation of learning and performance* (pp. 15-32). New York: Routledge.

Winne, P. H. & Hadwin, A. F. (1998). Studying as self-regulated learning. In D. J. Hacker, J. Dunlosky & A. C. Graesser (Eds.), *Metacognition in educational theory and practice* (pp. 277-304). Mahwah, NJ: Erlbaum.

Wolters, C. A. & Pintrich P. R. (1998). Contextual differences in student motivation and self-regulated learning in mathematics, English, and social studies classrooms. *Instructional Science, 26,* 27-47.

Wolters, C. A., Benzon, M. B. & Arroyo-Giner, C. (2011). Assessing strategies for the self-regulation of emotion. In B. J. Zimmerman & D. H. Schunk (Eds.), *Handbook of self-regulation of learning and performance* (pp. 298-312). New York: Routledge.

Wu, M. L., Adams, R. J., Wilson, M. R. & Haldane, S. A. (2007). *ACER ConQuest version 2.0: generalised item response modelling software.* Camberwell: ACER Press.

Wu, W., West, S. G. & Taylor, A. B. (2009). Evaluating model fit for growth curve models: integration of fit indices from SEM and MLM frameworks. *Psychological Methods, 14,* 183-201.

Yen, W. M. (1984). Effects of local item dependence on the fit and equating performance of the three-parameter logistic model. Applied Psychological Measurement, 8, 125-145.

Yen, W. M. (1993). Scaling performance assessments: Strategies for managing local item dependence. Journal for Educational Measurement, 30, 187-213.

Ymer, A. & Ellerton, N. F. (2010). A five-phase model for mathematical problem solving: Identifying synergies in pre-service-teachers' metacognitive and cognitive actions. ZDM Mathematics Education, 42, 245-261.

Yussen, S. R. & Bird, J. E. (1979). The development of metacognitive awareness in memory, communication, and attention. Journal of Experimental Child Psychology, 28, 300-313.

Zimmerman, B. J. (1986). Becoming a self-regulated learner: Which are the key subprocesses? Contemporary Educational Psychology, 11, 307-313.

Zimmerman, B. J. (2001). Theories of self-regulated learning and academic achievement: An overview and analysis. In B. J. Zimmerman & D. H. Schunk (Eds.), Self-regulated learning and academic achievement - theoretical perspectives (pp. 1-37). Mahwah, NJ: Erlbaum.

Zimmerman, B. J. & Martinez-Pons, M. (1990). Student differences in self-regulated learning: Relating grade, sex, and giftedness to self-efficacy and strategy use. Journal of Educational Psychology, 82, 51-59.

Zimmerman, B. J. & Schunk, D. H. (Eds.). (2001). Self-regulated learning and academic achievement - theoretical perspectives. Mahwah, NJ: Erlbaum.

Zimmerman, B. J. & Schunk, D. H. (Eds.) (2011). Handbook of self-regulation of learning and performance. New York: Routledge.